NOVUM TESTAMENTUM

DOMINI NOSTRI

JESU CHRISTI.

INTERPRETE THEODORO BEZA.

WIPF & STOCK · Eugene, Oregon

Wipf and Stock Publishers
199 W 8th Ave, Suite 3
Eugene, OR 97401

Novum Testamentum Domini Nostri Jesu Chrisi
By Beza, Theodore
ISBN 13: 978-1-60899-606-3
Publication date 4/8/2010
Previously published by Appleton and Co., 1907

PREFACE.

THE now acknowledged propriety of giving students of languages familiar works for translation—thus adopting in the schools the mode by which the child first learns to talk—has induced the publication of this new American Edition of Theodore de Beza's Latin Version of the New Testament Scriptures.

Of the work itself it is hardly necessary to speak. Its publication was suggested by the favor with which the author's lectures on the Epistles were received at the Academy of Lausanne. The translation thus heralded was received with a favor which with Protestant Christians it has never lost. Several editions were published during the lifetime of Beza, to which he made such improvements as his attention was directed to, or as were prompted by his familiarity, as Greek Professor, with the original. Since 1556, when it first appeared at Geneva, this work has kept its place in the general esteem; while more recent versions have been so strongly tinged with the peculiarities of the translators as to make them acceptable to particular classes only. The Editor has exerted himself to render the present edition, by its superior accuracy and neatness, worthy of patronage; and the Publishers flatter themselves that the pains bestowed will insure for it a preference over any other edition.

THE EDITOR.

ID# EVANGELIUM SECUNDUM MATTHAEUM.

CAP 1.

LIBER generationis Jesu Christi, filii Davidis, filii Abrahami.

2 Abrahamus genuit Isaacum, Isaacus autem genuit Jacobum, Jacobus autem genuit Judam et fratres ejus,

3 Judas autem genuit Pharesum et Zaramum e Thamarâ, Pharesus autem genuit Esromum, Esromus autem genuit Aramum,

4 Aramus autem genuit Aminadabum, Aminadabus autem genuit Naassonem, Naasso verò genuit Salmonem,

5 Salmo verò genuit Boozum e Rachabâ, Boozus autem genuit Obedem e Ruthâ. Obedes autem genuit Jessen,

6 Jesse verò genuit Davidem illum regem, David autem rex ille genuit Solomonem ex eâ quae *fuerat uxor* Uriae,

7 Solomon verò genuit Roboamum, Roboamus autem genuit Abiam. Abias autem genuit Asam,

8 Asa autem genuit Josaphatum, Josaphatus autem genuit Joramum, Joramus autem genuit Hoziam,

9 Hozias autem genuit Joathamum, Joathamus autem genuit Achazum, Achazus autem genuit Ezechiam,

10 Ezechias autem genuit Manassen, Manasses autem genuit Amonem, Amon autem genuit Josiam,

11 Josias autem genuit Jechoniam et fratres ejus, in transportatione illâ Babylonicâ:

12 Post transportationem *autem* illam Babylonicam, Jechonias genuit Salathielem, Salathiel autem genuit Zorobabelem,

13 Zorobabel autem genuit Abiunem, Abiud autem genuit Eliachimum, Eliachimus autem genuit Azorem,

14 Azor autem genuit Sadocum Sadocus autem genuit Achimum, Achimus autem genuit Eliudem,

15 Eliud autem genuit Eleazarum, Eleazarus autem genuit Matthanem, Matthan autem genuit Jacobum,

16 Jacob autem genuit Josephum virum Mariae, ex quâ genitus est JESUS, ille qui dicitur Christus.

17 Universae igitur progenies ab Abrahamo usque ad Davidem, progenies quatuordecim : et a Davide usque ad transportationem Babylonicam, progenies quatuordecim : et a transportatione Babylonicâ usque ad Christum, progenies quatuordecim.

18 ¶ Jesu verò Christi nativitas ita fuit : Quum enim mater ejus Maria desponsata esset Josepho, priusquam ipsi convenissent, inventa est gravida esse a Spiritu Sancto.

19 Porrò Josephus vir ejus, quum esset justus, et nollet eam ignominiae exponere, voluit clàm eam dimittere.

20 Haec autem quum in animum induxisset, ecce angelus Domini in somnio apparuit ei, dicens, Josephe, fili Davidis, ne metue accipere Mariam uxorem tuam; nam quod in ea genitum est, ex Spiritu Sancto est.

21 Pariet autem filium, et vocabis nomen ejus Jesum: ipse enim liberabit populum suum ex peccatis ipsius.

22 (Totum hoc autem factum est, ut impleretur quod ait Dominus pe prophetam, dicentem,

23 Ecce, virgo illa praegnans erit, et pariet filium, et vocabis nomen ejus Emmanuel ; quod est, si interpreteris, Nobiscum Deus.)

24 Experrectus autem Josephus

ex somno, fecit ut ei imperârat angelus Domini, et accepit uxorem suam.

25 Sed non cognovit eam, quousque peperisset filium illum suum primogenitum : vocavitque nomen ejus JESUM.

CAP. II.

QUUM ergo natus esset Jesus in eô Bethleemâ *quae est Judaeae*, temporibus Herodis regis, ecce Magi ab Oriente advenerunt Hierosolymam,

2 Dicentes, Ubi est ille rex Judaeorum, qui natus est? vidimus enim ejus stellam in Oriente, et venimus ut adoremus eum.

3 His autem auditis, Herodes rex turbatus est, et tota Hierosolyma cum eo.

4 Et congregatis omnibus primariis sacerdotibus et scribis populi, percontatus est ab eis ubi Christus ille nasciturus esset.

5 At illi dixerunt ei, In eâ Bethleemâ *quae est* Judaeae: sic enim scriptum est per prophetam,

6 Et tu Bethleema, terra Judae, nequaquam minima es inter duces Judae, ex te enim exibit dux qui pascet populum illum meum Israëlem.

7 Tum Herodes, clàm vocatis Magis, exquisivit ab eis quo tempore stella apparuisset.

8 Et, eis Bethleemam dimissis, dixit, Profecti, penitùs exquirite de puerulo illo : postquam autem *illum* inveneritis, renunciate mihi, ut et ego veniam et adorem eum.

9 Ipsi verò, audito rege, profecti sunt: et ecce, stella, quam viderant in Oriente, praeibat eis, donec venit stetitque supra *locum in* quo erat puerulus ille.

10 Visâ autem stellâ, gavisi sunt gaudio magno valde:

11 Et ingressi domum, invenerunt puerulum cum Mariâ matre ipsius; et prostrati adoraverunt eum; apertisque thesauris suis, obtulerunt ei munera, aurum, et thus, et myrrham.

12 Et divinitus admoniti in somnio ne reverterentur ad Herodem, per aliam viam regressi sunt in regionem suam.

13 Ipsis autem regressis, ecce, angelus Domini apparet in somnio Josepho, dicens, Experrectus accipe puerulum et matrem ejus, et fuge in Aegyptum; et esto illic usquedum dixero tibi; futurum est enim, ut Herodes quaerat puerulum, ad eum perdendum.

14 Ille verò experrectus accepit puerulum et matrem ejus nocte, et secessit in Aegyptum:

15 Et fuit illic usque ad obitum Herodis; ut impleretur quod ait Dominus per prophetam, dicentem, Ex Aegypto vocavi filium meum.

16 Tum Herodes, quum vidisset se illusum esse a Magis, excanduit valde, et, missis *carnificibus*, interemit omnes pueros qui erant in Bethleem, et in omni confinio ejus, a bimulis et infra, secundùm tempus quod exquisierat ex Magis.

17 Tunc impletum fuit quod ait Dominus per Hieremiam prophetam, dicentem :

18 Vox in Ramâ audita est, lamentatio, et fletus, et ejulatus multus: Rachel plorans filios suos, et noluit consolationem admittere, *de eo* quòd non sint.

19 Quum autem obiisset Herodes, ecce angelus Domini in somnio apparuit Josepho in Aegypto :

20 Dicens, Experrectus accipe puerulum et matrem ejus, et proficiscere in regionem Israëlis : mortui sunt enim qui petebant animam pueruli.

21 Ille verò experrectus accepi puerulum et matrem ipsius, et venit in regionem Israëlis.

22 Quum autem audisset Archelaum regnare in Judaeâ pro Herode patre suo, timuit illuc abire : verùm divinitus admonitus in somnio, secessit in partes Galilaeae.

23 Et quum eò venisset, habitavit in urbe quae dicitur Nazareth : ut impleretur quod dictum est per prophetas, fore ut Nazarenus vocaretur.

CAP. III.

TEMPORIBUS autem illis adfuit Joannes Baptista, praedicans in deserto Judaeae:

2 Dicensque, Resipiscite, appropinquavit enim regnum coelorum.

3 Nam hic est ille de quo dictum est per Esaiam prophetam, dicentem, Vox clamantis in deserto, Parate viam Domini, complanate semitas ejus.

4 Ipse verò Joannes habebat vestimentum suum e pilis camelinis, et zonam coriaceam circum lumbos suos; alimentum autem ejus erat locustae et mel agreste.

5 Tunc exivit ad eum Hierosolyma, et tota Judaea, totaque regio circumjacens Jordani,

6 Et baptizabantur ab eo in Jordane, confitentes peccata sua.

7 Quum vidisset autem multos ex Pharisaeis et Sadducaeis venientes ad baptismum suum, dixit eis: Progenies viperarum, quis vobis praemonstravit ut fugeretis a futurâ irâ?

8 Ferte igitur fructus convenientes resipiscentiae:

9 Et ne putate *vobis* dicendum apud vos ipsos, Patrem habemus Abrahamum; dico enim vobis Deum posse etiam ex lapidibus istis excitare liberos Abrahamo.

10 Jam verò etiam securis ad radicem arborum posita est. Omnis igitur arbor, non ferens fructum bonum, exciditur, et in ignem abjicitur.

11 Ego quidem baptizo vos aquâ ad resipiscentiam; is verò, qui ponè me venit, validior me est, cujus nor sum dignus qui soleas portem: ipse vos baptizabit Spiritu Sancto et igne:

12 Cujus ventilabrum *est* in manu suâ, et *qui* perpurgabit aream suam, et coget triticum suum in horreum; paleam autem exuret igni inexstincto.

13 ¶ Tunc advenit Jesus a Galilaeâ ad Jordanem, ad Joannem, ut baptizaretur ab eo.

14 At Joannes obnixè prohibebat eum, dicens, Mihi opus est ut a te baptizer. et tu venis ad me?

15 Respondens autem Jesus dixit ad eum, Omitte *me* nunc; ita enim decet nos implere omnem justitiam. Tunc omittit eum.

16 Et baptizatus Jesus ascendit statim ex aquâ; et, ecce, aperti sunt ei coeli, et vidit Spiritum Dei descendentem quasi columbam, et venientem super ipsum:

17 Et, ecce, vox *adfuit* e *coelis*, dicens, Hic est Filius ille meus, dilectus ille, in quo acquiesco.

CAP. IV.

TUNC Jesus subductus fuit in desertum a Spiritu, ut tentaretur a diabolo.

2 Et quum jejunâsset dies quadraginta et noctes quadraginta, postea esuriit.

3 Et quum venisset ad eum tentator, dixit, Si Filius es Dei, dic ut isti lapides panes fiant.

4 At ille respondens dixit, Scriptum est, Non solo pane vivet homo, sed ex quovis verbo prodeunte per os Dei.

5 Tunc assumit eum diabolus in sanctam urbem, et statuit eum super pinnas templi:

6 Dixitque ei, Si Filius es Dei, dejice teipsum deorsum; nam scriptum est, Angelis suis mandabit de te; et *ipsi* attollent te in manus, nequando offendas ad lapidem pedem tuum.

7 Dixit ei Jesus, Vicissim scriptum est, Non tentabis Dominum Deum tuum.

8 Rursum, assumit eum diabolus in montem sublimem valde, et ostendit ei omnia regna mundi. et gloriam eorum:

9 Dixitque ei, Haec omnia tibi dabo, si prostratus adoraveris me.

10 Tunc dicit ei Jesus, Abi, Satana; scriptum est enim, Dominum Deum tuum adorabis, et ei soli servies.

11 Tunc omittit eum diabolus; et, ecce, angeli accesserunt, et ministrabant ei.

12 ¶ QUUM audisset autem Je

sus Joannem traditum esse in *custodiam*, rediit in Galilaeam :

13 Et relictâ Nazareth, venit et habitavit in Capernaumo, *urbe* maritimâ, in finibus Zabulon et Nephthalim :

14 Ut impleretur quod dictum est per Esaiam prophetam, dicentem,

15 Terra Zabulon, et terra Nephhalim, *ad* viam maris, secus Jordanem, Galilaea Gentium :

16 Populus positus in tenebris vidit lucem magnam ; et positis in regione et umbrâ mortis, lux exorta est.

17 ¶ Ex eo tempore coepit Jesus praedicare, et dicere, Resipiscite ; appropinquavit enim regnum coelorum.

18 Ambulans autem Jesus ad mare Galilaeae, vidit duos fratres, Simonem, qui dictus est Petrus, et Andream fratrem ejus, jacientes rete in mare ; erant enim piscatores.

19 Et dicit eis, Sequimini me, et faciam vos piscatores hominum.

20 Illi verò statim, omissis retibus, sequuti sunt eum.

21 Tunc progressus illinc, vidit alios duos fratres, Jacobum filium Zebedaei, et Joannem fratrem ejus, in navigio cum Zebedaeo patre suo, sarcientes retia sua ; et vocavit eos.

22 Illi autem statim, omisso navigio et patre suo, sequuti sunt eum.

23 ¶ Et obivit totam Galilaeam Jesus, docens in synagogis ipsorum, et praedicans evangelium regni, et sanans quemvis morbum, et quemvis languorem in populo.

24 Tunc emanavit fama ipsius in totam Syriam ; et obtulerunt ei omnes malè affectos, variis morbis et cruciatibus detentos, et daemoniacos, et lunaticos, et paralyticos ; sanavitque eos.

25 Et sequuta est eum turba multa a Galilaeâ ac Decapoli, et Hierosolymis, et Judaeâ, et *regionibus* trans Jordanem s'tis.

CAP. V.

QUUM vidisset autem turbam, ascendit in montem : et quum consedisset, adiêrunt eum discipuli e jus.

2 Tunc, aperto ore suo, docebat eos, dicens,

3 Beati pauperes spiritu : quoniam ipsorum est regnum coelorum.

4 Beati qui lugent : quoniam ipsi solamen recipient.

5 Beati qui sunt mites : quoniam ipsi terram haereditario jure obtinebunt.

6 Beati qui esuriunt et sitiunt justitiam : quoniam ipsi saturabuntur.

7 Beati qui sunt misericordes · quoniam ipsis misericordia tribuetur.

8 Beati qui sunt mundo corde : quoniam ipsi Deum videbunt.

9 Beati qui sunt pacifici . quoniam filii Dei vocabuntur.

10 Beati quos persequuntur *homines* justitiae causâ : quoniam ipsorum est regnum coelorum.

11 Beati eritis quum vos conviciis affecerint et persequuti fuerint, et mentientes dixerint quidvis mali adversùs vos, propter me.

12 Gaudete et exultate ; quoniam merces vestra multa est in coelis : ita enim persequuti fuerunt prophetas qui *fuerunt* ante vos.

13 ¶ Vos estis sal terrae. Quòd si sal infatuatus fuerit, quo salietur ? ad nihil valet ampliùs, nisi ut abjiciatur foras, et conculcetur a quibusvis.

14 Vos estis lux mundi. Non potest urbs occultari supra montem posita.

15 Neque accendunt lucernam, et ponunt eam subter modium, sed in candelabrum ; et splendet omnibus qui sunt in domo.

16 Ita splendeat lux vestra coram hominibus, ut videant vestra bona opera, glorificentque Patrem illum vestrum qui *est* in coelis.

17 ¶ Ne existimate me venisse ut dissolvam legem aut prophetas : non veni ut *eam* dissolvam, sed ut *eam* impleam.

18 Amen quippe dico vobis, usquedum praeterierit coelum et terra, iota unum aut unus apex nequaquam

MATTHAEUS, V.

praeterierit ex lege, usquedum omnia facta fuerint.

19 Quisquis igitur solverit unum ex mandatis hisce minimis, et ita docuerit homines, minimus vocabitur in regno coelorum: quisquis autem fecerit et docuerit, iste magnus vocabitur in regno coelorum.

20 Dico enim vobis, nisi abundaverit vestra justitia plùs quàm *illa* scribarum et Pharisaeorum, vos nequaquam ingressuros in regnum coelorum.

21 Audistis dictum fuisse a veteribus, Non occides; quisquis autem occiderit, tenebitur judicio:

22 Ego verò dico vobis, Quicunque irascitur fratri suo temere, tenebitur judicio: quicunque verò dixerit fratri suo, Raca, tenebitur consessu: quisquis autem dixerit, Fatue, tenebitur Gehennâ ignis.

23 Igitur, si munus tuum attuleris ad altare, et illic memineris fratrem tuum habere aliquid contra te;

24 Omitte illic munus tuum coram altari, et ab, primùm reconciliator fratri tuo, et tunc, ubi veneris, offer munus tuum.

25 Esto amicus adversario tuo citò, dum es in viâ cum eo: nequando te tradat adversarius judici, et judex te tradat ministro, et in custodiam conjiciaris.

26 Amen dico tibi, nequaquam exibis illinc, usquedum reddideris ultimum quadrantem.

27 Audistis dictum fuisse a veteribus, Non moechaberis:

28 Ego verò dico vobis, Quicunque aspicit mulierem, ut eam concupiscat, jam adulteravit eam in corde suo.

29 Quòd si oculus tuus dexter facit ut tu offendas, erue eum, et abjice abs te: expedit enim tibi ut pereat unum ex membris tuis, ac non totum corpus tuum conjiciatur in Gehennam.

30 Et si dextera tua manus facit ut tu offendas, exscinde eam, et abjice abs te: expedit enim tibi ut pereat unum ex membris tuis, ac non totum corpus tuum conjiciatur in Gehennam.

31 Dictum est autem, Quisquis dimiserit uxorem suam, det ei libellum abscessionis:

32 Ego verò dico vobis, Quisquis dimiserit uxorem suam, extra rationem scortationis, facit ut ea moeche tur: et quisquis dimissam duxerit moechatur.

33 Rursum audistis dictum fuisse a veteribus, Non pejerabis, sed reddes Domino quae tu juraveris:

34 Ego verò dico vobis, Ne jurate omnino: neque per coelum, quia thronus Dei est:

35 Neque per terram, quia scabellum est pedum ejus; neque per Hierosolymam, quia urbs est magni regis.

36 Neque per caput tuum jures, quia non potes unum capillum album aut nigrum facere:

37 Esto autem sermo vester, Etiam, etiam, Non, non: quod autem supra haec redundat, a malo est.

38 Audistis dictum fuisse, Oculum pro oculo, et dentem pro dente:

39 Ego verò dico vobis, Ne obsistite improbo; sed qui te caedet in dexteram tuam maxillam, obverte ei et alteram.

40 Et ei qui velit tecum contendere, ac tunicam tuam capere, dimitte illi etiam pallium:

41 Et quisquis te angariabit *ad* milliare unum, abi cum eo duo.

42 Petenti abs te dato: et volentem mutuari abs te ne aversare.

43 Audistis dictum fuisse, Diliges proximum tuum, et odio habebis inimicum tuum:

44 Ego verò dico vobis, Diligite inimicos vestros, benedicite iis qui devovent vos, benefacite iis qui oderunt vos, et precamini pro iis qui vobis infesti sunt, et persequuntur vos:

45 Ut sitis filii Patris illius vestri qui est in coelis: facit enim ut sol suus exoriatur super malos ac bonos et pluit super justos et injustos.

46 Nam si dilexeritis eos qui dili-

gunt vos, quam mercedem habebitis? nonne et publicani idem faciunt?

47 Et si complexi fueritis fratres vestros solùm, quid amplius facitis? nonne et publicani ita faciunt?

48 Estote igitur vos perfecti, ut Pater vester qui est in coelis, perfectus est.

CAP. VI.

ATTENDITE, ne justitiam vestram exerceatis coram hominibus, ut spectemini ab eis: alioquin mercedem non habebitis apud Patrem vestrum qui *est* in coelis.

2 Itaque quum praestabis eleemosynam, ne curato buccinâ cani coram te, sicut hypocritae faciunt in synagogis et in plateis, ut gloriam consequantur ab hominibus: amen dico vobis, retulerunt mercedem suam.

3 Quum verò tu das eleemosynam, ne noverit sinistra tua quid faciat dextera tua;

4 Ut sit tua eleemosyna in occulto; Pater autem tuus, qui *te* aspicit in occulto, reddet tibi propatulo.

5 Et quum precaberis, ne esto ut hypocritae; amant enim in conventibus et in angulis platearum stantes precari, ut appareant hominibus, amen dico vobis, retulerunt mercedem suam.

6 Tu verò, quum precaris, introïto in conclave tuum; et clauso ostio tuo, precare Patrem tuum in occulto; et Pater tuus, qui *te* aspicit in occulto, reddet tibi in propatulo.

7 Precantes autem ne eadem blaterate, ut ethnici; putant enim fore ut suâ illâ loquacitate exaudiantur.

8 Ne igitur ipsis assimilamini: norit enim Pater ille vester, quibus sit vobis opus, antequan vos petatis ab eo.

9 Vos igitur ita precamini: PATER noster, qui *es* in coelis, sanctificetur nomen tuum:

10 Veniat regnum tuum: Fiat voluntas tua, sicut in coelo, *ita* etiam in terrâ:

11 Panem nostrum quotidianum da nobis hodie:

12 Et remitte nobis debita nostra, sicut et nos remittimus debitoribus nostris:

13 Et ne nos inducas in tentationem, sed libera nos ab illo malo Quia tuum est regnum, et potentia et gloria in secula. Amen.

14 Nam si remiseritis hominibus suos lapsus, remittet etiam vobis Pater ille vester coelestis:

15 Sin autem non remiseritis hominibus ipsorum lapsus, nec Pater vester remittet vobis offensas vestras.

16 Quum autem jejunatis, ne estote, ut hypocritae, tetrico vultu; deformant enim facies suas, ut appareant hominibus jejunare: amen dico vobis, retulerunt mercedem suam.

17 Tu verò, quum jejunas, unge caput tuum, et faciem tuam lava;

18 Ut ne appareas hominibus jejunare, sed Patri tuo, qui *est* in occulto, et Pater tuus, qui aspicit in occulto, reddet tibi in propatulo.

19 ¶ Ne thesauros recondite in terrâ, ubi tinea et erosio corrumpit, et ubi fures perfodiunt ac furantur:

20 Sed recondite vobis thesauros in coelo, ubi neque tinea neque erosio corrumpit, et ubi fures non perfodiunt, neque furantur:

21 Nam ubi est thesaurus vester, illic erit etiam cor vestrum.

22 Lucerna corporis est oculus: itaque si oculus tuus simplex fuerit, totum corpus tuum lucidum erit:

23 Sin autem oculus tuus malus fuerit, totum corpus tuum tenebrosum erit. Ergo si lumen, quod est in te, tenebrae sunt, ipsae tenebrae quantae?

24 Nemo potest duobus dominis servire; aut enim unum habebit odio, et alterum diliget; aut uni adhaerebit, et alterum contemnet. Non potestis Deo servire et mammonae.

25 Propterea dico vobis, Ne estote soliciti de animâ vestrâ, quid esuri sitis, aut quid bibituri; neque de corpore vestro quâ re sitis induendi

Nonne anima plus est quàm alimentum, et corpus quàm vestitus?

26 Intuemini in volucres coeli; non enim serunt, neque metuunt, neque cogunt in horrea; sed Pater ille vester coelestis alit eas. Nonne vos multò praestatis eis?

27 Quis autem ex vobis solicitè cogitando potest apponere ad staturam suam cubitum unum?

28 Ac de vestitu quid soliciti estis? Discite quomodo lilia agrorum augescant: non fatigantur, neque nent.

29 Sed dico vobis, ne Solomonem quidem cum universâ gloriâ suâ sic amictum fuisse ut unum ex istis.

30 Quòd si herbam agri, quae hodie exstat, et cras in clibanum conjicitur, Deus ita circumvestit; nonne vos multò magis, ô exiguâ fide praediti?

31 Ne igitur estote soliciti, dicentes, Quid edemus, aut Quid bibemus, aut Quo amiciemur?

32 (Nam omnia ista gentes requirunt:) novit enim Pater ille vester coelestis vos indigere his omnibus.

33 Sed quaerite primò regnum Dei, et justitiam ejus; et ista omnia adjicientur vobis.

34 Ne igitur estote soliciti de crastino: nam crastinus *dies* solicitus erit de rebus suis: sufficit diei sua vexatio.

CAP. VII.

NE judicate, ut ne judicemini.
2 Quo enim judicio judicatis, judicabimini: et quâ mensurâ metimini, *eâdem* contrà metietur vobis.

3 Quid autem spectas festucam, quae est in oculo fratris tui; trabem verò, quae est in oculo tuo, non animadvertis?

4 Aut quomodo dices fratri tuo, Sine ejiciam festucam ex oculo tuo; et, ecce, trabes in oculo tuo?

5 Hypocrita, ejice primùm trabem illam ex oculo tuo; et tum dispicies ut ejicias festucam ex oculo fratris tui.

6 Ne date *quod* sanctum *est* canibus, nec projicite margaritas vestras coram porcis; nequando conculcent eas pedibus suis, et conversi lacerent vos.

7 Petite, et dabitur vobis: quaerite, et invenietis: pulsate, et aperietur vobis.

8 Quisquis enim petit, accipit: et qui quaerit, invenit: et ei qui pulsat aperietur.

9 Nam quis est ex vobis homo, qui, si filius ejus petierit ab eo panem, det ei lapidem?

10 Et si piscem petierit, num serpentem dabit ei?

11 Si vos igitur, qui mali estis, nôstis dona bona dare liberis vestris, quanto magis Pater ille vester, qui est in coelis, dabit bona iis qui petierint ab ipso?

12 Quaecunque igitur volueritis ut faciant vobis homines, ita et vos facite eis: ista enim est lex et prophetae.

13 Introïte per angustam portam: quoniam lata est porta, et spatiosa via, quae abducit in exitium, multique sunt qui introëunt per eam:

14 Quia angusta est porta, et stricta via, quae ducit ad vitam; et pauci sunt qui inveniunt eam.

15 Cavete verò vobis a pseudoprophetis, qui veniunt ad vos cum vestimentis ovium, sed intrinsecus sunt lupi rapaces:

16 A fructibus eorum agnosceti eos. Num colligunt ex spinis uvam, aut ex tribulis ficus?

17 Ita omnis arbor bona fert fructus bonos; putris autem arbor fert fructus putres.

18 Non potest arbor bona fructus malos ferre, neque arbor mala fructus bonos ferre.

19 Quaecunque arbor non fert fructum bonum, exciditur, et in ignem conjicitur.

20 Nempe igitur ex fructibus ipsorum agnoscetis eos.

21 ¶ Non quisquis dicit mihi, Domine, Domine, introïbit in regnum coelorum; sed qui facit quod vult Pater meus, qui in coelis est.

22 Multi dicent mihi die illo, Do-

MATTHAEUS, VIII.

nine, Domine, nonne *per nomen* tuum prophetavimus, et in nomine tuo daemonia ejecimus, et *per* nomen tuum multas virtutes edidimus?

23 Tunc autem profitebor eis, Certè nunquam novi vos: discedite a me qui operam datis transgressioni legis.

24 Quisquis igitur audit ex me sermones istos, et eos praestat, assimilabo eum viro prudenti, qui aedificavit domum suam super petram:

25 Decidit autem nimbus, et venerunt flumina, et flaverunt venti, et nciderunt domui illi: sed non cecidit, fundata enim fuerat super petram.

26 Et quisquis audit ex me hos sermones, et eos non praestat, assimilabitur viro fatuo, qui aedificavit domum suam super arenam:

27 Descendit autem pluvia, et venerunt flumina, et flaverunt venti, et impegerunt in domum illam: et cecidit, et fuit casus ejus magnus.

28 Factum est autem, quum finisset Jesus sermones istos, ut percelleretur turba super doctrinâ ipsius.

29 Docebat enim eos ut habens auctoritatem, non autem ut scribae.

CAP. VIII.

DESCENDENTEM autem eum e monte sequuta est turba multa.

2 Et, ecce, leprosus quum venisset, adoravit eum, dicens, Domine, si velis, potes me purgare.

3 Extensáque manu tetigit eum Jesus, dicens, Volo, purgator. Statim igitur purgata fuit ejus lepra.

4 Tunc dicit ei Jesus, Vide *ut* nulli dicas: sed abi, ostende te sacerdoti, et offer donum illud quod imperavit Moses, *ut hoc sit* eis testimonio.

5 ¶ Ingressum autem Jesum Capernaum adiit centurio, precans eum,

6 Et dicens, Domine, puer meus projectus est domi paralyticus, et vehementer torquetur.

7 Tunc dicit ei Jesus, Ego quum venero, sanabo eum.

8 Et respondens centurio dixit, Domine, non sum dignus ut sub tectum meum ingrediaris; sed solùm loquere, et sanabitur puer meus.

9 Etenim ego sum homo sub potestate *constitutus*, habens sub me milites: et dico huic, Proficiscere, et proficiscitur; et alteri, Veni, et venit et servo meo, Fac hoc, et facit.

10 *Haec* autem quum audisset Jesus, miratus est, et dixit iis qui sequebantur, Amen dico vobis, ne in Israële quidem tantam fidem inveni.

11 Dico autem vobis, multos ab Oriente et Occidente venturos, et accubituros cum Abrahamo, et Isaaco, et Jacobo, in regno coelorum:

12 Filios veró regni ejectum iri in tenebras illas exteras: illic erit fletus et stridor dentium.

13 Et dixit Jesus centurioni, Abi; et, ut credidisti, fiat tibi. Sanatusque est puer ejus eo ipso momento.

14 ¶ Et quum venisset Jesus domum Petri, vidit socrum ejus in lecto projectam, et febricitantem:

15 Tetigitque manum ejus, et dimisit eam febris: et surrexit, ac ministravit eis.

16 Quum autem serum *diei* esset, obtulerunt ei daemoniacos multos: et ejecit spiritus verbo, omnesque malè habentes sanavit:

17 Ut impleretur quod dictum est per Esaiam prophetam, dicentem, Ipse invaletudines nostras accepit, et morbos portavit.

18 ¶ Quum vidisset autem Jesus turbam multam circum sese, jussit ut abiretur in ulteriorem *ripam*.

19 Et quum accessisset quidam scriba, dixit ei, Magister, sequar te quocunque abieris.

20 Tunc dicit ei Jesus, Vulpes habent lustra, et volucres coeli nidos: Filius autem hominis non habet ubi caput reclinet.

21 Alius autem ex discipulis ejus dixit ei, Domine, permitte mihi primùm abire et sepelire patrem meum.

22 Jesus autem dixit ei, Sequere me, et sine ut mortui sepeliant mortuos suos.

23 Ipsum autem ingressum in na

rigium, sequuti sunt eum discipuli ejus.

24 Et, ecce, concussio magna facta est in mari, adeô ut navis operiretur fluctibus; ipse verô dormiebat.

25 Et accedentes discipuli excitaverunt eum, dicentes, Domine, serva nos, perimus!

26 *Ipse* verô dixit eis, Quid timidi estis, ô exiguâ fide praediti? Tunc experrectus objurgavit ventos et mare; et facta est tranquillitas magna.

27 Homines autem illi mirati sunt, dicentes, Qualis est iste, quòd venti quoque et mare auscultant ei?

28 ¶ Et quum venisset ipse ad ulteriorem ripam, in regionem Gergesenorum, occurrerunt ei duo daemoniaci, e monumentis prodeuntes, saevi valde, adeô ut non valeret quisquam praeterire per viam illam.

29 Et, ecce, clamârunt, dicentes, Quid nobis tecum, Jesu, Fili Dei? venisti huc vexatum nos ante constitutum tempus?

30 Erat autem longè ab eis grex porcorum multorum pascens.

31 Daemones verô precabantur eum, dicentes, Si ejicis nos, permitte nobis abire in gregem porcorum illorum.

32 Et ait eis, Abite. Illi verô egressi, abiêrunt in illum gregem porcorum: et, ecce, ruit totus ille grex porcorum e praecipitio in mare, et mortui sunt in aquis.

33 Pastores autem fugerunt; et quum abiissent in urbem, renunciârunt omnia, et quae daemoniacis facta fuerant.

34 Et, ecce, tota urbs illa exivit in occursum Jesu; et quum vidissent eum, rogârunt ut digrederetur a finibus suis

CAP. IX.

INGRESSUS igitur navigium, trajecit, et venit in suam urbem.

2 Et, ecce, obtulerunt ei paralyticum in lecto projectum: quumque vidisset Jesus fidem eorum, dixit paralytico, Confide, fili, remissa sunt tibi peccata tua.

3 Et, ecce, quidam e Scribis dicebant apud se, Iste blasphemat.

4 Et quum vidisset Jesus cogitationes eorum, dixit, Quid cogitatis mala in cordibus vestris?

5 Utrum enim est facilius di ere Remissa sunt tibi peccata; an licere Surge et ambula?

6 Ut autem sciatis potestatem habere Filium hominis in terrâ remittendi peccata: (tunc dixit paralytico Surge, attolle tuum lectum, et abi domum tuam.

7 Tunc *ille* surrexit, abiitque domum suam.

8 Turba verô quum *hoc* vidisset, mirata est, et glorificavit Deum, qui dedisset talem potestatem hominibus.

9 ¶ Et quum digrederetur Jesus illinc, vidit quendam sedentem ad telonium, qui Matthaeus dicebatur; et dixit ei, Sequere me. Atque *is* surgens, sequutus est eum.

10 Et, ecce, factum est, quum Jesus accumberet domi *illius*, ecce, ut multi publicani et peccatores, qui venerant, simul accubuerunt cum Jesu et discipulis ejus.

11 Quum autem *id* vidissent Pharisaei, dixerunt discipulis ejus, Quare cum publicanis et peccatoribus edit doctor ille vester?

12 Jesus autem quum *hoc* audisset, dixit eis, Iis qui valent non est opus medico, sed iis qui malè *se* habent.

13 Ite verô et discite quid sit, Miserationem volo, et non sacrificium: non enim veni vocatum justos, sed peccatores ad resipiscentiam.

14 ¶ Tunc adeunt eum discipuli Joannis, dicentes, Quare nos et Pharisaei multùm jejunamus, discipuli verô tui non jejunant?

15 Et dixit eis Jesus, Num possunt filii thalami lugere, quamdiu cum eis est sponsus? aderunt autem dies, quum tolletur ab eis sponsus; et tum jejunabunt.

16 Nullus autem indit pannicuium

MATTHAEUS, X.

novum in vestimentun vetus; illud enim ipsius supplementum tollit *aliquid* ex illo vestimento, et fit pejor fissura.

17 Neque injiciunt vinum novum n utres veteres: alioqui rumpuntur utres, e? *tum* vinum effunditur, tum utres pereunt: sed injiciunt vinum novum in utres recentes, et utraque conservantur.

18 ¶ Haec eo loquente ipsis, ecce, quidam praefectus *synagogae* venit, et adoravit eum, dicens, Filia mea modò defuncta est: sed veni, et impone manum tuam super eam, et vivet.

19 Tunc surgens Jesus, sequutus est eum, et discipuli ejus.

20 Et, ecce, mulier sanguinis profluvio laborans a duodecim annis, accedens a tergo, tetigit fimbriam vestimenti illius:

21 Dicebat enim apud se, Si solùm tetigero vestimentum ejus, liberabor.

22 Jesus verò conversus, et intuitus eam, dixit, Confide, filia; fides tua te liberavit. Et liberata fuit mulier ab eo momento.

23 Et quum venisset Jesus domum praefecti *synagogae*, vidissetque tibicines et turbam tumultuantem.

24 Dicit eis, Recedite; non enim mortua est puella, sed dormit. Et deridebant eum.

25 Quum autem fuisset ejecta turba, ingressus prehendit manum ejus, et surrexit adolescentula.

26 Et exiit haec fama in totam illam regionem.

27 ¶ Quumque digrederetur illinc Jesus, sequuti sunt eum duo caeci, clamantes, et dicentes, Miserere nostri, Fi j David!

28 Quum autem venisset domum, adiêrunt eum caeci illi; et dicit eis Jesus, Creditis me hoc posse facere? Dicunt ei, Etiam, Domine.

29 Tunc tetigit oculos eorum, dicens, Secundùm fidem vestram fiat vobis.

30 Et aperti sunt oculi eorum: et graviter interminatus est eis Jesus, dicens, Videte nemo sciat

31 At illi egressi sparserunt ejus famam in totâ illâ regione.

32 ¶ Ipsis autem egredientibus, ecce, obtulerunt ei hominem mutum daemoniacum.

33 Et ejecto daemonio, loquutus est mutus: et mirata est turba, dicens, Nunquam apparuit tale quidpiam in Israële.

34 Pharisaei verò dicebant, Per principem daemoniorum ejicit daemonia.

35 ¶ Et obibat Jesus urbes omnes ac vicos, docens in synagogis eorum, et praedicans evangelium regni, et sanans quemvis morbum et quemvis languorem in populo.

36 Quum vidisset autem turbam, commiseratione intimâ commotus est super eis, quòd essent dissipati, et disjecti quasi oves non habentes pastorem.

37 Tunc dicit discipulis suis, Ipsa quidem messis multa, operarii autem pauci:

38 Rogate igitur Dominum messis, ut emittat operarios in messem suam.

CAP. X.

TUNC advocatis duodecim discipulis suis, dedit eis potestatem adversùs spiritus impuros, ut ejicerent eos, et sanarent omnem morbum et omnem languorem.

2 Porrò duodecim apostolorum nomina sunt haec: Primus, Simon qui dicitur Petrus, et Andreas frater ejus, Jacobus filius Zebedaei, et Joannes frater ejus;

3 Philippus, et Bartholomaeus; Thomas et Matthaeus ille publicanus; Jacobus *filius* Alphaei; et Lebbaeus, cognominatus Thaddaeus;

4 Simon Canaanites: et Judas Iscariotes, qui etiam prodidit eum.

5 Hos duodecim misit Jesus, et addidit eis mandata, dicens, In viam gentium ne abieritis, et in urbem Samaritanorum ne ingrediamini:

6 Sed proficiscimini potiùs ad oves perditas domûs Israëlis.

MATTHAEUS, X.

7 Ite, et eüntes verò proclamate, dicentes, Appropinquavit regnum coelorum.

8 Aegrotos sanate, leprosos purgate, mortuos suscitate, daemonia ejicite: dono accepistis, dono date.

9 Ne comparate aurum, neque argentum, neque aes in zonis vestris;

10 Neque peram ad iter, neque binas tunicas, neque soleas, neque baculum: nam dignus est operarius alimento suo.

11 In quamcunque verò urbem aut vicum introieritis, exquirite quis in eâ sit dignus: et illic manete usquedum exeatis.

12 Introeüntes autem domum, salutate eam.

13 Et si quidem fuerit domus digna, venito pax vestra super eam: sin autem non fuerit digna, pax vestra ad vos revertitor.

14 Et quicunque non exceperit vos, neque audierit sermones vestros, exeuntes domo aut ex urbe illâ, excutite pulverem pedum vestrorum.

15 Amen dico vobis, tolerabilior erit conditio terrae Sodomorum et Gomorrhaeorum in die judicii, quàm urbis illius.

16 Ecce, ego mitto vos ut oves in medium luporum: estote igitur prudentes ut serpentes, et simplices ut columbae.

17 Cavete verò ab hominibus: tradent enim vos in consessus, et in conventibus suis flagellabunt vos:

18 Sed et ad praesides ac reges ducemini meâ causâ, *ut hoc sit*, eis et gentibus testimonium.

19 Sed quum tradent vos, ne estote soliciti quomodo aut quid loquamini; dabitur enim vobis illo momento quod loquamini.

20 Non enim vos estis qui loquimini, sed Spiritus Patris vestri *is est* ui loquitur in vobis.

21 Tradet autem frater fratrem ad mortem, et pater filium: et insurgent liberi in parentes, et morte mulctantes eos curabunt.

22 Et eritis exosi omnibus propter nomen meum: verùm qui sustinuerit ad finem usque, is servabitur.

23 Quum autem persequentur vos in eâ urbe, fugite in aliam: amen enim dico vobis, nequaquam obierītis urbes Israëlis, quin venerit Filius hominis.

24 Non est discipulus supra doctorem, neque servus supra dominum suum.

25 Sufficiat discipulo ut sit sic doctor ipsius, et *ut* servus *sit* sic dominus ipsius. Si ipsum patremfamiliâs Beelzebulem vocârunt, quanto magis domesticos ejus?

26 Itaque ne eos timete: nihil enim est opertum, quod non sit retegendum; et nihil occultum, quod non sit cognoscendum.

27 Quod dico vobis in tenebris, dicite in luce: et quod in aurem auditis, praedicate in solariis.

28 Et ne timete *vobis* ab iis qui trucidant corpus, animam autem non possunt trucidare: sed timete potiùs eum qui potest et animam et corpus perdere in Gehennâ.

29 Nonne duo passerculi assario veneunt? et unus ex eis non cadet in terram sine Patre vestro.

30 Vestri verò etiam capilli capitis omnes numerati sunt.

31 Ne igitur timete: vos multis passerculis praestatis.

32 Quisquis igitur agnoscet me coram hominibus, agnoscam et ego eum coram Patri meo qui est in coelis.

33 Quisquis autem abnegaverit me coram hominibus, abnegabo eum et ego coram Patre meo qui est in coelis.

34 Ne existimate me venisse immissurum pacem in terram: non ven immissurus pacem, sed gladium.

35 Nam veni facturus ut dissideat filius a patre suo, et filia a matre suâ, et nurus a socru suâ.

36 Et inimici hominis *erunt qui sunt* domestici ipsius.

37 Qui amat patrem aut matrem supra me, non est me dignus: et qui amat filium aut filiam supra me, nor est me dignus.

MATTHAEUS, XI.

38 Et qui non accipit crucem suam, ac pone me sequitur, non est me dignus.

39 Qui invenerit animam suam, perdet eam: et qui perdiderit animam suam meâ caussâ, inveniet am.

40 Qui recipit vos, me recipit; et qui me recipit, recipit eum qui misit me

41 Qui recipit prophetam nomine prophetae, mercedem prophetae accipiet: et qui recipit justum nomine justi, mercedem justi accipiet.

42 Et quicunque potum dederit uni ex his parvis poculum frigidae, solùm nomine discipuli, amen dico vobis, non perdiderit mercedem suam.

CAP. XI.

ET factum est, quum finem fecisset Jesus praecipiendi duodecim discipulis suis, ut digressus illinc doceret, et praedicaret, in urbibus eorum.

2 ¶ Joannes autem, quum audisset in vinculis opera Christi, missis duobus ex discipulis suis,

3 Dixit ei, Tune is es qui venturus erat, an alium expectabimus?

4 Et respondens Jesus dixit eis, Ite et renunciate Joanni quae auditis et videtis:

5 Caeci visum recipiunt, et claudi ambulant, leprosi mundantur, et surdi audiunt, mortui suscitantur, et pauperibus evangelizatur:

6 Et beatus est qui non fuerit offensus in me.

7 Illis autem abeuntibus, coepit Jesus dicere turbae de Joanne, Quid existis in desertum spectaturi? arundinem quae agitetur a vento?

8 Sed quid exiistis visuri? hominem mollibus vestibus amictum? ecce, qui gerunt molles vestes in domibus regum sunt.

9 Sed quid exiistis visuri? prophetam? certè dico vobis etiam ampliùs quàm prophetam.

10 Iste enim est de quo scriptum est, Ecce ego mitto nuncium meum ante faciem tuam, qui praeparabit vi am tuam coram te.

11 Amen dico vobis, non est suscitatus inter genitos e mulieribus quisquam major Joanne Baptista: sed qui est minimus in regno coelorum major eo est.

12 Porrò a diebus Joannis Baptistae usque nunc, regno coelorum vi affertur, et violenti rapiunt illud.

13 Nam omnes prophetae et ipsa lex usque ad Joannem prophetârunt.

14 Et, si vultis *hoc* recipere, ipse est Elias ille, qui venturus erat.

15 Qui habet aures ad audiendum, audiat.

16 Sed cui assimilabo gentem istam? Similis est puerulis qui sedent in foris, et acclamant sodalibus suis,

17 Ac dicunt, Tibiis cecinimus vobis, et non saltâstis; lamentati sumus vobis, et non planxistis.

18 Venit enim Joannes nec edens nec bibens, et aiunt, Daemonium habet.

19 Venit Filius hominis edens ac bibens; et dicunt, Ecce homo edax, et vini potor, publicanorum amicus e peccatorum. Sed justificata est sapientia a filiis suis.

20 Tunc coepit cum probris increpare civitates in quibus editae fuerant plurimae virtutes ipsius, quòd non resipuissent; *dicens,*

21 Vae tibi, Chorazin! vae tibi, Bethsaida! nam si Tyri et Sidone editae fuissent virtutes quae editae sunt apud vos, olim cum sacco et cinere *sedentes* resipuissent.

22 Quinetiam dico vobis, Tyro et Sidoni tolerabilior erit conditio in die judicii, quàm vestra.

23 Et tu, Capernaum, quae es usque ad coelum sublata, usque ad inferos deprimêris · nam si Sodomis editae fuissent virtutes quae editae sunt apud te, mansissent usque ad hodiernum diem.

24 Quinetiam dico vobis, terrae Sodomorum tolerabilior erit conditio in die judicii, quàm tua.

25 In illo tempore respondens Je

sus dixit, Gloriam tibi tribuo, Pater, Domine coeli et terrae, quòd haec occultaveris a sapientibus et intelligentibus, et ea retexeris infantibus.

26 Etiam, Pater quia ita placuit tibi.

27 Omnia mihi tradita sunt a Patre meo: et nemo novit Filium nisi Pater; neque Patrem quisquam norit nis: Filius, et cuicunque voluerit Filius retegere.

28 Venite ad me omnes qui fatigati estis et onerati, et ego faciam ut requiescatis.

29 Attollite jugum meum in vos et discite a me; quòd initis sim et humilis corde : et invenietis requiem animabus vestris.

30 Jugum enim meum facile est, et onus meum leve est.

CAP. XII.

ILLO tempore ibat Jesus sabbato per sata: discipuli verò ipsius esuriebant, coeperuntque vellere spicas, et edere.

2 Pharisaei verò, quum *hoc* vidissent, dixerunt ei, Ecce, discipuli tui faciunt quod non licet facere sabbato.

3 Ipse autem dixit eis, Non legistis quid fecerit David, quum esuriret ipse, et qui erant cum eo?

4 Quomodo introierit domum Dei, et panes proposititios ederit, quibus vesci non erat ipsi licitum, neque iis qui cum eo erant, sed sacerdotibus solis?

5 Aut non legistis in lege, sabbatis sacerdotes in templo sabbatum profanare, et inculpabiles esse?

6 Dico autem vobis, *quendam* templo majorem hic esse.

7 Quòd si nôssetis quid sit, Misericordiam volo, et non sacrificium, non condemnâssetis inculpabiles.

8 Nam Dominus est etiam sabbati Filius hominis.

9 ¶ Et digressus illinc, venit in ynagogam eorum.

10 Et, ecce, quidam *illìc* erat manum habens aridam. Et interrogârunt eum, dicentes, Licetne sabbatis *quempiam* sanare? ut accusarent eum.

11 Ipse verò dixit eis, Quis erit ex vobis qui habeat ovem unam, et si ea inciderit sabbato in foveam, non apprehendat eam et erigat?

12 Quantùm autem homo praestat ovi? Itaque licet sabbatis benefacere.

13 Tunc dixit homini illi, Protende manum tuam. Et *is* extendit; estque restituta sana, ut altera.

14 Pharisaei verò egressi, ceperunt consilium adversùs eum, et eum perderent.

15 Jesus autem quum *hoc* nôsset, secessit illinc; sequutaque est eum turba multa, sanavitque eos omnes:

16 Et interminatus est eis, ne se manifestum facerent :

17 Ut impleretur quod dictum erat per Esaiam prophetam, dicentem,

18 Ecce servus ille meus, quem elegi; dilectus ille meus, in quo acquiescit anima mea: ponam Spiritum meum super eum, et judicium gentibus annunciabit.

19 Non litigabit, neque clamitabit; neque audiet quisquam in plateis vocem ejus.

20 Arundinem quassatam non confringet, et linum fumigans non extinguet, usquedum protulerit ad victoriam judicium.

21 Et in ejus nomine gentes sperabunt.

22 ¶ Tunc oblatus est ei daemoniacus caecus ac mutus: et sanavit eum, adeò ut qui caecus ac mutus *fuerat* et loqueretur et videret.

23 Et obstupuit tota turba, dicebatque, Nonne iste est filius ille Davidis?

24 Pharisaei verò, quum *haec* audissent, dicebant, Iste non ejicit daemonia nisi per Beelzebulem princi. pem daemoniorum.

25 Jesus autem, quum sciret cogitationes eorum, dixit eis, Omne regnum dissidens adversùs sese, vastatur: et omnis urbs aut domus dissidens adversùs seipsam, non stabit.

26 Sed si Satanas Satanam ejicit,

adversùs seipsum dissidet: quomodo ergo stabit regnum ejus?

27 Et si ego per Beelzebulem ejicio daemonia, filii vestri per quem *ea* ejiciunt? propterea ipsi erunt vestri judices.

28 Sin autem per Spiritum Dei ego ejicio daemonia, nempe pervenit ad vos regnum Dei.

29 Nam quomodo potest aliquis ingredi domum potentis *alicujus*, et vasa ejus diripere, nisi primò vinxerit potentem illum? et tunc domum illius diripiet.

30 Qui non est mecum, adversùm me est: et qui non cogit mecum, spargit.

31 Propterea dico vobis, Quodvis peccatum et blasphemia remittetur hominibus: blasphemia verò in Spiritum non remittetur hominibus.

32 Et quisquis loquutus fuerit adversùs Filium hominis, remittetur ei: quisquis autem fuerit loquutus adversùs Spiritum sanctum, non remittetur ei, neque in hoc seculo, neque in futuro.

33 Aut facite arborem bonam, et fructum ejus bonum; aut facite arborem putrem, et fructum ejus putrem: nam e fructu arbor cognoscitur.

34 Progenies viperarum, quomodo possitis bona loqui, quum sitis mali? nam ex redundantiâ cordis os loquitur.

35 Bonus homo e bono thesauro cordis profert bona: et malus homo ex malo thesauro profert mala.

36 Sed dico vobis, quodcunque verbum otiosum loquuti fuerint homines, de eo reddituros rationem in die judicii.

37 Ex sermonibus enim tuis justificaberis, et ex sermonibus tuis condemnaberis.

38 ¶ Tunc responderunt quidam e scribis ac Pharisaeis, dicentes, Praeceptor, velimus ex te signum videre.

39 Ipse verò respondens dixit eis, Gens mala et adulterina signum requirit; sed signum non dabitur ei, nisi signum illud Jonae prophetae:

40 Sicut enim fuit Jonas in ventre ceti tres dies et tres noctes, ita erit Filius hominis in corde terrae tres dies et tres noctes.

41 Ninevitae resurgent in judicio cum gente istâ, et condemnabunt eam: quòd ipsi resipuerint ad praeconium Jonae; et, ecce, plus quàm Jonas *est* in hoc loco.

42 Regina Austri surget in judicio cum gente istâ, et condemnabit eam: quòd venerit a terminis terrae, ut audiret sapientiam Solomonis; et, ecce, plus quàm Solomon *est* in hoc loco.

43 Caeterùm quum impurus spiritus exierit a quopiam, ambulat per arida loca, quaerens requiem, et non invenit.

44 Tunc dicit, Revertar domum meam, unde exivi. Et quum venit, invenit *eam* vacantem, versam, et ornatam.

45 Tunc abit, et accipit secum septem alios spiritus pejores quàm ipse *sit*, et ingressi habitant illic; fitque ultima conditio hominis illius deterior priore. Ita etiam erit genti isti malae.

46 ¶ Quum autem adhuc loqueretur turbae, ecce, mater et fratres ejus adstiterunt foris, quaerentes ejus colloquium.

47 Dixit autem ei quidam, Ecce, mater tua et fratres tui foris adstant, quaerentes tuum colloquium.

48 Ipse verò respondens dixit illi qui *hoc* ei dixerat, Quae est mater mea? et qui sunt fratres mei?

49 Et protensâ manu suâ in discipulos suos, dix't, Ecce mater mea e fratres mei!

50 Quisquis enim fecerit quod vul Pater ille meus qui est in coelis, est meus frater, et soror, et mater.

CAP. XIII.

ILLO verò die egressus Jesus domo, sedit apud mare.

2 Et coacta est ad eum turba mul

MATTHAEUS, XIII.

ia, adeò ut navigium ingressus sederet: tota autem turba in littore adstabat.

3 Et loquutus est eis multa per parabolas, dicens, Ecce, *quidam* satot exiit ad serendum :

4 Et quum is seminaret, alia quidem ceciderunt secundùm viam; et venerunt volucres, et devoraverunt ea.

5 Alia verò ceciderunt in petrosa, ibi non habebant terram multam; et statim exorta sunt, propterea quòd non haoebant profundam terram :

6 Sole autem exorto, ardore tacta su it; et propterea quòd non habebant radicem, exaruerunt.

7 Alia verò ceciderunt in spinas ; et ascenderunt spinae, et suffocârunt ea.

8 Alia verò ceciderunt in terram bonam, et ediderunt fructum, aliud quidem centena, aliud verò sexagena, aliud verò tricena.

9 Qui habet aures ad audiendum, audiat.

10 Tunc accedentes discipuli dixerunt ei, Quare per parabolas loqueris eis ?

11 Ipse verò respondens dixit eis, Quia vobis datum est nósse mysteria regni coelorum ; illis autem non est datum.

12 Quisquis autem habet, dabitur ei, et amplius habebit; quisquis autem non habet, etiam quod habet tolletur ab eo.

13 Propterea per parabolas loquor eis ; quia videntes non vident, et audientes non audiunt, nec intelligunt.

14 Itaque completur in ipsis prophetia Esaiae, quae dicit, Auditu audietis, et non intelligetis ; et videntes videbitis, et non cernetis.

15 Crassum factum est enim co: populi hujus, et auribus graviter audierunt, et oculis suis conniverunt ; ne quando cernant oculis, et auribus audiant, et corde intelligant, et se convertant, et sanem eos.

16 Vestri verò beati sunt oculi, quòd videant, et aures vestrae, quòd audiant

17 Amen enim dico vobis, multi prophetae et justi desiderârunt videre quae videtis, et non viderunt ; et audire quae auditis, et non audierunt.

18 Vos igitur audite parabolam e jus qui seminat.

19 Quoties quispiam audit sermonem de regno illo, et non attendit venit ille Malus, et rapit quod satum est in corde ipsius : is est qui secundùm viam semen excepit.

20 Qui verò in petrosa semen excepit, is est qui sermonem audit, et eum statim cum gaudio excipit.

21 Non habet autem radicem in sese, sed temporarius est ; ortâque compressione vel persecutione propter sermonem, statim offenditur.

22 Qui verò in spinas semen excepit, is est qui sermonem audit ; sed solicitudo seculi hujus, et fallacia divitiarum, suffocat sermonem, qui sit fructûs expers.

23 Qui verò in terram bonam excepit semen, is est qui sermonem audit, et intelligentiam intendit ; qui videlicet fructum fert, editque, alius quidem centena, alius sexagena, alius verò tricena.

24 Aliam parabolam proposuit eis, dicens, Simile est regnum coelorum homini serenti bonum semen in agro suo :

25 Quum autem dormirent homines, venit ejus inimicus, et sevit zizania inter triticum et abiit.

26 Quum verò germinâsset herba, et fructum edidisset, tunc apparuerunt etiam zizania.

27 Accedentes autem servi patrisfamiliâs, dixerunt ei, Domine, nonne bonum semen sevisti in tuo agro ? unde ergo habet zizania ?

28 Ille verò dixit eis, Inimicus quispiam hoc fecit. Servi autem dixerunt ei, Vis, igitur, al eamus et colligamus ea ?

29 At ille dixit, Non ; ne colligea do zizania eradicetis simul cum eis triticum.

30 Sinite utraque simul crescere usque ad messem et tempore messis

MATTHAEUS, XIII.

ficam messoribus, Colligite primùm zizania, et ligate ea in fasciculos, ad exurendum ea; triticum verò cogite in horreum meum.

31 Aliam parabolam proposuit eis, dicens, Simile est regnum coelorum grano sinapis, quod acceptum quispiam sevit in agro suo.

32 Quod minimum quidèm est omnium seminum: quum autem excreverit, maximum est olerum, et arborescit, adeò ut veniant volucres coeli et nidulentur in ramis ipsius.

33 Aliam parabolam loquutus est eis *dicens*. Simile est regnum coelorum fermento, quod acceptum mulier indidit in farinae sata tria, usquequo fermentaretur tota.

34 Haec omnia loquutus est Jesus per parabolas ad turbam; et absque parabolâ nihil loquutus est eis:

35 Ut compleretur quod dictum fuit per prophetam, dicentem, Aperiam per parabolas os meum: eructabo occultata a jacto mundi fundamento.

36 Tunc dimissâ turbâ, venit domum Jesus; et adierunt eum discipuli ejus, dicentes, Edissere nobis parabolam zizaniorum agri illius.

37 Ipse verò respondens dixit eis, Qui seminat bonum semen est Filius hominis.

38 Ager autem est mundus: bonum verò semen sunt filii regni; zizania verò sunt filii illius Mali:

39 Inimicus autem, qui seminavit ea, est diabolus: messis verò consummatio seculi est; messores autem angeli sunt.

40 Sicut ergo colligitur zizania, et igni exuruntur; ita erit in consummatione seculi hujus.

41 Mittet Filius hominis angelos suos, qui colligent ex ipsius regno omnia offendicula, et eos qui dant operam transgressioni legis?

42 Projicientque eos in fornacem ignis: illic erit fletus, stridorque dentium.

43 Tunc justi effulgebunt ut sol, in regno Patris sui. Qui habet aures ad audiendum, at diat.

44 Rursus: Simile est regnum coelorum thesauro occultato in agro; quem nactus quispiam occuluit, et, prae gaudio quod accipit ex eo, subducit *sese* et omnia quae habet vendit emitque agrum illum.

45 Rursus: Simile est regnum coelorum cuipiam negotiatori, quae renti pulchras margaritas;

46 Qui, nactus quandam magni pretii margaritam, abiit, et venundedit omnia quae habebat, et emit eam.

47 Rursum: Simile est regnum coelorum sagenae jactae in mare, et quae res cujusvis generis coëgit:

48 Quam impletam *piscatores* subduxerunt in littus, et, sedentes, quae bona erant in vasa collegerunt; quae verò putria, extrà abjecerunt.

49 Ita erit in consummatione seculi: prodibunt angeli, et segregabunt malos e medio justorum;

50 Projicientque eos in caminum ignis: illic erit fletus et stridor dentium.

51 Dicit eis Jesus, Intellexistis haec omnia? Dicunt ei, Etiam Domine.

52 Ipse verò dixit eis, Propterea omnis scriba edoctus in regno coelorum, similis est cuipiam patrifamiliâs, qui profert e thesauro suo nova et vetera.

53 ¶ Et factum est, quum finisset Jesus parabolas istas, ut solveret illinc.

54 Et quum venisset in patriam suam, docuit eos in synagogâ eorum, *adeò* ut percellerentur, ac dicerent, Unde huic sapientia ista ac virtutes?

55 Nonne iste est ille fabri filius? Nonne mater ejus dicitur Maria? et fratres ejus Jacobus, et Joses, et Simon, et Judas?

56 Et sorores ejus, nonne omnes apud nos sunt? Unde igitur isti haec omnia?

57 Et offendebantur in eo. Jesus autem dixit eis, Non est propheta inhonoratus, nisi in patriâ suâ et domo suâ

MATTHAEUS, XIV.

58 Neque edidit illic virtutes multas, propter incredulitatem eorum.

CAP. XIV.

ILLO tempore audivit Herodes tetrarcha famam de Jesu:

2 Et dixit pueris suis, Iste est Joannes ille Baptista; ipse suscitatus est ex mortuis, et propterea virtutes gunt in eo.

3 Nam Herodes prehensum Joannem vinxerat, et conjecerat in carcerem, propter Herodiadem uxorem Philippi fratris sui.

4 Dicebat enim ei Joannes, Non licet tibi eam habere.

5 Et quum cuperet eum occidere, timuerat turbam, quòd eum haberent ut prophetam.

6 Quum autem agerentur natalitia Herodis, saltaverat filia Herodiadis in medio, et placuerat Herodi.

7 Unde cum jurejurando spoponderat, se daturum ei quicquid petiisset.

8 Illa verò praedocta a matre suâ, Da mihi, inquit, hìc in patinâ caput Joannis Baptistae.

9 Et contristatus fuerat rex: sed propter jusjurandum, et eos qui simul accumbebant, jusserat dari.

10 Et, misso carnifice, decollaverat Joannem in carcere.

11 Et allatum fuerat caput ejus in patinâ, datumque puellae; et ipsa obtulerat illud matri suae.

12 Et quum accessissent discipuli ejus, sustulerunt corpus illius, illudque sepelierunt; veneruntque et renunciaverunt Jesu.

13 Haec igitur quum audisset Jesus, secessit illinc e navigio in desertum locum privatim; et quum hoc audisset turba, pedibus sequuta est eum ab urbibus.

14 ¶ Et egressus Jesus vidit multam turbam; et commiseratione intimâ commotus est erga eos, sanavitque eorum aegrotos.

15 Quum autem serum diei esset, adierunt eum discipuli ejus, dicentes, Desertus est locus, et tempus jam praeteriit; dimitte turbam, ut aoeuntes in vicos emant sibi escas.

16 Jesus autem dixit eis, Non habent necesse abire; date eis vos quo vescantur.

17 Ipsi verò dicunt ei, Non habemus hìc nisi quinque panes et duos pisces.

18 Ipse autem dixit, Adferte mihi eos huc.

19 Et jussâ turbâ per herbas discumbere, acceptis quinque illis panibus ac duobus piscibus, suspiciens in coelum benedixit; et quum fregisset, dedit discipulis panes, discipuli verò turbae.

20 Et comederunt omnes, et saturati sunt: sustuleruntque quod superfuerat fragmentorum, duodecim cophinos plenos.

21 Qui autem ederant fuêre viri quasi quinquies mille, absque mulieribus ac puerulis.

22 ¶ Et statim adegit Jesus discipulos suos inscendere in navigium, et praeire sibi in ripam alteram dum dimitteret turbam.

23 Dimissâ igitur turbâ, ascendit in montem privatim ad orandum: quum autem serum diei esset, solus erat illìc.

24 Navigium verò jam in medio maris erat, vexatum a fluctibus: nam ventus erat contrarius.

25 Quartâ autem noctis vigiliâ abiit ad eos Jesus, ambulans super mare.

26 Et eo viso super mare ambulante, discipuli turbati sunt, dicentes, Spectrum est: et prae metu clamârunt.

27 Sed statim loquutus est eis Jesus, dicens, Confidite; ego sum; ne timete.

28 Respondens autem ei Petrus, dixit, Domine, si tu es, jube me ad te venire super aquas.

29 Ipse verò dixit, Veni. Et quum descendisset e navigio Petrus, ambulavit super aquas, ut veniret ad Jesum:

30 Videns autem ventum validum

MATTHAEUS, XV

timuit: et quum coepisset demergi, clamavit, dicens, Domine, serva me!

31 Statim verò Jesus, extensâ manu, apprehendit eum, dicitque ei, Exiguâ fide praedite, quid dubitâsti?

32 Et quum ipsi essent ingressi navigium, pacatus fuit ventus.

33 Qui autem erant in navigio venientes adoraverunt eum, dicentes, Verè Dei Filius es.

34 ¶ Et quum trajecissent, venerunt in terram Gennesaret.

35 Et quum agnovissent eum viri loci illius, miserunt in totam circumjacentem illam regionem, et obtulerunt ei omnes male affectos:

36 Et precabantur eum, ut solùm tangerent fimbriam pallii ipsius: et quotquot tetigerunt, liberati sunt.

CAP. XV.

TUNC quidam *qui* Hierosolymis *advenerant* scribae et Pharisaei adierunt Jesum, dicentes,

2 Quare discipuli tui transgrediuntur traditionem seniorum? non enim lavant manus suas, quum edunt panem.

3 At ille respondens dixit eis, Quare et vos transgredimini mandatum Dei per traditionem vestram?

4 Nam Deus mandavit, dicens, Honora patrem tuum et matrem; et, Qui maledixerit patri aut matri, morte moriatur.

5 Vos autem dicitis, Quicunque dixerit patri aut matri, Donum *est*, quocunque a me juvari posses, *insons erit;* et nequaquam honoraverit patrem suum aut matrem suam.

6 Et irritum fecistis mandatum Dei per traditionem vestram.

7 Hypocritae, bene de vobis prophetavit Esaias, dicens,

8 Appropinquat mihi populus hic ore suo, et labiis me honorat; cor autem eorum procul abest a me.

9 Sed frustrà me colunt, docentes doctrinas *quae sunt* mandata hominum.

10 Et advocatâ turbâ dixit eis, Audite, et intelligite.

11 Non quod ingreditur in os pol luit hominem; sed quod egreditur ex ore, hoc polluit hominem.

12 Tunc accedentes discipuli ejus dixerunt ei, Nôsti Pharisaeos audito isto sermone offensos fuisse?

13 Ipse verò respondens dixit, Omnis planta quam non plantavit Pater ille meus coelestis, eradicabitur.

14 Omittite illos; duces sunt caeci caecorum · quòd si caecus caecum per viam duxerit, ambo in foveam cadent.

15 Respondens autem Petrus dixit ei: Edissere nobis parabolam istam.

16 Jesus autem dixit, Adhuc et vos intelligentiâ caretis?

17 Nondum intelligitis, quicquid ingreditur in os, in ventrem cadere, et in latrinam ejici?

18 Quae autem proficiscuntur ex ore, ex ipso corde egrediuntur; et illa polluunt hominem:

19 Nam ex corde egrediuntur cogitationes malae, caedes, adulteria, scortationes, furta, falsa testimonia, maledicta:

20 Haec sunt quae polluunt hominem: illotis autem manibus vesci non polluit hominem.

21 ¶ Et egressus illinc, Jesus secessit in partes Tyri et Sidonis.

22 Et, ecce, mulier Chananaea a finibus illis egressa, clamitavit, dicens ei, Miserere mei, Domine, fili David! filia mea malè a daemonio vexatur.

23 Ille verò non respondit ei quicquam. Tunc accedentes discipuli ejus rogârunt eum, dicentes, Dimitte eam; nam clamat post nos.

24 Ipse verò respondens dixit. Non sum missus nisi ad oves perditas domûs Israëlis.

25 Illa autem venit et adoravit eum, dicens, Domine, succurre mihi:

26 Ipse verò respondens dixit, non est bonum accipere panem liberorum, et objicere catellis.

27 Ipsa autem dixit, Etiam, Domine: etenim catelli vescuntur micis, quae cadunt e mensâ dominorum suorum.

MATTHAEUS. XVI.

28 Tunc respondens Jesus dixit ei, O mulier, magna *est* fides tua : fiat ubi ut vis. Et sanata fuit filia ejus ab eo momento.

29 ¶ Et digressus llinc Jesus venit juxta mare Galilaeae : et quum ascendisset in montem, sedet illic.

30 Tunc adiit eum turba multa, habens secum claudos, caecos, mutos, mancos, et alios multos, et abjecerunt eos ad pedes Jesu : et sanavit eos :

31 *Adeò* ut turba mirata sit, quum videret mutos loquentes, mancos sanos, claudos ambulantes, caecos videntes : et glorificârunt Deum Israëlis.

32 Jesus autem advocatis discipulis suis, dixit, Commoveor misericordiâ erga turbam ; quia jam triduum permanent apud me, et non habent quo vescantur : et dimittere eos jejunos nolo, ne viribus deficiant in via.

33 Tunc dicunt ei discipuli ejus, Unde nobis in deserto tot panes, ut saturemus turbam tantam ?

34 Dicit igitur eis Jesus, Quot panes habetis ? Illi autem dixerunt, Septem, et paucos pisciculos.

35 Tunc jussit turbam discumbere humi.

36 Et acceptis septem illis panibus ac piscibus, quum gratias egisset, fregit, deditque discipulis suis ; discipuli verò turbae.

37 Comederuntque omnes, et saturati sunt : et sustulerunt quod superfuerat fragmentorum, septem sportas plenas :

38 Erant autem qui comederan quater mille viri, absque mulieribus et puerulis.

39 ¶ Tunc dimissâ turbâ inscendit in navigium, venitque in fines **Magdala**.

CAP. XVI.

ET quum accessissent Pharisaei et Sadducaei, tentantes, rogârunt eum ut signum e coelo sibi ostenderet.

2 Ipse verò respondens dixit eis, Quando serum est diei, dicitis, Serenitas *erit ;* rubet enim coelum.

3 Et manè, Hodie *erit* tempestas; rubet enim coelum triste. Hypocritae, faciem quidèm coeli nôstis discernere, signa verò temporum illorum non potestis ?

4 Gens mala et adulterina signum requirit : sed signum non dabitur ei, nisi signum illud Jonae prophetae. Et relictis ipsis, abiit.

5 ¶ Et quum venissent discipuli ejus in ulteriorem ripam, obliti fuerant sumere panes.

6 Jesus autem dixit eis, Videte et cavete a fermento Pharisaeorum et Sadducaeorum.

7 Ipsi verò disceptabant inter se, dicentes, Panes non sumpsimus.

8 *Id* autem quum nôsset Jesus, dixit eis, Quid disceptatis inter vos, exiguâ fide praediti, quòd panes non sumpsistis ?

9 Non animadvertitis, neque meministis quinque illos panes *hominum* quinquies mille, et quot cophinos acceperitis ?

10 Neque septem illos panes quater mille *hominum*, et quot sportas acceperitis ?

11 Quomodo non animadvertitis me non dixisse vobis de pane, ut caveretis a fermento Pharisaeorum et Sadducaeorum ?

12 Tunc intellexerunt eum non dixisse, ut caverent a fermento panis, sed a fermento doctrinae Pharisaeorum et Sadducaeorum.

13 ¶ Quum venisset autem Jesus in partes Caesareae *quae dicitur* Philippi, interrogavit discipulos suos, dicens, Quemnam esse me dicunt homines Filium hominis ?

14 Illi verò dixerunt, Alii quidem Joannem Baptistam ; alii verò Eliam ; alii verò Jeremiam, aut unum ex prophetis.

15 Dicit eis, Vos autem quem me dicitis esse ?

16 Respondens verò Simon Petrus dixit, Tu es Christus, Filius *a* Dei viventis.

MATTHAEUS, XVII

17 Tunc respondens Jesus dixit ei, Beatus es, Simon Bar-jona: quia caro et sanguis *haec* non retexit tibi, sed Pater meus qui est in coelis.

18 Sed et ego tibi dico, Tu es Petrus, et super hanc petram aedificabo meam ecclesiam; et portae inferorum non superabunt eam.

19 Et tibi dabo claves regni coelorum: et quicquid ligaveris in terrà, erit ligatum in coelis: et quicquid solveris in terrà, erit solutum in coelis.

20 Tunc interdixit discipulis suis, ut nemini dicerent se esse Jesum illum Christum..

21 ¶ Ex eo tempore coepit Jesus indicare discipulis suis, oportere se adire Hierosolymam, et multa pati a senioribus et primariis sacerdotibus et scribis, et occidi, et tertio die suscitari.

22 Et prehensum eum Petrus coepit objurgare, dicens, Propitius tibi esto, Domine; nequaquam erit tibi hoc.

23 At ille sese convertens, dixit Petro, Abscede a me, Satana; offendiculo es mihi: nam non sapis quae *sunt* Dei, sed quae *sunt* hominum.

24 Tunc Jesus dixit discipulis suis, Si quis vult ponè me venire, abdicet semetipsum, et attollat crucem suam, ac sequatur me.

25 Quisquis enim voluerit animam suam servare, perdet eam: quisquis autem perdiderit animam suam meâ caussâ, inveniet eam.

26 Quid enim prodest cuipiam, si totum mundum lucratus fuerit, animâ verò suâ mulctetur? aut quam dabit quispiam compensationem animae suae?

27 Futurum est enim, ut Filius hominis veniat cum gloria Patris sui, cum angelis suis: et tunc reddet unicuique secundùm facta ipsius.

28 Amen dico vobis, sunt quidam ex his qui hic adstant qui nequaquam gustabunt mortem, usquedum viderint Filium hominis venientem in regnum suum.

CAP. XVII.

SEXTO verò pòst die assumit Jesus Petrum, ac Jacobum, et Joannem fratrem ejus, et subducit eos privatim in montem sublimem;

2 Transformatusque est coram eis; et fulsit facies ejus ut sol, vestimenta autem ejus facta sunt alba ut lux.

3 Et, ecce, conspecti sunt eis Moses et Elias, cum eo colloquentes.

4 Respondens autem Petrus dixit Jesu, Domine, bonum est nos hic esse; si vis, faciamus hic tria tabernacula; tibi unum, et Mosi unum, et Eliae unum.

5 Adhuc eo loquente, ecce, nubes lucida inumbravit eos: et, ecce, vox e nube, dicens, Hic est Filius ille meus dilectus, ille in quo acquiesco: ipsum audite.

6 Et quum *haec* audissent discipuli, ceciderunt in faciem suam, et timuerunt vehementer.

7 Tunc accedens Jesus tetigit eos, dixitque, Surgite, et ne timete.

8 Sublatis autem oculis suis neminem viderunt, nisi Jesum solum.

9 Et quum descenderent de monte, mandavit eis Jesus, dicens, Nemini dixeritis quod vidistis, usquequo Filius hominis a mortuis resurgat.

10 Tunc interrogaverunt eum discipuli sui, dicentes, Quid igitur scribae dicunt, oportere ut Elias primùm veniat?

11 Jesus autem respondens dixit eis, Elias quidèm veniet primùm, et restituet omnia:

12 Sed dico vobis, Eliam jam venisse, quem non agnoverunt, sed fecerunt ei quaecunque voluerunt: ita futurum est, ut et Filius hominis patitur ab eis.

13 Tunc intellexerunt discipuli eum de Joanne Baptistâ *haec* ipsis dixisse

14 ¶ Et quum venissent ad turbam adiit eum quidam, procidens ei ac genua;

15 Et dicens, Domine, miserere filii mei; quoniam lunaticus est, et male afficitur: nam saepe cadit in ignem, et saepe in aquam:

MATTHAEUS, XVIII.

16 Et obtuli eum discipulis tuis, sec potuerunt eum sanare.

17 Respondens autem Jesus dixit, O natio incredula et perversa, quousque tandem ero vobiscum? quousque tandem tolerabo vos? Adducite mihi eum huc

18 Et increpavit daemonium Jesus; exitque illud ab eo; et sanatus est puer ab illo momento.

19 Tunc adeuntes discipuli Jesum vrivatim, dixerunt, Quare nos non potuimus illud ejicere?

20 Jesus autem dixit eis, Propter it credulitatem vestram: amen quippe dico vobis, si habeatis fidem quantulum *est* granum sinapis, dicetis huic monti, Transgreditor hinc illuc, et demigrabit: et nihil impossibile vobis erit.

21 Hoc verò genus *daemoniorum* non egreditur, nisi per precationem et jejunium.

22 ¶ Versantibus autem ipsis in Galilaeâ, dixit eis Jesus, Futurum est ut Filius hominis tradatur in manus hominum;

23 Et trucidabunt eum; sed tertio die suscitabitur. Et contristati sunt vehementer.

24 ¶ Quum autem venissent Capernaumum, venerunt ad Petrum qui didrachma accipiunt, dixeruntque, Praeceptor vester non solvit didrachma?

25 Dicit, Etiam. Et quum ingressus fuisset domum, praevenit eum Jesus, dicens, Quid tibi videtur, Simon? Reges terrae a quibus accipiunt tributa sive censum? a filiis suis, an ab alienis?

26 Dicit ei Petrus, Ab alienis. Ait ei Jesus, Nempe igitur liberi sunt filii.

27 Sed ne offendiculo simus eis, profectus ad mare, mitte hamum; et eum piscem, qui ascenderit primus, tolle, et aperto ore ejus invenies staterem: acceptum illum da eis pro me m pro te.

CAP. XVIII.

EO ipso tempore adierunt Jesum discipuli, dicentes, Quisnam maximus est in regno coelorum?

2 Et quum advocâsset puerulum Jesus, statuit eum in medio eorum.

3 Et dixit, Amen dico vobis, nisi vos converteritis, et fiatis ut puerulî, nequaquam ingrediemini in regnum coelorum.

4 Quisquis igitur summiserit sese sicut *est* puerulus iste, is est maximus ille in regno coelorum.

5 Et quisquis exceperit aliquem puerulum talem nomine meo, me excipit.

6 Quisquis autem offendiculo fuerit uni ex parvis istis qui in me credunt, praestiterit ei ut suspendatur mola asinaria in collo ejus, ac demergatur in profundo maris.

7 Vae mundo ab offendiculis! necesse est enim ut eveniant offendicula: veruntamen vae homini illi per quem offendiculum evenit!

8 Si verò manus tua vel pes tuus facit ut tu offendas, exscinde ea, et abjice abs te: bonum est tibi ad vitam ingredi claudum aut mancum, *potiùs* quàm duas manus vel duos pedes habentem, conjici in ignem illum aeternum.

9 Et si oculus tuus facit ut tu offendas, erue eum, et abjice abs te: bonum est tibi luscum ingredi in vitam *potiùs* quàm duos oculos habentem, conjici in Gehennam ignis.

10 Videte ne contemnatis aliquem ex parvis istis: dico enim vobis, angelos eorum in coelis per omne tempus intueri faciem Patris mei qui in coelis est.

11 Venit enim Filius hominis, ut servet quod perierat.

12 Quid vobis videtur? si fuerit. alicui homini centum oves, et erraverit una ex iis, nonne relictis ipsis nonaginta novem, profectus in montes quaerit eam quae aberraverat?

13 Quod si acciderit ut inveniat

eam, amen dico vobis, gaudet super eâ magis quàm super. illis nonaginta novem quae non aberrârant.

14 Ita non vult Pater vester qu. in coelis est, ut pereat ullus ex parvis istis.

15 Si verò peccaverit in te frater tuus, ito, et argue eum inter te et ipsum solum : si te audierit, lucratus es fratrem tuum.

16 Sin verò te non audierit, assume tecum adhuc unum aut duos ; ut ex ore duorum au trium testium confirmetur res tota

17 Quòd si neglexerit eos audire, dic ecclesiae quòd si ecclesiam audire neglexerit a: tibi velut ethnicus et publicanus quispiam.

18 Amen dico vobis, quaecunque ligaveritis in terrâ, erunt ligata in coelo ; et quaecunque solveritis in terrâ, erunt soluta in coelo.

19 Rursum dico vobis, Si duo ex vobis consenserint in terrâ de omni re quam petierint, fiet eis a Patre meo qui in coelis est :

20 Ubi enim sunt duo ve' tres coacti in nomine meo, illic sum in medio eorum.

21 ¶ Tunc adiens eum Petrus dixit, Domine, quoties peccabit in me frater meus, et remittam ei? *an* usque septies ?

22 Dicit ei Jesus, Non dico tibi usque septies, sed usque septuagies septies.

23 Propterea simile est regnum coelorum regi, qui voluit conferre rationem cum servis suis.

24 Et quum coepisset conferre, obatus est ei quidam debitor decies ille talentorum.

25 Quum autem is non posset *haec* eadere, jussit eum dominus ejus venundari, et uxorem ejus, et liberos, et omnia quae habebat, et reddi *debitum.*

26 Procidens ergo servus ille adorabat eum, dicens, Domine, cohibe iram adversùm me, et omnia tibi reddam.

27 Commotus autem intimâ commiseratione dominus servi illius, dimisit eum, et mutuum remisit ei.

28 Egressus verò servus ille invenit unum ex conservis suis, qui debebat ei centum denarios ; et prehensum eum suffocabat, dicens, Redde quod debes.

29 Procidens ergo conservus ejus ad ejus pedes, precabatur eum, dicens, Cohibe iram adversùm me, et omnia reddam tibi :

30 Ille verò noluit ; sed abiens conjecit eum in carcerem, quousque redderet debitum.

31 Quum autem vidissent conservi ejus quae facta fuerant, doluerunt vehementer, et quum venissent, declarârunt domino suo omnia quae facta fuerant.

32 Tunc eo advocato, dominus ipsius dixit ei, Serve male, totum debitum illud remisi tibi, quia precatus es me :

' 33 Nonne oportuit et te misereri conservi tui, ut et ego tui misertus sum ?

34 Et iratus dominus ejus tradidit eum tortoribus, usquequo redderet id omne quod sibi debebatur.

35 Ita et Pater ille meus coelestis faciet vobis, nisi remiseritis suo quisque fratri ex cordibus vestris lapsu: eorum.

CAP. XIX.

ET factum est, quum finisset Jesus sermones istos, ut solveret e Galilaeâ, et venit in fines Judaeae secus Jordanem.

2 Et sequuta est eum turba multa, sanavitque eos illic.

3 Tunc adierunt eum Pharisaei tentantes eum, et dicentes ei, Licetne homini dimittere uxorem suam quâ vis ex caussâ ?

4 Ille verò respondens dixit eis Non legistis, Opificem ab initio fecisse masculum et foeminam ;

5 Et dixisse, Propterea derelinquet homo patrem et matrem, et agglutinabitur uxori suae ; et qui duo *fue*rant, erunt una caro ?

6 Itaque non amplius sunt duo, sed una caro: quod ergo Deus conjunxit, homo ne sejungat.

7 Dicunt ei, Cur ergo Moses mandavit dare libellum discessionis, et eam dimittere?

8 Dicit eis, Moses pro duritia cordis vestri permisit vobis dimittere uxores vestras: caeterùm a principio non fuit ita.

9 Dico autem vobis, Quicunque dimiserit uxorem suam, nisi ob scortationem, et aliam duxerit, moechatur; et qui dimissam duxerit, moechatur.

10 Dicunt ei discipuli ejus, Si tale est negotium hominis cum uxore, non expedit uxorem ducere.

11 Ipse verò dixit eis, Non omnes sunt capaces hujus sermonis, sed ii quibus datum est.

12 Sunt enim eunuchi qui ex matris utero nati sunt ita: et sunt eunuchi qui castrati sunt ab hominibus: et sunt eunuchi c ii seipsos castrârunt propter regnum coelorum. Qui potest capax esse *hujus rei*, capiat.

13 ¶ Tunc oblati sunt ei pueruli, ut manus iis imponeret, et precaretur: discipuli autem objurgârunt eos.

14 Jesus autem ait, Omittite istos puerulos, et ne prohibete eos ad me venire; talium est enim regnum coelorum.

15 Et quum imposuisset eis manus, profectus est illinc.

16 ¶ Et, ecce, quidam accedens dicit ei, Doctor bone, quid boni faciam, ut habeam vitam aeternam?

17 Ipse verò dixit ei, Cur me dicis bonum? nullus est bonus, nisi unus, *nempe* Deus. Si vis autem ad vitam ingredi, serva mandata.

18 Dicit ei, Quae? Jesus autem dixit, Non occides, Non moechaberis, Non furaberis. Non dices falsum testimonium;

19 Honora patrem et matrem; et, Diliges proximum tuum ut teipsum.

20 Dicit ei adolescens ille, Omnia haec observavi a juventute meâ: quo adhuc deficior?

21 Ait ei Jesus, Si vis perfectus esse, abi, vende quae tibi suppetunt, et da pauperibus; et habebis thesaurum in coelo: et adesdum, sequere me.

22 Quum audisset autem adolescens ille hunc sermonem, abiit tristitiâ affectus; habebat enim bona multa.

23 Jesus autem dixit discipulis suis, Amen dico vobis, dives difficulter introïbit in regnum coelorum.

24 Rursum verò dico vobis, Facilius est camelum per foramen acûs transire, quàm divitem in regnum Dei introïre.

25 *His* autem auditis, discipuli ejus perculsi sunt valde, dicentes, Quis ergo potest servari?

26 Intuitus autem *eos* Jesus dixit eis, Apud homines hoc impossibile est; apud Deum autem omnia possibilia sunt.

27 Tunc respondens Petrus dixit ei, Ecce, nos reliquimus omnia, et sequuti sumus te: quid ergo erit nobis?

28 Jesus autem dixit eis, Amen dico vobis, vos qui sequuti estis me, in regeneratione, quum sederit Filius hominis in throno gloriae suae, sedebitis vos etiam, *inquam*, in thronis duodecim, judicantes duodecim tribus Israël.

29 Et quisquis reliquerit domos, aut fratres, aut sorores, aut patrem aut matrem, aut uxorem, aut liberos, aut agros, caussâ nominis mei, centuplicia accipiet, et vitam aeternam haereditatis jure possidebit.

30 Multi autem primi erunt ultimi, et ultimi primi.

CAP. XX.

SIMILE enim est regnum coelorum patrifamiliâs, qui exiit cum primâ luce ad conducendos operarios *quos mitteret* in vineam suam.

2 Pactus autem cum operariis denario in diem, misit eos in vineam suam.

3 Et egressus circa horam ter-

MATTHAEUS, XX.

sam, vidit alios stantes in foro otiosos:

4 Et illis dixit, Abite et vos in vineam; et quodcunque justum fuerit dabo vobis.

5 Illi autem abierunt. Rursum egressus circa sextam et nonam horam, fecit itidem.

6 Circa horam autem undecimam egressus, invenit alios stantes otiosos, ac dicit eis, Cur hic statis totum diem otiosi?

7 Dicunt ei, Quia nemo nos conduxit. Dicit eis, Abite et vos in vineam; et quidquid fuerit justum, accipietis.

8 Quum autem serum diei esset, dicit dominus vineae procuratori suo, Voca operarios, et redde eis mercedem, exorsus ab ultimis, usque ad primos.

9 Et quum venissent qui circa undecimam horam *conducti fuerant*, acceperunt singuli denarium.

10 Quum venissent autem primi, existimârunt se plùs esse accepturos; sed acceperunt ipsi quoque singuli denarium.

11 Sed quum accepissent, murmurabant adversùs patremfamiliâs;

12 Dicentes, Isti ultimi unam horam *opus* fecerunt, et eos aequales nobis fecisti, qui portavimus pondus diei et aestum.

13 Ipse verò respondens dixit uni eorum, Amice, non facio tibi injuriam; nonne denario pactus es mecum?

14 Tolle quod tuum est, et abi. Volo autem huic ultimo dare ut et tibi.

15 Annon licet mihi quod volo facere in meis *rebus*? an oculus tuus malus est, quia ego bonus sum?

16 Sic ultimi erunt primi, et primi ultimi: multi enim sunt vocati, pauci verò electi.

17 ¶ Et ascendens Jesus Hierosolymam, assumpsit duodecim discipulos suos privatim in viâ, et dixit eis,

18 Ecce ascendimus Hierosolymam, et Filius hominis tradetur primariis sacerdotibus ac scribis, et condemnabunt eum morte;

19 Tradentque eum gentibus, ut illudant, et flagellent, et crucifigant; sed tertio die resurget.

20 ¶ Tunc venit ad eum mater filiorum Zebedaei, cum filiis suis, adorans, et petens aliquid ab eo.

21 Ipse verò dixit ei, Quid vis? Ait ei, Dic ut sedeant isti duo filii mei, unus ad dextram tuam, et alter ad sinistram, in regno tuo.

22 Respondens autem Jesus, dixit, Nescitis quid petatis. Potestis bibere poculum quod ego bibiturus sum; et baptismate, quo ego baptizor, baptizari? Dicunt ei, Possumus.

23 Tunc dicit eis, Poculum quidèm meum bibetis, et baptismate, quo ego baptizor, baptizabimini: sedere autem ad dextram meam et sinistram meam, non est meum dare, sed *dabitur* quibus paratum est a Patre meo.

24 Et quum *haec* audissent *alii* decem, indignati sunt de duobus fratribus.

25 Jesus autem, quum eos advocàsset, ait, Scitis principes gentium in eas dominari, et magnates potestatem exercere in eas.

26 Verùm non ita erit inter vos: sed quicunque voluerit inter vos magnus fieri, esto vester minister:

27 Et quicunque voluerit inter vos primus esse, sit vester servus.

28 Sicut Filius hominis non venit ut sibi ministretur, sed ut ministret, detque animam suam *in* redemptionis pretium pro multis.

29 ¶ Egredientibus autem ipsis *urbe* Jericho, sequuta est eum turba multa.

30 Et, ecce, duo caeci sedentes apud viam, quum audivissent Jesum praeterire, clamârunt, dicentes, Miserere nostri, Domine, Fili Davidis!

31 Turba autem objurgabat eos, ut silerent; illi verò magis clamabant, dicentes, Miserere nostri, Domine. Fili Davidis!

32 Et quum substitisset Jesus, vo

avit eos, et ait, Quid vultis faciam vobis?

33 Dicunt ei, Domine, ut aperiantur oculi nostri.

34 Commiseratione autem intimâ commotus, Jesus tetigit oculos eorum : et statim visum receperunt oculi eorum ; et *ipsi* sequuti sunt eum.

CAP. XXI.

ET quum appropinquâssent Hierosolymis, et venissent Bethphagen, ad Montem Olearum, tunc Jesus misit duos discipulos ;

2 Dicens eis, Ite in vicum qui vobis est ex adverso, et statim invenietis asinam ligatam, et pullum,cum eâ: solventes *eos*, adducite nihi.

3 Et siquis vobis aliquid dixerit, dicite, Domino his opus est: statim autem mittet eos.

4 Hoc autem totum factum est, ut impleretur quod dictum est per prophetam, dicentem,

5 Dicite filiae Sion, Ecce, Rex tuus venit tibi, mitis, et insidens asinae, ac pullo foetui subjugis *asinae*.

6 Profecti autem sunt discipuli, feceruntque sicut imperârat eis Jesus:

7 Et adduxerunt asinam et pullum, et eis imposuerunt vestimenta sua, et collocârunt *ipsum* super ea.

8 Plurima autem turba straverunt vestimenta sua in viâ . alii verò caedebant ramos ex arboribus, et sternebant in viâ.

9 Porrò turba quae praeibat, et quae sequebatur, clamabat, dicens, Hosanna Filio David! benedictus qui venit in nomine Domini ; Hosanna, *O qui es* in *coelis* altissimis!

10 Et quum introïsset Hierosolymam, commota est universa urbs dicens, Quis est hic?

11 Turba autem dicebat, Hic est Jesus ille propheta ortus Nazarethâ urbe Galilaeae.

12 ¶ Et introïvit Jesus in templum Dei, et ejecit omnes qui vendebant et ui emebant in templo ; mensasque numulariorum, et cathedras vendentium columbas, subvertit.

13 Et dixit eis, Scriptum est, Domus mea domus precationis vocabitur ; at vos fecistis eam speluncam latronum.

14 Tunc venerunt ad eum caeci et claudi in templo, et sanavit eos.

15 Quum vidissent autem primarii sacerdotes et scribae miranda illa quae fecerat, et pueros clamantes in templo, et dicentes, Hosanna Filio David! indignati sunt:

16 Et dixerunt ei, Audis quid isti dicant? Jesus autem dixit eis, Etiam; nunquam legistis, Ex ore infantium et lactantium perfecisti laudem?

17 Et eis relictis, abiit Bethaniam extra urbem ; et diversatus est illic.

18 ¶ Manè autem rediens in urbem, esuriit.

19 Et quum vidisset ficum quandam apud viam, venit ad eam, et nihil invenit in eâ nisi folia solùm: tunc dicit ei, Ne ampliùs ex te fructus nascitor in aeternum. Et exaruit illicò ficus.

20 Quum igitur hoc vidissent discipuli, mirati sunt, dicentes. Quomodo illicò exaruit ficus !

21 Respondens autem Jesus ait eis, Amen dico vobis. si habueritis fidem, neque addubitaveritis, non solùm hoc *quod factum est* ficui facietis, verùm etiam si monti isti dixeritis, Tollitor, et projicitor in mare, fiet.

22 Et quaecunque precando petieritis, si credideritis, accipietis.

23 ¶ Quum autem venisset in templum, primarii sacerdotes et seniores populi eum docentem adierunt, dicentes, Quâ auctoritate facto ista ? et quis tibi dedit istam auctoritatem ?

24 Respondens verò Jesus dixit eis, Interrogabo vos et ego rem quandam ; quam si dixeritis mihi, dicam et ego vobis quâ auctoritate ista faciam :

25 Baptisma Joannis, unde erat; e coelo, an ex hominibus? At illi ratiocinabantur apud se, dicentes.

MATTHAEUS, XXII.

lixerimus. E coelo ; dicet nobis, Quare ergo non credidistis ei ?

26 Sin autem dixerimus, Ex hominibus; timemus turbam: omnes enim habent Joannem ut prophetam.

27 Et respondentes Jesu dixerunt, Nescimus. Ait eis et ipse, Nec ego vobis dicam quâ auctoritate ista faciam.

28 Quid autem vobis videtur? Quidam habebat duos filios; et accedens ad priorem, dixit, Fili, abi, hodie operare in vineâ meâ.

29 Ille verò respondens ait, Nolo sed postea, quum resipuisset, abiit.

30 Et accedens ille ad secundum, dixit itidem. Is verò respondens ait, Ego *abeo*, domine : sed non abiit.

31 Uter e duobus fecit quod voluit *ejus* pater ? Dicunt ei, Prior. Dicit eis Jesus, Amen dico vobis, publicani et meretrices praeeunt vobis in regnum Dei.

32 Venit enim ad vos Joannes viâ justitiae, et non credidistis ei ; publicani verò et meretrices crediderunt ei : vos autem qui *hoc* vidistis, non resipuistis postea, ut ei crederetis.

33 Aliam parabolam audite: Fuit quidam paterfamiliâs, qui plantavit vineam, et sepem circumposuit ei, foditque in eâ torcular, et aedificavit turrim, et elocavit eam agricolis, ac peregrè profectus est :

34 Quum autem tempus fructuum appropinquâsset, misit servos suos ad agricolas, ut ejus fructus perciperent.

35 Agricolae verò, captis ejus servis, alium quidem ceciderunt, alium verò trucidârunt, alium autem lapidârunt.

36 Rursum misit alios servos plures prioribus, et fecerun' eis itidem.

37 Postremò autem misit ad eos filium suum, dicens, Reverebuntur filium meum.

38 Agricolae verò viso filio dixerunt inter se, Iste est haeres; adeste, trucidemus eum, et obtineamus haereditatem ejus.

39 Et captum eum ejecerunt extra vineam, et trucidârunt.

40 Quum igitur venerit dominus vineae, quid faciet agricolis illis ?

41 Dicunt ei, Malos ipsos male perdet, et vineam suam elocabit alii, agricolis, qui reddent ei fructum temporibus suis.

42 Dicit eis Jesus, Nunquam legistis in scripturis, Quem lapidem probârunt aedificantes, is factus est caput anguli : a Domino factum est illud, et est mirabile in oculis nostris ?

43 Propterea dico vobis, tolletur a vobis regnum Dei, et dabitur genti quae ferat ejus fructus.

44 Porrò qui ceciderit ad lapidem istum, confringetur : super quem verò ceciderit, dissipabit eum.

45 Et quum audissent primarii sacerdotes ac Pharisaei parabolas ejus, cognoverunt *haec* de se dici.

46 Et quum studerent eum prehendere, timuerunt turbam, quoniam ut prophetam eum habebat.

CAP. XXII.

TUNC respondens Jesus, rursùm loquutus est eis per parabolas, dicens,

2 Simile est regnum coelorum cuidam regi, qui fecit nuptias filio suo :

3 Et misit servos suos, qui vocarent vocatos ad nuptias : sed noluerunt venire.

4 Rursus misit alios servos, dicens, Dicite vocatis, Ecce, prandium meum paravi, tauri mei et altilia mactata sunt, et omnia parata ; adeste ad nuptias.

5 Illi autem quum *hoc* neglexissent, abierunt, alius quidem in agrum suum, alius verò ad mercaturam suam

6 Reliqui verò prehensos servos ejus contumeliis affecerunt. et trucidârunt.

7 Rex autem, quum *hoc* audisset, iratus est ; et, missis copiis suis, perdidit homicidas illos, et urbem eorum incendit.

8 Tunc dicit servis suis, Nuptia

MATTHAEUS, XXII.

quidem paratae sunt, sed qui vocati fuerant non erant digni:

9 Ite ergo ad compita viarum; et quotcunque invenietis, vocate ad nuptias.

10 Et egressi servi illi in vias, congregarunt omnes quos invenerunt, malos pariter ac bonos: et impletae sunt nuptiae convivis.

11 Ingressus autem rex ut spectaret convivas, vidit illic quendam non indutum veste nuptiali:

12 Tunc dicit ei, Amice, quomodo huc introisti non habens vestem nuptialem? At illi os occlusum est.

13 Tunc dicit rex ministris, Ligatis pedibus et manibus ejus, tollite eum, et ejicite in tenebras extimas: illic erit fletus et stridor dentium.

14 Multi enim sunt vocati, pauci verò electi.

15 ¶ Tunc profecti Pharisaei consilium ceperunt, ut illaquearent eum in sermone.

16 Itaque mittunt ad eum discipulos suos cum Herodianis, dicentes, Praeceptor, scimus te veracem esse, et viam Dei in veritate docere, nec quempiam curare; non enim respicis ad personam hominum:

17 Dic ergo nobis, Quid tibi videtur? licet censum dare Caesari, an non?

18 Cognitâ autem Jesus malitiâ eorum ait, Quid me tentatis, hypocritae?

19 Ostendite mihi numisma censûs. Ipsi verò obtulerunt ei denarium.

20 Tunc dicit eis, Cujus est imago ista et inscriptio?

21 Dicunt ei, Caesaris. Tunc dicit eis, Reddite ergo quae sunt Caesaris Caesari, et quae sunt Dei Deo.

22 Quum igitur *hoc* audissent, mirati sunt; et omisso eo abierunt.

23 ¶ In illo die adierunt eum Sadducaei, qui dicunt non esse resurrectionem; et interrogârunt eum,

24 Dicentes, Praeceptor, Moses dixit, Si quis mortuus fuerit non habens filios, ejus frater ducet affinitatis jure uxorem ejus, et suscitabit sobolem fratri suo.

25 Fuerunt autem apud nos septem fratres: et primus uxore ductâ obiit; et quum non haberet semen, reliquit uxorem suam fratri suo:

26 Similiter etiam secundus et tertius, usque ad illos septem:

27 Post omnes autem mortua est et mulier.

28 In resurrectione ergo cujus ex illis septem erit uxor? omnes enim habuerunt eam.

29 Respondens autem Jesus dixit eis, Erratis, neque scripturas scientes neque potentiam Dei.

30 Nam in resurrectione neque uxores ducunt, neque nuptum dantur, sed sunt ut angeli Dei in coelo.

31 De resurrectione verò mortuorum, non legistis quod vobis dictum est a Deo, dicente,

32 Ego sum Deus Abrahami, et Deus Isaaci, et Deus Jacobi? Deus non est Deus mortuorum, sed viventium.

33 Et quum *hoc* audisset turba, perculsa est super doctrinâ ipsius.

34 ¶ Pharisaei verò quum *eum* audissent os occlusisse Sadducaeis, coacti sunt in unum.

35 Tunc interrogavit *eum* quidam ex ipsis legis interpres, tentans eum, et dicens,

36 Praeceptor, Quod est mandatum magnum in lege?

37 Jesus autem dixit ei, Diliges Dominum Deum tuum ex toto corde tuo, et ex totâ animâ tuâ, et ex totâ cogitatione tuâ.

38 Istud est primum et magnum mandatum.

39 Secundum autem simile est huic, Diliges proximum tuum ut teipsum.

40 Ab istis duobus mandatis tota lex et prophetae pendent.

41 ¶ Coactis autem Pharisaeis, interrogavit eos Jesus,

42 Dicens, Quid vobis videtur de Christo illo? cujus filius est? Dicunt ei, Davidis.

MATTHAEUS. XXIII.

43 Dicit eis, Quomodo ergo David per spiritum vocat eum Dominum, dicens,

44 Dixit Dominus Domino meo, Sede ad dextram meam, usquedum posuero inimicos tuos scabellum pedum tuorum?

45 Si ergo David vocat eum Dominum, quomodo filius ejus est?

46 Et nemo poterat ei respondere quicquam: neque ausus fuit quisquam ab illo die amplius illum interrogare.

CAP. XXIII.

TUNC Jesus loquutus est turbae et discipulis suis;

2 Dicens, In cathedrâ Mosis sedent scribae et Pharisaei:

3 Omnia ergo quae dixerint vobis ut servetis, servate et facite: sed secundùm opera eorum ne facite; dicunt enim, et non faciunt.

4 Ligant enim onera gravia difficiliaque portatu, et imponunt in humeros hominum; digito autem suo nolunt ea movere.

5 Omnia verò opera sua faciunt ut spectentur ab hominibus: dilatant enim phylacteria sua, et producunt fimbrias palliorum suorum;

6 Amantque primos accubitus in coenis, et primos consessus in conventibus,

7 Et in foris salutationes, et vocari ab hominibus, Rabbi, Rabbi.

8 Vos autem ne vocamini Rabbi: unus est enim doctor vester, *nempe* Christus; omnes autem vos fratres estis.

9 Et patrem vestrûm ne *quemriam* vocate in terrâ: unus est enim Pater vester qui in coelis est.

10 Nec vocemini doctores: unus enim vester est doctor, *nempe* Christus.

11 Sed qui maximus est vestrûm, sit minister vester.

12 Porrò qui sese extollit, deprimetur; et qui sese deprimit, extolletur.

13 Sed vae vobis. scribae et Pharisaei, hypocritae! quoniam praecluditis regnum coelorum hominibus: vos enim non introitis, nec introëuntes sinitis introïre.

14 Vae vobis, scribae et Pharisaei, hypocritae! quoniam exeditis domos viduarum, idque in speciem utentes longis precibus: propterea auferetis graviorem condemnationem.

15 Vae vobis, scribae et Pharisaei, hypocritae! quoniam circumitis mare et terram, ut faciatis unum proselytum: et quum fuerit factus, facitis eum filium Gehennae duplò magis quàm vos *sitis*.

16 Vae vobis, duces caeci, qui dicitis, Quisquis juraverit per templum, nihil est; quicunque autem juraverit per aurum templi, reus est.

17 Stulti et caeci! utrum enim majus est, aurum, an templum quod sanctificat aurum?

18 Et quisquis juraverit per altare, nihil est; quicunque autem juraverit per donum quod est super ipsum, reus est.

19 Fatui ac caeci! utrum enim majus est, munus, an altare quod sanctificat munus?

20 Qui ergo juraverit per altare, jurat per ipsum, et per omnia quae super illud sunt:

21 Et qui juraverit per templum, jurat per ipsum, et per eum qui habitat in eo:

22 Et qui juraverit per coelum, jurat per thronum Dei, et per eum qui sedet super ipsum.

23 Vae vobis, scribae et Pharisaei, hypocritae! qui decimatis mentham, et anethum, et cuminum, et omittitis quae graviora sunt legis, judicium, et misericordiam, ac fidem; haec oportuit facere, et illa non omittere.

24 Duces caeci, qui percolatis culicem, camelum autem deglutitis.

25 Vae vobis, scribae et Pharisaei, hypocritae! qui purgatis exteriorem poculi patinaeque partem, intus autem *illa* plena sunt rapinâ et intemperantiâ.

26 Pharisaee caece, purga primùm

MATTHAEUS, XXIV.

quod est mtra poculum et patinam, ut id quoque quod extrà est purum fiat.

27 Vae vobis, scribae et Pharisaei, nypocritae! qui assimiles estis sepulcris dealbatis, quae extrà quidèm apparent speciosa, intus verò plena sunt ossibus mortuorum, omnique immunditiâ.

28 Ita et vos extrà quidèm apparetis hominibus justi, intus autem tleni estis hypocrisi et iniquitate.

29 Vae vobis, scribae et Phatisaei, hypocritae! qui aedificatis sepulcra prophetarum, et ornatis monumenta justorum,

30 Et dicitis, Si fuissemus temporibus patrum nostrorum, non fuissemus eorum socii in caede prophetarum.

31 Itaque testamini adversùs vosmetipsos, vos esse filios eorum qui prophetas occiderunt.

32 Vos quoque complete mensuram patrum vestrorum.

33 Serpentes, progenies viperarum. quomodo effugere possitis condemnationem Gehennae?

34 Propterea, ecce, ego mitto ad vos prophetas, et sapientes, et scribas; et ex ipsis nonnullos trucidabitis et crucifigetis ; et ex ipsis nonnullos flagellabitis in conventibus vestris, et persequemini oppidatim :

35 Ut veniat super vos omnis sanguis justus effusus super terram, a sanguine Abel justi usque ad sanguinem Zachariae filii Barachiae, quem occidistis inter templum et altare.

36 Amen dico vobis, venient haec omnia super aetatem istam.

37 Jerusalem, Jerusalem, trucidatrix prophetarum, lapidatrix eorum qui ad te missi sunt, quoties volui congregare liberos tuos, quemadmodum gallina congregat pullos suos sub alas, et noluistis !

38 Ecce, relinquetur vobis domus vestra deserta.

39 Dico enim vobis, Nequaquam e videbitis ab hoc tempore, usque-

dum dicatis, Benedictus qui venit in nomine Domini.

CAP. XXIV.

ET egressus Jesus e templo, abibat : et accesserunt aiscipuli, ejus, ut ostenderent ei aedificia templi.

2 Jesus autem dixit eis, Nonne videtis haec omnia ? Amen dico vobis, non relinquetur hic lapis super lapidem qui non dissolvatur.

3 Sedente autem eo in monte olearum, adierunt eum discipuli privatim, dicentes, Dic nobis, quando haec erunt? et quod *erit* signum adventûs tui, et consummationis seculi?

4 Et respondens Jesus dixit eis, Videte nequis vos seducat.

5 Multi enim venient sub nomine meo, dicentes, Ego sum Christus ille ; multosque seducent.

6 Futurum est autem ut audiatis bella, et rumores bellorum : videte ne turbemini : oportet enim omnia *haec* fieri, sed nondum erit finis.

7 Insurget enim gens in gentem, et regnum in regnum : et erunt fames, et pestilentiae, et terrae motus singulis locis.

8 Haec autem omnia principium *erunt* dolorum *partûs.*

9 Tunc tradent vos afflictioni, et trucidabunt vos ; et eritis exosi omnibus gentibus propter nomen meum.

10 Et tunc offendentur multi, et alius alium prodet, et odio habebit alius alium.

11 Et multi pseudo-prophetae exorientur, ac seducent multos.

12 Et quoniam multiplicata erit iniquitas, refrigescet charitas multorum.

13 Sed qui sustinuerint ad fines usque, is servabitur.

14 Et praedicabitur istud evangelium regni in toto terrarum orbe, ut sit testimonio omnibus gentibus : et tunc veniet finis.

15 Quum ergo videritis abominationem illam vastatricem, quae dicta est per Danielem prophetam, positam

MATTHAEUS, XXIV.

in loco sancto *(qui legit, animadvertat;)*

16 Tunc qui in Judaeâ *fuerint*, fugiant in montes:

17 Qui in solario, non descendat ut sumat quicquam e domo suâ:

18 Et qui in agro, non revertatur retro ut sumat vestimenta sua:

19 Vae autem praegnantibus et lactantibus per illos dies.

20 Orate verò ne fiat fuga vestra hieme, neque sabbato:

21 Erit enim tunc afflictio magna, qualis facta non fuit a principio mundi ad hoc usque tempus, neque unquam fiet.

22 Et nisi decurtati fuissent dies illi, periret omnis caro: sed propter electos decurtabuntur dies illi.

23 Tunc siquis vobis dixerit, Ecce, hîc Christus, aut hîc, ne credite.

24 Excitabuntur enim pseudochristi et pseudo-prophetae, et edent signa magna et miracula; ita ut seducant (si fieri possit) etiam electos.

25 Ecce, praedixi vobis.

26 Itaque si dixerint vobis, Ecce, in deserto est; ne egreamini: Ecce, in conclavibus; ne credite.

27 Sicut enim fulgur exit ab oriente, et apparet usque in occidentem, ita etiam erit adventus Filii hominis.

28 Ubicunque enim fuerit cadaver, illùc congregabuntur aquilae.

29 Statim autem post compressionem dierum illorum, sol obscurabitur, nec dabit luna splendorem suum, et stellae cadent e coelo, et potestates coelorum concutientur:

30 Tunc apparebit signum Filii hominis in coelo; et tunc omnes tribus terrae plangent, et videbunt Filium hominis venientem in nubibus coeli cum potentiâ et gloriâ multâ.

31 Is verò mittet angelos suos cum tubae voce magnâ, et cogent electos eius a quatuor ventis, a coelorum extremo ad eorum extremum.

32 A ficu autem discite parabolam: Quum jam ramus ejus tener

fit, et folia germinat, nôstis prope esse aestatem:

33 Ita et vos, quum videritis haec omnia, scitote *illum* prope esse ad fores.

34 Amen dico vobis, nequaquam praeterierit aestas haec usquedum omnia ista facta sint.

35 Coelum et terra praeteribunt, sermones autem mei nequaquam praeteribunt.

36 De die autem illo et horâ nemo scit, ne angeli quidèm coelorum; sed Pater meus solus.

37 Sicut autem *erant* dies Noë, ita erit et adventus Filii hominis.

38 Sicut enim diebus qui praecesserunt diluvium, edebant et bibebant, uxores ducebant et nuptum dabant, ad eum usque diem quo ingressus est Noë in arcam;

39 Nec agnoverunt diluvium, usquedum venisset, et sustulisset omnes: ita erit et adventus Filii hominis.

40 Tunc duo erunt in agro; unus accipietur, et alter relinquetur.

41 Duae molentes in pistrino; una accipietur, et altera relinquetur.

42 Vigilate ergo, nescitis enim quâ horâ dominus vester venturus sit.

43 Illud autem scitote; si sciret paterfamilias quâ vigiliâ fur venturus sit, vigilaret, nec sineret perfodi domum suam.

44 Propterea et vos estote parati, quia quâ horâ non putatis, Filius hominis venturus est.

45 Quis igitur est fidelis servus et prudens, quem praefecit dominus famulitio suo, ut det illis alimentum in tempore?

46 Beatus servus ille, quem, quum venerit dominus ejus, invenerit ita facientem.

47 Amen dico vobis, omnibus, quae sibi suppetunt, praeficiet eum.

48 Quòd si dixerit servus ille malus in corde suo, Differt dominus meus adventum;

49 Coeperitque verberare conser

MATTHAEUS, XXV.

vos quinetiam edere et bibere cum ebriis ;

50 Veniet dominus servi illius die quo non expectat, et quâ horâ non novit,

51 Et separabit eum, ac partem ei assignabit cum hypocritis : illic erit etus et stridor dentium.

CAP. XXV.

TUNC erit simile regnum coelorum decem virginibus, quae sumptis lampadibus suis exierunt in occursum sponsi.

2 Quinque autem ex iis erant prudentes, et quinque fatuae.

3 Quae erant fatuae, sumptis lampadibus suis, non ceperant oleum secum :

4 Prudentes verò ceperant oleum in vasis suis, unà cum suis lampadibus.

5 Morante autem sponso, noctâ-unt omnes ac dormierunt.

6 Mediâ verò nocte clamor ortus est *dicentium*, Ecce, sponsus venit ; exite in occursum ejus.

7 Tunc surrexerunt omnes illae virgines, et adornârunt lampades suas.

8 Fatuae verò prudentibus dixerunt, Date nobis ex oleo vestro, quia lampades nostrae extinguuntur.

9 Responderunt autem prudentes illae, dicentes, *Nequaquam*, ne non sufficiat nobis et vobis : ite verò potiùs ad eos qui vendunt, et ipsae vobis emite.

10 Quum autem abirent emptum, venit sponsus ; et quae paratae erant introïverunt cum eo ad nuptias ; clausaque est janua.

11 Postea verò veniunt et reliquae virgines, dicentes, Domine, domine, aperi nobis.

12 Ipse verò respondens ait, Amen ico vobis, non novi vos.

13 Vigilate itaque, quia neque illum diem, neque illam horam, scitis, quâ Filius hominis veniet.

14 *Ita* enim *est* ut *quum* quispiam peregrè proficiscens vocavit servos suos, et tradidit eis quae sibi suppetebant :

15 Et huic quidèm dedit quinque talenta, alii autem duo, alii verò unum ; unicuique secundùm ipsius facultatem ; et peregrè profectus est statim.

16 Profectus autem qui quinque talenta acceperat, negotiatus est a iis, et fecit altera quinque talenta.

17 Itidem et qui duo acceperat, lucratus est et ipse altera duo.

18 Qui autem unum acceperat, abiit et defodit *illud* in terram, et occultavit pecuniam domini sui.

19 Post multum. verò tempus venit dominus servorum illorum, et confert rationem cum eis.

20 Tunc accedens is qui quinque talenta acceperat, attulit altera quinque talenta dicens, Domine, quinque talenta tradidisti mihi, ecce, altera quinque talenta lucratus sum ex iis.

21 Dixit autem ei dominus ejus, Bene *est*, serve bone et fidelis ; in exiguo fuisti fidelis, super multa te constituam ; ingredere in gaudium domini tui.

22 Accedens autem et qui duo talenta acceperat, ait, Domine, duo talenta tradidisti mihi, ecce, alia duo lucratus sum ex iis.

23 Ait ei dominus ejus, Bene *est*, serve bone et fidelis ; in exiguo fuisti fidelis, super multa te constituam ; ingredere in gaudium domini tui.

24 Accedens autem et qui unum talentum acceperat, ait, Domine, noveram te hominem durum esse, qui metas ubi non sevisti, et inde cogas ubi non sparsisti ;

25 Itaque timens, abii et occultavi talentum tuum in terra ; ecce, habes quod tuum est.

26 Respondens autem dominus ejus dixit ei, Serve male et ignave, sciebas me metere ubi non sevi, et inde cogere ubi non sparsi :

27 Oportuit ergo te tradere pecuniam meam mensariis · et ego quum

MATTHAEUS. XXVI.

venissem, recepissem meum cum foenore.

28 Tollite ergo ab eo talentum, et date ei qui habet decem talenta:

29 (Omni enim qui habet dabitur, et is exuberabit: qui verò non habet, etiam quod habet tolletur ab eo:)

30 Et inutilem servum ejicite in tenebras illas extimas: illic erit fletus et stridor dentium.

31 ¶ Quum autem venerit Filius hominis cum gloriâ suâ, et omnes sancti angeli cum eo, tunc sedebit in throno gloriae suae;

32 Et cogentur coram eo omnes gentes: et separabit eos, alteros ab alteris, ut pastor separat oves ab hoedis:

33 Et statuet oves quidèm ad dextram suam, hoedos autem ad sinistram.

34 Tunc dicet Rex iis qui ad dextram ipsius *erunt,* Adeste, benedicti Patris mei; possidete regnum paratum vobis a jacto mundi fundamento;

35 Esurivi enim, et dedistis mihi *quo* vescerer; sitivi, et dedistis mihi potum; hospes eram, et collegistis me;

36 Nudus, et amicivistis me; aegrotavi, et invisistis me; in carcere eram, et venistis ad me.

37 Tunc respondebunt ei justi, dicentes, Domine, quando te vidimus esurientem, et aluimus? aut sitientem, et dedimus tibi potum?

38 Quando autem te vidimus hospitem, et collegimus te? aut nudum, et amicivimus?

39 Aut quando te vidimus aegrotum aut in carcere, et venimus ad e?

40 Et respondens Rex dicet eis, Amen dico vobis, quatenus id fecistis uni ex istis fratribus meis minimis, mihi fecistis.

41 Tunc dicet etiam iis qui ad sinistram *erunt,* Exsecrati, abite a me in ignem aeternum, qui paratus est diapolo et angelis ejus:

42 Esurivi enim, et non dedistis mihi *quo* vesceter; sitivi, et non dedistis mihi potum;

43 Hospes eram, et non collegistis me; nudus, et non amicivistis me; aegrotus, et in carcere *eram,* et non invisistis me.

44 Tunc ipsi quoque respondebunt ei, dicentes, Domine, quando te vidimus esurientem, aut sitientem, aut hospitem, aut nudum, aut aegrotum, aut in carcere, et non ministravimus tibi?

45 Tunc respondebit eis, dicens, Amen dico vobis, quatenus *id* non fecistis uni ex istis minimis, nec mihi fecistis.

46 Et abibunt isti ad supplicium aeternum; justi verò ad vitam aeternam.

CAP. XXVI.

ET factum est, quum finisset Jesus omnes istos sermones, dixit discipulis suis,

2 Scitis post biduum pascha fore, et Filius hominis prodetur ut crucifigatur.

3 ¶ Tunc coacti sunt primarii sacerdotes, et scribae, et seniores populi, in aulam pontificis maximi, qui dicebatur Caiaphas;

4 Et simul consultârunt ut Jesum dolo prehenderent, et trucidarent.

5 Dicebant autem, Non in festo, ne tumultus fiat in populo.

6 ¶ Quum autem Jesus esset in Bethaniâ, in domo Simonis leprosi,

7 Venerat ad eum mulier habens alabastrum unguenti gravis pretii, et effuderat in caput ipsius accumbentis.

8 *Hoc* autem videntes discipuli ejus indignati sunt, dicentes, Quorsum perditio haec?

9 Potuit enim istud unguentum vaenire magno, et dari pauperibus.

10 Quum autem *hoc* cognovisset Jesus, ait eis, Quid molestiam exhibetis isti mulieri? opus enim bonum operata est erga me.

11 Semper enim pauperes habeti

MATTHAEUS, XXVI.

tis vobiscum; me vero non semper habebitis.

12 Quòd enim haec unguentum hoc injecit corpori meo, ad funerandum me fecit.

13 Amen dico vobis, ubicunque praedicatum fuerit hoc evangelium in toto mundo, etiam quod haec fecit dicetur ad memoriam ipsius.

14 ¶ Tunc profectus unus ex duodecim, qui dicebatur Judas Iscariotes, ad primarios sacerdotes,

15 Ait eis, Quid vultis mihi dare, et ego vobis eum tradam? Ipsi verò appenderunt ei triginta argenteos *nummos.*

16 Et ex eo tempore quaerebat opportunitatem ad eum prodendum.

17 ¶ Primo autem *die* azymorum accesserunt discipuli ad Jesum, dicentes ei, Ubi vis paremus tibi ad edendum pascha?

18 Ipse verò dixit, Abite in urbem ad quendam, et dicite ei, Praeceptor dicit, Tempus meum propè est; apud te faciam pascha cum discipulis meis.

19 Et fecerunt discipuli sicut praeceperat eis Jesus; et paraverunt pascha.

20 Quum autem serum diei esset, discubuit cum duodecim.

21 Et edentibus ipsis dixit, Amen dico vobis, unus vestrûm me prodet.

22 Tunc contristati vehementer coeperunt singuli eorum ipsi dicere, Num ego *is* sum Domine?

23 Ipse verò respondens ait, Qui intingit mecum manum in catino, is me prodet.

24 Filius quidèm hominis abit, sicut scriptum est de eo: vae autem homini illi per quem Filius hominis proditur! bonum erat homini illi si natus non fuisset.

25 Respondens autem Judas, qui prodebat eum, dixit, Num *is* ego sum, Rabbi? Dicit ei, Tu dixisti.

26 Edentibus autem eis, Jesus, quum accepisset panem et benedixisset, fregit *eum,* deditque discipulis,

et ait, Accipite, comedite: hoc es corpus meum.

27 Et accepto poculo, ac gratiis actis, dedit eis, dicens, Bibite ex eo omnes :

28 Hoc est enim sanguis meus novi foederis, qui pro multis effunditur in remissionem peccatorum.

29 Dico autem vobis, Non bibam ab hoc tempore ex hoc fructu vitis. usque ad diem illum quum ipsum bibam vobiscum novum in regno Patris mei.

30 Et quum hymnum cecinissent, exierunt in Montem Olearum.

31 Tunc dicit eis Jesus, Omnes vos istâ nocte offendemini in me; scriptum est enim, Percutiam pastorem, et dispergentur oves gregis.

32 Postquam autem suscitatus fuero, praeibo vobis in Galilaeam.

33 Respondens verò Petrus dixit ei, Etiamsi omnes offendantur in te, ego nunquam offendar.

34 Dixit ei Jesus, Amen dico tibi, istâ nocte, antequam gallus vocem mittat, ter me abnegabis.

35 Dicit ei Petrus, Etiamsi oportuerit me mori tecum, non te abnegabo. Similiter et omnes discipuli dixerunt.

36 ¶ Tunc venit Jesus cum eis in locum qui dicitur Gethsemane; et dicit discipulis, Sedete hîc, usquequè profectus precatus fuero illîc.

37 Et assumpto Petro et duobus filiis Zebedaei, coepit contristari, et gravissimè angi.

38 Tunc dicit eis Jesus, Undiquaque tristis est anima mea, usque ad mortem: manete hîc, et vigilate mecum.

39 Et progressus paululùm procidit in faciem suam, precans, et dicens, Pater mi, si possibile est, abeat a me poculum istud: veruntamen non ut ego volo, sed ut tu.

40 Tunc venit ad discipulos, et reperit eos dormientes; et dicit Petro, Itane non potuistis unam horam vigilare mecum?

41 Vigilate et orate, ne introëatis

MATTHAEUS, XXVI.

in tentationem: spiritus quidèm est promptus, sed caro infirma.

42 Rursum secundò abiit, et precatus est, dicens, Pater mi, si non potest hoc poculum abire a me quin bibam ipsum, fiat voluntas tua.

43 Et quum venisset, reperit eos rursum dormientes; erant enim oculi eorum gravati.

44 Et relictis eis, rursum abiit, et precatus est tertiò, eundem sermonem loquutus.

45 Tunc venit ad discipulos suos, et dicit eis, Dormite quod superest, et requiescite: ecce, appropinquavit hora illa; et Filius hominis proditur in manus peccatorum.

46 Surgite, eamus; ecce appropinquavit qui me prodit.

47 Et adhuc eo loquente, ecce Judas, unus ex duodecim, venit, et cum eo turba multa cum gladiis et fustibus, a primariis sacerdotibus et senioribus populi.

48 Is verò qui prodebat eum dederat eis signum, dicens, Quem osculatus fuero, is est; prehendite eum.

49 Itaque statim, quum venisset ad Jesum, dixit, Ave, Rabbi; et deosculatus est eum.

50 At Jesus dixit ei, Amice, quorsum ades? Tunc accesserunt, et manus injecerunt in Jesum, et prehenderunt eum.

51 Et, ecce, unus ex iis qui *erant* cum Jesu, extensâ manu, distrinxit gladium suum; et percusso servo pontificis maximi, abstulit auriculam ejus.

52 Tunc ait ei Jesus, Converte gladium tuum in locum suum: quicunque enim acceperint gladium, gladio peribunt.

53 An putas me non posse nunc precari Patrem meum, qui huc sistat mihi plures quàm duodecim legiones angelorum?

54 Quomodo ergo implerentur scripturae, *quae dicunt* sic oportere fieri?

55 In illâ horâ dixit Jesus turbae, An adversùs latronem exivistis cum gladiis et fustibus, ut comprehenderetis me? quotidie apud vos sedebam docens in templo, nec prehendistis me.

56 Hoc autem totum actum est ut implerentur scripturae prophetarum.—Tunc discipuli omnes, relicto eo, fugerunt.

57 ¶ Illi verò prehensum Jesum abduxerunt ad Caiapham pontificem maximum, ubi scribae et seniores coacti erant.

58 Petrus autem sequebatur eum e longinquo usque in aulam pontificis maximi, et ingressus intrò sedebat cum ministris, ut videret finem.

59 Primarii verò sacerdotes et seniores, et totus consessus, quaerebant falsum testimonium contra Jesum, ut eum morte afficerent;

60 Et non invenerunt: etiam quum multi falsi testes accessissent, non invenerunt. Postremò vero advenientes duo falsi testes,

61 Dixerunt, Iste dixit, Possum destruere templum Dei, et triduo ipsum aedificare.

62 Et quum exsurrexisset pontifex maximus, dixit ei, Nihil respondes? quid *est quod* isti adversum te testificantur?

63 Jesus autem silebat. Et respondens pontifex maximus dixit ei, Adjuro te per Deum viventem, ut dicas nobis, an tu sis Christus ille Filius Dei.

64 Dicit ei Jesus, Tu dixisti: quinetiam dico vobis, Ab hoc tempore videbitis Filium hominis sedentem ad dextram potentiae *Dei*, et venientem in nubibus coeli.

65 Tunc pontifex maximus dirupit vestimenta sua, dicens, Blasphemavit: quid ampliùs egemus testibus? ecce, nunc audistis blasphemiam ejus.

66 Quid vobis videtur? Ipsi verò respondentes dixerunt, Tenetur mortis poenâ.

67 Tunc inspuerunt in faciem ejus, et colaphos ei inflixerunt: alii verò bacillis eum ceciderunt.

MATTHAEUS, XXVII.

*** Dicentes, Vaticinare nobis, Christe, quis sit qui te percussit.

69 ¶ Petrus autem sedebat extrà in aulâ; et accessit ad eum quaedam ancillula, dicens, Et tu cum Jesu Galilaeo eras.

70 Ipse verò negavit coram omnibus, dicens, Nescio quid dicas.

71 Eum autem egredientem in vestibulum, vidit alia *ancilla ;* et dixit iis qui *erant* illic, Et iste erat cum Jesu Nazareno.

72 Tunc rursus negavit cum jurejurando, *dicens,* Non novi hominem.

73 Paullo pòst autem accesserunt qui astabant, et dixerunt Petro, Verè et tu ex ipsis es; nam et loquutio tua te manifestum facit.

74 Tunc coepit seipsum devovere et jurare, *dicens,* Non novi hominem. Et statim gallus misit vocem.

75 Et recordatus est Petrus verborum Jesu, qui dixerat ei, Priusquam gallus vocem mittat, ter me abnegabis. Et egressus extrà flevit amarè.

CAP. XXVII.

MANE autem quum esset, consilium ceperunt omnes primarii sacerdotes et seniores populi adversùs Jesum, ut eum morte afficerent.

2 Et vinctum eum abduxerunt ac tradiderunt Pontio Pilato praesidi.

3 ¶ Tunc Judas, qui eum prodiderat, quum vidisset eum damnatum esse, poenitens retulit triginta argenteos *nummos* ad primarios sacerdotes et seniores;

4 Dicens, Peccavi, prodito sanguine innoxio. At illi dixerunt, Quid ad nos? tu videris.

5 Ipse verò projectis *illis nummis* argenteis in templum, secessit; et profectus strangulavit *sese.*

6 Primarii autem sacerdotes, acceptis *nummis* illis argenteis, dixerunt, Non licet eos immittere in corbanam, quoniam pretium sanguinis est.

7 Consilio autem capto, emerunt ex eis agrum illum figuli, ad sepulturam hospitum:

8 Quapropter vocatus est ager ille Ager sanguinis, usque in hodiernum diem.

9 Tunc impletum est quod dictum est per Jeremiam prophetam, dicentem, Et acceperunt triginta *nummos* argenteos, pretium aestimati, qui aestimatus fuit a filiis Israël.;

10 Et dederunt eos ad emendum illum agrum figuli, sicut injunxit mihi Dominus.

11 ¶ Jesus autem stetit coram praeside: et interrogavit eum praeses, dicens, *Tune* es ille rex Judaeorum? Dixit autem ei Jesus, Tu dicis.

12 Et quum ipse accusaretur a primariis sacerdotibus et senioribus, nihil respondit.

13 Tunc dicit ei Pilatus, Non audis quàm multa adversùm te testificentur?

14 Et non respondit ei ad ullum verbum; ita ut miraretur praeses valde.

15 ¶ Praeses autem singulis festis consueverat turbae dimittere unum vinctum, quem voluissent.

16 Habebant verò tunc vinctum insignem, qui dicebatur Barabbas.

17 Ipsis igitur congregatis, dixit eis Pilatus, Utrum vultis dimittam vobis; Barabbam, an Jesum qui dicitur Christus?

18 Sciebat enim quòd per invidiam tradidissent eum.

19 Sedente autem eo in tribunali, misit ad eum uxor ejus, dicens, Nihil tibi *rei sit* cum justo illo · multa enim passa sum hodie in somnio propter eum.

20 Primarii verò sacerdotes et seniores persuaserunt turbae ut peteret Barabbam, Jesum verò perderet.

21 Respondens autem praeses dixit eis, Utrum e duobus illis vultis ut vobis dimittam? Ipsi verò dixerunt, Barabbam.

22 Dixit eis Pilatus, Quid igitur faciam Jesu, qui dicitur Christus? Dicunt ei omnes, Crucifigatur!

MATTHAEUS. XXVII.

23 Praeses autem ait, At enim quid mali fecit? At illi amplius clamabant, dicentes, Crucifigatur!

24 Videns autem Pilatus se nihil proficere, sed majorem tumultum fieri, acceptâ aquâ, abluit manus coram turbâ, dicens, Innoxius ego sum a sanguine hujus justi : vos videritis.

25 Et respondens universus populus dixit, Sanguis ejus super nos et super filios nostros.

26 Tunc dimisit eis Barabbam : Jesum autem quum flagellâsset, tradidit ut crucifigeretur

27 ¶ Tunc milites praesidis, quum abduxissent Jesum in praetorium, coegerunt ad eum universam cohortem.

28 Et quum exuissent eum, circumposuerunt ei chlamydem coccineam :

29 Et coronam e spinis contextam imposuerunt ejus capiti, et arundinem in dextram ejus : et genu ante eum summisso, illudebant ei, dicentes, Ave, rex Judaeorum.

30 Et quum inspuissent in eum, ceperunt arundinem illam, et verberabant caput ejus.

31 Et postquam illusissent ei, exuerunt eum chlamyde, indueruntque vestimentis suis : et abduxerunt eum ut crucifigerent :

32 Exeuntes autem invenerunt quendam Cyrenaeum, nomine Simonem ; hunc angariaverunt ut attolleret crucem ejus.

33 ¶ Et quum venissent in locum qui dicitur Golgotha (quod est Calvariae locus),

34 Dederunt ei acetum bibendum cum felle mistum : et quum gustâsset, noluit bibere.

35 Postquam autem crucifixerunt eum, partiti sunt ejus vestimenta, sortem jacientes ; ut impleretur quod dictum est a prophetâ, Partiti sunt sibi vestimenta mea, et super vestem meam jecerunt sortem.

36 Et sedentes, servabant eum illic :

37 Et imposuerunt super caput ejus crimen ipsius scriptum, HIC EST IESVS REX ILLE IV DAEORVM.

38 Tunc crucifiguntur cum eo duo latrones ; unus ad dextram, et alter ad sinistram.

39 Qui verò praeteribant convici abantur, moventes capita sua,

40 Et dicentes, Tu qui destruis templum, et triduo aedificas, serva temetipsum : si Filius Dei es, descendito e cruce.

41 Similiter autem etiam primarii sacerdotes illudentes cum scribis et senioribus, dicebant,

42 Alios servavit, seipsum non potest servare : si rex Israëlis est, descendat nunc e cruce, et credemus ei.

43 Confidit in Deo ; eruat ipsum nunc, si placet ei : dixit enim, Filius Dei sum.

44 Idipsum autem etiam latrones, qui crucifixi erant cum eo, exprobrabant ei.

45 ¶ A sextâ autem horâ tenebrae factae sunt super universam regionem, usque ad horam nonam.

46 Circiter verò horam nonam exclamavit Jesus voce magnâ, dicens, Eli, Eli, lama sabachthani ! hoc est, Deus mi, Deus mi, cur deseruisti me?

47 Quidam autem illic stantium, quum *hoc* audissent, dicebant, Eliam vocat iste.

48 Et statim currens quidam ex eis, quum acceptam spongiam implevisset aceto, et circumposuisset calamo, dedit ei ut biberet.

49 Reliqui verò dicebant, Sine, videamus an veniat Elias servaturus eum.

50 Jesus autem quum rursum clamâsset voce magnâ, emisit spiritum.

51 Et, ecce, velum templi fissum est in duas partes, a summo usque ad imum ; et terra mota est, et petrae fissae sunt :

52 Et monumenta aperta sunt ; et multa corpora sanctorum, qui dormierant, surrexerunt ;

53 Qui egressi e monumentis post resurrectionem ejus introierunt in

MATTHAEUS, XXVIII

sunt tam urbem, et apparuerunt multis.

54 Centurio verò, et qui cum eo servabant Jesum, viso terrae motu, et iis quae facta fuerant, timuerunt vehementer, dicentes, Verè Filius Dei erat iste.

55 Erant autem illic mulieres multae e longinquo spectantes, quae sequutae fuerant Jesum a Galilaeâ, ministrantes ei;

56 Inter quas erat Maria Magdalene, et Maria mater Jacobi et Jose, et mater filiorum Zebedaei.

57 ¶ Quum autem serum diei esset, venit homo dives Arimathaeensis, nomine Josephus, qui et ipse discipulus fuerat Jesu:

58 Is adiit Pilatum, et petiit corpus Jesu. Tunc Pilatus jussit reddi corpus.

59 Et Josephus, quum accepisset corpus, involvit illud sindone purâ.

60 Posuitque in monumento suo novo quod exciderat in petrâ; et advoluto saxo magno ad ostium monumenti, abiit.

61 Erat autem illic Maria Magdalene, et altera illa Maria, sedentes contra sepulcrum.

62 ¶ Postero autem die, qui est post parasceven, coacti sunt primarii sacerdotes et Pharisaei ad Pilatum,

63 Dicentes, Domine, meminimus planum illum dixisse, quum adhuc viveret, Tertio post die suscitabor.

64 Jube ergo munire sepulcrum usque in diem tertium; nequando veniant discipuli ejus nocte, et furentur eum; dicantque populo, Suscitatus est e mortuis: et erit ultimus error pejor priore.

65 Dixit eis Pilatus, Habetis custodiam: abite, munite sicut scitis.

66 Ipsi autem profecti munierunt sepulcrum, obsignato lapide cum custodiâ.

CAP. XXVIII.

EXTREMO autem sabbato, quum lucesceret in primum *diem* hebdomadis, venit Maria Magdalene, et altera illa Maria, ut spectarent sepulcrum.

2 Et, ecce, terrae motus factus est magnus: angelus enim Domini, quum descendisset e coelo, accessit, et evolvit saxum ab ostio, sedebatque super illud.

3 Erat autem visus ejus ut fulgor, et vestimentum ejus album sicut nix

4 Custodes autem perculsi sunt prae ipsius timore, et facti sunt sicut mortui.

5 Respondens autem angelus dixit mulieribus, Vos *verò* ne timete; scio enim vos Jesum crucifixum quaerere.

6 Non est hic: resurrexit enim, prout dixit: adeste, videte locum ubi jacebat Dominus;

7 Et citò profectae dicite discipulis ejus, eum resurrexisse a mortuis: et, ecce, praeit vobis in Galilaeam; illic eum videbitis: ecce, dixi vobis.

8 Tunc egressae citò a monumento cum timore et gaudio magno, currebant, ut renunciarent discipulis ejus.

9 Ut autem proficiscebantur ut *hoc* renunciarent discipulis ejus, ecce Jesus occurrit eis, dicens, Avete. Illae verò accesserunt, et prehenderunt pedes ejus, et adoraverunt eum.

10 Tunc ait eis Jesus, Ne timete: abite, renunciate fratribus meis, ut abeant in Galilaeam, illic me videbunt.

11 ¶ Euntibus autem ipsis, ecce, quidam ex custodiâ venerunt in urbem, et renunciârunt primariis sacerdotibus omnia quae facta fuerant.

12 Ipsi verò congregati cum senioribus, consilioque capto, nummos multos dederunt militibus,

13 Dicentes, Dicite, Discipuli ejus nocte venerunt, et eum furati sunt nobis dormientibus.

14 Quòd si hoc auditum fuerit apud praesidem, nos persuadebimus ei, et securos vos praestabimus.

15 Ipsi verò, acceptâ pecuniâ, fecerunt sicut erant edocti: et divulgatus est ille sermo apud Judaeos usque ad hodiernum diem.

16 ¶ Undecim autem illi discipuli

profecti sunt in Galilaeam, in montem ubi constituerat eis Jesus.

17 Et quum vidissent eum, adoraverunt eum: quidam autem dubitaverunt.

18 Et quum accessisset *ad eos* Jesus, loquutus est eis, dicens, Data est mihi omnis potestas in coelo et in terra.

19 Profecti ergo docete omnes gentes, baptizantes eos in nomen Patris, et Filii, et Spiritûs Sancti;

20 Docentes eos servare omnia quae mandavi vobis: et, ecce, ego vobiscum sum omnibus diebus, usque ad consummationem seculi. Amen.

EVANGELIUM *secundùm* MARCUM.

CAP. I.

PRINCIPIUM evangelii Jesu Christi, Filii Dei;

2 Ut scriptum est in prophetis, Ecce, ego mitto nuncium illum meum ante faciem tuam, qui parabit viam tuam coram te.

3 Vox clamantis in deserto, Parate viam Domini, complanate semitas ejus.

4 Baptizabat Joannes in deserto, et praedicabat baptismum resipiscentiae ad remissionem peccatorum.

5 Et exibat ad eum omnis Judaica regio ac Hierosolymitae, et baptizabantur omnes ab eo in Jordane flumine, confitentes peccata sua.

6 Indutus autem erat Joannes pilis camelorum, et zonâ coriaceâ circa lumbos suos; et edebat locustas et mel silvestre.

7 Et praedicabat, dicens, Venit ponè me qui validior me est, cujus non sum dignus qui incurvatus solvam corrigiam solearum.

8 Ego quidèm baptizavi vos aquâ, ipse verò baptizabit vos Spiritu Sancto.

9 Et factum est diebus illis, ut Jesus, quum venisset a Nazarethâ *urbe* Galilaeae, baptizatus sit in Jordane a Joanne.

10 Et *is* statim ascendens ex aquâ vidit findi coelos, et Spiritum quasi columbam descendere super eum:

11 Et vox exstitit e coelis, Tu es

Filius ille meus dilectus, in quo acquiesco.

12 Statimque Spiritus eum expellit in desertum.

13 Et fuit illic in deserto dies quadraginta, tentante eum Satanâ: eratque cum feris: et ángeli ministrabant ei.

14 ¶ Postquam autem traditus fuit Joannes in custodiam, venit Jesus in Galilaeam, praedicans evangelium regni Dei;

15 Et dicens, Expletum est tempus, et appropinquavit regnum Dei; resipiscite, et credite evangelio.

16 Ambulans autem apud mare Galilaeae, vidit Simonem, et Andream fratrem ejus, jacientes rete in mare; erant enim piscatores:

17 Et dixit eis Jesus, Sequimini me, et faciam ut sitis piscatores hominum.

18 Et *ipsi* statim, omissis retibus suis, sequuti sunt eum.

19 Tunc progressus illinc paullulum, vidit Jacobum *filium Zebedaei*, et Joannem fratrem ejus, qui et *ipsi* in navigio sarciebant retia·

20 Statimque vocavit eos: et *ipsi*, omisso patre suo Zebedaeo in navigio cum mercenariis, sequuti sunt eum.

21 ¶ Et ingrediuntur Capernaum, statimque sabbato ingressus *Jesus* in synagogam docebat.

22 Et percellebantur super doctri

MARCUS, II.

nâ ejus: docebat enim eos ut auctoritatem habens, et non ut scribae.

23 Fuit autem in synagogâ eorum quidam, in quo erat spiritus impurus, qui exclamavit,

24 Dicens, Ah, quid nobis tecum, Jesu Nazarene? venisti ut perderes nos? novi te quis sis, *nimirum* Sanctus ille Dei.

25 Et objurgavit eum Jesus, dicens, Obmutesce, et exi ex eo.

26 Tunc, quum discerpsisset eum spiritus impurus, et clamâsset voce magnâ, exiit ex eo.

27 Et expaverunt omnes, ita ut mutuò quaererent inter se, dicentes, Quid est hoc? quae doctrina nova haec, quòd per potestatem imperat etiam spiritibus impuris, et auscultant ei?

28 Emanavit autem fama ipsius in totam regionem circumjacentem Galilaeae.

29 ¶ Et statim e synagogâ egressi, venerunt domum Simonis et Andreae cum Jacobo et Joanne.

30 Socrus autem Simonis decumbebat febricitans: et statim dicunt ei de illâ.

31 Tunc accedens erexit eam, prehensâ manu ejus: et dimisit eam febris statim, et ministravit eis.

32 Quum autem serum *diei* esset, occidente sole, adducebant ad eum omnes malè affectos et daemoniacos.

33 Et civitas tota coacta erat ad ostium.

34 Et sanavit multos malè affectos variis morbis, et daemonia multa ejecit; et non sinebat dicere daemonia, quòd ipsum nóssent.

35 ¶ Et manè valde multà nocte quum surrexisset, exiit, et abiit in desertum locum, et illìc precabatur.

36 Et prosequuti sunt eum Simon et qui cum ipso erant.

37 Et quum invenissent eum, dicunt ei, Omnes te quaerunt.

38 Tunc dicit eis, Eamus in contigua oppidula, ut et illìc praedicem; ad hoc enim sum egressus.

39 Et praedicabat in synagogis eorum in totâ Galilaeâ, et daemonia ejiciebat.

40 ¶ Venitque ad eum leprosus, precans eum, eique ad genua procidens, ac dicens ei, Si velis, potes me purgare.

41 Jesus autem commiseratione intimâ commotus, extensâ manu te tigit eum, et dixit ei, Volo; purgator.

42 Et quum *haec* dixisset, statim abiit ab eo lepra, et purgatus fuit.

43 Et graviter interminatus ei *Jesus,* statim ablegavit eum,

44 Dixitque ei, Vide *ut* nemini quicquam dicas: sed abi, ostende teipsum sacerdoti, et offer pro purgatione tui quae imperavit Moses, ut hoc sit eis testimonio.

45 Ille verò egressus coepit praedicare multa, et rem divulgare, ita ut jam non posset Jesus manifestè introire in civitatem: sed foris in desertis locis erat, et veniebant ad eum undique.

CAP. II.

ET rursus intravit Capernaum interjectis *aliquot* diebus; et auditum est eum domi esse;

2 Statimque coacti sunt multi, adeò ut jam non caperent *eos,* ne ea quidèm *loca* quae *erant ad ostium;* et loquebatur eis sermonem *evangelii.*

3 Tunc venerunt ad eum ferentes paralyticum, qui a quatuor portabatur.

4 Et quum non possent ei appropinquare propter turbam, detexerunt tabulatum *loci* in quo erat; eoque perfosso, *funibus* demiserunt grabbatum, in quo paralyticus acebat.

5 Quum autem vidisset Jesus fidem eorum, dixit paralytico, Fili, remissa sunt tibi peccata tua.

6 Erant autem illìc quidam ex scribis sedentes, et ratiocinantes in cordibus suis,

7 Quid iste ita loquitur blaspho-

MARCUS, III.

mias ' Quis potest remittere peccata, nisi solus Deus?

8 Et quum statim cognovisset Jesus spiritu suo, eos ita ratiocinari apud se, dixit eis, Quid ista ratiocinamini in cordibus vestris?

9 Utrum est facilius dicere paralytico, Remissa sunt tibi peccata? an dicere, Surge, et attolle grabbatum tuum, et ambula?

10 Ut autem sciatis Filium hominis habere potestatem remittendi peccata in terrâ, (ait paralytico)

11 Tibi dico, Surge, et attolle grabbatum tuum, et abi domum tuam.

12 Tunc *ille* statim surrexit, sublatoque in humeros grabbato, egressus est coram omnibus; adeò ut obstupescerent omnes, et glorificarent Deum, dicentes, Nunquam tale quicquam vidimus.

13 ¶ Et egressus est rursus ad mare: totaque turba veniebat ad eum, ac docebat eos.

14 Et quum praetergrederetur, vidit Levin Alphaei *filium* sedentem ad telonium, dixitque ei, Sequere me. Et *is* surgens sequutus est eum.

15 Et factum est, ut quum Jesus accumberet in domo illius, multi etiam publicani et peccatores simul discubuerunt cum Jesu et discipulis ejus: erant enim multi, et sequuti fuerant eum.

16 Quumque scribae et Pharisaei vidissent eum edentem cum publicanis et peccatoribus, dixerunt discipulis ejus, Quid *est* quòd cum publicanis et peccatoribus edit ac bibit?

17 Et quum *hoc* audîsset Jesus, dicit eis, Iis qui valent non opus est medico, sed iis qui malè *se* habent: non veni ut vocarem justos, sed peccatores, ad resipiscentiam.

18 ¶ Discipuli autem Joannis ac Pharisaeorum jejunabant: veniunt igitur et dicunt ei, Quare discipuli Joannis et Pharisaeorum jejunant, tui autem discipuli non jejunant?

19 Tunc ait eis Jesus, Num possunt filii thalami, quo *tempore* cum

ipsis est sponsus, jejunare? quamdiu habent secum sponsum, non possunt jejunare.

20 Venient autem dies, quum sublatus erit ab eis sponsus, et tunc jejunabunt illis diebus.

21 Sed nemo panniculum impexum insuit vestimento veteri: alioquin illud ipsius supplementum novum tollit *aliquid* ex vetere *vestimento*, et fit pejor fissura.

22 Et nemo injicit vinum novum in utres veteres; alioqui vinum effunditur, et utres pereunt: sed vinum novum in utres recentes injiciendum est.

23 ¶ Factum est autem ut ipse praeteriret sabbato per sata; et coeperunt discipuli ejus iter faciendo vellere spicas.

24 Tunc Pharisaei dixerunt ei, Ecce, cur faciunt sabbato quod non licet?

25 Et ipse dixit eis, Nunquam legistis quid fecerit David, quum egeret, et esuriret ipse, et qui cum eo *erant?*

26 Quomodo ingressus sit domum Dei sub Abiathar pontifice maximo, et panes propositios ederit, quos non licet edere nisi sacerdotibus, et dederit etiam iis qui secum erant?

27 Dixit etiam eis, Sabbatum propter hominem factum est, non homo propter sabbatum.

28 Itaque Filius hominis est etiam sabbati dominus.

CAI. III.

ET introïvit rursus in synagogam: eratque illic quidam arefactam manum habens.

2 Et observabant an sabbato sanaturus esset eum; ut ipsum accusarent.

3 Tunc ait homini habenti manum arefactam, Surge in medium.

4 Eis autem dixit, Licet sabbato benefacere, an malefacere *cuipiam?* hominem servare, aut trucidare? Ipsi verò silebant

5 Et quum circumspexisset eos

cum irâ, simul dolens quòd occalluisset cor eorum, dicit homini, Extende manum tuam. Et is extendit: restitutaque es* manus ejus sana ut altera.

6 Tunc egressi Pharisaei statim cum Herodianis consilium inierunt adversùs eum, ut eum perderent.

7 ¶ Sed Jesus cum discipulis suis secessit ad mare; et magna multitudo sequuta est eum a Galilaeâ, et a Judaeâ,

8 Et Hierosolymis, et ab Idumaeâ, et *regione quae est* trans Jordanem; et qui circa Tyrum ac Sidonem *habitabant*, magnâ multitudine, quum audissent quanta faceret, venerunt ad eum.

9 Ipse autem dixit discipulis suis, ut navigiolum sibi semper adesset propter turbam, ne ipsum opprimerent.

10 Multos enim sanaverat, adeo ut inciderent in eum, ut ipsum tangerent, quotquot tenebantur flagellis.

11 Et spiritus impuri, quum eum conspexerant, accidebant ei *ad pedes*, et clamabant, dicentes, Tu es Filius ille Dei.

12 Ipse verò multùm interminabatur eis, ne ipsum manifestum facerent.

13 ¶ Tunc ascendit in montem, et advocavit ad se quos ipse voluit: et venerunt ad eum.

14 Et constituit duodecim, ut secum essent. et ut mitteret eos ad praedicandum *evangelium*;

15 Et ut haberent potestatem sanand morbos, et ejiciendi daemonia

16 Primùm, Simonem (cui imposuit nomen Petrum;)

17 Et Jacobum *filium* Zebedaei, et Joannem fratrem Jacobi (et imposuit eis nomina Boanerges, quod est, *alii tonitrui*;)

18 Et Andream, et Philippum, et Bartholomaeum, et Matthaeum, et Thomam, et Jacobum Alphaei *filium*, et Thaddaeum, et Simonem Canaanten,

19 Et Judam Iscarioten, qui prodidit eum: veruntque domum.

20 ¶ Convenit autem rursum turba; adeò ut ne capere quidèm cibum possent.

21 Et quum *haec* audissent ipsius propinqui, venerunt ut prehenderent eum: dicebant enim eum apud se non esse.

22 Scribae verò qui Hierosolymis descenderant dicebant, Certè habet Beelzebulem, et certè per principem daemoniorum ejicit daemonia.

23 Quum autem eos advocàsset, dixit eis per parabolas, Quomodo potest Satanas Satanam ejicere?

24 Neque si regnum adversùs sese dissideat, potest stare regnum illud.

25 Neque si domus contra semetipsam dissideat, potest stare domus illa.

26 *Sic* quoque si Satanas insurrexit et dissidet adversùs semetipsum, stare non potest, sed finem habet.

27 Non potest quisquam potentis *alicujus* vasa, ingressus domum ejus diripere, nisi primò validum illum vinxerit: et tunc domum ejus diripiet.

28 Amen dico vobis, quaevis peccata remittentur filiis hominum, et blasphemiae quibuscunque blasphemârint:

29 Sed quicunque blasphemârit in Spiritum Sanctum, non habet remissionem in aeternum, sed tenetur aeterno judicio.

30 Dicebant enim, Spiritum impurum habet.

31 ¶ Veniunt igitur fratres et mater ejus; et foris stantes miserunt ad eum, et eum vocârunt.

32 Sedebat autem circa eum turba: *illi* verò dixerunt ei, Ecce, mater tua et fratres tui foris quaerunt te.

33 Tunc respondit eis, dicens, Quae est mater mea, aut fratres mei?

34 Et quum circumspexisset in circuîtu eos qui circumsedebant, ait, Ecce mater mea, et fratres mei!

35 Quicunque enim fecerit quod

Deus vult, is est frater meus, et soror mea, et mater.

CAP. IV.

ET rursus coepit docere apud mare: et coacta est ad eum turba multa, adeò ut ipse navigium ingressus sederet in mari: tota autem turba apud mare in terrâ erat.

2 Et docebat eos per parabolas multa, dicebatque eis in doctrinâ suâ;

3 Audite, Ecce, *quidam sator exiit satum*:

4 Et factum est inter serendum, aliud quidèm cecidit secundùm viam; veneruntque volucres coeli, et devoraverunt illud.

5 Aliud verò cecidit in petrosa, ubi non habebat terram multam; et statim exortum est, propterea quòd non habebat profundam terram:

6 Sole autem exorto, ardore tactum est; et propterea quòd non habebat radicem, exaruit.

7 Et aliud cecidit in spinas; et ascenderunt spinae, ac suffocârunt illud, et fructum non edidit.

8 Et aliud cecidit in terram bonam, ediditque fructum assurgentem ac crescentem; et tulit aliud tricena, et aliud sexagena, et aliud centena.

9 Tunc dixit eis, Qui habet aures ad audiendum, audiat.

10 Quum autem esset solus, interrogârunt eum qui circum eum erant eum duodecim de parabolà.

11 Et dixit eis, Vobis datum est nôsse mysterium regni Dei: iis autem qui foris sunt, per parabolas omnia *ista* fiunt:

12 Ut videntes videant, et non cernant; et audientes audiant, et non intelligant: nequando *se* convertant, et remittantur eis peccata.

13 Praeterea dixit eis, Nescitis parabolam istam? et quomodo omnes parabolas cognoscetis?

14 Sator ille sermonem serit.

15 Isti autem sunt qui juxta viam *semen excipiunt*, in quibus *videlicet* seminatur sermo: sed postquam audierunt, statim venit Satanas, et tollit sermonem qui seminatus fuerat in cordibus eorum.

16 Et isti sunt similiter qui in petrosa semen excipiunt; qui *videlicet*, quum audierint sermonem, statim cum gaudio excipiunt eum;

17 Et non habent radicem in sese, sed temporarii sunt: deinde, ortâ afflictione aut persequutione propter sermonem, statim offenduntur.

18 Hi sunt autem qui in spinas semen excipiunt; hi sunt, *inquam*, qui sermonem audiunt:

19 Sed solicitudines seculi hujus, et fallacia divitiarum, et cupiditates quae in caeteris rebus *versantur*, introeuntes, suffocant sermonem, isque redditur fructus expers.

20 Hi sunt verò qui in terram bonam semen exceperunt, qui *videlicet* audiunt sermonem, et excipiunt; et fructum ferunt, aliud tricena, aliud sexagena, aliud centena *grana*.

21 Dixit etiam eis, Num lucerna venit ut subter modium ponatur, aut subter lectum? nonne ut candelabro imponatur?

22 Non est enim quicquam occultum quod non sit manifestum futurum; neque *quod* abscondatur, sed *oportet* ut in apertum veniat.

23 Siquis habet aures ad audiendum, audiat.

24 Praeterea dixit eis, Videte quid audiatis: quâ mensurâ metimini, vobis metietur; et adjicietur vobis qui auditis.

25 Qui enim habet, dabitur ei: et qui non habet, etiam quod habet tolletur ab eo.

26 Item dicebat, Ita est regnum Dei, ut si quispiam jaciat semen in terram;

27 Et dormiat. et exsurgat nocte ac die, et semen germinet et assurgat quomodo ipse nescit.

28 Sponte enim terra fructum fert, primùm herbam, deinde spicam, deinde plenum frumentum in spicâ.

29 Quum autem prodiderit ses fructus, statim mittit messores, quoniam adest messis

MARCUS. V.

30 Dicebat etiam, Cui *rei* assimiaverimus regnum Dei? aut quâ collatione contulerimus illud?

31 Velut grano sinapis; quod quum seritur in terrâ, minimum est omnium seminum quae in terrâ sunt:

32 Sed quum satum fuerit, assurgit, et fit maximum omnium olerum, editque ramos magnos, ita ut possint sub ejus umbrâ volucres coeli nidulari.

33 Et talibus multis parabolis loquebatur eis sermonem *evangelii*, prout poterant audire.

34 Absque parabolâ verò non loquebatur eis; privatim autem discipulis suis explicabat omnia.

35 ¶ Dixit autem eis die illo, quum serum *diei* esset, Transeamus in ulteriorem *ripam*.

36 Dimissâ igitur turbâ, acceperunt eum ut erat in navigio; sed et alia navigiola erant cum eo.

37 Tunc oritur turbo venti magnus, et fluctus irruebant in navigium, ita ut jam impleretur.

38 Erat autem ipse in puppi, cervicali indormiens. Tunc expergefaciunt eum, dicuntque ei, Magister, non est tibi curae quòd perimus?

39 Experrectus igitur objurgavit ventum, dixitque mari, Sile, obmutesce. Tunc quievit ventus, factaque est tranquillitas magna.

40 Dixit autem eis, Quid ita timidi estis? quomodo fidem non habetis?

41 Et timuerunt timore magno, dicebantque alius ad alium, Quisnam iste est, quòd etiam ventus et mare auscultent ei?

CAP. V.

ET venerunt in ulteriorem *ripam* maris, in regionem Gadarenorum.

2 Egresso autem ipsi e navigio statim occurrit e monumentis quidam, in quo erat spiritus impurus,

3 Qui domicilium habebat in monumentis; et ne catenis quidèm quisquam poterat eum vincire:

4 Propterea quòd saepe pedicis et catenis vinctus fuerit, sed discerptae fuerant ab eo catenae, et pedicae contritae; neque quisquam potuerat eum domare.

5 Et per omne *tempus* erat die ac nocte in montibus, et in monumentis, clamans, et concidens seipsum lapidibus.

6 Quum vidisset autem Jesum procul, cucurrit et adoravit eum;

7 Et clamans voce magnâ, dixit, Quid mihi tecum, Jesu Fili Dei altissimi? Adjuro te *per* Deum ne me torqueas.

8 Dicebat enim ei *Jesus*, Exi, spiritus impure, ex isto homine.

9 Tunc interrogavit eum, Quod tibi nomen *est?* Et respondit, dicens, Legio mihi nomen *est;* quia multi sumus.

10 Et multùm precabatur eum, ne ipsos mitteret extra illam regionem.

11 Erat autem illic apud montes grex porcorum magnus pascens.

12 Et precati sunt eum omnes *illi* daemones, dicentes, Mitte nos ad porcos, ut in eos introëamus.

13 Et permisit eis statim Jesus. Egressi verò spiritus illi impuri introïerunt in porcos: et ruit ille grex e praecipitio in mare (erant autem quasi mille), et suffocati sunt in mari.

14 Qui verò pascebant porcos, fugerunt, et renunciârunt in urbem et in agros. Et *illi* egressi sunt, ut viderent quid illud esset quod factum fuerat.

15 Veniunt igitur ad Jesum, et conspiciunt eum qui fuerat daemoniacus, sedentem, ac vestitum, et sanae mentis, eum *inquam*, qui habuerat legionem ; et timuerunt.

16 Et qui *id* viderant narraverunt eis quomodo actum esset cum daemoniaco, et de porcis.

17 Tunc *illi* coeperunt eum rogare ut abiret ex finibus ipsorum.

18 Ipso verò ingresso in navigium, rogabat eum ille qui fuerat daemoniacus ut esset cum ipso.

19 Jesus autem non permisit ei, sed ei dixit, Abi domum tuam ad tuos, et eis renuncia quanta tibi Dominus praestiterit, et quòd misertus sit tui.

20 Abiit igitur *ille*, et coepit praedicare in Decapoli quanta ipsi fecisset Jesus: et omnes mirabantur.

21 ¶ Et quum Jesus rursus trajecisset navigio in ulteriorem *ripam*, coacta est turba multa ad eum: eratque apud mare.

22 Et, ecce, venit unus ex praefectus synagogae, nomine Jaïrus: et quum vidisset eum, accidit ad pedes ejus;

23 Et multùm precabatur eum, dicens, Filiola mea in extremum adducta est: *rogo* ut venias, et imponas ei manus, ut servetur; et vivet.

24 Abiit igitur *Jesus* cum eo: et sequebatur eum turba multa, et comprimebant eum.

25 Tunc mulier quaedam, quae erat in fluxione sanguinis *ab* annis duodecim,

26 Fueratque multa perpessa a multis medicis, impenderat omnia sua, et nihil adjuta fuerat, sed potiùs in deterius venerat;

27 Quum audisset de Jesu, venit in turbâ a tergo, et tetigit vestimentum ejus.

28 Dicebat enim, Si vel vestimenta ejus tetigero, servabor.

29 Et statim exaruit fons sanguinis ejus; et sensit corpore se sanatam esse ex eo flagello.

30 Statim autem Jesus, quum apud se cognovisset vim illam quae ex seipso prodierat, conversus in turbâ dixit, Quis tetigit vestimenta mea?

31 Et dixerunt ei discipuli ipsius, Vides turbam te comprimentem, et ticis, Quis me tetigit?

32 *Ipse* verò circumspiciebat, ut videret eam quae hoc fecerat.

33 Mulier autem timens et tremens, quum sciret quod in se factum fuerat, venit et accidit ei *ad pedes*, dixitque ei omnem veritatem.

34 Ille autem dixit ei, Filia, fides tua te servavit; abi cum pace, et es to sana ex flagello tuo.

35 Adhuc eo loquente, veniunt *quidam* a praefecto synagogae, dicentes, Filia tua mortua est: quid ampliùs vexas magistrum?

36 Jesus autem statim ut audiit hunc sermonem qui dicebatur, dicit praefecto synagogae, Ne metue, solummodo crede.

37 Neque permisit ut se quisquam unà sequeretur, nisi Petrus, et Jacobus, et Joannes frater Jacobi.

38 Venit igitur domum praefect' synagogae, et tumultum conspicit, flentes et ejulantes multùm.

39 Et ingressus dicit eis, Quid tumultuamini et fletis? puella non est mortua, sed dormit.

40 Et deridebant eum. Ipse verò, ejectis omnibus, assumit patrem et matrem puellae, et eos qui secum erant, et ingreditur eò ubi erat puella jacens.

41 Prehensâque manu puellae, dicit *ei*, Talitha cumi; quod est, si interpreteris, Puella, tibi dico, surge.

42 Et statim surrexit puella, et ambulabat; erat enim annorum duodecim. Et obstupuerunt stupore magno.

43 *Ipse* verò multùm imperavit eis, ne quis id resciret; dixitque ut daretur puellae quo vesceretur.

CAP. VI.

ET egressus est illinc, venitque in patriam suam: et sequuti sunt eum discipuli ejus.

2 Quumque advenisset sabbatum, coepit in synagogâ docere: multique audientes percellebantur, dicentes, Unde huic ista? et quae est haec sapientia quae data est ei, quòd etiam virtutes tales per manus ejus edantur?

3 Nonne iste est faber ille, filius Mariae, frater Jacobi, et Jose, et Judae, et Simonis? nonne et sorores ejus hîc sunt apud nos? Et offendebantur in ipso.

4 Dicebat autem eis Jesus, Non

est propheta inhonoratus, nisi in patriâ suâ, et inter cognatos, et domi suae.

5 Neque potuit illic virtutem ullam edere, nisi *quòd* quum paucis aegrotis imposuisset manus, sanavit *eos.*

6 Mirabaturque propter incredulitatem eorum : et circuïbat vicos in aroem, docens.

7 ¶ Tunc advocavit duodecim illos, coepitque eos mittere binos ; deditque eis potestatem *adversùs* spiritus impuros :

8 Et praecepit eis, ut nihil sumerent ad iter, nisi virgam tantùm ; non peram, non panem, non aes in zonâ :

9 Sea *ut* calcearentur sandaliis ; et ne induerentur binis tunicis.

10 *Et* dicebat eis, Ubicunque introïeritis domum, illic manete, usquedum exeatis illinc.

11 Et quicunque non exceperint vos, neque audierint vos, egressi illinc excutite pulverem qui suberit pedibus vestris, ut hoc sit testimonium adversùs eos. Amen dico vobis, tolerabilior erit Sodomorum *conditio* aut Gomorrhorum in die judicii, quàm urbis illius.

12 Egressi igitur *illi* proclamabant ut resipiscerent *homines.*

13 Et daemonia multa ejiciebant, ungebantque oleo multos aegrotos, et sanabant *eos.*

14 ¶ Audivit autem *haec* rex Herodes ; (clarum enim factum erat nomen ejus ;) dixitque, Joannes, ille qui baptizabat, suscitatus est ex mortuis, et propterea virtutes agunt in eo.

15 Alii dicebant, Elias est. Alii verò dicebant, Propheta est, vel unus ex prophetis illis.

16 Quum igitur *haec* audisset Herodes, ait, Iste est Joannes quem ego decollavi : ipse suscitatus est ex mortuis.

17 Ipse enim Herodes, missis satellitibus, prehenderat Joannem, et vinxerat eum carcere, propter Herodiadem uxorem Philippi fratris sui ; quia duxerat eam uxorem.

18 Dicebat enim Joannes Herodi Non licet tibi habere uxorem fratris tui.

19 Herodias autem imminebat ei, et cupiebat eum trucidare ; nec poterat :

20 Herodes enim metuebat Joannem, sciens eum *esse* virum justum ac sanctum, et observabat eum ; auditoque eo, multa faciebat, et libenter eum audiebat.

21 Quum igitur dies opportunus adesset, quo tempore Herodes in natalitiis suis coenam faciebat proceribus suis, ac chiliarchis, et primariis Galilaeae :

22 Et introïsset filia ipsius Herodiadis, ac saltâsset, placuissetque Herodi et simul accumbentibus, rex ait puellae, Pete a me quodcunque volueris, et dabo tibi.

23 Juravitque ei, Quodcunque a me petieris dabo tibi, usque ad dimidium regni mei.

24 At illa egressa dixit matri suae, Quid petam ? Illa verò dixit, Caput Joannis Baptistae.

25 *Puella* igitur cum festinatione statim ad regem ingressa, *id* petiit, dicens, Velim ut jam nunc des mihi in patinâ caput Joannis Baptistae.

26 Rex autem valde tristis factus; noluit *tamen*, propter jusjurandum et eos qui simul accumbebant, eam aspernari.

27 Et statim rex, misso spiculatore, imperavit ut afferretur caput ejus.

28 Ille verò abiit, ac decollavit eum in carcere ; attulitque caput ejus in patinâ, et dedit illud puellae, et puella dedit illud matri suae.

29 Quumque *hoc* audissent discipuli ejus, venerunt, et sustulerunt cadaver ejus, et posuerunt in monumento.

30 ¶ Coacti sunt autem apostoli ad Jesum, et annunciaverunt ei omnia, et quae egerant, et quae docuerant.

31 Et dixit eis, Venite vos seorsim in desertum locum, et requiescite paullulum : erant enim multi venien-

MARCUS. VII.

res et abeuntes; et ne cibum quidem capere ipsis vacabat.

32 Abierunt igitur in desertum locum navigio seorsim.

33 Vidit autem eos abeuntes turba, et agnoverunt eum multi, et pedibus ex omnibus civitatibus concurrerunt illùc, praeveneruntque eos, et convenerunt ad eum.

34 Tunc egressus vidit turbam multam Jesus, et commiseratione intimâ commotus est super eis, quoniam erant ut oves non habentes pastorem: coepitque eos docere multa.

35 Quum autem jam multus dies esset, adierunt eum discipuli ejus, dicentes, Desertus est locus iste, et jam multus dies est;

36 Dimitte eos, ut abeuntes in circumjacentes agros ac vicos emant sibi panes: nam quo vescantur non habent.

37 At ille respondens dixit eis, Date vos ipsis quo vescantur. Tunc dicunt ei, *Num* profecti emerimus ducentis denariis panes, et dederimus eis quo vescantur?

38 Ipse verò dixit eis, Quot panes habetis? abite et videte. Et *illi*, re cognitâ, dixerunt, Quinque, et duos pisces.

39 Tunc imperavit eis ut facerent discumbere omnes per convivia super viridi gramine.

40 Discubuerunt igitur sigillatim per areolas, *partim* centeni, et *partim* quinquageni.

41 Et acceptis quinque illis panibus, ac duobus illis piscibus, quum suspexisset in coelum, benedixit ac fregit panes; deditque discipulis suis, ut illi apponerent: et duos pisces partitus est omnibus.

42 Comederuntque omnes, et saturati sunt.

43 Et sustulerunt fragmentorum duodecim cophinos plenos, et ex piscibus.

44 Erant autem qui comederant quasi quinquies mille viri.

45 Et statim coëgit discipulos suos inscendere navigium, et praeire

in ulteriorem *ripam* Bethsaidae oppositam, dum ipse dimitteret turbam.

46 Et quum amandâsset eos, abiit in montem ad precandum.

47 Quum autem serum *diei* adesset, erat navigium in medio mari, et ipse solus in terrâ.

48 Viditque eos vexatos in *navigio* provehendo; erat enim ventus eis contrarius; et circa quartam vigiliam noctis venit ad eos, ambulans super mare, volebatque eos praeterire.

49 Illi verò, viso eo ambulante super mare, putârunt spectrum esse, et exclamaverunt:

50 Omnes enim videbant eum, et turbati sunt. Sed statim loquutus est cum eis, et dixit, Confidite; ego sum, ne timete.

51 Tunc ascendit ad eos in navigium; quievitque ventus: et *ipsi* multò magis apud sese obstupescebant, et mirabantur.

52 Non enim intellexerant *quod factum fuerat* illis panibus; quoniam cor eorum stupidum erat.

53 Et quum trajecissent, venerunt in terram Gennesaret, et appulerunt.

54 ¶ Tunc ipsis egressis e navigio, statim agnito eo,

55 Percursâ totâ illâ circumjacente regione, *homines loci illius* coeperunt in grabbatis malè affectos circumferre, ubi audiebant eum esse.

56 Et quòcunque introissent in vicos, aut urbes, aut agros, in foris ponebant aegrotos, et precabantur eum ut vel fimbriam pallii ipsius tangerent: et quotquot tangebant eum, servabantur.

CAP. VII.

TUNC coguntur ad eum Pharisaei et quidam ex scribis, qui venerant Hierosolymis.

2 Et quum vidissent quosdam ex discipulis ejus pollutis manibus (id est, illotis) edere panem, conquesti sunt.

3 Nam Pharisaei et omnes Judaei

MARCUS. VII

nisi pugno laverint manus, non edunt; tenentes traditionem seniorum:

4 Et a foro *venientes*, nisi loti fuerint, non edunt : et alia multa sunt, quae acceperunt tenenda ; *nempe lotiones* poculorum, et sextariorum, et aeramentorum, et lectorum.

5 Deinde interrogârunt eum Pharisaei et scribae, Quare discipuli tui non ambulant secundùm traditionem seniorum, sed illotis manibus edunt panem ?

6 Ille verò respondens dixit eis, Bene certè prophetavit Esaias de vobis hypocritis ; ut scriptum est, Populus iste labiis me honorat, cor autem eorum procul abest a me.

7 Frustra verò me colunt, docentes doctrinas *quae sunt* mandata hominum.

8 Nam omisso mandato Dei, tenetis traditionem hominum, lotiones sextariorum et poculorum : aliaque similia hujusmodi multa facitis.

9 Praeterea dixit eis, *Sanè* bellè aboletis mandatum Dei, ut traditionem vestram servetis.

10 Moses enim dixit, Honora patrem tuum et matrem tuam ; et, Qui maledixerit patri vel matri, morte moriatur.

11 Vos autem dicitis, Si dixerit quispiam patri vel matri, Corban (id est, donum) *est* quocunque a me juvari posses, *insons erit.*

12 Nec permittitis ampliùs eum quicquam praestare patri suo aut matri suae :

13 Irritum facientes sermonem Dei traditione vestrâ quam tradidistis : et similia hujusmodi multa facitis.

14 Advocatâ etiam totâ turbâ dixit iis, Audite me omnes, et attendite ;

15 Nihil est extra hominem, quod ingrediens in eum possit eum polluere : sed quae egrediuntur ex eo, illa sunt quae polluunt hominem.

16 Siquis habet aures ad audiendum, audiat.

17 Et quum introissent domum, *digressus* a turbâ, interrogârunt eum discipuli ejus de parabolâ.

18 Tunc dicit eis, Itane et vos intelligentiâ caretis ? Non intelligitis quicquid extrinsecus ingreditur in hominem, non posse eum polluere ?

19 Non enim ingreditur in cor ejus, sed in ventrem, et in latrinam abit purgans omnes escas.

20 Dicebat autem, Quod ex homine egreditur, illud polluere hominem.

21 Intus enim, ex corde hominum, malae cogitationes egrediuntur, adulteria, scortationes, caedes,

22 Furta, augendae rei artes, scelera, dolus, protervia, oculus malus, obtrectatio, superbia, amentia :

23 Omnia haec scelera intus exeunt, et polluunt hominem.

24 ¶ Et illinc surgens abiit in confinia Tyri ac Sidonis ; et ingressus domum, neminem volebat *hoc* scire : sed non potuit latere :

25 Quum enim de eo audisset mulier, cujus filiola habebat spiritum impurum, venit, et accidit ad pedes ejus ;

26 (Erat autem mulier Graeca, Syrophoenissa gente ;) et rogavit eum ut daemonium ejiceret ex filiâ suâ.

27 Jesus autem dixit ei, Sine priùs saturari liberos : non est enim bonum accipere panem liberorum, et objicere catellis.

28 Ipsa verò respondit, et dixit ei, Etiam, Domine : sed enim catelli edunt sub ejus mensâ ex micis puerorum.

29 Tunc dixit ei, Propter ipsum sermonem abi : exiit daemonium ex filiâ tuâ.

30 Quum autem *illa* abiisset domum suam, invenit daemonium exisse. et filiam projectam super lectum.

31 ¶ Tunc regressus e finibus Tyri ac Sidonis, venit ad mare Galilaeae, per medios fines Decapolis.

32 Et offerunt ei surdum difficulter loquentem ; et precantur eum, ut imponat ei manum.

33 *Ipse* verò, quum abduxisset eum e turbâ privatim, misit digitos suos in

MARCUS, VIII.

auriculas ejus, et quum spuisset, tetigit linguam ejus:

34 Et quum suspexisset in coelum, ingemuit, dixitque ei, Ephphatha, quod est, Adaperitor.

35 Et statim adapertae sunt ejus aures; et solutum est vinculum linguae ipsius, et loquebatur rectè.

36 Et interdixit eis ne cui dicerent: sed quantumcunque ipse eis interdixisset, multò magis *hoc* praedicabant;

37 Et supra modum percellebantur, dicentes, Bene omnia fecit: facit ut et surdi audiant, et muti loquantur.

CAP. VIII.

DIEBUS illis, quum multa omnino turba esset, nec haberent quo vescerentur, advocatis discipulis suis, Jesus dixit eis,

2 Intimâ misericordiâ commoveor erga turbam; quia jam triduum manent apud me, nec habent quo vescantur:

3 Quòd si dimisero eos jejunos domum suam, deficient in viâ: quidam enim ex eis procul venerunt.

4 Responderunt autem ei discipuli ejus, Unde istos quispiam possit hic satiare panibus in deserto?

5 Interrogavit autem eos, Quot panes habetis? Ipsi verò dixerunt, Septem.

6 Tunc denunciavit turbae ut discumberet humi: et acceptis septem illis panibus, quum gratias egisset, fregit, deditque discipulis suis, ut *eos* apponerent: et apposuerunt turbae.

7 Habebant autem pisciculos paucos: et quum benedixisset, dixit ut bos etiam apponerent.

8 Comederunt autem, et saturati sunt, et sustulerunt fragmentorum quae superfuerant septem sportas.

9 Erant autem qui comederant quasi quater mille: dimisitque eos.

10 ¶ Et statim ingressus in navigium cum discipulis suis, venit in partes Dalmanutha.

11 Prodierunt autem Pharisaei coeperuntque altercari cum eo, quae-

rentes ab eo signum e coelo, ipsum tentando.

12 Ipse verò quum altè ingemuisset spiritu suo, dixit, Cur gens ista signum requirit? Amen dico vobis, si dabitur isti genti signum.

13 Et eis relictis, ingressus rursus navigium, abiit in ulteriorem *ripam*.

14 Fuerant autem obliti discipuli sumere panes, et panem non nisi unum habebant secum in navigio.

15 Tunc edixit eis, dicens, Videte, cavete a fermento Pharisaeorum, et fermento Herodis.

16 Disceptabant igitur alii adversùs alios, dicentes, Panes non habemus.

17 *Id* autem quum nôsset Jesus, dixit eis, Quìd disceptatis quòd panes non habetis? nondum animum advertitis, nec intelligentiâ praediti estis? adhuc stupidum habetis cor vestrum?

18 Quum oculos habeatis, non cernitis? et quum aures habeatis, non auditis? neque memores estis?

19 Quum quinque illos panes fregi illis quinquies mille, quot cophinos fragmentis plenos sustulistis? Dicunt ei, Duodecim.

20 Quum autem septem illos *panes* illis quater mille, quot sportas fragmentis plenas sustulistis? Illi verò dixerunt, Septem.

21 Tunc dixit eis, Quomodo *haec* non intelligitis?

22 ¶ Venit autem Bethsaidam: et obtulerunt ei caecum, et precati sunt eum ut ipsum tangeret.

23 Tunc prehensâ manu caeci, eduxit eum extra vicum: et quum inspuisset in oculos ejus, imposuissetque ei manus, interrogavit eum ec quid videret.

24 Qui quum suspexisset, dixit, Video homines instar arborum ambulantes.

25 Deinde rursum imposuit manus oculis ejus, fecitque ut denuo oculos attolleret; et restitutus fuit, viditque procul et dilucidè omnes.

26 Tunc *Jesus* misit eum domum

MARCUS. IX.

...am, dicens, Neque in vicum illum ngrediitor, neque *haec* dicito cuiquam in vico.

27 ¶ Egressus est autem Jesus ac discipuli ejus in vicos Caesareae, *quae cognominatur* Philippi: et in viâ interrogavit discipulos suos, dicens eis, Quemnam esse me dicunt homines?

28 Illi verò responderunt, Joannem Baptistam; et alii Eliam, alii verò unum ex prophetis.

29 Tunc ipse dixit eis, Vos autem, quem me dicitis esse? Respondens verò Petrus dicit ei, Tu es ille Christus.

30 Tunc interminatus est, ut nulli *id* dicerent de se.

31 Et coepit eos docere, quòd oporteret Filium hominis multa pati, et reprobari a senioribus, et primariis sacerdotibus, ac scribis, et trucidari, et tribus post diebus resurgere.

32 Et apertè eum sermonem loquebatur. Tunc prehensum eum Petrus coepit objurgare.

33 Ipse verò conversus, et intuitus discipulos suos, objurgavit Petrum, dicens, Abscede a me, Satana; nam non sapis quae Dei *sunt*, sed quae *sunt* hominum.

34 Et quum advocâsset turbam cum discipulis suis, dixit eis, Quicunque vult ponè me venire, abdicet semetipsum, et tollat crucem suam, ac sequatur me.

35 Quisquis enim voluerit animam suam servare, perdet eam: quisquis autem perdiderit animam suam caussâ meâ et evangelii, is servabit eam.

36 Quid enim profuerit cuipiam, si lucratus fuerit mundum totum, et animâ suâ mulctetur?

37 Aut quam dabit quispiam compensationem animae suae?

38 Nam quemcunque puduerit mei ac meorum sermonum in gente istâ adulterâ et peccatrice, Filium etiam hominis pudebit ejus, quando venerit in gloriâ Patris sui cum angelis illis sanctis.

CAP. IX.

PRAETEREA dixit eis, Amen dico vobis, sunt quidam ex iis qui hìc adstant, qui nequaquam gustabunt mortem, usquedum viderint regnum Dei venisse cum potentiâ.

2 ¶ Sexto verò pòst die assumit Jesus Petrum, et Jacobum, et Joannem, et subducit eos in montem sublimem seorsim solos; et transformatus fuit coram eis.

3 Et vestimenta ejus facta sunt coruscantia, candida valde ut nix, qualia non potest fullo in terrâ dealbare.

4 Et visus est eis Elias cum Mose, qui colloquebantur cum Jesu.

5 Tunc respondens Petrus dicit Jesu, Rabbi, bonum est nos hìc esse: faciamus igitur tabernacula tria; tibi unum, et Mosi unum, et Eliae unum.

6 Nec enim sciebat quid loqueretur; erant enim exterriti.

7 Et exstitit nubes quae inumbravit eos: venitque vox e nube, dicens, Hic est Filius ille meus, dilectus ille: ipsum audite.

8 Et repentè, quum circumspexissent, non ampliùs viderunt quenquam, nisi solum Jesum secum.

9 Quum verò descenderent e monte, interdixit eis ut nemini narrarent quae viderant, nisi postquam Filius hominis a mortuis resurrexisset.

10 *Ipsi* igitur hanc rem continuerunt apud se, mutuò quaerentes quid illud esset, a mortuis resurgere.

11 Et interrogârunt eum, dicentes, Cur scribae dicunt oportere ut Elias priùs veniat?

12 Ipse verò respondens dixit eis Elias quidèm, postquam priùs venerit, restituet omnia: sed ut scriptum est de Filio hominis, *oportet* ut multa patiatur, et pro nihilo habeatur.

13 Sed dico vobis, et Eliam venisse, et *istos* ei fecisse quaecunque voluerunt, sicut scriptum est de eo.

14 ¶ Et quum venisset ad discipu-

los *suos*, vidit turbam multam circa eos, et scribas cum eis altercantes.

15 Et statim tota turba viso eo expavit ; et accurrentes salutaverunt eum.

16 Tunc interrogavit scribas, Quid altercamini inter vos ?

17 Et respondens quidam e turbâ, dixit, Magister, adduxi filium meum ad te, habentem spiritum mutum ;

18 Qui ubicunque eum corripuerit, lacerat eum ; *ipse* verò spumat, et stridet dentibus suis, et exarescit. Et dixi discipulis tuis, ut eum ejicerent ; sed non potuerunt.

19 Ipse verò respondens ei dixit, O natio incredula, quousque apud vos ero ? quousque tolerabo vos ? adducite eum ad me.

20 Illum igitur adduxerunt ad eum. Et eo conspecto, statim spiritus discerpsit eum : et *ille*, quum cecidisset in terram, volutabat sese spumans.

21 Tunc interrogavit *Jesus* patrem ejus, Quantum temporis est quod hoc accidit ei ? Ipse verò ait, Ab infante :

22 Et saepe eum tum in ignem abjecit, tum in aquas, ut perderet eum. Sed si quid potes, succurre nobis, intimâ misericordiâ commotus erga nos.

23 Jesus autem dixit ei, Si potes hoc credere, omnia fieri possunt credenti.

24 Pater verò pueri statim clamans, cum lacrymis dixit, Credo, Domine : succurre incredulitati meae.

25 Quum vidisset autem Jesus turbam simul accurrere, objurgavit spiritum illum impurum, dicens ei, Tu spiritus mute et surde, ego tibi impero, exi ab eo, et ne ampliùs ingrediar in eum.

26 Et quum clamâsset *spiritus*, multúmque discerpsisset eum, exivit : et *ille* factus est quasi mortuus ; adeò ut multi dicerent, Certè mortuus est.

27 Jesus verò prehensâ manu ejus, erexit eum ; et *ille* surrexit.

28 Quum autem esset ingressus domum, discipuli ejus interrogârunt eum privatim, Cur nos non potuimus spiritum illum ejicere ?

29 *Ipse* verò dixit eis, Hoc genus *daemoniorum* nullâ re potest exire nisi precatione et jejunio.

30 ¶ Et illinc egressi unà iter faciebant per Galilaeam : nec volebat ut quisquam *id* sciret.

31 Docebat enim discipulos suos, et dicebat eis, Filius hominis tradetur in manus hominum, qui trucidabunt eum : sed trucidatus, tertio die resurget.

32 Ipsi verò ignorabant hoc dictum, et timebant eum interrogare.

33 ¶ Venit igitur Capernaum : et quum venisset domum, interrogavit eos, Quid in viâ inter vos disceptabatis ?

34 Ipsi verò siluerunt : nam alii adversùs alios disseruerant in viâ, quis *esset futurus ipsorum* maximus.

35 Et quum consedisset, vocavit duodecim illos, et dixit eis, Siquis vult primus esse, erit omnium ultimus, et omnium minister.

36 Et acceptum puerulum statuit in medio eorum : eoque in ulnas recepto, dixit eis,

37 Quisquis unum ex talibus puerulis exceperit meo nomine, me excipit ; et quicunque me exceperit, non me excipit, sed eum qui misit me.

38 Respondit autem ei Joannes, dicens, Praeceptor, vidimus quendam per nomen tuum ejicientem daemonia, qui non sequitur nos : et prohibuimus eum, quia non sequitur nos.

39 Jesus autem ait, Ne illum prohibete : nullus enim est qui edat virtutem per nomen meum, et possit citò malè loqui de me.

40 Nam qui non est contra nos, pro nobis est.

41 Quisquis enim potum dederit vobis poculum aquae in nomine meo, *id est*, quòd sitis Christi, amen dico vobis, nequaquam perdiderit mercedem suam.

42 Et quisquis offendiculo fuerit uni ex parvis istis qui credunt in me

bonum esset ei potiùs si circumponeretur saxum molare circa collum ejus, et projiceretur in mare.

43 Quòd si manus tua facit ut tu offendas, abscinde eam: bonum est tibi ad vitam ingredi mancum, *potiùs* quàm duas manus habentem abire in Gehennam, *id est*, in ignem illum inextinctum:

44 Ubi vermis eorum non interit, et ignis non extinguitur.

45 Et si pes tuus facit ut tu offendas, abscinde eum: bonum est tibi ingredi in vitam claudum, *potiùs* quàm duos pedes habentem projici in Gehennam, *id est*, in ignem inextinctum:

46 Ubi vermis eorum non interit, et ignis non extinguitur.

47 Et si oculus tuus facit ut tu offendas, erue eum: bonum est tibi introïre in regnum Dei luscum, *potiùs* quàm duos oculos habentem projici in Gehennam ignis:

48 Ubi vermis eorum non interit, et ignis non extinguitur.

49 Nam omnis *homo* igne salietur: et omnis oblatio sale salietur.

50 Bonus est sal: si verò sal insulsus fuerit, quonam ipsum condietis? Habete in vobisipsis salem, et pacem habete alii cum aliis.

CAP. X.

ET illinc digressus venit in finesJudaeae per oram Jordanis: et convenit rursum turba ad eum: et, ut consueverat, rursum docebat eos.

2 Tunc accedentes Pharisaei interrogârunt eum, an liceret viro uxorem dimittere, tentantes eum.

3 Ipse verò respondens dixit, Quid vobis mandavit Moses?

4 Ipsi autem dixerunt, Moses permisit libellum abscessionis scribere, et dimittere *uxorem*.

5 Tunc respondens Jesus, dixit eis, Pro duritiâ cordis vestri scripsit vobis mandatum istud:

6 A principio verò creationis masculum et foeminam fecit Deus.

7 Propterea relinquet homo patrem suum et matrem et agglutinabitur uxori suae;

8 Et qui duo *fuerant*, erunt caro una. Itaque non sunt amplius duo, sed una caro.

9 Quod ergo Deus conjunxit homo ne sejungat.

10 Et domi rursum discipuli ejus eâdem de re interrogârunt eum.

11 *Ipse* verò dixit eis, Quicunque dimiserit uxorem suam, et duxerit aliam, moecha.ur adversùs eam.

12 Et si mulier dimiserit virum suum, et nupserit alteri, moechatur.

13 ¶ Tunc obtulerunt ei puerulos, ut tangeret eos: discipuli verò objurgabant eos qui offerebant.

14 Quod quum vidisset Jesus, indignatus est, et dixit eis, Sinite puerulos venire ad me, ne prohibete eos; talium enim est regnum Dei.

15 Amen dico vobis, quicunque non exceperit regnum Dei ut puerulus, nequaquam in id ingredietur.

16 Et quum accepisset eos in ulnas, impositis in eos manibus benedixit eis.

17 ¶ Egrediente autem ipso *ut sese daret* in viam, quidam, quum accurrisset, et accidisset ei ad genua, interrogavit eum, Praeceptor bone, quid faciam ut vitam aeternam possideam?

18 Jesus autem dixit ei, Cur me dicis bonum? nullus est bonus, nisi unus, *nempe* Deus.

19 Mandata nôsti, Ne moechator, Ne occidito, Ne furator, Ne falsum testimonium dicito, Ne damno afficito *quenquam*, Honora patrem tuum et matrem.

20 Ille verò respondens dixit ei, Magister, haec omnia observavi a juventute meâ.

21 Jesus autem eum intuitus, dilexit eum, et dixit ei, Unum te deficit: abi, quaecunque habes vende, et da pauperibus; et habebis thesaurum in coelo: et veni, sequere me, sublatâ *in humeros* cruce.

22 Ille verò moestus factus propter hunc sermonem, abiit contristatus habebat enim possessiones multas.

MARCUS, X.

23 Et quum circumspexisset Jesus, ăicit discipulis suis, Quàm difficulter qui opes habent, in regnum Dei introibunt!

24 Discipuli verò expaverunt ad hos sermones ipsius. Jesus autem rursum respondens, dixit eis, Filii, quàm difficile est eos qui confidunt oṭ ibus in regnum Dei introïre!

25 Facilius est camelum per foramen acûs transire, quàm divitem in regnum Dei introïre.

26 Illi verò ampliùs percellebantur, dicentes inter se, E. quis potest servari?

27 Intuitus autem eos Jesus dicit, Apud homines hoc fieri non potest, sed non apud Deum: nam omnia fieri possunt apud Deum.

28 Tunc Petrus coepit dicere, Ecce, nos reliquimus omnia, et sequuti sumus te.

29 Respondens autem Jesus ait, Amen dico vobis, nullus est qui reliquerit domum, aut fratres, aut sorores, aut patrem, aut matrem, aut uxorem, aut liberos, aut agros, meâ caussâ et evangelii,

30 Quin accipiat centuplicia nunc isto tempore, domos, et fratres, et sorores, et matres, et liberos, et agros, cum persecutionibus; et in seculo venturo vitam aeternam.

31 Multi autem primi erunt ultimi, et ultimi primi.

32 ¶ Erant autem in viâ ascendentes Hierosolyma; et praeibat eis Jesus: et expavescebant, et *eum* sequendo terrebantur. Ipse verò, assumptis rursum duodecim, illis coepit dicere quae sibi erant eventura,

33 *Dicens*, Ecce. ascendimus Hierosolyma; et Filius hominis tradetur principibus sacerdotum et scribis; et condemnabunt eum morte, tradentque eum gentibus:

34 Et *ipsae* illudent ei, et flagellabunt eum, et inspuent in eum, et trucidabunt eum: sed tertio die resurget.

35 ¶ Tunc accedunt ad eum Jacobus et Joannes, filii Zebedaei, dicentes, Magister, vellmus ut quidquid petierimus praestes nobis.

36 Ipse verò dixit eis, Quid n./ vultis vobis praestare?

37 Illi autem dixerunt ei, Da vobis ut unus ad dextram tuam et alter ad sinistram tuam sedeamus in gloriâ tuâ.

38 Jesus autem dixit eis, Nescitis quid petatis. Potestis bibere poculum quod ego bibo; et baptismate quo ego baptizor, baptizari?

39 Ipsi verò dixerunt ei, Possumus. Jesus autem dixit eis, Poculum quidèm quod ego bibo, bibetis; et baptismate quo ego baptizor, baptizabimini:

40 Sed sedere ad dextram meam et ad sinistram meam, non est meum dare; sed *dabitur* quibus paratum est.

41 Et quum *haec* audissent *alii* decem, coeperunt indignari de Jacobo et Joanne.

42 Jesus autem quum eos advocâsset, dixit eis, Scitis eos qui censentur imperare gentibus dominari in eas; et earum magnates potestatem habere in eas.

43 Verùm non ita erit inter vos: sed quicunque voluerit fieri magnus inter vos, sit minister vester:

44 Et quicunque voluerit ex vobis fieri primus, sit omnium servus.

45 Nam et Filius hominis non venit ut sibi ministraretur sed ut ministraret, et daret animam suam redemptionis pretium pro multis.

46 ¶ Tunc veniunt Hiericho: eoque egrediente ab Hiericho, ac discipulis ejus, et turbâ multâ, filius Timaei, Bartimaeus caecus, sedebat a pud viam mendicans.

47 Et quum audisset ipsum esse Jesum illum Nazarenum, coepit clamare, et dicere, Fili Davidis Jesu miserere mei!

48 Objurgabant autem eum multi ut sileret: ille verò multò magis clamabat, Fili Davidis, miserere mei!

49 Tunc Jesus, quum substitisset jussit eum vocari. Vocant igitur cae

MARCUS, XI.

cum, dicentes ei, Confide, surge; vocat te.

50 Ipse verò, abjecto pallio suo, quum surrexisset, venit ad Jesum.

51 Et respondens dixit ei Jesus, Quid vis tibi faciam? Caecus autem ait ei, Rabboni, ut visum recipiam.

52 Jesus autem dixit ei, Abi, fides tua te servavit. Statim igitur recepit visum, et sequebatur Jesum in illo itinere.

CAP. XI.

QUUM autem appropinquarent Hierosolymis ad Bethphagen et Bethaniam, apud montem Olearum, misit duos e discipulis suis;

2 Et dicit eis, Abite in vicum qui vobis est ex adverso: et statim ut ingrediemini in eum, invenietis pullum ligatum, in quo nullus hominum sedit: solvite eum et adducite.

3 Quòd siquis vobis dixerit, Cur hoc facitis? dicite, Quoniam eo opus est Domino: et eum statim huc mittet.

4 Abierunt igitur, et invenerunt pullum ligatum ad ostium foris in bivio; et solverunt eum.

5 Tunc quidam eorum qui illic adstabant, dixerunt eis, Quid facitis qui solvitis pullum?

6 Ipsi verò dixerunt eis prout mandârat Jesus: et *illi* dimiserunt eos.

7 Adduxerunt igitur pullum ad Jesum, et injecerunt ei pallia sua, et insedit ei.

8 Multi verò pallia sua straverunt per viam: alii autem frondes caedebant ex arboribus, et sternebant in viam.

9 Et qui praeibant, quique sequebantur, clamabant, dicentes, Hosanna, benedictus qui venit in nomine Domini!

10 Benedictum regnum patris nostri David, quòd venit in nomine Domini: Hosanna, *O qui es* in *coelis* altissimis !

11 Et ingressus est Hierosolymam Dominus, et in templum : quumque circumspexisset omnia, et vespera jam hora esset, abiit ad Bethaniam cum illis duodecim.

12 Et postero die, quum exissent Bethaniâ, esuriit.

13 Quumque procul vidisset ficum habentem folia, venit *visurus* videlicet num inveniret aliquid in ea : et quum venisset ad eam, nihil invenit nisi folia, non enim erat tempus ficuum.

14 Tunc respondens Jesus dixit ficui, Ne ampliùs ex te in seculum quisquam fructum comedat. Et *hoc* audierunt discipuli ejus.

15 Veniunt igitur Hierosolymam. Et ingressus Jesus in templum, coepit ejicere eos qui vendebant et emebant in templo ; et mensas nummulariorum et cathedras vendentium columbas subvertit:

16 Nec sinebat ut quisquam deportaret vas per templum.

17 Et docebat, dicens eis, Nonne scriptum est, domum meam domum precationis vocatum iri ab omnibus gentibus? vos autem eam fecistis speluncam latronum.

18 Et *hoc* audierunt scribae et primarii sacerdotes, et quaerebant quomodo eum perderent: timebant enim eum, quia tota turba percellebatur super doctrinâ ipsius.

19 Quum verò vespera advenisset, egressus est Jesus extra urbem.

20 Et manè iter facientes prope ficum, viderunt eam exaruisse radicitùs.

21 Tunc recordatus Petrus dixit ei, Rabbi, ecce ficus illa cui imprecatus es exaruit.

22 Et respondens Jesus dixit eis, Habete fidem Dei.

23 Amen enim dico vobis, quicunque dixerit monti huic, Tolle te, projice te in mare; nec addubitaverit in corde suo, sed crediderit futura quae dicit, fiet ei quicquid dixerit

24 Propterea dico vobis, quaecunque precantes petitis, credite vos accepturos, et erunt vobis

MARCUS, XII.

25 Et quum adstiteritis precantes, remittite, si quid habetis adversùs aliquem: ut et Pater ille vester qui in coelis *est* remittat vobis offensas vestras.

26 Nam si vos non remiseritis, nec Pater ille vester qui in coelis *est* remittet offensas vestras.

27 ¶ Tunc veniunt rursus Hierosolymam: et quum ipse ambularet in templo, veniunt ad eum primarii sacerdotes, et scribae, et seniores,

28 Et dicunt ei, Quâ auctoritate ista facis? et quis tibi dedit auctoritatem istam, ut haec facias?

29 Jesus autem respondens dixit eis, Interrogabo vos et ego rem quandam; respondete igitur mihi, et dicam vobis quâ auctoritate haec faciam.

30 Baptisma Joannis, e coelo erat, an ex hominibus? respondete mihi.

31 Ratiocinabantur autem apud se, dicentes, Si dixerimus, E coelo, dicet, Quare ergo non credidistis ei?

32 Sed si dicamus, Ex hominibus, timemus populum: omnes enim sentiebant de Joanne eum verè prophetam fuisse.

33 Tunc respondentes dicunt Jesu, Nescimus. Et Jesus respondens dicit eis, Nec ego dicam vobis quâ auctoritate haec faciam.

CAP. XII.

ET coepit eis per parabolas dicere. Vineam plantavit quidam, et circumposuit sepem, et fodit lacum, et aedificavit turrim, et elocavit eam agricolis, ac peregre profectus est:

2 Misitque servum ad agricolas *suo* 'empore, ut ab agricolis acciperet ex fructu vineae.

3 Illi verò captum eum ceciderunt ac remiserunt inanem.

4 Et rursum misit ad eos alium servum; *et illi* huic quoque lapidato caput comminuerunt, et remiserunt dedecoratum.

5 Et rursum alium misit; et illum trucidârunt: multosque alios; hos quidem caedentes, illos verò truci dantes.

6 Quum ergo unum adhuc habere filium suum dilectum, misit etiam illum ultimum ad eos, dicens, Reverebuntur filium meum.

7 Illi verò agricolae dixerunt inter se, Iste est haeres; venite. trucidemus eum, et nostra erit haereditas.

8 Et captum eum trucidârunt, et ejecerunt extra vineam.

9 Quid ergo faciet dominus vineae? Veniet et perdet agricolas, et dabit vineam aliis.

10 Ne hanc quidem scripturam legistis, Quem lapidem reprobaverunt aedificantes, is factus caput est anguli:

11 A Domino factum est istud, et est mirabile in oculis nostris.

12 Studebant igitur eum prehendere, sed timuerunt turbam; nôrant enim eum adversùs ipsos illam parabolam dixisse: itaque omisso eo abierunt.

13 Et miserunt ad eum quosdam e Pharisaeis et Herodianis; ut eum irretirent captum sermone.

14 Illi verò, quum venissent, dicunt ei, Praeceptor, scimus te veracem esse, neque curare quenquam; non enim respicis ad personam hominum, sed in veritate viam Dei doces: Licet censum Caesari dare, an non? demus, an non demus?

15 Ipse verò, quum sciret eorum hypocrisin, dixit eis, Quid me tentatis? proferte mihi denarium, ut videam.

16 Illi verò protulerunt. Tunc dicit eis, Cujus est imago ista et inscriptio? Illi verò dixerunt ei, Caesaris.

17 Et respondens Jesus dixit eis, Reddite quae *sunt* Caesaris Caesari, et quae Dei *sunt* Deo. Et admirati sunt super eo.

18 Tunc veniunt ad eum Sadducaei, qui dicunt non esse resurrectionem; et interrogârunt eum, dicentes,

19 Praeceptor, Moses scripsit nobis, ut si cujus frater mortuus sit, et

MARCUS, XII.

reliquerit uxorem, et filios non reliquerit, accipiat ipsius frater uxorem ejus, et excitet semen fratri suo.

20 Septem ergo fratres fuerant: ac primus accepit uxorem, et moriens non reliquit semen.

21 Et secundus accepit eam, et mortuus est, et ne ipse quidem reliquit semen : et tertius itidem.

22 Et acceperunt eam septem illi, aeque reliquerunt semen : ultima omnium mortua est et mulier.

23 In resurrectione ergo, postquam resurrexerint, cujus eorum erit uxor? nam septem habuerunt eam uxorem.

24 Tunc respondens Jesus dixit eis, Nonne propterea erratis, quòd non sciatis scripturas, neque potentiam Dei?

25 Postquam enim a mortuis resurrexerint, neque uxores ducunt neque nuptum dantur ; sed sunt ut angeli qui in coelis *sunt*.

26 De mortuis verò, quòd suscitandi sint, non legistis in libro Mosis, quomodo in rubo loquutus sit ei Deus, dicens, Ego *sum* Deus Abrahami, et Deus Isaaci, et Deus Jacobi?

27 Non est Deus *Deus* mortuorum, sed Deus viventium : vos ergo multùm erratis.

28 Et quum accessisset quidam e scribis, qui audierat eos disceptantes, et sciebat eum bene illis respondisse, interrogavit eum, *dicens*, Quod est primum omnium mandatum?

29 Jesus autem respondit ei, Primum omnium mandatorum *est*, Audi, Israel ; Dominus Deus noster Deus unus est.

30 Diliges igitur Dominum Deum tuum ex toto corde tuo, et ex totâ animâ tuâ, et ex totâ cogitatione tuâ, et ex totis viribus tuis : hoc est primum mandatum.

31 Et secundum *illi* simile, hoc *est*, Diliges proximum tuum ut teipsum. Majus istis aliud mandatum non est.

32 Tunc dixit ei scriba ille. Bene, praeceptor, in veritate dixisti : nam unus est Deus, nec alius est praetei eum :

33 Et diligere eum ex toto corde, et ex totâ intelligentiâ, et ex totâ animâ, et ex totis viribus, ac diligere proximum ut seipsum, plùs est quàm omnia holocautomata et sacrificia.

34 Tum Jesus, quum vidisset eum cordatè respondisse, dixit ei, Non longè es a regno Dei. Et nemo ampliùs audebat eum interrogare.

35 Et respondens Jesus dicebat, docens in templo, Quomodo dicunt scribae Christum esse filium Davidis?

36 Nam ipse David dixit per Spiritum Sanctum, Dixit DOMINUS Domino meo, Sede ad dextram meam, usquedum posuero inimicos tuos scabellum pedum tuorum.

37 Ipse ergo David dicit eum Dominum: unde igitur filius ejus est? Et multa turba audiebat eum libenter.

38 *Ipse* autem dicebat eis in doctrinâ suâ, Cavete a scribis, qui amant stolati ambulare, et salutationes in foris,

39 Primosque consessus in conventibus, et primos accubitus in coenis ;

40 Qui devorant domus viduarum, et in speciem utuntur longis precibus : isti auferent gravius judicium.

41 ¶ Et quum sedisset Jesus ex adverso gazophylacii, spectabat quomodo turba immitteret aes in gazophylacium : multi igitur divites injiciebant multa.

42 Et quum venisset quaedam vidua pauper, injecit minuta *aereola* duo, quod est quadrans.

43 Tunc *ille*, quum advocâsset discipulos suos, dixit eis, Amen dico vobis, vidua haec pauper plus immisit quam omnes *alii* qui miserunt pecuniam in gazophylacium :

44 Nam omnes ex eo quod ipsis redundat immiserunt ; haec vero e penuriâ suâ immisit omnia quae habebat, totum *nempe* victum suum.

CAP. XIII.

QUUM autem egrederetur e templo, dixit ei quidam e discipulis suis, Praeceptor, vide quales lapides, et qualia *ista sint* aedificia !

2 Tunc Jesus respondens dixit ei, Vides ista magna aedificia ? non relinquetur lapis super lapidem, qui non dissolvatur.

3 Et quum sederet in monte Olearum ex adverso templi, interrogárunt eum privatim Petrus, et Jacobus, et Joannes, et Andreas ;

4 Dic nobis, quando haec erunt ? et quod signum *erit* quando futurum est ut haec omnia finem habeant ?

5 Jesus autem eis respondens coepit dicere, Videte ne quis vos seducat ;

6 Multi enim venient sub nomine meo, dicentes, Ego sum *Christus*, multosque seducent.

7 Quum autem audieritis bella et rumores bellorum, ne turbamini ; oportet enim *ista* fieri : at nondum erit finis.

8 Surget enim gens in gentem, et regnum in regnum ; eruntque terraemotus singulis locis, et erunt fames ac turbae :

9 Principia *erunt* dolorum partûs ista. Sed cavete vos vobisipsis ; tradent enim vos in consessus et conventus ; caedemini ; et coram praesidibus ac regibus sistemini propter me, ut *hoc sit* testimonio adversùs eos.

10 Et apud omnes gentes oportet primùm praedicari Evangelium.

11 Quum autem vos tradendo duxerint, ne antè soliciti estote quid dicturi sitis, neque meditamini : sed quicquid datum fuerit vobis illo momento, id loquimini : non enim estis vos qui loquimini : sed Spiritus Sanctus.

12 Tradet autem frater fratrem ad mortem, et pater filium : et insurgent liberi adversùs parentes, et eos curabunt morte mulctandos.

13 Et eritis odio omnibus propter nomen meum : sed qui sustinuerit ad finem usque, is servabitur

14 Quum autem videritis abominationem illam vastatricem, quae dicta est a Daniele prophetà, posita ubi non oportet, (qui legit animadvertat), tunc qui *fuerint* in Judaeâ fugiant in montes :

15 Qui verò *fuerit* in solario, ne descendat domum, nec ingrediatur ut quicquam sumat e domo suâ :

16 Et qui fuerit in agro, ne revertatur retrò, ut sumat pallium suum.

17 Vae autem praegnantibus et lactantibus per illos dies !

18 Orate verò ne fiat fuga vestra hieme.

19 Erunt enim dies illi *talis* afflictio, qualis non fuit a principio rerum conditarum, quas condidit Deus, usque ad hoc tempus, neque fiet.

20 Et nisi Dominus decurtâsset dies illos, omnis caro periret : sed propter electos, quos elegit, decurtavit dies illos.

21 Tunc autem si quis dixerit, Ecce, hîc Christus ; vel, ecce illic ; ne credite :

22 Surgent enim pseudochristi et pseudoprophetae, et edent signa ac miracula, ad seducendum, si fieri possit, etiam electos.

23 Vos autem cavete : ecce, praedixi vobis omnia.

24 Caeterùm per illos dies, post afflictionem illam, sol obscurabitur, nec dabit luna splendorem suum.

25 Et stellae coeli excident, et potestates quae in coelis *sunt* concutientur.

26 Et tunc videbunt Filium hominis venientem in nubibus cum potentiâ multâ et gloriâ.

27 *Ipse* verò tunc mittet angelos suos, et suos electos coget a quatuor ventis, ab extremo terrae usque ad extremum coeli.

28 A ficu verò discite parabolam . Quum ramus ejus jam tener sit, et germinat folia, nòstis propè esse aestatem :

29 Ita et vos, quum haec videritis fieri, scitote *illum* propè esse, *et ad*

30 Amen dico vobis, nequaquam praeterierit haec aetas, usquedum facta sunt haec omnia.

31 Coelum et terra praeteribunt; sermones autem mei nequaquam praeteribunt.

32 Sed de die illo ac horâ nemo scit, ne angeli quidèm qui in coelo sunt, neque ipse Filius, sed Pater.

33 Cavete, vigilate et orate; nescitis enim quando tempus illud sit futurum.

34 *Nam filius hominis ita est* ut quispiam qui peregre abiens, relictâ domo suâ, datâque servis suis potestate, ac suo cuique opere, janitori mandavit ut vigilaret.

35 Vigilate igitur; nescitis enim quando dominus domûs veniet, vespere, an mediâ nocte, an in gallicinio, an manè:

36 Ne quum repentè venerit, Inveniat vos dormientes.

37 Quae autem dico vobis, omnibus dico, Vigilate.

CAP. XIV.

ERAT autem pascha et azyma duobus post diebus; et quaerebant primarii sacerdotes et scribae quomodo eum dolo prehensum trucidarent.

2 Dicebant autem, Non in festo, ne tumultus sit populi.

3 Quum autem *Jesus* esset apud Bethaniam in domo Simonis leprosi, accumbente eo, venerat mulier habens alabastrum unguenti nardi liquidae multi pretii; et confracto alabastro, effuderat ei in caput.

4 Quidam autem indignabantur apud sese, et dicebant, Quorsum perditio ista unguenti facta est?

5 Nam poterat hoc vaenire ampliùs quàm trecentis denariis, et dari pauperibus. Et fremebant in eam.

6 Jesus autem ait, Omittite eam: quid ei molestiam exhibetis? bonum opus operata est erga me.

7 Semper enim pauperes habetis vobiscum, et quandocunque volueritis potestis eis benefacere: me verò non semper habebitis.

8 Haec quod potuit fecit: occupavit enim ungere meum corpus ad funerationem.

9 Amen dico vobis, ubicunque praedicatum fuerit evangelium hoc in toto mundo, etiam id quod ista fecit dicetur in memoriam psius.

10 Tunc Judas Iscariotes, unus ex illis duodecim, abiit ad primarios sacerdotes, ut eum ipsis proderet.

11 Illi verò, eo audito, gavisi sunt, et polliciti sunt se pecuniam ei daturos. Quaerebat igitur quomodo opportunè eum proderet.

12 ¶ Primo autem die azymorum, quando pascha mactabatu., dicunt ei discipuli ipsius, Ubi vis ut profecti paremus ut edas pascha?

13 Tunc mittit duos e discipulis suis, et dicit eis, Abite in urbem, et occurret vobis quidam portans amphoram aquae; sequimini eum:

14 Et quócunque introïerit, dicite patrifamilias, Praeceptor dicit, Ubi est diversorium, ubi pascha cum discipulis meis edam?

15 Tunc ipse vobis monstrabit coenaculum magnum stratum, paratum: illic parate nobis *pascha*.

16 Abierunt igitur discipuli ejus veneruntque in civitatem, et invenerunt *omnia* prout dixerat eis: et paraverunt pascha.

17 Et quum serum *diei* esset, venit cum duodecim.

18 Quumque discubuissent, et ederent, ait Jesus, Amen dico vobis, unus ex vobis prodet me qui edit mecum.

19 Ipsi verò coeperunt contristari, et ei dicere sigillatim, Num ego? et alius, Num ego?

20 Ipse autem respondens dixit eis, Unus ex duodecim qui *manum* intingit mecum in catinum, me prodet.

21 Filius quidèm hominis abit prout scriptum est de eo: sed vae homini illi per quem Filius hominis proditur! bonum erat homini illi si natus non fuisset.

22 Et edentibus ipsis, quum ac

MARCUS, XIV.

cepisset Jesus panem, et benedixisset, fregit, deditque eis; et ait, Accipite, edite: hoc est corpus meum.

23 Et accepto poculo, quum gratias egisset, dedit eis ; et biberunt ex eo omnes.

24 Et dixit eis, Hoc est sanguis meus novi illius foederis, qui pro multis effunditur.

25 Amen dico vobis, non bibam ampliùs ex fructu vitis, usque ad diem illum quum ipsum bibam novum in regno Dei.

26 Et quum hymnum cecinissent, exierunt in montem Olearum.

27 Tunc dicit eis Jesus, Omnes offendemini in me nocte istâ : nam scriptum est, Percutiam pastorem, et dispergentur oves :

28 Sed postquam suscitatus fuero, praeibo vobis in Galilaeam.

29 Petrus autem dixit ei, Etiamsi omnes offendantur, at non ego.

30 Tunc dixit ei Jesus, Amen dico tibi, hodie nocte istâ, priusquam bis gallus vocem miserit, ter abnegabis me.

31 At ille multò magis dicebat, Si me oportuerit commori tibi, haudquaquam te abnegabo. Itidem autem etiam omnes dicebant.

32 ¶ Veniunt igitur in locum cujus nomen est Gethsemane. Tunc dicit discipulis suis, Sedete hìc, usquedum precatus fuero.

33 Et assumit Petrum et Jacobum et Joannem secum; coepitque expavescere, et gravissimè angi.

34 Et dixit eis, Undequaque tristis est anima mea usque ad mortem : manete hìc, et vigilate.

35 Progressusque paullulum, procidit in terram ; et oravit ut, si fieri possit, abiret ab ipso hora illa.

36 Dixitque, Abba, Pater, omnia heri abs te possunt ; transfer a me istud poculum : verùm non quid ego velim, sed quid tu.

37 Tunc venit, et invenit eos dormientes ; dixitque Petro, Simon, dormis ? non potuisti unam horam vigilare ?

38 Vigilate et precamini, ne introëatis in tentationem : spiritus quidem promptus est, sed caro infirma.

39 Et quum rursum abiisset, precatus est, eundem sermonem loquutus.

40 Reversus autem invenit eos rursum dormientes ; erant enim oculi eorum gravati ; neque sciebant quid ei responderent.

41 Et venit tertiò, dicitque eis. Dormite quod superest, et requiescite : sufficit, venit hora : ecce, traditur Filius hominis in manus peccatorum.

42 Surgite, eamus : ecce, qui prodit me appropinquavit.

43 Et statim, adhuc eo loquente, adest Judas, qui erat unus duodecim, et cum eo turba multa cum gladiis et fustibus, a primariis sacerdotibus, et scribis, et senioribus.

44 Dederat autem eis iste, qui eum tradebat, commune inter ipsos signum, dicens, Quemcunque osculatus fuero, is est ; prehendite eum, et abducite tutò.

45 Quum igitur venisset, statim accedens ad eum, dixit ei, Rabbi, Rabbi ; ac deosculatus est eum.

46 Illi vero injectis in eum manibus prehenderunt eum.

47 Quidam autem ex iis qui adstabant, stricto gladio percussit servum pontificis maximi, et abstulit ejus auriculam.

48 Respondens autem Jesus dixit eis, Ut adversùs latronem existis cum gladiis et fustibus ad comprehendendum me ?

49 Quotidie eram apud vos in templo docens, nec prehendistis me : sed oportet ut impleantur scripturae.

50 Tunc relicto eo omnes fugerunt.

51 Quidam autem juvenis sequebatur eum, amictus sindone super nudum corpus, et prehenderunt eum juvenes :

52 Ipse verò, derelictâ sindone, nudus effugit ab illis.

53 ¶ Tunc abduxerunt Jesum ad

MARCUS. XV.

pontificem maximum; cum quo convenerunt omnes primarii sacerdotes, et seniores, et scribae.

54 Petrus autem e longinquo sequutus est eum, intrò usque in aulam pontificis maximi; et considebat cum ministris, et calefaciebat sese ad ignem.

55 Primarii verò sacerdotes, et totus consessus quaerebant testimonium adversùs Jesum, ut eum morte mulctarent; nec inveniebant.

56 Nam multi falsum testimonium dicebant adversùs eum, sed non erant paria ipsorum testimonia.

57 Tunc quidam surrexerunt, et falsa testati sunt adversùs eum, dicentes,

58 Nos audivimus eum dicentem, Ego destruam templum hoc quod est manibus factum, et intra triduum absque manibus factum aliud aedificabo.

59 Sed ne sic quidem par erat testimonium eorum.

60 Tunc pontifex maximus, quum assurrexisset in medium, interrogavit Jesum, dicens, Non respondes quicquam? quid *illud est quod* isti adversùm te testificantur?

61 Ipse verò silebat, et nihil respondit. Rursum pontifex maximus eum interrogavit, et dixit ei, *Tune es* ille Christus, Filius illius Benedicti?

62 Jesus autem dixit, Ego sum: et videbitis Filium hominis sedentem ad dextram potentiae *Dei*, et venientem cum nubibus coeli.

63 Pontifex maximus verò disruptis vestibus suis dixit, Quid adhuc nobis opus est testibus?

64 Audistis blasphemiam: quid vobis videtur? Illi verò omnes contra eum judicârunt, ipsum teneri mortis poenâ

65 Et coeperunt quidam inspuere in eum, et obtegere faciem ejus, et colaphos ei infligere, et dicere ei, Vaticinare; ministri verò baciliorum ictibus eum caedebant.

66 ¶ Quum verò Petrus esset in aulâ inferiùs, venit quaedam ex ancillis pontificis maximi:

67 Et quum vidisset Petrum se calefacientem, intuita in eum dixit Et tu cum Nazareno Jesu eras.

68 Ipse verò negavit, dicens Non novi *illum*, neque scio quid tu dicas. Et exivit extrà in vestibulum, et gallus vocem emisit.

69 Tunc ancilla quum rursus vidisset eum, coepit dicere iis qui adstabant, Hic est *unus* ex ipsis.

70 Ipse verò rursum negavit. Et rursus paulò pòst qui adstabant dixerunt Petro, Verè ex ipsis es: etenim Galilaeus es, et locutio tua similis est.

71 Ipse autem coepit exsecrari et jurare, *dicens*, Non novi hominem istum quem dicitis.

72 Tunc secundò gallus vocem emisit. Et recordatus est Petrus verborum quae dixerat ei Jesus, Priusquam gallus vocem bis miserit, ter me abnegabis. Et quum *se* proripuisset, flevit.

CAP. XV.

STATIM autem, manè consilio inito, summi sacerdotes cum senioribus et scribis, totusque consessus, vinctum Jesum abduxerunt, tradideruntque Pilato.

2 Et interrogavit eum Pilatus, *Tune es* ille rex Judaeorum? Ipse verò respondens dixit ei, Tu dicis.

3 Et accusabant eum primarii sacerdotes de multis.

4 Pilatus autem rursus interrogavit eum, dicens, Non respondes quicquam? ecce, quàm multa adversùs te testificantur.

5 Jesus autem nihil ampliùs respondit, adeo ut miraretur Pilatus.

6 Caeterùm singulis festis dimittebat eis unum ex vinctis, quemcunque postulâssent.

7 Erat verò quidam, qui dicebatur Barabbas, vinctus cum seditionis sociis, qu caedem per seditionem fecerant.

8 Et vociferans turba coepit po

MARCUS, XV

tore : *faceret*, prou' semper ipsis fecerat.

9 Pilatus autem respondit eis, dicens, Vultis dimittam vobis regem illum Judaeorum ?

10 Noverat enim eum per invidiam traditum fuisse a primariis sacerdotibus.

11 Primarii verò sacerdotes concitarunt turbam, ut potiùs Barabbam ipsis dimitteret.

12 Tunc Pilatus respondens, rursum dixit eis, Quid ergo vultis faciam isto quem dicitis regem Judaeorum ?

13 Ipsi verò rursum clamaverunt, Crucifige eum.

14 Pilatus autem dicebat eis, Enimvero quid mali fecit ? Illi autem ampliùs clamaverunt, Crucifige eum.

15 Pilatus igitur volens turbae satisfacere, dimisit eis Barabbam, et Jesum flagellatum tradidit ut crucifigeretur.

16 Milites verò abduxerunt eum intra aulam, id est, praetorium ; et convocaverunt totam cohortem.

17 Et induerunt eum purpurà, et circumposuerunt ei plexam coronam spineam :

18 Et coeperunt eum salutare, *dicentes*, Ave, rex Judaeorum.

19 Et verberabant ejus caput calamo, et inspuebant in eum, ac submissis genibus adorabant eum.

20 Quum autem illusissent ei, exuerunt eum purpurà, et induerunt eum suis ipsius vestimentis, eduxeruntque ut crucifigerent eum.

21 Praeterea angariârunt praetereuntem quendam Simonem Cyrenaeum, venientem rure, patrem Alexandri et Rufi. ut attolleret crucem ejus.

22 Duxeruntque eum in locum Golgotha ; quod est, si interpreteris, Calvariae locus.

23 Et dederunt ei bibendum myrrhatum vinum : ipse verò non sumpsit.

24 Quumque crucifixissent eum, partiti sunt vestimenta ejus, jactâ sorte super ea, quis quid tolleret

25 Erat autem hora tertia quande crucifixerunt eum.

26 Eratque inscriptio criminis ipsius inscripta *his verbis*, REX ILLE IVDAEORVM.

27 Crucifixerunt etiam cum eo duos latrones : unum ad dextram, et alterum ad sinistram ejus.

28 Et impleta est scriptura quae dicit, Et cum sceleratis numeratus est.

29 Qui verò praeteribant conviciabantur ei, moventes capita sua, et dicentes, Vah, *tu* qui destruis templum, et triduo aedificas,

30 Serva teipsum, et descende e cruce.

31 Similiter autem et primarii sacerdotes illudentes, dicebant alii ad alios cum scribis, Alios servavit ; seipsum servare non potest.

32 Christus ille rex Israëlis descendat nunc e cruce, ut videamus et credamus. Et qui crucifixi erant cum eo probris afficiebant eum.

33 Quum verò advenisset hora sexta. tenebrae factae sunt super totam regionem usque ad horam nonam.

34 Et horâ nonâ clamavit Jesus voce magnâ, dicens, Eloï, Eloï, lama sabachthani ? quod est, siquis interpretetur, Deus mi, Deus mi, cur me deseruisti ?

35 Et quidam adstantium, quum audissent, dicebant, Ecce, Eliam vocat.

36 Cucurrit autem quidam, et impletâ spongiâ aceto, et arundine circumpositâ, dedit ei potum, dicens, Sinite ; videamus an veniat Elias ad eum detrahendum.

37 Jesu verò emissâ voce magnâ expiravit.

38 Et aulaeum templi fissum est in duas partes, a summo usque ad imum.

39 Quum vidisset autem centurio, qui adstabat ipsi ex adverso, eum ita emisso clamore expirâsse, dixit, Verè homo iste Filius erat Dei.

40 Erant autem etiam et mulieres

e longinquo spectantes; inter quas erat Maria Magdalene, et Maria Jacobi parvi et Jose mater, et Salome:

41 Quae etiam, quum esset in Galilaeâ, sequutae fuerant eum, et ministraverant ei: aliaeque multae quae simul cum eo ascenderant Hierosolyma.

42 ¶ Quum autem serum *diei* jam esset. quoniam erat parasceue, hoc est, antesabbatum,

43 Veniens Josephus Arimathaeensis, honoratus senator, qui et ipse expectabat regnum Dei, fidente animo introiit ad Pilatum, et petiit corpus Jesu.

44 Pilatus autem miratus est, si jam mortuus esset; et advocato centurione, interrogavit eum an jamdudum mortuus fuisset.

45 Et re cognita ex centurione, donavit corpus Josepho.

46 Is autem emit sindonem, et detractum eum involvit sindone, deposuitque in monumento quod erat excisum e petrâ; et advolvit saxum ad ostium monumenti.

47 Maria Magdalene verò et Maria mater Jose spectabant ubi poneretur.

CAP. XVI.

ET exacto intercedente sabbato, Maria Magdalene, et Maria Jacobi *mater*, et Salome, emerant aromata, ut venientes ungerent eum.

2 Et valde manè, primo die hebdomadis, veniunt ad monumentum, exorto sole;

3 Dicebantque inter sese, Quis devolvet nobis saxum ab ostio monumenti?

4 Intuitae verò conspiciunt saxum esse devolutum: nam erat magnum valdè.

5 Ingressae igitur in monumentum, viderunt juvenem sedentem ad dextram amictum stolâ candidâ: et expaverunt.

6 Ipse verò dixit eis, Ne expavescite: Jesum quaeritis, Nazarenum illum, qui fuit crucifixus; suscitatus est, non est hic. ecce locus ubi potuerant eum.

7 Sed abite, dicite discipulis ejus et Petro,*ipsum* praeire vobis in Galilaeam: illic eum videbitis, prout dixit vobis.

8 Tunc digressae citò, fugerunt a monumento: tenebat enim eas tremor et stupor: neque cuiquam quicquam dicebant; timebant enim.

9 ¶ Quum autem resurrexisset Jesus, manè, primo die hebdomadis, apparuit primùm Mariae Magdalenae, ex quâ ejecerat septem daemonia.

10 Illa profecta annunciavit iis qui cum ipso fuerant, lugentibus ac flentibus.

11 Illi verò quum audissent eum vivere, et conspectum fuisse ab eâ, non crediderunt.

12 Postea autem duobus ex ipsis ambulantibus apparuit aliâ formâ, quum rus proficiscerentur.

13 Et illi abierunt, et annunciaverunt reliquis, *qui* ne illis quidèm crediderunt.

14 Postremò verò unà sedentibus ipsis undecim conspicuum sese praebuit, et exprobravit incredulitatem eorum, et cordis duritiem; eo quòd iis qui ipsum conspexerant suscitatum non credidissent.

15 Et dixit eis, Profecti in mundum universum, praedicate evangelium omni creaturae.

16 Qui crediderit, et baptizatus fuerit, servabitur; qui verò non crediderit, condemnabitur.

17 Signa autem eos qui crediderint haec consequentur: Per nomen meum daemonia ejicient; linguis loquentur novis;

18 Serpentes tollent; et si quid lethale biberint, nequaquam nocebit eis; aegrotis manus imponent, et bene habebunt.

19 Dominus igitur, postquam loquutus fuisset eis, sursum receptus est in coelum, et sedit ad dextram Dei.

20 Illi verò profecti praedicârunt ubique, Domino co-operante, et sermonem *eorum* confirmante, per signa subsequentia.

EVANGELIUM secundùm LUCAM

CAP. I.

1 QUONIAM multi aggressi sunt componere narrationem earum rerum, quarum plena fides nobis facta est,

2 Prout tradiderunt nobis qui a principio spectatores ipsi et ministri fuerunt sermonis:

3 Visum est mihi etiam, omnia altè *repetita* penitus assequuto, ordine *illa* ad te scribere, praestantissime Theophile:

4 Ut agnoscas earum rerum veritatem, quas auditione accepisti.

5 FUIT diebus Herodis illius regis Judaeae sacerdos quidam nomine Zacharias, ex classe Abiae; uxor verò ipsius *erat* ex filiabus Aaron; et nomen ejus Elizabetha.

6 Erant autem justi ambo in conspectu Dei, incedentes in omnibus mandatis et constitutionibus Domini inculpatè.

7 Nec erat eis proles, eo quòd esset Elizabetha sterilis, et ambo provecti jam essent aetate.

8 Factum est autem, ut quum is sacerdotio fungeretur in ordine suae classis ante Deum,

9 Secundùm ritum functionis sacerdotalis, sortitus sit *munus* suffitûs faciendi, ingrediendo in templum Domini.

10 Tota verò multitudo populi foris precabatur tempore suffitûs.

11 Visus autem est ei angelus Domini, stans ad dextram altaris suffitûs.

12 Et Zacharias *eo* viso turbatus est, et timor incidit in eum.

13 Dixi. autem ei angelus, Ne time, Zacharia: nam exaudita est deprecatio tua; uxorque tua Elizabetha gignet tibi filium, et vocabis nomen ejus Joannem.

14 Et *is* erit tibi gaudio et exultationi; multique super ejus nativitate gaudebunt.

15 Erit enim magnus in conspectu Domini, et vinum siceramque non bibet; et Spiritu Sancto implebitur, etiam a ventre matris suae:

16 Multosque filiorum Israëlis convertet ad Dominum Deum ipsorum.

17 Nam ipse praecedet in conspectu ejus cum spiritu et virtute Eliae, ut convertat corda patrum in filios, et rebelles ad prudentiam justorum, ut paret Domino populum instructum.

18 Tunc dixit Zacharias angelo, Quo *argumento* istud noscam? ego enim sum senex, et uxor mea provecta est aetate.

19 Et respondens angelus dixit ei, Ego sum Gabriel, qui adsto in conspectu Dei; missusque sum ut te alloquar, et haec tibi laeta nunciem.

20 Et ecce, silebis, nec loqui poteris, *ad eum* usque diem quo haec fiant: eò quòd non credidisti sermonibus meis, qui implebuntur tempore suo.

21 Erat autem populus exspectans Zachariam; et mirabantur quòd is tardaret in templo.

22 *Ille* verò egressus non poterat eis loqui: et agnoverunt eum visionem vidisse in templo; nam ipse innuebat eis, permansitque mutus

23 Et factum est, ut impleti sunt dies ministerii ipsius, abiit domum suam.

24 Post illos autem dies conceps Elizabetha uxor ejus, et occultavit se menses quinque, dicens,

25 Nempe ita mihi fecit Dominus diebus quibus *me* intuitus est, *ut* auferret probrum illud meum inter ho

LUCA, I.

26 ¶ Mense autem sexto missus est angelus Gabriel a Deo, in urbem Galilaeae, cui nomen Nazaretha,

27 Ad virginem desponsam viro cui nomen erat Josephus, ex domo Davidis: nomen autem virginis *erat* Maria.

28 Ingressus igitur angelus ad eam, dixit, Ave, gratiâ dilecta: Dominus tecum *est:* benedicta tu inter mulieres.

29 Illa verò quum *eum* vidisset, perturbata est super ejus sermone, et cogitabat qualis esset salutatio ista.

30 Tunc dixit ei angelus, Ne time, Maria; es enim in gratiâ apud Deum.

31 Et ecce, concipies in utero, et paries filium; et vocabis nomen ejus JESUM.

32 Hic erit magnus, et Filius Altissimi vocabitur; dabitque ei Dominus sedem Davidis patris ipsius:

33 Regnabitque in domo Jacobi in aeternum; et regni ejus non erit finis.

34 Dixit autem Maria ad angelum, Quomodo erit istud, quandoquidem virum non novi?

35 Et respondens angelus dixit ei, Spiritus Sanctus superveniet in te, et virtus Aitissimi inumbrabit te: propterea *id* etiam quod nascetur ex te sanctum, vocabitur Filius Dei.

36 Et ecce, Elizabetha cognata tua, et ipsa concepit filium in senectute suâ; et hic mensis est sextus ipsi, quae vocabatur sterilis.

37 Quia apud Deum non erit ullum verbum quod fieri non possit.

38 Dixit autem Maria, Ecce ancilla Domini; fiat mihi secundùm verbum tuum. Et abiit ab eâ angelus

39 ¶ Surgens verò Maria per eos dies, profecta est in montanam *regionem* cum festinatione, in urbem Judae;

40 Et ingressa est domum Zachariae, et salutavit Elizabetham.

41 Et factum est, ut audivit Elisabetha salutationem Mariae. subsiliit foetus in utero ejus; et repleta est Spiritu Sancto Elizabetha,

42 Exclamavitque voce magnâ, et dixit, Benedicta tu inter mulieres quia benedictus fructus uteri tui.

43 Et unde hoc mihi, ut veniat mater Domini mei ad me?

44 Ecce enim, ut exstitit vox sa lutationis tuae in auribus meis, subsiliit foetus exsultans in utero meo.

45 Et beata *est* quae credidit: nam perficientur ea quae dicta sunt ei a Domino.

46 Tunc ait Maria, Magnificat anima mea Dominum,

47 Et exsultat spiritus meus super Deo servatore meo:

48 Quia respexit humilem ancillam suam: ecce, enim, ex hoc *tempore* beatam me praedicabunt omnes aetates;

49 Quia magnificè mecum egit potens ille, cujus sanctum *est* nomen;

50 Et cujus misericordia in omnes aetates *parata est* timentibus ipsum.

51 Forte facinus fecit brachio suo: dissipavit superbos cogitatione cordis ipsorum:

52 Detraxit potentes e thronis, et extulit humiles:

53 Famelicos implevit bonis, et divites ablegavit inanes.

54 Suscepit Israëlem puerum suum, ut memor esset misericordiae;

55 Prout loquutus est patribus nostris, *nimirum* Abrahamo, et semini ejus, in aeternum.

56 Mansit autem Maria cum illâ quasi menses tres, et *postea* revertit domum suam.

57 ¶ Elizabethae verò completum est tempus ad pariendum; et peperit filium.

58 Et audierunt accolae et cognati ejus, Dominum magnificâ misericordiâ suâ usum esse erga eam; et e gratulabantur.

59 Et factum est, ut die octavo venerint ad circumcidendum puerulum vocabant autem eum ex nomine patris ipsius, Zachariam

LUCA II.

60 Sed respondens mater ejus ait, Nequaquam, sed vocabitur Joannes.

61 Et dixerunt ad eam, Nemo est in cognatione tuâ qui vocetur isto nomine.

62 Innuebant autem patri ejus quid vellet eum vocari :

63 Isque postulatâ tabellâ scripsit, dicens, Joannes est nomen ejus. Et mirati sunt omnes.

64 Apertum est autem os ejus illico, et lingua ejus ; et loquebatur benedicens Deo.

65 Ortus est igitur timor omnibus accolis eorum : et in totâ montanâ regione Judaeae divulgata sunt omnia verba ista.

66 Et omnes qui audierunt reposuerunt ea in corde suo, dicentes, Quisnam puerulus hic erit? Manus autem Domini erat cum eo.

67 Et Zacharias pater ejus repletus est Spiritu Sancto, prophetavitque, dicens,

68 Benedictus Dominus Deus Israëlis ; quòd inviserit et redemerit populum suum,

69 Et erexerit cornu salutis nobis in domo Davidis pueri sui :

70 Prout loquutus est per os sanctorum, qui a seculo fuerunt, prophetarum suorum :

71 *Fore ut nos* servaret ex inimicis nostris, et e manu omnium qui oderunt nos ;

72 Ut uteretur **misericordiâ** erga **patres nostros, ac memor** esset foederis sui sancti ;

73 Et jurisjurandi quod juravit Abrahamo patri nostro, *nimirum se daturum nobis*,

74 Ut sine metu, e manu inimicorum nostrorum liberati, serviamus ipsi,

75 Cum sanctitate et justitiâ, in ipsius conspectu, cunctis vitae nostrae diebus.

76 Tu verò, puerule, Propheta Altissimi vocaberis : praeibis enim ante faciem Domini, ut pares vias ejus ;

77 Et des cognitionem salutis populo ejus, per remissionem peccatorum ipsorum,

78 Ex intimâ misericordiâ Dei nostri ; quâ invisit nos is qui prodit ex alto ;

79 Ut appareat iis qui in tenebris, et umbrâ mortis positi sunt, ad dirigendos pedes nostros in viam pacis.

80 Ipse autem puerulus crescebat corroborabatur Spiritu ; fuitque in desertis ad eum usque diem quo se ostenderet apud Israëlem.

CAP. II.

FACTUM est autem diebus illis, ut prodierit edictum a Caesare Augusto, ut describeretur totus terrarum orbis.

2 (Haec descriptio prima facta est praesidente Syriae Cyrenio.)

3 Ibant igitur omnes ut describerentur, in suam quisque urbem.

4 Ascendit autem etiam Josephus a Galilaeâ, ex urbe Nazarethâ, in Judaeam, in urbem Davidis, quae vocatur Bethlehema ; propterea quòd erat ex domo et familiâ Davidis :

5 Ut describeretur cum Mariâ desponsâ sibi uxore, quae erat praegnans.

6 Factum est autem quum essent illic, ut explerentur dies ad pariendum.

7 Peperit igitur filium suum primogenitum, et fasciis eum involvit, reclinavitque eum in praesepi ; eò quòd non erat eis locus in diversorio.

8 Erant autem pastores in eâdem regione excubantes, et agentes vigilias noctis super gregem suum.

9 Et ecce, angelus Domini super venit ipsis, et gloria Domini circumfulsit eos, et timuerunt timore magno

10 Tunc dixit eis angelus, Ne timete ; ecce enim evangelizo vobis gaudium magnum, quod erit toti populo :

11 *Nempe*, natum esse vobis hodie Servatorem, qui est Christus Dominus, in urbe Davidis.

12 Hoc autem vobis signum *erit*

LUCA, II.

nvenietis infantem fasciis involutum, acentem in praesepi.

13 Et repentè adfuit cum angelo multitudo exercituum coelestium laudantium Deum, et dicentium,

14 Gloria in *coelis* altissimis Deo, et in terrâ pax, in homines benevolentia.

15 Et factum est, ut discesserunt *ib* eis angeli in coelum, tunc pastores illi dicerent alii ad alios, Eamus sanè Bethlehemam usque, et videamus factum istud quod Dominus notum fecit nobis.

16 Venerunt igitur festinantes, et invenerunt Mariam, et Josephum, et infantem jacentem in praesepi.

17 *Eo* autem viso, divulgaverunt *id* quod dictum fuerat ipsis de puerulo illo.

18 Et omnes qui audierunt mirati sunt ea, quae ipsis dicta fuerant a pastoribus illis.

19 Maria verò ista omnia conservabat, conferens *ea* in corde suo.

20 Reversi sunt autem pastores glorificantes et laudantes Deum super omnibus, quae audierant et viderant, prout ipsis dictum fuerat.

21 ¶ Et quum advenisset dies octavus ad circumcidendum puerulum, vocatum est nomen ejus JESUS, quod vocatum fuerat ab angelo priusquam ipse in utero conciperetur.

22 ¶ Et quum impleti fuissent dies purgationis Mariae, secundùm legem Mosis, adduxerunt eum Hierosolymam, ut sisterent eum Domino ;

23 (Prout scriptum est in lege Domini, Omnis masculus primogenitus sanctus Domino erit ;)

24 Et ut darent oblationem secundùm *id* quod dictum est in lege Domini, Par turturum, aut duos pullos columbarum.

25 Et ecce, quidam erat Hierosolymis, cui nomen Simeon : *eratque* :omo iste justus ac religiosus, expec- ans consolationem Israel ; et Spiri- us Sanctus erat super eum.

26 Fueratque ipsi divinitùs nun- iatum a Spiritu Sancto, *ipsum* non visurum mortem priusquam vidisset Christum illum Domini.

27 Is igitur venit impulsore Spiritu in templum. Et quum introducerent puerulum Jesum parentes, ut ejus caussâ facerent quod ex lege consuetum erat ;

28 Tunc ipse recepit eum in ulnas suas, et benedixit Deo, et dixit,

29 Nunc dimittis servum tuum, Domine, secundùm verbum tuum cum pace ;

30 Quia viderunt oculi mei salutem tuam,

31 Quam parâsti in oculis omnium populorum ;

32 Lumen retegendum gentibus, et gloriam populi tui Israelis.

33 Josephus autem et mater ejus mirabantur super iis quae dicebantur de eo.

34 Et benedixit eis Simeon, dixitque Mariae matri ejus, Ecce, positus est iste in casum et resurrectionem multorum in Israel, et in signum cui contradicatur :

35 (Quin et tuam ipsius animam trajiciet gladius) ut retegantur ex multis cordibus cogitationes.

36 Erat etiam *quaedam* Anna prophetissa, filia Phanuelis, ex tribu Aseris, provecta in multam aetatem, postquam vixisset cum viro annos septem a virginitate suâ :

37 Et *quum esset* vidua quasi annorum octoginta quatuor, non abscedebat a templo, jejuniis ac deprecationibus serviens *Deum* noctem ac diem.

38 Haec igitur eo ipso momento quum supervenisset, vicissim palam agnoscebat Dominum, et loquebatur de eo omnibus qui redemptionem expectabant Hierosolymis.

39 At *illi* ut perfecerunt omnia secundùm legem Domini, reversi sunt in Galilaeam, in urbem suam Nazaretham :

40 ¶ Puerulus autem crescebat, et corroborabatur Spiritu, implebaturque sapientiâ, et Dei gratia erat super eum

LUCA, III.

41 Ibant verò parentes ejus quotannis Hierosolymam in festo Paschae.

42 Quum igitur factus esset annorum duodecim, ipsique ascendissent Hierosolymam secundùm morem illius festi,

43 Et quum peregissent illius dies, revertentibus ipsis, remansit puer Jesus Hierosolymis; et *hoc* nescivit Josephus, nec mater ejus.

44 Existimantes autem eum esse in comitatu, ierunt viam *unius* diei, et requirebant eum inter cognatos et inter notos.

45 Et quum eum non invenissent, reversi sunt Hierosolymam, quaerentes eum.

46 Et factum est, triduo pòst ut nvenirent eum in templo, sedentem in medio doctorum, et audientem eos, et eos interrogantem.

47 Percellebantur aut m omnes qui eum audiebant, super intelligentiâ et responsis ejus.

48 Et eo viso facti fuerant *parentes ejus* attoniti : et dixit ad eum mater ipsius, Fili, cur ita fecisti nobis ? ecce, pater tuus et ego anxii quaerebamus te.

49 Tunc dixit ad eos, Quid est quòd quaerebatis me ? *an* nesciebatis oportere me in iis esse quae Patris mei sunt ?

50 Sed ipsi non intellexerunt verba, quae ipsis fuerat loquutus.

51 Descendit autem cum eis venitque Nazaretham, et erat eis subjectus : et mater ejus conservabat verba haec omnia in corde suo.

52 Jesus verò proficiebat sapientiâ et staturâ, ac gratiâ apud Deum et homines.

CAP. III.

ANNO autem decimoquinto imperii Tiberii Caesaris, Pontio Pilato procurante Judaeam, tetrarchâ Galilaeae Herode, Philippo autem ipsius fratre tetrarchâ Ituraeae et Trachonitidis regionis, et Lysaniâ Abilenes tetrarchâ,

2 Sub pontificibus maximis Anna et Caiapha, factum est verbum Domini ad Joannem Zachariae filium in deserto.

3 Venit igitur in omnem regionem circumjacentem Jordani praedicans baptismum resipiscentiae ad remissionem peccatorum :

4 Ut scriptum est in libro sermonum Esaiae prophetae, dicentis, Vox clamantis in deserto, Parate viam Domini, complanate semitas ejus.

5 Omnis vallis implebitur, et omnis mons et collis deprimetur : et quae curva sunt fient *via* recta, et asperae viae *fient* planae.

6 Videbitque omnis caro salutem Dei.

7 Dicebat igitur turbae venienti u' baptizaretur ab ipso, Progenies viperarum, quis praemonstravit vobis ut fugeretis a futurâ irâ ?

8 Ferte igitur fructus convenientes resipiscentiae : et ne coeperitis dicere apud vos ipsos, Patrem habemus Abrahamum : dico enim vobis, posse Deum etiam ex lapidibus istis excitare liberos Abrahamo.

9 Jam verò etiam securis ad radicem arborum posita est : omnis ergo arbor non ferens fructum bonum exciditur, et in ignem abjicitur.

10 Et interrogavit eum turba, dicens, Quid igitur faciemus ?

11 Respondens autem dixit eis, Qui habet duas tunicas, inpertiat non habenti ; et qui habet escas, similiter faciat.

12 Venerunt autem et publicani u' baptizarentur ; et dixerunt ei, Magister, quid faciemus ?

13 Ipse verò dixit eis, Nihil amplius quàm quod constitutum est vobis exigite.

14 Interrogârunt autem eum etiam milites, dicentes, Et nos quid faciemus ? Et ait eis, Neminem concutite, neque dolo opprimite, et contenti estote stipendiis vestris.

15 Expectante autem populo, et cogitantibus omnibus in cordibus suis

LUCA, IV.

de Joanne, numnam ipse esset Christus ille,

16 Respondit Joannes, dicens omnibus, Ego quidèm baptizo vos aquâ: sed venit qui validior me est, cujus non sum dignus qui solvam corrigiam solearum: ipse vos baptizabit Spiritu Sancto et igni.

17 Cujus ventilabrum in manu ipsius; et qui perpurgabit aream suam, et coget *triticum in horreum suum, paleam autem exuret igni inexstinguibili.

18 Multa igitur etiam alia exhortans evangelizabat populo.

19 Herodes autem tetrarcha, quum argueretur ab eo de Herodiade uxore Philippi fratris ejus, deque omnibus sceleribus quae ipse patrârat,

20 Adjecit et hoc supra omnia, quòd inclusit Joannem in carcere.

21 ¶ Factum est autem quum baptizaretur omnis populus, et Jesus baptizatus esset, et oraret, ut aperiretur coelum;

22 Ac descenderet Spiritus Sanctus corporeâ specie, tanquam columba, supra eum; et vox de coelo existeret, dicens, Tu es Filius ille meus dilectus, in te acquiesco.

23 Ipse autem Jesus incipiebat esse quasi annorum triginta, filius (ut existimabatur) Josephi *filii* Heli,

24 *Filii* Matthati, *filii* Levi, *filii* Melchi, *filii* Jannae, *filii* Josephi,

25 *Filii* Mattathiae, *filii* Amosi, *filii* Naümi, *filii* Esli, *filii* Naggae,

26 *Filii* Maathi, *filii* Mattathiae, *filii* Semei, *filii* Josephi, *filii* Judae,

27 *Filii* Joannae, *filii* Rhesae, *filii* Zorobabelis, *filii* Salathielis, *filii* Neri,

28 *Filii* Melchi, *filii* Addi, *filii* Cosami, *filii* Elmodami, *filii* Eris,

29 *Filii* Jose, *filii* Eliezeris, *filii* Jorimi, *filii* Matthati, *filii* Levi,

30 *Filii* Simeonis, *filii* Judae, *filii* Josephi, *filii* Jonani, *filii* Eliacimi,

31 *Filii* Meleae, *filii* Mainani, *filii* Mattathae, *filii* Nathanis, *filii* Davidis,

32 *Filii* Jessae, *filii* Obedis, *filii* Boosi, *filii* Salmonis, *filii* Naassonis,

33 *Filii* Aminadabi, *filii* Arami, *filii* Esromi, *filii* Pharesi, *filii* Judae,

34 *Filii* Jacobi, *filii* Isaaci, *filii* Abrahami, *filii* Tharae, *filii* Nachoris.

35 *Filii* Saruchi, *filii* Ragavi, *filii* Phaleci, *filii* Heberis, *filii* Salae,

36 *Filii* Cainani, *filii* Arphaxadi, *filii* Semi, *filii* Noae, *filii* Lamechi,

37 *Filii* Mathusalae, *filii* Henochi, *filii* Jaredis, *filii* Mahalaleelis, *filii* Cainani,

38 *Filii* Henosi, *filii* Sethi, *filii* Adami, qui fuit Dei.

CAP. IV.

JESUS autem plenus Spiritu Sancto revertit a Jordane, et actus est ab *eodem* Spiritu in desertum.

2 Dies quadraginta tentante *eum* diabolo: neque comedit quicquam per illos dies; sed iis finitis postea esuriit.

3 Tum dixit ei diabolus, Si Filius es Dei, dic illi lapidi ut fiat panis.

4 Et respondit ei Jesus, dicen, Scriptum est, Non pane solo vivet homo, sed quovis verbo Dei.

5 Tunc quum subduxisset eum diabolus in montem sublimem, ostendit ei omnia regna terrae puncto temporis.

6 Et ait ei diabolus, Tibi dabo potestatem hanc universam, et gloriam illorum *regnorum:* nam mihi tradita est; et cuicunque voluero do eam.

7 Itaque si tu adoraveris me, erunt tua omnia.

8 Respondens autem Jesus dixit ei, Abscede a me, Satana; scriptum est enim, Adorabis Dominum Deum tuum, et ei soli servies.

9 Tum duxit eum Hierosolymam, et eum statuit supra pinnas templi, et dixit ei, Si tu Filius Dei es, dejice teipsum hinc deorsum;

10 Scriptum est enim, Angelis suis mandabit de te, ut custodiant te;

11 Et in manus tollent te, ne-

LUCA, IV.

quando offendas ad lapidem pedem tuum.

12 Respondens autem Jesus dixit ei, Dictum est, Non tentabis Dominum Deum tuum.

13 Et finitâ omni tentatione, diabolus abscessit ab eo ad tempus.

14 ¶ Reversus est autem Jesus cum virtute Spiritûs in Galilaeam : et fama de eo exiit in totam circumjacentem regionem.

15 Et ipse docebat in synagogis eorum, omnibus ipsum glorificantibus.

16 Venit igitur Nazaretham, ubi fuerat nutritus : et intravit, ut consueverat, die sabbati in synagogam ; et surrexit ut legeret.

17 Tunc datus est ei liber Esaiae prophetae : quumque explicuisset librum, invenit locum *in* quo scriptum erat,

18 Spiritus Domini super me, propterea quòd unxit me ; ut evangelizem pauperibus misit me, ut medear contritis corde, ut praedicem captivis dimissionem, et caecis visûs recuperationem, ut confractos emittam in libertatem ;

19 Ut praedicem annum Domini acceptum.

20 Et complicatum librum quum reddidisset ministro, sedit ; et omnium in synagogâ oculi erant intenti in eum.

21 Coepit autem eis dicere, Certè hodie impleta est haec scriptura audientibus vobis.

22 Et omnes testimonium ei dabant, ac mirabantur super sermonibus *plenis* gratiâ procedentibus ex ore ipsius, dicebantque, Nonne iste est filius ille Josephi.

23 Et dixit ad eos, Omnino dicetis mihi hoc proverbium, Medice, cura teipsum : quaecunque audivimus facta fuisse in urbe Capernaumo, fac etiam hîc in patriâ tuâ.

24 Dixit autem, Amen dico vobis, nemo propheta acceptus est in patriâ suâ.

25 Sed in veritate dico vobis, multae viduae erant diebus Eliae in Israele, quando clausum fuit coelum ac tres annos et sex menses, *adeò* ut fuerit fames magna per totam regionem ;

26 Et ad nullam illarum missus est Elias, sed Sareptam *urbem* Sidoniae, ad mulierem viduam.

27 Et multi leprosi erant in Israele sub Elisaeo prophetâ : et nullus eorum purgatus est, sed Naamanus Syrus.

28 Tum repleti sunt omnes ex candescentiâ in synagogâ, haec audientes.

29 Et quum surrexissent, ejecerunt eum extra urbem, et duxerunt eum usque ad supercilium montis, super quem urbs ipsorum erat aedificata, ut praecipitarent eum.

30 Ipse verò, quum transisset per medios ipsos, profectus est.

31 Et descendit Capernaumum, urbem Galilaeae, ibique docebat eos sabbatis.

32 Et percellebantur super doctrinâ ejus : erat enim sermo ipsius cum auctoritate.

33 Erat autem in synagogâ quidam habens spiritum daemoniacum impurum, qui exclamavit voce magnâ,

34 Dicens, Ah, quid nobis tecum, Jesu Nazarene ? venisti ut perderes nos ? novi te quis sis ; *nimirum* Sanctus ille Dei.

35 Et objurgavit eum Jesus, dicens, Obmutesce, et exi ex eo. Tunc daemonium, projecto illo in medium, exiit ex eo, nihilque ei nocuit.

36 Et obortus est pavor in omnibus ; et colloquebantur alii cum aliis, dicentes, Quid hoc rei est, quòd cum auctoritate ac potestate imperat impuris spiritibus, et exeunt ?

37 Et dimanavit rumor de eo in omnem locum circumjacentis regionis.

38 Quum surrexisset autem Jesus e synagogâ, introïvit domum Simonis. Socrus verò Simonis detinebatur febri magna . et rogaverunt eum pro illâ.

LUCA. V.

39 Tunc *ipse* adstans supra eam, objurgavit febrim; et *febris* eam dimisit: *illa* verò, quum illico surrexisset, ministravit eis.

40 Occidente autem sole, omnes qui habebant aegrotantes morbis variis, ducebant ipsos ad eum: ille verò unicuique ipsorum impositis manibus sanavit eos.

41 Exibant autem etiam daemonia ex multis, clamantia ac dicentia, Certè tu es Christus ille, Filius ille Dei. Sed *ipse* objurgans non sinebat ea loqui, quòd scirent ipsum esse Christum illum.

42 Orto autem die egressus profectus est in desertum locum; et turba quaerebat eum, veneruntque usque ad ipsum, et retinebant eum, ne ab ipsis discederet.

43 Ille verò dixit eis, Certè etiam aliis urbibus oportet me evangelizare regnum Dei: nam ad hoc missus sum.

44 Et praedicabat in synagogis Galilaeae.

CAP. V.

FACTUM est autem quum turba immineret ei, audiendi verbi Dei caussâ, ipse stabat apud lacum Genesaret;

2 Viditque duo navigia quae ad lacum erant; piscatores verò quum ex iis descendissent, abluebant retia.

3 Ingressus autem in unum istorum navigiorum, quod erat Simonis, rogavit eum ut a terrâ proveheret paululum: quumque consedisset, docebat turbam ex navigio.

4 Ut cessavit autem loqui dixit ad Simonem, Provehito in altum, et dimittite retia vestra ad capturam.

5 Tum respondens Simon ait ei, Magister, quum per totam noctem nos fatigaverimus, nihil cepimus; tamen ex tuo jussu demittam rete.

6 Et quum hoc fecissent, concluserunt piscium multitudinem magnam: dirumpebatur autem rete eorum.

7 Et innuerunt sociis qui *erant* in altero navigio, ut venirent, et sibi opitularentur. Venerunt igitur, et impleverunt ambas naves, ita ut penè mergerentur.

8 Quum autem *haec* vidisset Simon Petrus, accidit ad genua Jesu, dicens, Discede a me, nam homo peccator sum, Domine.

9 Pavor enim occupârat eum, et omnes qui cum eo *erant*, super captura piscium, quam comprehenderant:

10 Similiter autem et Jacobum et Joannem filios Zebedaei, qui erant socii Simoni. Tunc ait ad Simonem Jesus, Ne metue; ab hoc *tempore* vivos capies homines.

11 *Illi* autem quum subduxissent in terram navigia, relictis omnibus, sequuti sunt eum.

12 ¶ Et ecce, factum est ut quum esset in quâdam urbe, tum *adveniret* quidam plenus leprâ, ac visu Jesu, procidens in faciem, rogaret eum, dicens, Domine, si velis, potes me purgare.

13 *Jesus* autem, extensâ manu, tetigit eum, dicens, Volo, purgator. Et statim lepra abiit ab eo.

14 Ipse verò praecipit ei, ut null'i hoc diceret: sed profectus, *inquit*, os tende teipsum sacerdoti, et offer pro purificatione tui, prout praecepit Moses, *ut hoc sit* eis testimonio.

15 Dimanabant autem eò magis sermones de eo: et conveniebat turba multa ut audirent, et per eum sanarentur a morbis suis.

16 Ipse autem secedens erat in desertis, et precabatur.

17 ¶ Et factum est quodam die, quum ipse doceret, sederentque Pharisaei ac legis doctores, qui venerant ex omnibus vicis Galilaeae, et Judaeae, et Hierosolymis; et virtus Domini adesset ei ad sanandum illos;

18 Tunc, ecce, *advenerunt* quidam ferentes in lecto hominem qui erat paralyticus; et studebant eum inferre, et ponere in ipsius conspectu.

19 Et quum non invenissent qua ipsum inferrent propter turbam, a-

LUCA, VI.

'enderunt in solarium, et perfosso 'estaceo pavimento, dimiserunt eum cum lectulc in medium, ante Jesum:

20 Qui, fide eorum visâ, dixit, Heus tu, remissa sunt tibi peccata tua.

21 Tunc coeperunt ratiocinari scribae et Pharisaei, dicentes, Quis est iste qui loquitur blasphemias? quis potest remittere peccata nisi solus Deus?

22 Jesus autem quum nôsset eorum ratiocinationes, respondens, dixit eis, Quid ratiocinamini in cordibus vestris?

23 Utrum est facilius, dicere, Remissa sunt tibi peccata? aut dicere, Surge et ambula?

24 Ut autem sciatis Filium hominis potestatem habere in terrâ remittendi peccata, (ait paralytico) Tibi dico, Surge, et sublato *in humeros* lectulo tuo, abi domum tuam.

25 *Is* autem illico quum surrexisset in eorum conspectu, sublato *in humeros eo* in quo jacuerat, abiit domum suam, glorificans Deum.

26 Et stupor cepit omnes, et glorificabant Deum: et repleti sunt timore, dicentes, Certè vidimus inopinata hodie.

27 ¶ Post haec verò exiit, et conspexit publicanum nomine Levi, sedentem ad telonium, et dixit ei, Sequere me.

28 Et *ille*, relictis omnibus, surrexit, et sequutus est eum.

29 Et fecit ei Levi epulum magnum domi suae: eratque turba multa publicanorum, et aliorum qui cum ipsis accumbebant.

30 Obmurmurabant autem eis scribae ac Pharisaei, dicentes ad discipulos ejus, Quare cum publicanis et peccatoribus editis et bibitis?

31 Et respondens Jesus dixit eis, Non opus est iis, qui sani sunt, medico. sed iis qui malè *se* habent.

32 Non veni vocatum justos, sed peccatores ad resipiscentiam.

33 Ipsi verò dixerunt ei, Quare discipuli Joannis jejunant crebrò, et deprecationes faciunt, similiter et *discipuli* Pharisaeorum; tui verò edunt et bibunt?

34 Ipse autem dixit eis, Num potestis facere ut filii thalami, quo *tempore* cum ipsis est sponsus, jejunent?

35 Venient autem dies, quum tolletur ab eis sponsus, tunc jejunabunt illis diebus.

36 Dicebat autem eis etiam parabolam, Nemo panniculum novi vestimenti indit in vestimentum vetus: alioqui et illud novum findit *vetus*, et veteri non convenit panniculus *sumptus* ex novo.

37 Et nemo injicit vinum novum in utres veteres: alioqui disrumpet vinum novum utres, et ipsum effundetur, et utres peribunt.

38 Sed vinum novum in utres recentes injiciendum est, et utraque conservantur.

39 Et nemo qui biberit vetus statim vult novum; dicit enim, Vetus utilius est.

CAP. VI.

FACTUM est verò ut sabbato altero primo pertransiret per sata: vellebant autem discipuli spicas, edebantque, confricantes manibus.

2 Quidam autem Pharisaeorum dixerunt eis, Cur facitis quod non licet facere sabbatis?

3 Tunc respondens Jesus, dixit eis, Ne hoc quidèm legistis quod fecit David, quum esuriret ipse et qui cum eo erant;

4 Quomodo introierit domum Dei, et panes propositios sumpserit, ederitque, ac dederit etiam iis qui secum *erant*; quibus *panibus* non licet vesco nisi solis sacerdotibus;

5 Et dicebat eis, Filius hominis dominus est etiam sabbati.

6 ¶ Factum est verò etiam alio sabbato, ut ipse ingrederetur in synagogam, ac doceret. Erat autem ibi quidam, cujus manus dextra erat arida.

7 Observabant autem eum scribae,

LUCA, VI.

ac Pharisaei, an sabbato sanaturus esset *illum*, ut invenirent accusationem *adversùs* eum.

8 At ipse nôrat cogitationes eorum, et dixit homini illi qui habebat manum aridam, Surge, et adsta in medio. Ille verò surgens adstitit.

9 Dixit igitur eis Jesus, Interrogabo vos quiddam : Licet sabbatis benefacere an malefacere *cuipiam?* hominem servare an perdere?

10 Et quum eos omnes circumspexisset, ait homini, Extende manum tuam. Ille autem ita fecit : et restituta est manus ejus sana sicut altera.

11 Ipsi autem repleti sunt amentiâ; et colloquebantur alii cum aliis quidnam facerent Jesu.

12 ¶ Factum est autem illis diebus, abiit in montem ad precandum, et pernoctavit *illìc* in precatione Dei.

13 Et quum dies ortus esset, advocavit discipulos suos: et quum ex ipsis elegisset duodecim, quos et apostolos nominavit :

14 *Nempe* Simonem (quem etiam nominavit Petrum), et Andream fratrem ejus, Jacobum et Joannem, Philippum et Bartholomaeum,

15 Matthaeum et Thomam, Jacobum Alphaei *filium*, et Simonem qui vocatur Zelotes,

16 Judam Jacobi *fratrem*, et Judam Iscariotem (qui etiam fuit proditor),

17 Et descendens cum eis, substitit in loco campestri, turbaque discipulorum ejus, et multitudo magna plebis ex totâ Judaeâ, et Hierusalem, et a maritimâ *regione* Tyri et Sidonis, qui venerant ut audirent eum, et sanarentur a morbis suis :

18 Et qui torquebantur a spiritibus impuris: et sanabantur.

19 Et tota turba studebat eum tangere: quia virtus ab eo prodibat, et sanabat omnes.

20 Ipse verò sublatis oculis suis in discipulos, dicebat, Beati *estis*, pauperes; quia vestrûm est regnum Dei.

21 Beati, qui nunc esuritis ; quia saturabimini. Beati, qui nunc fletis; quia ridebitis.

22 Beati eritis, quum vos oderint homines, et separaverint vos, et conviciati fuerint *vobis*, et nomen vestrum ut malum abjecerint, propter Filium hominis.

23 Gaudete illo die, et salite ; ecce enim, merces vestra multa *est* in coelis; nam itidem faciebant prophetis patres eorum.

24 Sed vae vobis, divitibus ! nam perceptum habetis solatium vestrum.

25 Vae vobis, qui impleti estis ! nam esurietis. Vae vobis, qui ridetis nunc ! nam lugebitis et flebitis.

26 Vae vobis, quum bene vobis dixerint omnes homines ! nam itidem faciebant pseudoprophetis patres eorum.

27 Sed vobis dico qui auditis, Diligite inimicos vestros; benefacite iis qui vos oderunt:

28 Benedicite iis qui devovent vos, et precamini pro iis qui infestant vos.

29 Et qui tibi caeciderit maxillam, praebe et alteram ; et ab eo qui tollit tibi pallium, etiam tunicam ne prohibeto.

30 Cuivis, autem, petenti abs te da, et ab eo qui tollit *res* tuas ne repetito.

31 Et prout vultis ut faciant vobis homines, vos etiam facite eis similiter.

32 Quòd si diligitis eos qui vos diligunt, quae vobis erit gratia? nam et peccatores diligunt eos a quibus diliguntur.

33 Et si benefeceritis iis qui vobis benefaciunt, quae vobis erit gratia? nam et peccatores idem faciunt.

34 Et *si* mutuum dederitis iis a quibus speratis vos recepturos, quae gratia erit vobis? nam et peccatores peccatoribus dant mutuum, ut recipiant paria.

35 Imo diligite inimicos vestros, et *iis* benefacite, et mutuum dare, nihil inde sperantes: et erit merces vestra multa, ac filii eritis illius Altissimi

LUCA, VII.

tam ipse benignus est erga ingratos et malos.

36 Estote ergo misericordes, prout et Pater vester misericors est.

37 Ne judicate, et non judicabimini: ne condemnate, et non condemnabimini: absolvite, et absolvemini.

38 Date, et dabitur vobis: mensuram, *inquam*, bonam, pressam, agitatam, et superfluentem dabunt in sinum vestrum. Eâdem enim mensurâ, quâ metimini, contrà metietur vobis.

39 Dicebat autem eis parabolam : Num potest caecus caecum per viam ducere: nonne ambo in foveam cadent?

40 Non est discipulus supra magistrum suum: sed quisquis *erit* perfectus *discipulus*, erit ut magister.

41 Quid autem aspicis festucam quae *est* in oculo fratris tui, trabem autem quae est in oculo tuo non animadvertis ?

42 Aut quomodo potes dicere fratri tuo, Frater, sine ejiciam festucam quae in oculo tuo est; quum ipse trabem quae est in oculo tuo non respicias? Hypocrita, ejice primùm trabem illam ex oculo tuo, et tum dispicies ut ejicias festucam quae est in oculo fratris tui.

43 Non est arbor bona quae ferat fructum malum, neque arbor mala quae ferat fructum bonum.

44 Unaquaeque enim arbor ex fructu suo cognoscitur. Neque enim e spinis colligunt ficus, neque e rubo vindemiant uvam.

45 Bonus homo ex bono thesauro cordis sui profert bonum ; et malus homo ex malo thesauro cordis sui profert malum : ex abundantiâ enim cordis loquitur os ejus.

46 Quid autem vocatis me, Domine, omine, et non facitis quae dico?

47 Quisquis venit ad me, et audit sermones meos, et eos praestat, indicabo vobis cui similis sit :

48 Similis est cuipiam aedificanti domum, qui fodit, et excavavit, posuitque fundamenta super petram : ubi autem venit inundatio, illisum est flumen domui illi, sed non potuit eam quatere ; fundata enim erat super petram.

49 Qui autem *meos sermones* audivit, nec praestitit, similis est cuipiam qui aedificavit domum suam super solum absque fundamento, cui illisum est flumen : itaque statim cecidit ; fuitque ruina domûs illius magna.

CAP. VII.

QUUM autem finivisset omnia verba sua, audiente populo, ingressus est Capernaumum.

2 Centurionis verò cujusdam servus malè affectus moribundus erat, qui erat ipsi pretiosus.

3 *Is* verò, quum audisset de Jesu, misit ad eum seniores Judaeorum, rogans eum ut veniret, et servaret servum suum.

4 Isti autem quum venissent ad Jesum, precati sunt eum studiosè, dicentes, Certè dignus est cui hoc praebeas :

5 Diligit enim gentem nostram, et synagogam aedificavit nobis.

6 Jesus ergo ibat cum eis. Et quum jam non longè abesset ab illâ domo, misit ad eum centurio ille amicos, dicens ei, Domine, ne vexator; nec enim sum dignus ut tectum meum subeas ;

7 Ideo ne meipsum quidèm sum dignum arbitratus qui venirem ad te : sed dic verbo, et sanabitur puer meus.

8 Etenim ego homo sum sub potestate constitutus, habens sub me milites ; et dico huic, Vade, et vadit et alteri, Veni, ac venit. et servo meo, Fac hoc, ac facit.

9 Auditis autem his, Jesus admiratus est eum : et conversus, dixit turbae quae ipsum sequebatur, Dico vobis, ne in Israele quidèm tantam fidem inveni.

10 Et domum reversi qui missi fu

LUCA, VII.

erant, sanam invenerunt servum qui aegrotus fuerat.

11 ¶ Et factum est *die* sequenti, ut proficisceretur in civitatem quae vocatur Nain; proficiscebantur autem cum eo discipuli ejus multi, turbaque multa.

12 Ut autem appropinquavit portae civitatis, tum, ecce, defunctus efferebatur, *qui* unigenitus *fuerat* matri suae, et ipsi *quidèm* viduae: turbaque civitatis multa erat cum eâ.

13 Dominus verò ipsam intuitus, intimâ misericordiâ commotus est super eâ, et dixit, Ne fleto.

14 Quumque accessisset, tetigit loculum, (ii verò qui portabant substiterunt,) et dixit, Adolescens, tibi dico, Surge.

15 Tunc resedit qui fuerat mortuus, et coepit loqui: et *ille* dedit eum matri suae.

16 Cepit autem omnes timor; et glorificabant Deum, dicentes, Certè propheta magnus suscitatus est inter nos, et, Certè Deus respexit populum suum.

17 Pervenitque iste de eo sermo in totam Judaeam, et in totam regionem circumjacentem.

18 ¶ Et annunciârunt Joanni discipuli ipsius de his omnibus: qui, advocatus duos quosdam e discipulis suis,

19 Misit ad Jesum, dicens, Tune is es qui venturus erat, an alium exspectabimus?

20 Quum igitur venissent ad eum viri illi, dixerunt, Joannes Baptista misit nos ad te, dicens, Tune is es qui venturus erat, an alium exspectabimus?

21 Eâdem autem horâ multos sanavit a morbis, et flagellis, et spiritibus malis; et caecis multis visum gratificatus est.

22 Et respondens Jesus, dixit eis, Profecti annunciate Joanni quae vidistis et audistis; caecos visum recipere, claudos ambulare, leprosos purgari, surdos audire, mortuos suscitari, pauperibus evangelizari.

23 Beatus est autem quicunque non fuerit offensus in me.

24 Et quum abiissent nuncii Joannis, coepit de Joanne dicere ad turbam, Quid existis in desertum spectaturi? arundinem quae a vento agitetur?

25 Sed quid existis visuri? hominem mollibus vestibus amictum? ecce, qui vestitu magnifico utuntur, et in luxu versantur, sunt in palatiis regiis.

26 Sed quid existis visuri? prophetam? certè dico vobis etiam ampliùs quàm prophetam.

27 Hic est de quo scriptum est, Ecce, mitto nuncium meum ante faciem tuam, qui praeparabit viam tuam coram te.

28 Nam dico vobis, inter genitos ex mulieribus, nullus est major propheta Joanne Baptistâ: sed qui minimus est in regno Dei, major est eo.

29 Et *eo* audito, totus populus et publicani justificârunt Deum, baptizati baptismo Joannis.

30 Pharisaei verò et legis interpretes aspernati sunt adversùs semetipsos consilium Dei, non baptizati ab eo.

31 Dixit praeterea Dominus, Cui ergo assimilabo homines nationis istius? et cui rei similes sunt?

32 Similes sunt puerulis sedentibus in foro, et qui acclamant alii aliis, et dicunt, Cecinimus vobis tibiis, et non saltâstis; lamentati sumus vobis, et non flevistis.

33 Venit enim Joannes Baptista, neque edens panem, neque bibens vinum; et dicitis, Daemonium habet.

34 Venit Filius hominis edens ac bibens; et dicitis, Ecce, homo edax et vini potor, amicus publicanorum ac peccatorum!

35 Sed justificata est Sapientia a filiis suis omnibus.

36 ¶ Rogavit autem cum quidam ex Pharisaeis ut secum cibum caperet: itaque ingressus domum Pharisaei discubuit.

37 Et ecce, mulier, quae fuerat in

LUCA, VIII.

arbe peccatrix, quum cognovisset eum discubuisse in domo Pharisaei, allato alabastro unguenti,

38 Et stans apud pedes ejus retro, flens coepit lacrymis rigare pedes ejus, et capillis capitis sui extergebat, et deosculabatur pedes ejus, et unguento ungebat.

39 Quum autem id vidisset Pharisaeus qui vocaverat eum, dixit apud se, Hic, si esset propheta, nôsset quae et qualis sit ea mulier quae tangit ipsum, quòd *videlicet* sit peccatrix.

40 Tunc respondens Jesus dixit ei, Simon, habeo quiddam quod tibi dicam At ille ait, Magister, dic.

41 Duo debitores, *inquit Jesus*, erant cuidam creditori : unus debebat denarios quingentos, alter verò quinquaginta.

42 Quum autem illi non essent solvendo, gratificatus est utrisque. Horum igitur, dic, uter eum plùs diliget?

43 Respondens verò Simon dixit, Is, existimo, cui plus gratificatus est. At ille dixit ei, Rectè judicâsti.

44 Et conversus ad mulierem dixit Simoni, Vides hanc mulierem? ingressus sum domum tuam, aquam pedibus meis non dedisti ; haec autem lacrymis rigavit pedes meos, et capillis capitis sui extersit.

45 Osculum mihi non dedisti; haec autem, ex quo ingressa est, non intermisit deosculari pedes meos.

46 Oleo caput meum non unxisti; naec autem unguento unxit pedes c eos.

47 Cujus rei gratiâ, *dico tibi*, remissa esse peccata multa illa ipsius ; nam dilexit multùm : cui autem pauulum remittitur, paululum diligit.

48 Dixit autem ei, Remissa sunt tibi peccata.

49 Et coeperunt qui simul accumbebant dicere apud se, Quis est hic qui etiam peccata remittit?

50 Dixit autem ad mulierem illam Fides tua te servavit : vade cum pace.

CAP. VIII

ET factum est deinceps, ipse iter faciebat oppidatim et vicatim praedicans et evangelizans regnum Dei : duodecim illi *erant* cum eo ;

2 Et quaedam mulieres quas sanaverat a spiritibus malis et morbis, Maria quae vocabatur Magdalene, ex quâ septem daemonia exierant,

3 Et Joanna uxor Chuzae procuratoris Herodis, et Susanna, et aliae multae quae ministrabant ei ex iis quae sibi suppetebant.

4 Quum autem multa turba conveniret, et qui in singulis urbibus erant proficiscerentur ad eum, dixit per parabolam :

5 Quidam sator exiit ut sereret semen suum; et inter serendum aliud cecidit secundùm viam, et conculcatum est, et volucres coeli devorârunt illud :

6 Et aliud cecidit in petras ; et enatum exaruit, quia non habebat humorem :

7 Et aliud cecidit inter spinas ; et simul enatae spinae suffocârunt illud :

8 Et aliud cecidit in terram bonam ; et quum enatum esset, edidit fructum centuplum. Haec dicens clamabat, Qui habet aures ad audiendum, audiat.

9 Interrogabant autem eum discipuli ejus, dicentes, Quae esset ista parabola?

10 Ipse verò dixit *eis*, Vobis datum est nôsse mysteria regni Dei, reliquis autem per parabolas *loquor*, ut videntes non videant, et audientes non intelligant.

11 Est autem haec parabola : Semen illud est sermo Dei ;

12 Qui autem secundùm viam *se men excipiunt*, ii sunt qui audiunt, deinde venit diabolus, et tollit sermonem e corde eorum, ne, postquam crediderint, serventur.

13 Qui verò in petram, *ii sunt* qui, quum audierunt, cum gaudio excipiunt sermonem ; sed 'sti radices non

LUCA, VIII.

habent, qui ad tempus credunt, et tempore tentationis abscedunt.

14 Quod autem in spinas cecidit, ii sunt qui audierunt; sed profecti a solicitudinibus et divitiis ac voluptatibus vitae suffocantur, nec fructum proferunt.

15 Quod autem in bonam terram *cecidit*, ii sunt qui in corde honesto ac bono auditum sermonem retinent, et fructum adferunt per tolerantiam.

16 Nemo porro qui lucernam accenderit, operit eam vase, aut subter lectum ponit; sed candelabro imponit, ut qui ingrediuntur videant lumen.

17 Non est enim *quicquam* occultum quod non sit futurum manifestum; nec absconditum, quod non sit futurum ut cognoscatur, et veniat in apertum.

18 Videte ergo quomodo audiatis: quisquis enim habet, dabitur ei; et quicunque non habet, etiam quod videtur habere tolletur ab eo.

19 ¶ Venerunt autem ad eum mater et fratres ejus, et non poterant eum convenire propter turbam.

20 Et annunciatum est ei, dicentibus *nonnullis*, Mater tua et fratres tui adstant foris, cupientes te videre.

21 Ipse vero respondens dixit eis, Mater mea et fratres mei, ii sunt qui sermonem Dei audiunt, et eum praestant.

22 ¶ Factum est autem quodam die, ut ipse ingrederetur in navigium, ac discipuli ejus: et diceret eis, Transeamus in ulteriorem ripam lacûs. Provecti sunt igitur.

23 Navigantibus autem eis sopitus est: et descendit turbo venti in lacum et complebantur, ac periclitabantur

24 Accedentes autem expergefecerunt eum, dicentes, Magister, magister, perimus. Ipse vero experrectus objurgavit ventum ac fluctuationem aquae: et cessaverunt, factaque est tranquillitas

25 Dixit autem eis, Ubi est fides vestra? Timentes autem mirati sunt, dicentes alii ad alios, Quisnam iste est, ut ventis quoque et aquae imperet, et auscultent ei?

26 ¶ Et navigârunt in regionem Gadarenorum, quae est in opposita ripâ Galilaeae.

27 Ipsi autem egresso in terram, occurrit ex urbe vir quidam qui habebat daemonia a temporibus multis et vestimento non induebatur, neque in *ullâ* domo manebat, sed in monumentis.

28 *Is* ergo, quum vidisset Jesum et exclamâsset, accidit ei *ad pedes* et voce magnâ dixit, Quid mihi tecum, Jesu, Fili Dei altissimi? rogo te, ne me torqueas.

29 (Praecipiebat enim illi spiritui impuro, ut exiret ab eo homine; nam a multo tempore corripuerat eum: itaque vinctus *ille* catenis et pedicis custodiebatur; sed diruptis vinculis agitabatur a daemone in desertâ.)

30 Interrogavit autem eum Jesus dicens, Quod tibi nomen est? Ipse vero dixit, Legio: nam daemonia multa ingressa erant in eum.

31 Et rogabant eum, ne imperaret sibi ut abirent in abyssum.

32 Erat autem ibi grex porcorum multorum pascentium in monte: et rogabant eum *daemonia*, ut sibi permitteret in illos ingredi. Et permisit eis.

33 Egressa autem daemonia ex eo homine ingressa sunt in porcos: et grex ille ruit e praecipitio in lacum et suffocatus est.

34 Quum autem pastores vidissent quod factum fuerat, fugerunt; et profecti annunciârunt in urbem et in agros.

35 Exierunt igitur, ut viderent quod factum erat: veneruntque ad Jesum, et invenerunt hominem illum, a quo daemonia exierant, vestitum, ac sanae mentis, sedentem ad pedes Jesu: et timuerunt.

36 Annunciaverunt autem ipsis etiam ii qui viderant, quomodo liberatus fuisset qui fuerat daemoniacus

LUCA IX.

37 Et rogavit eum tota multitudo circumjacentis regionis Gadarenorum, ut discederet ab ipsis, quia magno timore tenebantur: ipse autem ingressus navigium reversus est.

38 Rogavit autem eum vir ille a quo daemonia exierant, ut esset cum eo: sed dimisit eum Jesus, dicens,

39 Revertere domum tuam, et narra quanta tibi praestiterit Deus. Abiit igitur, praedicans per totam urbem quanta sibi praestitisset Jesus.

40 ¶ Factum est autem, ut quum revertisset Jesus, exceperit eum turba; nam omnes expectabant eum.

41 Et ecce, venit quidam cui nomen Jaïrus, qui erat praefectus synagogae; et accidens ad pedes Jesu, rogabat eum ut ingrederetur domum suam:

42 Quoniam erat ei unigenita filia quasi annorum duodecim, eaque moriebatur. Inter eundum verò turba coarctabat eum.

43 Mulier autem quae erat in fluxione sanguinis ab annis duodecim, et in medicis impenderat totum victum, nec ab ullo potuerat curari,

44 Quum accessisset a tergo, tetigit fimbriam pallii ipsius: et illico substitit fluxio sanguinis ejus.

45 Tunc ait Jesus, Quis *est* qui me tetigit? Negantibus autem omnibus, dixit Petrus, et qui cum eo erant, Magister, turba te constringit et opprimit, et dicis, Quis *est* qui me tetigit?

46 Jesus autem ait, Tetigit me aliquis, nam ego cognovi virtutem a me prodiisse.

47 Videns autem mulier illa se non la uisse, tremens venit, et accidens ei *ad pedes*, declaravit ei in conspectu totius populi quam ob caussam tetigisset eum, et quomodo sanata fuerat illico.

48 Ipse verò dixit ei, Confide, iliã; fides tua te servavit: vade cum pace.

49 Adhuc eo loquente, venit quidam a praefecto synagogae, dicens ei,

Mortua est filia tua; ne vexa magistrum.

50 Jesus autem *hoc* audito, respondit ei, Ne metue; crede solummodo et servabitur.

51 Ingressus verò donum, non permisit ingredi quenquam, nisi Petrum, et Jacobum, et Joannem, et patrem ac matrem puellae.

52 Flebant autem omnes, et plangebant eam. Ipse verò dixit, Ne flete: non est mortua, sed dormit.

53 Et deridebant eum, quòd scirent esse mortuam.

54 Ipse verò ejectis foras omnibus, et prehensâ manu ejus, clamavit, dicens, Puella, surge.

55 Et reversus est spiritus ejus, ac surrexit illico: et *ipse* praecepit ut ei daretur cibus.

56 Et perculsi fuerunt parentes ejus; ipse verò praecepit eis, ut nulli dicerent quod factum fuerat.

CAP. IX.

CONVOCATIS autem *Jesus* duodecim discipulis suis, dedit eis vim et potestatem in omnia daemonia, et morbos sanandi.

2 Misitque eos ut praedicarent regnum Dei, et sanarent aegrotos.

3 Et dixit eis, Nihil sumite ad iter; neque virgas, neque peram, neque panem, neque pecuniam, neque binas tunicas habete.

4 Et in quamcunque domum intraveritis, illìc manete, et illinc exite:

5 Et quicunque non receperint vos, exeuntes ex urbe illâ, etiam pulverem a pedibus vestris excutite, *ut hoc sit* testimonio adversùs eos.

6 Exeuntes igitur obibant singulos vicos, evangelizantes, et sanantes *morbos* ubique.

7 ¶ Audivit autem Herodes tetrarcha omnia quae fiebant ab eo: et haesitabat, propterea quòd dicebatur a quibusdam, Joannem suscitatum esse e mortuis;

8 A quibusdam verò, Eliam apparuisse; ab aliis autem, Prophetam quempiam ex antiquis surrexisse

LUCA, IX.

9 Tunc ait Herodes, Joannem ego decollavi: quis est autem iste, de quo ego talia audio? Et studebat eum videre.

10 ¶ Reversi autem apostoli narraverunt ei quaecunque fecerant: et *ipse*, assumptis illis, secessit privatim in locum desertum urbis quae vocatur Bethsaida.

11 Quod quum cognovisset turba, sequuta est eum: *ipse* autem excepit eos, et loquebatur eis de regno Dei; et eos quibus sanatione opus erat, sanabat.

12 Dies autem coeperat inclinare : et accedentes duodecim illi dixerunt ei, Dimitte turbam; ut abeuntes in circumjacentes vicos et agros, *illuc* divertant et inveniant cibaria; nam hic in loco deserto sumus.

13 *Ipse* vero dixit eis, Date ipsis vos quo vescantur. Ipse verò dixerunt, Non sunt nobis plus quàm quinque panes et duo pisces: nisi nos profecti emamus toti huic populo escas.

14 Aderant enim quasi viri quinquies mille. Ait autem discipulis suis, Facite ut discumbant per singulos quosque discubitus quinquageni.

15 *Ipsi* igitur ita fecerunt ; et discubuerunt *illi* omnes.

16 *Ipse* verò acceptis quinque illis panibus et duobus piscibus, suspiciens in coelum benedixit eis ; et fregit, deditque discipulis ut apponerent turbae.

17 Comederunt igitur omnes illi, et saturati sunt : et sublatum est quod superfuit ipsis fragmentorum, cophini duodecim.

18 ¶ Et factum est, ut quum ipse seorsim precaretur, essent unà cum eo discipuli ; quos interrogavit, dicens, Quemnam esse me dicunt turbae ?

19 Ipsi autem respondentes dixerunt, Joannem Baptistam : alii autem Eliam : alii verò, Prophetam quempiam ex antiquis resurrexisse.

20 Dixit autem eis, Vos verò quem me esse dicitis ? Respondens autem Petrus dixit, Christum illum Dei.

21 Ipse verò interminatus eis, praecepit ut nulli hoc dicerent :

22 Dicens, Oportet Filium hominis multa pati, et reprobari a senioribus et principibus sacerdotum et scribis et trucidari, et tertio die suscitari.

23 Dicebat autem omnibus, Siquis vult me sequi, abdicet semetipsum, et attollat crucem suam quotidie, et sequatur me.

24 Quisquis enim voluerit animam suam servare, perdet eam : quisquis verò perdiderit animam suam meâ caussâ, is servabit eam.

25 Quid enim prodest cuipiam, si lucretur universum mundum, seipsum autem perdat, sive sui-ipsius exitio mulctetur ?

26 Quem enim puduerit mei ac meorum sermonum, ejus pudebit Filium hominis, quando venerit cum gloriâ suâ et Patris, sanctorumque angelorum.

27 Dico autem vobis verè, sunt quidam ex iis qui hic adstant, qui nequaquam gustabunt mortem, usquedum viderint regnum Dei.

28 ¶ Factum est autem, quum post haec verba quasi dies octo *intercessissent*, ut assumptis Petro, et Joanne, et Jacobo, ascenderet in montem ad precandum.

29 Facta est autem inter precandum species faciei ipsius alia, et vestitus ejus albus ac refulgens.

30 Et ecce, duo viri colloquebantur cum eo, qui erant Moses et Elias :

31 Qui visi cum gloriâ, dicebant ipsius exitum, quo futurum erat ut defungeretur in Hierusalem.

32 Petrus verò, et qui cum ipso erant, gravati erant somno : quum autem evigilâssent, viderunt gloriam ejus, et duos illos viros stantes cum eo.

33 Et factum est, quum illi discederent ab eo, ut diceret Petrus ad Jesum, Magister, bonum est nos hic esse : atque *adeò* faciamus tria tabernacula, unum tibi, et unum Mosi, et unum Eliae : nesciens quid diceret.

34 Haec autem ipso dicente, exst

LUCA, IX.

ut nubes quae inumbravit eos: timuerunt autem dum illi ingrederentur in nubem.

35 Et vox exstitit e nube, dicens, Hic est Filius ille meus, dilectus ille: ipsum audite.

36 Et postquam vox illa exstitisset, inventus est Jesus solus. Ipsi autem siluerunt, et nulli declarârunt per id tempus quicquam eorum quae viderant.

37 ¶ Factum est autem sequente die, ut quum ipsi descendissent e monte, occurreret ei turba multa.

38 Et ecce, quidam e turba exclamavit, dicens, Praeceptor, rogo te, respice ad filium meum, nam unigenitus est mihi.

39 Et ecce, spiritus arripit eum; et *ipsi* repentè clamat, et *spiritus* discerpit eum spumantem, et vix discedit ab eo, conterens eum.

40 Et deprecatus sum discipulos tuos ut ipsum ejicerent; sed non potuerunt.

41 Respondens autem Jesus ait, O natio incredula et perversa, quousque tandem ero apud vos, et tolerabo vos? Adduc filium tuum huc.

42 Quum autem adhuc accederet, allisit eum daemonium, et discerpsit: objurgavit autem Jesus spiritum impurum, et sanavit puerum; et reddidit eum patri suo.

43 Percellebantur igitur omnes super magnificâ Dei virtute. ¶ Omnibus verò mirantibus super omnibus quae faciebat, dixit discipulis suis:

44 Reponite vos in aures vestras sermones istos: futurum est enim, ut Filius hominis tradatur in manus hominum.

45 Ipsi verò ignorabant dictum istud, eratque ipsis occultum, adeò ut illud non sentirent: et timebant eum la terrogare de hoc dicto.

46 ¶ Incidit autem disceptatio inter eos, quis esset eorum maximus.

47 Jesus verò visâ cogitatione cordis ipsorum, acceptum puerulum statuit apud se,

48 Et dixit eis, Quicunque exceperit puerulum hurc nomine meo, me excipit; et quicunque me exceperit, excipit eum qui me misit: nam qui minimus est inter vos, is erit magnus

49 Respondens autem Joannes ait, Magister, vidimus quendam sub nomine tuo ejicientem daemonia, et prohibuimus eum, quia *te* non sequitur nobiscum.

50 Et dixit ei Jesus, Ne prohibete *illum*. qui enim non est adversùm nos, pro nobis est.

51 Factum est autem, interim cum compleretur tempus quo sursum reciperetur, tum ipse faciem suam direxit ad eundum Hierosolymam:

52 Misitque nuncios ante faciem suam: qui profecti, ingressi sunt in vicum Samaritanorum, ut pararent ei *hospitium*.

53 Sed *illi* non receperunt eum, quòd facies ejus esset proficiscentis Hierosolymam.

54 Quum autem hoc vidissent ejus discipuli Jacobus et Joannes, dixerunt, Domine, vis dicamus ut ignis descendat e coelo, et consumat eos, ut etiam Elias fecit?

55 Sed conversus Jesus objurgavit eos, dicens, Nescitis qualis spiritûs vos sitis.

56 Filius enim hominis non venit ut perderet animas hominum, sed ut servaret. Abierunt igitur in alium vicum.

57 ¶ Factum est autem ut proficiscentibus ipsis, quidam in viâ dixerit ei, Sequar te quocunque ieris, Domine.

58 Dixit autem ei Jesus, Vulpes habent lustra, et volucres coeli nidos: Filius autem hominis non habet ubi caput reclinet.

59 Dixit verò ad alium *quendam*, Sequere me. At ille dixit, Domine. permitte mihi ut priùs abeam, ac sepeliam patrem meum.

60 Dixit autem ei Jesus, Sine ut mortui sepeliant mortuos suos: tu verò profectus annuncia regnum Dei.

61 Dixit autem etiam alius, Sequar te, Domine; sed permitte mihi priùs ut valedicam iis qui sunt domi meae.

LUCA, X.

62 Ait autem ei Jesus, Nemo qui manu suâ admotâ aratro, respexerit ad ea quae retro *sunt*, appositus est ad regnum Dei

CAP. X.

POST haec autem designavit Dominus etiam alios septuaginta, m'sitque eos binos ante faciem suam in omnem urbem et locum, quò futurum erat ut ipse veniret.

2 Dicebat igitur eis, Messis quidèm multa, sed operarii pauci : rogate ergo dominum messis, ut emittat operarios in messem suam.

3 Abite, ecce, ego mitto vos ut agnos in medium luporum.

4 Ne portate crumenam, neque peram, neque calceamenta : et neminem in viâ salutaveritis.

5 In quamcunque domum ingrediemini, primùm dicite, Pax *esto* huic domui.

6 Quòd si fuerit illic quispiam filius pacis, requiescet super eum pax vestra : sin minùs, ad vos revertetur.

7 Manete autem in eâ ipsâ domo, edentes et bibentes quae ab ipsis *apposita fuerint :* dignus enim est operarius mercede suâ. Ne transite e domo in domum.

8 Sed et in quamcunque urbem ingressi fueritis, et exceperint vos, edite quae apponuntur vobis.

9 Et sanate aegrotos qui in eâ fuerint, et dicite eis, Appropinquavit ad vos regnum Dei.

10 In quamcunque autem urbem ingressi fueritis, et non exceperint vos, egressi in plateas ejus, dicite,

11 Etiam pulverem, qui adhaesit nobis ex urbe vestrâ, vobis abstergimus : tamen hoc scitote, appropinquâsse ad vos regnum Dei.

12 Dico autem vobis, Sodomorum conditionem die illo tolerabiliorem fore quàm urbis illius.

13 Vae tibi, Chorazin ! vae tibi, Bethsaida ! nam si in Tyro et Sidone editae fuissent virtutes quae editae sunt apud vos, olim cum sacco et cinere sedentes resipuissent.

14 Ideo Tyri et Sidonis tolerabilior erit conditio in judicio, quàm vestra.

15 Et tu, Capernaum, quae usque ad coelum elata es, usque ad inferos deprimeris.

16 Qui vos audit, me audit ; et qui vos rejicit, me rejicit : qui verò me rejicit, rejicit eum qui misit me.

17 ¶ Reversi sunt autem septuaginta cum gaudio, dicentes, Domine, etiam daemonia subjiciuntur nobis per nomen tuum.

18 *Ipse* autem dixit eis, Spectabam Satanam, ut fulgur, e coelo cadentem.

19 Ecce, do vobis potestatem calcandi serpentes et scorpiones, et supra omnem vim inimici, et nihil vos laedet.

20 Sed de eo ne gaudete, quòd spiritus vobis subjiciantur : gaudete verò potiùs quòd nomina vestra scripta sint in coelis.

21 Eo ipso momento exultavit Jesus spiritu, et dixit, Gloriam tibi tribuo, Pater, Domine coeli et terrae, quòd haec occultaveris a sapientibus et intelligentibus, et retexeris ea infantibus : etiam, Pater, quia ita placuit tibi.

22 Omnia mihi tradita sunt a Patre meo : et nemo novit quis sit Filius, nisi Pater ; et quis sit Pater, nisi Filius, et cuicunque voluerit Filius retegere.

23 Et conversus ad discipulos privatim dixit *eis*, Beati oculi qui vident quae vos videtis.

24 Dico enim vobis, multos prophetas et reges cupivisse videre quae vos videtis, nec vidisse ; et audire quae auditis, nec audisse.

25 ¶ Tum, ecce, quidam legis interpres surrexit, tentans eum et dicens, Praeceptor, quid faciendo vitam aeternam possidebo ?

26 At ille dixit ei, In lege quid scriptum est ? quomodo legis ?

27 Ille verò respondens dixit, Diliges Dominum Deum tuum ex toto corde tuo, et ex totâ animâ tuâ, et ex

LUCA, XI.

totis viribus tuis, et ex totâ cogitatione tuâ; et proximum tuum ut teipsum.

28 Tum *ipse* dixit ei, Rectè respondisti : noc fac, et vives.

29 Ille autem volens justificare seipsum, dixit Jesu, Et quis est meus proximus ?

30 Excipiens autem Jesus dixit, Quidam descendebat ab Hierusalem in Jericho, et incidit in latrones, qui exspoliato eo et plagis impositis abierunt, *eo* seminece relicto.

31 Casu autem sacerdos quidam descendit per eandem viam ; qui, viso eo, ex adverso praeteriit.

32 Similiter et Levita, quum venisset eò, et illum vidisset, praeteriit ex adverso.

33 Samaritanus autem quidam iter faciens, venit eò, et, ipso conspecto, misericordiâ intimâ commotus est :

34 Et accedens obligavit ejus vulnera, infundens oleum ac vinum : et ipsum impositum suo jumento, duxit in diversorium, et ejus curam egit.

35 Postero autem die abiens, prolatos duos denarios dedit hospiti, et dixit ei, Curam ipsius age : et quodcunque praeterea insumpseris, ego, quum redibo, reddam tibi.

36 Quis igitur horum trium tibi videtur proximus fuisse illi qui incidit in latrones ?

37 Ille autem dixit, Is qui usus est misericordiâ erga eum. Ait igitur ei Jesus, Abi, et tu fac similiter.

38 ¶ Factum est verò inter eundum, ut ipse ingrederetur in quendam vicum : mulier autem quaedam Martha nomine excepit eum in domum suam.

39 Et huic erat soror quae vocabatur Maria, quae etiam assidens ad pedes Jesu audiebat ipsius sermonem.

40 Martha verò distrahebatur circa frequens ministerium : superveniens igitur ait, Domine. non est tibi ru ae quòd soror mea reliquit me ut sola ministrem ? dic ergo ei ut mihi cissim opituletur.

41 Respondens autem dixit ei Jesus, Martha, Martha, solicita es, e satagis de multis :

42 Atqui unâ re opus est : Maria verò bonam partem elegit, quae non auferetur ab eâ.

CAP. XI.

ET factum est, ut quum ipse precaretur quodam in loco, post quam cessâsset, diceret ei quidam ex ejus discipulis, Domine, doce nos precari, prout et Joannes docuit discipulos suos.

2 Dixit autem eis, Quum precamini, dicite, PATER noster, qui es in coelis, sanctificetur nomen tuum : veniat regnum tuum : fiat voluntas tua, sicut in coelo, ita etiam in terrâ.

3 Panem nostrum quotidianum da nobis in diem.

4 Et remitte nobis peccata nostra : etenim ipsi remittimus omnibus qui nobis debent. Et ne nos inducas in tentationem, sed libera nos ab illo malo.

5 Dixit etiam eis, Quis vestrúm habebit amicum et proficiscetur ad eum mediâ nocte, et dicat ei, Amice, da mihi mutuò tres panes ;

6 Quoniam amicus meus venit de viâ ad me, et non habeo quod apponam ei ;

7 Et ille intus respondens dicat, Ne mihi molestiam exhibe : jam ostium clausum est, et pueruli mei mecum sunt in cubili : non possum surgere et dare tibi.

8 Dico vobis, etiamsi non dederit ei experrectus, eo quòd amicus ejus sit : at certè propter importunitatem ejus experrectus dabit ei quotquot sunt ei opus.

9 Et ego dico vobis, Petite, et dabitur vobis : quaerite, et invenietis : pulsate. et aperietur vobis.

10 Quisquis enim petit, accipit : et qui quaerit, invenit : et pulsan o aperietur.

11 Ecquis autem ex vobis pater, si filius *ab eo* petierit panem, lapidem ei dabit ? aut si piscem, num pro pisce dabit ei serpentem ?

LUCA, XI

12 Aut si petierit ovum, num dabit si scorpium?

13 Si vos igitur, qui mali estis, nostis bona dona dare liberis vestris, quanto magis Pater vester coelestis dabit Spiritum Sanctum petentibus ab ipso?

14 ¶ Ejecit etiam daemonium quod erat mutum: factum est autem, egresso daemonio, loquutus est ille mutus, et mirata est turba.

15 Quidam vero ex iis dixerunt, Per Beelzebulem principem daemoniorum ejicit daemonia.

16 Et alii *eum* tentantes, signum e coelo petebant ab eo.

17 Ipse vero quum nôsset cogitationes eorum, dixit eis, Omne regnum dissidens adversùs sese vastatur: et domus adversùs sese *dissidens* cadit.

18 Quòd si etiam Satanas adversùs seipsum dissidet, quomodo stabit regnum ejus? nam dicitis per Beelzebulem ejicere me daemonia.

19 Quòd si ego per Beelzebulem ejicio daemonia, filii vestri per quem ejiciunt? propterea ipsi erunt vestri judices.

20 Sin autem digito Dei ejicio daemonia, nempe pervenit ad vos regnum Dei.

21 Quum potens quispiam armatus custodit aulam suam, in pace sunt quae ipsi suppetunt.

22 Postquam vero quispiam eo potentior invadens vicerit eum, totam armaturam ejus aufert quâ confidebat, et spolia ejus distribuit.

23 Qui non est mecum, adversùm me est: et qui non cogit mecum, spargit.

24 Quum impurus spiritus exierit a quopiam, transit per arida loca, quaerens requiem: et non inveniens, dicit, Revertar domum meam, unde exivi.

25 Veniens igitur invenit eam versam et ornatam.

26 Tunc proficiscitur, et assumit septem alios spiritus pejores quàm sit ipse, et ingressi habitant illic. sitque ultima conditio hominis illius deterior priore.

27 Factum est autem, quum haec diceret, attollens vocem quaedam mulier e turbâ dixit ei, Beatus venter qui te portavit, et ubera quae suxisti!

28 Ipse autem dixit, Imò verc beati, qui audiunt sermonem Dei, et eum observant.

29 Quum autem turba aggregaretur apud eum, coepit dicere, Gens ista mala est; signum requirit, sed signum non dabitur ei, nisi signum illud Jonae prophetae.

30 Nam prout fuit Jonas signum Ninevitis, ita etiam erit Filius hominis isti genti.

31 Regina Austri surget in judicio cum viris gentis hujus, et condemnabit eos; quòd venerit a terminis terrae ut audiret sapientiam Solomonis; et ecce, plus quàm Solomon *est* hoc in loco.

32 Viri Ninevitae exsurgent in judicio cum gente istâ, et condemnabunt eam; quòd ad praeconium Jonae resipuerint; et ecce, plus quàm Jonas *est* hoc in loco.

33 Nullus vero, si lucernam accenderit, in occulto ponit *eam*, neque subter modium; sed in candelabrum, ut qui ingrediuntur splendorem videant.

34 Lucerna corporis est oculus. quum igitur oculus tuus fuerit simplex, totum quoque corpus tuum lucidum erit: quum vero malus fuerit, etiam corpus tuum tenebrosum erit.

35 Considera ergo, num lumen quod in te est, tenebrae sint.

36 Itaque, si corpus tuum totum lucidum *fuerit*, non habens aliquam partem tenebrosam, erit lucidum totum, ut quum lucerna fulgore te illustrat.

37 ¶ Quum autem *haec* loquutus esset, rogavit eum quidam Pharisaeus ut pranderet apud se. Ingressus igitur discubuit.

38 Pharisaeus vero, quum

LUCA, XII.

jusset, admiratus est eum non priùs ablutum fuisse ante prandium.

39 Dixit autem ei Dominus, Vos quidèm Pharisaei exteriorem poculi patinaeque partem purgatis, sed quod intra vos est, plenum est rapinâ et scelere.

40 Amentes, Nonne qui fecit quod forìs est, etiam id quod intus est fecit?

41 Immo, ea quae penes vos sunt date *in* eleemosynam : et ecce, omnia erunt vobis pura.

42 Sed vae vobis, Pharisaeis! qui decimatis menlham, et rutam, et quodvis olus, sed praeteritis judicium et charitatem Dei. Haec autem oportuit facere, et illa non omittere.

43 Vae vobis, Pharisaeis! qui diligitis primum consessum in conventibus, et salutationes in foris.

44 Vae vobis, scribae et Pharisaei, hypocritae! qui estis ut monumenta quae non apparent, et *quae* nesciunt ii qui super *ea* ambulant.

45 Respondens autem quidam ex legis interpretibus ait ei, Praeceptor, quum haec dicis, etiam nos afficis injuriâ.

46 Ipse autem ait, Vae vobis quoque legis interpretibus! quoniam oneratis homines oneribus difficilibus portatu, sed ipsi uno ex digitis vestris non attingitis onera.

47 Vae vobis! quoniam aedificatis monumenta prophetarum, patres autem vestri trucidàrunt eos.

48 Nempe testimonio vestro comprobatis facta patrum vestrorum: quoniam illi quidem eos trucidàrunt, vos autem aedificatis eorum monumenta.

49 Propterea etiam sapientia Dei dixit, Mittam ad eos prophetas e' apostolos, et ex ipsis *quosdam* trucidabunt, et *quosdam* expellent.

50 Ut a gente istâ requiratur sanguis omnium prophetarum effusus a jacto mundi fundamento;

51 A sanguine Abel usque ad sanguinem Zachariae, qui periit inter altare et aedem : profectò dico vobis, requiretur ab hac gerte.

52 Vae vobis legis interpretibus quoniam sustulistis clavem cognitionis : ipsi non introistis, et eos qui in troibant prohibuistis.

53 Quum autem haec eis diceret coeperunt scribae et Pharisaei vehementer *ipsi* imminere, et eum allicere ad loquendum de multis;

54 Insidiantes ei, et cupidè ves an tes aliquid ex ipsius ore. it eum ae cusarent.

CAP. XII.

INTEREA, quum coacta esset per multa turba, adeó ut alii alios conculcarent, coepit dicere discipuli suis, Imprimis cavete vobis a fermento Pharisaeorum. quod est hypocrisis.

2 Nihil enim opertum est, quod non detegatur; et *nihil* occultum., quod non innotescat.

3 Propterea quae in tenebris dixistis, in luce audientur : et quod in aurem loquuti estis in conclavibus, praedicabitur in solariis.

4 Dico autem vobis, amicis meis, Ne timete *vobis* ab iis qui trucidant corpus, et postea non habent quod ampliùs faciant.

5 Praemonstrabo autem vobis quem timeatis : timete eum qui, postquam trucidârit, potestatem habet conjiciendi in Gehennam : utique, dico vobis, hunc timete.

6 Nonne quinque passerculi vaeneunt assariis duobus? et *tamen* unus ex iis non est in oblivione in conspectu Dei :

7 Quinetiam capilli capitis vestr omnes numerati sunt. Ne igitur timete; multis passerculis praestatis.

8 Dico autem vobis, Quisquis me agnoverit coram hominibus, Filius quoque hominis agnoscet eum coram angelis Dei.

9 Qui verò me abnegaverit in conspectu hominum, abnegabitur in conspectu angelorum Dei.

10 Et quisquis loquutus fuerit ad versùs Filium hominis, ei remittetur

LUCA, XII.

et verò qui adversùs Spiritum Sanctum blasphemaverit, non remittetur ei.

11 Quum autem adduxerint vos ad synagogas, et ad magistratus ac potestates, ne soliciti estote quomodo aut quid pro defensione allaturi, aut quid dicturi sitis:

12 Spiritus enim Sanctus docebit vos eo ipso momento, quae oporteat dicere.

13 Dixit autem ei quidam e turbâ, Praeceptor, dic fratri meo, ut partiatur mecum haereditatem.

14 Ipse verò dixit ei, Heus tu, quis me vobis judicem aut partitorem praefecit?

15 Dixit igitur eis, Videte, et cavete ab avaritiâ: nec enim cujusquam vita ex iis quae ipsi suppetunt, n eo sita est ut redundet.

16 Dixit autem eis parabolam in haec verba. Hominis cujusdam divitis exuberârat regio:

17 Itaque ratiocinabatur apud se, dicens, Quid faciam? nec enim habebo ubi cogam fructus meos.

18 Et dixit, Hoc faciam: destruam horrea mea, et majora aedificabo; et illic cogam omnes proventus meos, et bona mea:

19 Et dicam animae meae, Anima, habes multa bona reposita in annos multos: requiesce, comede, bibe, oblectare.

20 Dixit autem ei Deus, Desipiens, hâc nocte anima tua repetetur abs te: quae verò parâsti cujus erunt?

21 Ita *est* qui thesaurum recondit sibi, nec est in Deo dives.

22 Dixit autem discipulis suis, Propterea dico vobis, ne soliciti estote de anima vestrâ, quid esuri sitis; neque de corpore, quâ re sitis induendi.

23 Anima plus est quàm alimentum, et corpus quàm vestitus.

24 Considerate corvos; neque serunt, neque metunt; quibus non est cella neque horreum; et *tamen* Deus alit eos: quanto vos praestatis volucribus?

25 Quis autem ex vobis solicitè cogitando potest apponere ad staturam suam cubitum unum?

26 Itaque, si ne rem quidem minimam *praestare* potestis, quid de residuis illis estis soliciti?

27 Considerate lilia, quomodo crescant; non fatigantur, neque nent: dico autem vobis, ne Solomonem quidèm in omni gloriâ suâ amictum fuisse ut unum illorum.

28 Quòd si herbam, quae hodie est in agro, et cras in clibanum conjicitur, Deus ita circumvestit; quanto magis vos, exiguâ fide praediti!

29 Vos igitur ne quaerite quid esuri sitis, aut quid bibituri; ut ne suspenso animo estote.

30 Haec enim omnia gentes mundi requirunt: Pater autem vester novit vos istis indigere.

31 Quin potiùs quaerite regnum Dei, et haec omnia adjicientur vobis.

32 Ne metue, parve grex ille; nam placuit Patri vestro dare vobis regnum illud.

33 Vendite quae habetis, et date eleemosynam: parate vobis crumenas quae non veterascunt, thesaurum in coelis qui nunquam deficiat, quò fur non appropinquat, et *ubi* tinea non corrumpit.

34 Ubi enim thesaurus vester est, illic et cor vestrum erit.

35 Sint lumbi vestri succincti, et *vestrae* lucernae accensae;

36 Et similes *estote* vos iis qui expectant quando dominus suus regressurus sit a nuptiis, ut quum venerit ac pulsaverit, statim aperiant ei

37 Beati servi illi, quos, quum venerit dominus, invenerit vigilantes; amen dico vobis, praecinget se, et faciet ut discumbant, et accedens ministrabit eis.

38 Et si venerit in secundâ vigiliâ, et si in tertiâ vigiliâ venerit, atque ita invenerit, beati sunt servi illi.

39 Hoc autem scitote; si sciret paterfamilias quâ horâ fur venturus sit, vigilaret, nec sineret perfodi domum suam.

40 Et vos igitur estote parati; quia

LUCA, XIII.

quâ horâ non putatis, Filius hominis veniet.

41 Dixit autem ei Petrus, Domine, nobis dicis istam parabolam, an etiam omnibus?

42 Dixit autem Dominus, Quis-t am est fidus dispensator ac prudens, quem dominus constituet supra famulitium, ut tempore praestituto det demensum?

43 Beatus servus ille, quem, quum venerit dominus, invenerit ita facientem:

44 Verè dico vobis, supra omnia quae sibi suppetunt praeficiet eum.

45 Quòd si dixerit servus ille in corde suo, Tardat dominus meus adventum; coeperitque verberare servos et ancillas, et edere, et bibere, et inebriari;

46 Veniet dominus servi illius eo die quo non exspectat, et eâ horâ quam non novit, et separabit eum, partemque cum incredulis ei statuet.

47 Ille autem servus qui novit voluntatem domini sui, et neque se comparavit, neque fecit ex ejus voluntate, caedetur multis *plagis:*

48 Qui verò non novit, et fecit digna plagis, caedetur *plagis* paucis. Porro, cuicunque multum datum fuerit, multum repetetur ab eo; et apud quem depositum fuerit multum, amplius reposcetur ab eo.

49 Ignem veni missurus in terram: et quid volo, si jam accensus est?

50 Sed baptismo oportet me baptizari: et quomodo constringor, usquequo *hoc* perficiatur!

51 Putatis me advenisse pacem daturvm in terrâ? non, dico vobis, imò dissidium.

52 Erunt enim ex hoc *tempore* quirque in una domo dissidentes, tres adversùs duos, et duo adversùs tres.

53 Dissidebit pater adversùs filium, et filius adversùs patrem; mater adversùs filiam, et filia adversùs matrem; socrus adversùs nurum suam, et nurus adversùs socrum suam.

54 Dicebat autem etiam turbae, Quum videritis nubem exorientem ab Occasu, statim dicitis, Imber venit; et ita fit:

55 Et quum austrum flantem, dicitis, Aestus erit; et fit *aestus.*

56 Hypocritae, faciem terrae et coeli nôstis explorare: hoc autem tempus qui fit ut non exploretis?

57 Cur autem et per vos ipsos non discernitis quod justum est?

58 Enimverò dum abis cum adversario tuo ad magistratum, da operam in viâ ut libereris ab eo; ne pertrahat te ad judicem, et judex tradat te exactori, et exactor conjiciat te in carcerem.

59 Dico tibi, non exibis illinc, usquequo ultimum etiam minutum reddideris.

CAP. XIII.

ADFUERUNT autem eo ipso tempore quidam annunciantes ei de Galilaeis, quorum sanguinem Pilatus miscuerat cum ipsorum sacrificiis.

2 Et respondens Jesus dixit eis, Putatis hos Galilaeos prae omnibus Galilaeis peccatores fuisse, quòd talia passi sint?

3 Nequaquam, dico vobis: imo nisi resipiscatis, omnes itidem peribitis.

4 Aut illi decem et octo, supra quos cecidit turris in Siloam, et quos trucidavit, putatis debitores fuisse prae omnibus hominibus qui habitabant Hierosolymis?

5 Nequaquam, dico vobis: Imo, nisi resipiscatis, omnes similiter peribitis.

6 Dixit autem hanc parabolam: Ficum habebat quidam plantatam in vineâ suâ; et venit quaerens fructum in eâ, neque invenit.

7 Dixit autem vinitori, Ecce, anni tres sunt *ex quo* venio quaerens fructum in ficu istâ, et non invenio: exscinde eam; quorsum etiam terram inutilem reddit?

8 Ille verò respondens dixit ei

LUCA, XIII.

Domine, sine eam etiam hoc anno, usquequo fodero circum eam, et misero stercus:

9 Et si quidem tulerit fructum, *sines:* sin minus, postea exscindes eam.

10 ¶ Docebat autem in quâdam synagogâ sabbato:

11 Et ecce, mulier adfuit habens spiritum invaletudinis *ab* annis decem et octo: eratque incurva, nec prorsus sese poterat recurvare.

12 Ipsam autem Jesus visam advocavit, et dixit ei, Mulier, soluta es ab invaletudine tuâ.

13 Et imposuit ei manus: et illico surrecta est et glorificabat Deum.

14 Respondens autem praefectus synagogae, indignans quòd sabbato sanâsset Jesus, dixit turbae, Sex dies sunt quibus oportet operari: his ergo *diebus* venite et curamini, et non die sabbati.

15 Respondit ergo ei Dominus, et dixit, Hypocrita, unusquisque vestrûm sabbato nonne solvit bovem suum aut asinum a praesepi, et ducit aquatum?

16 Hanc autem filiam Abrahami, quam vinxerat Satanas, ecce, decem et octo annos, non oportuit a vinculo isto solvi die sabbati?

17 Et quum haec diceret, pudore afficiebantur omnes qui se opponebant ei: tota verò turba gaudebat super omnibus gloriosis rebus, quae fiebant ab eo.

18 ¶ Dixit autem *Jesus,* Cui rei simile est regnum Dei, et cui illud assimilabo?

19 Simile est grano sinapis, quod acceptum quispiam misit in hortum suum; et crevit, et evasit in arborem magnam, et volucres coeli nidulatae sunt in ejus ramis.

20 Et rursum dixit, Cui *rei* assimilabo regnum Dei?

21 Simile est fermento, quod acceptum mulier indidit in farinae sata tria, usquequo fermentaretur tota.

22 ¶ Peragrabat igitur singulas urbes et vicos, docens et iter faciens Hierosolymam.

23 Dixit autem ei quidam, Domine, num pauci sunt qui serventur? Ipse verò dixit eis,

24 Contendite intrare per angustam portam. quia multi, dico vobis studebunt intrare, et non poterunt.

25 Ex quo *videlicet* surrexerit paterfamilias, et occluserit ostium, et coeperitis foris stare, et pulsare ostium, dicentes, Domine, Domine, aperi nobis: qui respondens dicet vobis, Nescio unde vos sitis.

26 Tunc incipietis dicere, Edimus in tui conspectu, et bibimus, et in plateis nostris docuisti.

27 Et dicet, Dico vobis, nescio unde vos sitis: abscedite a me omnes qui datis operam injustitiae.

28 Illic erit fletus, et stridor dentium, quum videritis Abrahamum, et Isaacum, et Jacobum, et omnes prophetas in regno Dei, vos autem ejici foras.

29 Tunc venient *homines* ab Oriente, et Occidente, et Borea, et Austro, et discumbent in regno Dei.

30 Et ecce, sunt ultimi qui erunt primi, et sunt primi qui erunt ultimi.

31 ¶ Eo ipso die accesserunt quidam Pharisaei, dicentes, Exi, et abi hinc; nam Herodes vult te trucidare.

32 Tunc ait eis, Profecti dicite vulpi isti, Ecce, ejiciam daemonia, et sanationes peragam hodie et cras: tertiâ autem die consummabor.

33 Verumtamen oportet me hodie et cras, et perendie, iter facere: quia non contingit ut propheta pereat extra Hierusalem.

34 Hierusalem, Hierusalem, trucidatrix prophetarum, et lapidatrix eorum qui ad te missi sunt, quoties volui congregare liberos tuos, quemadmodum gallina pullitiem suam sub alas, et noluistis?

35 Ecce, relinquitur vobis domus vestra deserta. Amen autem dico vobis, non videbitis me, usquedum

LUCA. XIV

venerit *tempus* quum dicatis, Benedictus qui venit in nomine Domini.

CAP. XIV

ET factum est, ut quum venisset domum cujusdam ex primoribus Pharisaeis sabbato ad capiendum cibum, ipsi observarent eum.

2 Et ecce, quidam hydropicus aderat coram eo.

3 Tum respondens Jesus dixit legis interpretibus et Pharisaeis in haec verba, Licetne curare sabbato?

4 Ipsi verò tacuerunt. Tum ipse prehensum eum sanavit, et dimisit.

5 Et respondens eis, dixit, Quis vestrûm, *si ipsius* asinus aut bos in puteum incidat, non statim extrahet eum die sabbati?

6 Et non poterant ei ex adverso ad ista respondere.

7 Dixit autem parabolam iis qui vocati fuerant, attendens quomodo primos accubitus eligerent, dicens eis:

8 Quum vocatus fueris ab aliquo ad nuptias, ne accumbito primo loco; ne forte honoratior te sit vocatus ab eo:

9 Et is qui te et ilium vocavit veniens dicat tibi, Da huic locum; et tunc incipias cum pudore ultimum locum obtinere.

10 Sed quum vocatus fueris, vade discubitum in ultimum locum; ut quum venerit qui te vocavit, dicat tibi, Amice, ascende superiùs: tunc erit tibi gloria in conspectu eorum qui tecum discumbent.

11 Nam quisquis se extollit deprimetur; et qui se depresserit extolletur.

12 Dicebat autem etiam ei a quo fuerat ipse vocatus, Quum feceris prandium aut coenam, ne vocato amicos tuos, neque fratres tuos, neque cognatos tuos, neque vicinos divites; nequando et ipsi te vicissim vocent, ac fiat tibi retributio.

13 Sed quum facis epulum, voca mendicos, mancos, claudos, caecos:

14 Et beatus eris, quia non possunt *gratiam* retribuere tibi; retri-

buetur enim tibi in resurrectione justorum.

15 Haec autem quum audisset quidam ex iis qui simul discumbebant, dixit ei, Beatus qui edit panem in regno Dei.

16 Ipse autem dixit ei, Homo quidam fecit coenam magnam, et vocavit multos:

17 Misitque servum suum horâ coenae, ut diceret vocatis, Venite, quia jam parata sunt omnia.

18 Et omnes coeperunt uno *ore se* excusare. Primus dixit ei, Agrum emi, et necesse habeo exire, et eum inspicere; rogo te, habe me excusatum.

19 Et alter dixit, Juga boum emi quinque, et proficiscor ad probandum ea; rogo te, habe me excusatum.

20 Et alius dixit, Uxorem duxi, et propterea non possum venire.

21 Quum igitur servus ille advenisset, annunciavit ista domino suo. Tunc iratus paterfamilias dixit servo suo, Exi citò in plateas, et vicos urbis; et mendicos, ac mancos, claudosque, et caecos huc introducito.

22 Et ait servus, Domine, factum est ut imperâsti, et adhuc locus est.

23 Tunc ait dominus servo, Abi in vias et sepes, et coge ingredi, ut impleatur domus mea.

24 Dico enim vobis, neminem virorum illorum, qui vocati fuerant, gustaturum coenam meam.

25 ¶ Ibat autem turba multa cum eo: et conversus dixit eis.

26 Siquis venit ad me, et non odit patrem suum, et matrem, et uxorem, et liberos, et fratres, et sorores, atque adeò suam ipsius animam, non potest meus esse discipulus.

27 Et quisquis non portat crucem suam, et sequitur me, non potest meus esse discipulus.

28 Quis enim ex vobis, si velit turrim aedificare, non priùs considens computat sumptum, an habeat quae ad *ejus* perfectionem *requirantur?*

LUCA, XV.

29 Ut ne postquam posuerit fundamentum, et non potuerit perficere, omnes qui spectârint, incipiant illi illudere;

30 Dicentes, Homo iste coepit aedificare, et non potuit *aedificium* perficere.

31 Aut quis rex proficiscens ut committat praelium adversùs alterum regem, non priùs consultat considens, an possit cum decem millibus occurere illi qui cum viginti millibus venit adversùs ipsum?

32 Alioquin, quum adhuc ille procul est, legatione missâ, rogat ea quae ad pacem spectant.

33 Sic ergo, quisquis vestrûm non valedicit omnibus bonis suis, non potest meus esse discipulus.

34 Bonus est sal: si verò sal infatuatus fuerit, quo condietur?

35 Neque ad terram neque ad sterquilinium appositus est: foràs eum abjiciunt. Qui habet aures ad audiendum, audiat.

CAP. XV.

ACCEDEBANT autem ad eum omnes publicani et peccatores, ut eum audirent.

2 Et murmurabant Pharisaei et scribae, dicentes, Iste peccatores recipit, et edit cum eis.

3 Ipse verò loquutus est ad eos hanc parabolam, dicens,

4 Quis ex vobis, si habeat centum oves, et perdiderit unam ex illis, non relinquit illas nonaginta novem in deserto, et abit ad eam quae periit, usquedum eam invenerit?

5 Et *eam* nactus imponit in humeros suos gaudens:

6 Veniensque domum convocat amicos et vicinos, dicens eis, Gratulamini mihi; nam inveni ovem meam quae perierat.

7 Dico vobis, ita fore gaudium in coelo super uno peccatore resipiscente, *magis* quàm super nonaginta novem *justis*, quibus non opus est resipiscentiâ.

8 Aut quae mulier, si habeat drachmas decem, et perdiderit drachmam unam, non accendit lucernam, et verrit domum, quaeritque accuratè, usquequo *eam* invenerit?

9 Et *eam* nacta, convocat amicas ac vicinas, dicens, Gratulamini mihi; nam inveni drachmam quam perdideram.

10 Ita dico vobis, gaudium est a conspectu angelorum Dei super uno peccatore resipiscente.

11 Ait autem, Quidam habebat duos filios;

12 Quorum junior dixit patri, Pater, da mihi partem substantiae *ad me* attinentem. *Ille* igitur divisit eis facultates.

13 Post dies autem non multos, congestis omnibus, junior ille filius peregrè profectus est in regionem longinquam: et illic dissipavit substantiam suam, profusè vivendo.

14 Quum autem omnia ipse consumpsisset, orta est fames valida in regione illâ; et ipse coepit *victu* defici:

15 Abiit igitur et adhaesit uni ex civibus regionis illius; qui misit eum in agros suos, ut pasceret porcos.

16 Et desiderabat implere ventrem suum siliquis, quas edebant porci: et nemo ei dabat.

17 Quum autem ad se rediisset, dixit, Quot mercenarii patris mei abundant panibus, ego verò fame pereo!

18 Surgens proficiscar ad patrem meum, et dicam ei, Pater, peccavi in coelum et in tuo conspectu;

19 Neque ampliùs sum dignus vocari filius tuus: fac me ut unum ex mercenariis tuis.

20 Surgens igitur contendit ad patrem suum. Quum autem adhuc longè abesset, vidit eum pater ipsius, et intimâ misericordiâ motus est; et accurrens incidit in collum ejus, et deosculatus est eum.

21 Dixit autem ei filius, Pater, peccavi in coelum et in tuo conspectu, neque dignus sum ampliùs vocari filius tuus.

LUCA, XVI.

22 Dixit vero patri ad servos suos, Afferte stolam illam praecipuam, et induite eum, et indite annulum in manum ejus, et soleas in pedes:

23 Et adductum vitulum illum saginatum inactate, et edentes exhilaremur:

24 Quia filius iste meus mortuus erat, et revixit; perieratque, et inventus est. Coeperunt igitur sese exhilarare.

25 Erat autem filius ille ipsius senior ruri: qui ut veniens appropinquavit domui, audivit concentum et choros.

26 Et vocatum unum ex pueris, percontatus est quid istud esset.

27 Is vero dixit ei, Frater tuus venit: et mactavit pater tuus vitulum illum saginatum, quòd valentem illum receperit.

28 Indignatus est autem *ille*, nec voluit introire. Pater ergo ipsius egressus, hortatus est eum.

29 Ipse verò respondens dixit patri, Ecce, tot annos servio tibi, nec unquam mandatum tuum sum transgressus; nec unquam dedisti mihi hoedum, ut cum amicis meis oblectarer:

30 Sed quum filius iste tuus, qui devoravit facultates tuas cum meretricibus, venit, mactâsti ei vitulum illum saginatum.

31 Ipse verò dixit ei, Fili, tu semper mecum es, et omnia mea tua sunt.

32 Exhilarari verò et gaudere oportebat, quòd frater tuus hic mortuus erat, et revixit; perieratque, et inventus est.

CAP. XVI.

DIXIT autem etiam discipulis suis, Fuit homo quidam dives, qui habebat dispensatorem: et is delatus est apud eum, ut qui dissiparet quae ipsi suppetebant.

2 Vocavit eum igitur, et dixit ei, Qui istud audio de te? redde rationem dispensationis tuae; non enim poteris ampliùs esse dispensator.

3 Dixit autem apud se dispensator, Quid faciam, quum dominus meus auferat a me dispensationem. fodere non valeo; mendicare pudet.

4 Novi quid sim facturus, ut quum amotus fuero a dispensatione, recipiant me *aliqui* domum suam.

5 Convocatis itaque singulis debitoribus domini sui, dixit primo, Quantum debes domino meo?

6 Is autem ait, Centum batos olei. Tum ille dixit ei, Accipe tabulas tuas, et sede citò, et scribe quinquaginta.

7 Deinde alii dixit, Tu verò quantum debes? Is autem ait, Centum coros tritici. Tum ipse dixit ei, Accipe tabulas tuas, et scribe octoginta.

8 Et laudavit dominus ille dispensatorem injustum, quòd prudenter fecisset. Certè filii hujus seculi prudentiores sunt filiis lucis in suo genere.

9 *Sic* etiam ego vobis dico: Facite vobis amicos ex mammonà injusto; ut quum defeceritis, recipiant vos in aeterna illa tabernacula.

10 Qui fidelis est in pauco, etiam in multo fidelis est: et qui in pauco injustus est, etiam in multo injustus est.

11 Itaque, si in fallaci mammonà fideles non fuistis, verum *mammonam* quis credet vobis?

12 Et si in alieno fideles non fuistis, quod vestrum est quis dabit vobis?

13 Nullus servus potest duobus dominis servire: aut enim unum odio habebit, et alterum diliget; aut uni adhaerebit, et alterum contemnet. Non potestis Deo servire et mammonae.

14 Audiebant autem haec omnia etiam Pharisaei, qui erant avari; et sannis eum excipiebant.

15 Tunc dixit eis, Vos ii estis qui justificatis vosipsos in hominum conspectu: Deus autem novit corda vestra; quia quod apud homines sublime est, abominatio est in conspectu Dei.

LUCA, XVII.

16 Lex et prophetae usque ad Joannem: ab eo tempore regnum Dei evangelizatur et quivis in illud vi perrumpit.

17 Facilius est autem coelum et terram praeterire, quàm legis unum apicem excidere.

18 Quisquis dimittit uxorem suam, et alteram ducit, moechatur: et qui a viro dimissam ducit, moechatur.

19 Caeterùm quidam erat dives, qui induebatur purpurâ et bysso, et sese exhilarabat quotidie splendidè.

20 Erat verò quidam mendicus nomine Lazarus, qui projectus erat ad vestibulum ejus, ulcerosus;

21 Et desiderans saturari micis quae cadebant e mensâ divitis : sed et canes veniebant ac lingebant ejus ulcera.

22 Factum est autem ut moreretur mendicus, et asportaretur ab angelis in sinum Abrahami ; Mortuus est verò etiam dives, ac sepultus est ;

23 Et apud inferos sublatis oculis suis, quum esset in tormentis, vidit Abrahamum procul, et Lazarum in sinu ejus.

24 Tum ipse clamans dixit, Pater Abrahame, miserere mei, et mitte Lazarum, ut intingat extremum digitum suum in aquam, et refrigeret linguam meam ; quoniam gravissimè crucior in istâ flammâ.

25 Dixit autem Abrahamus, Fili, memento te bona tua recepisse in vitâ tuâ, et Lazarum similiter mala : nunc autem hic solamen recipit, tu verò cruciaris.

26 Et ad haec omnia, inter nos et vos hiatus ingens constitutus est, ut ii qui volunt hinc transire ad vos, non possint, neque istinc huc transire.

27 Dixit autem *ille*, Rogo te igitur, pater, ut eum mittas domum patris mei ;

28 Habeo enim quinque fratres ; ut haec attestetur eis, ne et ipsi veniant n hunc locum tormenti.

29 Dixit ei Abrahamus, Habent Mosen et prophetas : audiant eos.

30 Ille verò dixit, Non, pater Atrahame; sed siquis ex mortuis abierit ad eos, resipiscent.

31 Abrahamus autem dixit ei, Si Mosen et prophetas non audient, ne siquidem quispiam ex mortuis resurgat assentientur.

CAP. XVII.

AIT autem discipulis, Contingere non potest, ut non eveniant offendicula : sed vae illi per quem eveniunt !

2 Expedit ei si mola asinaria circumponatur collo ejus, et abjectus fuerit in mare, *potiùs*, quàm ut sit offendiculo uni ex parvis istis.

3 Cavete vobis : Si peccaverit in te frater tuus, objurga eum ; et si resipuerit, remitte ei.

4 Et si septies in die peccaverit in te, et septies *in* die revertatur ad te, dicens, Resipui ; remittes ei.

5 Tunc dixerunt apostoli Domino, Adde nobis fidem.

6 Dixit autem Dominus, Si haberetis fidem, quantulum *est* granum sinapis, diceretis huic sycamino, Eradicator, et plantator in mari ; et obediret vobis.

7 Quis autem vestrûm habet servum arantem aut pascentem, qui regresso ab agro dicat statim, Accede et discumbe ?

8 Imo nonne dicit ei, Para quod coenem, et praecinctus ministra mihi, usquedum edero ac bibero ; et postea edito tu et bibito ?

9 Num gratiam habet servo illi, quia fecit quae ipsi praecepta fuerant ? non puto.

10 Ita et vos, quum feceritis omnia quae praecepta sunt vobis, dicite, Servi inutiles sumus ; nam quod debuimus facere, fecimus.

11 ¶ Et factum est inter eundum Hierosolymam, ut ipse transiret per mediam Samariam et Galilaeam.

12 Quum autem ingrederetur in quendam vicum, occurrerunt ei decem viri leprosi, qui steterunt procul :

LUCA, XVIII.

13 Et sustulerunt vocem, dicentes, Jesu magister, miserere nostri.

14 Qui quum eos vidisset, dixit eis, Profecti ostendite vos sacerdotibus. Et factum est ut inter eundum purificati sint.

15 Unus autem ex ipsis, ut vidit se sanatum esse, revertit, glorificans Deum voce magnâ;

16 Et procidit in faciem ad pedes ejus, gratias ei agens; eratque iste Samaritanus.

17 Respondens autem Jesus dixit, Nonne decem ill. purificati sunt? novem autem illi ubi *sunt*?

18 Non sunt reperti qui redierint, ut tribuerent gloriam Deo, nisi alienigena iste.

19 Et dixit ei, Surge, et abi; fides tua te servavit.

20 ¶ Interrogatus autem a Pharisaeis, quando venturum esset regnum Dei, respondit eis, et dixit, Non veniet regnum Dei ita ut observari possit.

21 Neque dicent, Ecce hìc, aut ecce illìc: ecce enim, regnum Dei intus habetis.

22 Dixit autem discipulis, Veniet tempus quum desiderabitis videre unum ex diebus Filii hominis; nec videbitis.

23 Et dicent vobis, Ecce hìc, aut ecce illìc: *sed* ne abite, neque prosequimini.

24 Nam sicut fulgur coruscans ex *unâ* regione quae sub coelo est, in *alteram*, quae sub coelo est, splendet; ita erit et Filius hominis die suo.

25 Sed priùs oportet eum multa pati, et reprobari a gente istâ.

26 Et prout factum est in diebus Noë, ita erit etiam diebus Filii hominis.

27 Edebant, bibebant, uxores ducebant, et dabantur nuptum, ad eum usque diem quo introiit Noë in arcam; venitque diluvium, et perdidit omnes.

28 Similiter etiam ut accidit in diebus Lot; edebant, bibebant, emebant, vendebant, plantabant, aedificabant:

29 Quo autem die Lot exiit Sodomis, pluit igni et sulphure e coelo, et omnes perdidit.

30 Secundùm haec erit dies quo Filius hominis detegetur.

31 In illo die qui fuerit in solario, et vasa ejus in ipsâ domo, ne descendat ad ea tollenda; et qui in agro, similiter non revertatur retro.

32 Memineritis uxoris Lot.

33 Quicunque studuerit animam suam servare, perdet eam: et quicunque eam perdiderit, vivificabit eam.

34 Dico vobis, illâ nocte erunt duo in lecto uno: unus accipietur, et alter relinquetur.

35 Duae erunt molentes simul: una accipietur, et altera relinquetur.

36 Duo erunt in agro: unus accipietur, et alter relinquetur.

37 Tunc respondentes dicunt ei, Ubi, Domine? Ipse verò dixit eis, Ubi corpus, illuc cogentur aquilae.

CAP. XVIII.

DIXIT autem eis etiam parabolam *huc spectantem*, quòd oporteret ipsos semper precari, nec segnes esse;

2 Dicens, Judex quidam erat in quâdam urbe, qui Deum non timebat, nec quenquam reverebatur.

3 Erat autem in illâ urbe quaedam vidua quae venit ad eum, dicens, Vindica me ab adversario meo.

4 Ille autem noluit per *multum* tempus: postea verò dixit apud se, Etsi Deum non timeo, nec quenquam revereor;

5 Tamen quia molestiam mihi exhibet vidua ista, vindicabo eam, ne tandem veniens obtundat me.

6 Ait autem Dominus, Audite *quid* judex ille injustus dicat.

7 Deus autem non vindicabit electos suos, clamantes ad ipsum die ac nocte, etiamsi iram differat, super ipsis?

LUCA, XVIII.

8 Dico vobis, vindicabit eos citò. Verumtamen Filius hominis quum venerit, num reperturus est fidem in terrà?

9 ¶ Dixit autem etiam quibusdam, qui sibi persuaserant se justos esse, et pro nihilo habebant reliquos, parabolam istam :

10 Homines duo ascenderunt in templum ut precarentur ; unus Pharisaeus, et alter publicanus.

11 Pharisaeus consistens seorsim haec precatus est : Deus, gratias ago tibi, quòd non sim ut reliqui homines, rapaces, injusti, moechi ; vel etiam ut iste publicanus :

12 Jejuno bis hebdomade : decimo quaecunque possideo.

13 Publicanus autem procul stans, nolebat vel oculos in coelum attollere ; sed percutiebat pectus suum, dicens, Deus, placator mihi peccatori.

14 Dico vobis, descendit iste justificatus domum suam *potiùs* quàm ille : quia quicunque se extollit deprimetur, et qui se deprimit extolletur.

15 ¶ Adferebant autem ad eum etiam infantes, ut eos tangeret : quum autem hoc vidissent discipuli, objurgàrunt eos.

16 Jesus verò quum puerulos advocàsset, dixit, Sinite puerulos venire ad me, et eos non prohibete : talium est enim regnum Dei.

17 Amen dico vobis, quicunque non exceperit regnum Dei tanquam puerulus, nequaquam introïbit in illud.

18 ¶ Tunc interrogavit eum quidam ex primoribus, dicens, Magister bone, quid faciendo vitam aeternam possidebo ?

19 Dixit autem ei Jesus, Cur me dicis bonum ? nemo bonus nisi unus, *nempe* Deus.

20 Mandata nòsti : Ne moechare, Ne occidito, Ne furare, Ne falsum testimonium dicito, Honora patrem tuum, et matrem tuam.

21 Ille autem dixit, Haec omnia observavi a juventute meâ.

22 Jesus verò, his auditis, dixit ei, Adhuc unum tibi deest : omnia quae habes vende, et distribue pauperibus, et habebis thesaurum in coelo ; et adesdum, sequere me.

23 At ille, his auditis, valde tristis factus est ; nam dives erat valde.

24 Quum autem vidisset Jesus eum valde tristem factum, dixit, Quàm difficile qui pecunias habent introïbunt in regnum Dei !

25 Facilius est enim camelum per foramen acùs introïre, quàm divitem in regnum Dei intrare.

26 Qui verò *istud* audierant, dixerunt, Et quis potest servari ?

27 Ipse autem dixit, Quae fieri non possunt apud homines, fieri possunt apud Deum.

28 Dixit autem Petrus, Ecce, nos reliquimus omnia, et sequuti sumus te.

29 Ipse verò dixit eis, Amen dico vobis, nemo est qui reliquerit domum aut parentes, aut fratres, aut uxorem aut liberos, regni Dei causâ,

30 Qui non recepturus sit multiplicia, et in hoc tempore, et in saeculo venturo vitam aeternam.

31 ¶ Jesus autem, assumptis illis duodecim, dixit eis, Ecce, ascendimus Hierosolymam, et perficientur omnia quae scripta sunt per prophetas de Filio hominis.

32 Tradetur enim gentibus, et illudetur, et contumeliis afficietur, et conspuetur :

33 Et postquam eum flagellaverint, trucidabunt : sed die tertio resurget.

34 Ipsi verò nihil horum intellexerunt : erantque ista verba ipsis occulta, nec cognoverunt quae dicebantur.

35 ¶ Factum est autem ut dum ipse appropinquaret Jericho, caecus quidam sederet apud viam mendicans :

36 Quum igitur *is* audisset turbam praetereuntem, percontabatur quid hoc esset.

37 Nunciaverunt autem ei Jesum Nazarenum transire

LUCA, XIX.

38 Tunc clamavit, dicens, Jesu, fili Davidis, miserere mei.

39 Et qui praeibant, objurgabant eum ut sileret : ipse verò multo magis clamabat, Fili Davidis, miserere mei.

40 Jesus autem quum substitisset, iussit eum adduci ad se: et quum is appropinquâsset, interrogavit eum,

41 Dicens, Quid tibi vis faciam? Ille verò dixit, Domine, ut visum recipiam.

42 Et Jesus dixit ei, Recipito visum : fides tua te servavit.

43 Illico igitur visum recepit, ac sequebatur eum glorificans Deum : et totus populus, quum *hoc* vidisset, tribuit laudem Deo.

CAP. XIX.

JESUS autem ingressus Jericho, transibat.

2 **Et ecce,** quidam nomine vocatus Zacchaeus, et qui magister erat publicanorum, ac is dives erat:

3 Studebatque videre quis esset Jesus : nec poterat prae turbâ, quòd staturâ parvus esset.

4 Praecurrens igitur ascendit in sycomorum, ut eum videret ; quoniam futurum erat ut illac transiret.

5 Ut autem venit ad eum locum, suspiciens Jesus vidit eum, et dixit ei, Zacchaee, festinans descende : hodie enim domi tuae oportet me manere.

6 Tum is festinans descendit, et excepit eum gaudens.

7 Et omnes, quum hoc vidissent, murmurabant, dicentes eum ingressum esse ad hominem peccatorem, ut ibi diversaretur.

8 Adstans autem Zacchaeus dixit Domino, Ecce, dimidium bonorum meorum, Domine, do pauperibus : et si quid cuipiam per calumniam eripui, reddo quadruplum.

9 Dixit autem ei Jesus, Hodie salus huic domui contigit, eo quòd ipse quoque est filius Abrahami.

10 Venit enim Filius hominis, ut quaerat et servet quod perierat

11 ¶ Haec autem ipsis audientibus pergens, dixit parabolam, eo quòd esset prope Hierosolymam, et quòd putarent fore ut illico regnum Dei appareret.

12 Dixit ergo, Homo quidam nobilis profectus est in regionem longinquam, ut acciperet sibi regnum, ac reverteretur.

13 Vocatis autem decem servis suis, dedit eis decem minas, et dixit eis, Negotiamini donec veniam.

14 Cives autem ejus oderant eum, miseruntque legationem post eum, dicentes, Nolumus hunc regnare super nos.

15 Et factum est quum rediisset, accepto regno, tum jussit vocari servos illos ad se, quibus dederat pecuniam ; ut cognosceret quis quid negotiando confecisset.

16 Adfuit autem primus. dicens, Domine, mina tua decem lucrifecit.

17 *Ille* autem ait ei, Bene *est*, serve bone ; quia in minimo fuisti fidelis, habeto potestatem in decem urbes.

18 Et alter venit, dicens, Domine, mina tua confecit quinque minas.

19 *Ille* verò et isti dixit, Tu quoque praeesto quinque urbibus.

20 Et alius venit, dicens, Domine, ecce mina tua quam habui sepositam in sudario ;

21 Timui enim te, quòd homo sis austerus : aufers quod non deposuisti, et metis quod non seminâsti.

22 Tum *ille* dixit ei, Ex ore tuo te judicabo, serve male : sciebas me hominem austerum esse, qui tollam quod non deposui, et metam quod non seminavi :

23 Quare igitur non dedisti pecuniam meam ad mensam, et ego, veniens, cum foenore ipsam exegissem ?

24 Et adstantibus dixit, Tollite ab eo minam. et date ei qui decem minas habet.

25 *Illi* verò dixerunt ei, Domine habet decem minas.

26 At *ille*, Nam, *inquit*, dico vobis

Omni habenti dabitur; ei verò qui non habet, etiam quod habet adimetur.

27 Quinetiam meos illos inimicos, qui noluerunt me regnare supra se, adducite huc, et jugulate coram me.

28 Et his dictis, antegrediebatur ascendens Hierosolvmam.

29 Et factum est, quum appropinquâsset Bethphagae et Bethaniae, ad montem qui vocatur Olearum, misit duos ex discipulis suis,

30 Dicens, Abite in vicum qui est ex adverso; in quo introëuntes invenietis pullum alligatum, in quo nullus unquam hominum sedit: solutum eum adducite.

31 Et siquis vos interrogaverit, Quare solvitis? sic dicetis ei, Quoniam eo opus est Domino.

32 Profecti autem qui missi erant, .nvenerunt prout eis dixerat.

33 Solventibus autem ipsis pullum, dixerunt eis domini ejus, Quare solvitis pullum?

34 Ipsi verò dixerunt, Quoniam eo opus est Domino.

35 Duxerunt igitur eum ad Jesum: et palliis suis pullo injectis, imposuerunt Jesum.

36 Eunte autem ipso, substernebant pallia sua in viâ.

37 Et quum jam appropinquaret ad descensum montis Olearum, coepit omnis multitudo discipulorum gaudentium laudare Deum voce magnâ de omnibus quas viderant virtutibus;

38 Dicentes, Benedictus *esto* rex ille qui venit in nomine Domini: pax in coelo, et gloria in *locis* altissimis.

39 Et aliqui Pharisaeorum e turbâ i.xerunt ei, Praeceptor, objurga discipulos tuos.

40 Ipse verò respondens dixit eis, Dico vobis, si siluerint isti, mox lapides clamituros.

41 Et ut appropinquavit visâ urbe, flevit super eâ,

42 Dicens, Si vel tu nôsses hoc saltem tuo die quae ad pacem tuam *pertinent*: sed ea nunc occulta sunt oculis tuis.

43 Nam veniet tempus adversùm te, quo circumjicient tibi inimici tui vallum, et circumcingent te, et constringent undique:

44 Teque solo aequabunt, et filios tuos intus, neque relinquent in te lapidem super lapidem; eo quòd non noveris tempus illud visitationis tuae.

45 Et ingressus in templum, coepit ejicere eos qui vendebant in eo, et emebant;

46 Dicens eis, Scriptum est, Domus mea, domus precationis est: vos autem fecistis eam speluncam latronum.

47 Et docebat quotidie in templo Primarii verò sacerdotes, et scribae, et primores plebis studebant eum perdere.

48 Nec inveniebant quid facerent: totus enim populus pendebat ab ipso, quum eum audiebat.

CAP. XX.

ET factum est quodam dierum illorum, ut quum ipse doceret populum in templo, et evangelizaret, supervenerint primarii sacerdotes et scribae cum senioribus;

2 Et alloquuti sint eum, dicentes, Dic nobis quâ auctoritate ista facias? aut quis ille sit qui dedit tibi istam auctoritatem.

3 Respondens autem Jesus dixit eis, Interrogabo vos et ego rem quandam: dicite igitur mihi,

4 Baptismus Joannis e coelo erat, an ex hominibus?

5 At illi ratiocinati sunt apud se, dicentes, Si dixerimus, E coelo; dicet, Quare ergo non credidistis ei?

6 Sin autem dixerimus, Ex hominibus; tota plebs lapidabit nos: persuasa enim est, Joannem prophetam fuisse.

7 Responderunt igitur se nescire unde *esset*.

8 Tunc Jesus dixit eis, Nec ego dicam vobis quâ auctoritate haec faciam

LUCA, XX.

9 Coepit autem dicere ad plebem parabolam hanc. Quidam plantavit vineam, et elocavit eam agricolis: et peregrè abfuit multum temporis.

10 Sed suo tempore misit servum ad agricolas illos, ut sibi darent ex fructu vineae: agricolae autem ill². caesum illum ablegaverunt inanem.

11 *Ille* verò perrexit, et alterum servum misit: at ipsi hunc quoque caesum et contumeliis affectum ablegaverunt inanem.

12 Et perrexit mittere tertium: at illi et istum vulneratum ejecerunt.

13 Dixit igitur dominus vineae, Quid faciam? mittam filium illum meum dilectum: utique quum hunc viderint, reverebuntur.

14 Viso autem eo agricolae colloquuti sunt inter se, dicentes, Iste est haeres: venite, trucidemus eum, ut nostra fiat haereditas.

15 Et ejectum eum extra vineam, trucidârunt. Quid ergo faciet eis dominus vineae?

16 Veniet et perdet agricolas istos, et dabit vineam aliis. *Hoc* autem quum audissent, dixerunt, Absit.

17 Ille verò intuitus eos ait, Quid illud est ergo quod scriptum est, Quem lapidem reprobaverunt aedificantes, is factus *est* caput anguli?

18 Quisquis ceciderit super illum lapidem confringetur; super quem autem ceciderit, dissipabit eum.

19 Tum studuerunt primarii sacerdotes et scribae injicere in eum manus eo ipso momento; sed timuerunt plebem: cognoverunt enim eum adversùs ipsos dixisse similitudinem istam.

20 Itaque observantes *eum*, miserunt insidiatores, qui se justos esse simularent; ut carperent ejus sermonem, tradituri eum imperio et potestati praesidis:

21 Qui interrogaverunt eum, dicentes, Praeceptor, scimus te rectè dicere et docere, nec accipere personam, sed viam Dei in veritate docere:

22 Licet nobis tributum dare Caesari, an non?

23 Animadversâ autem eorum calliditate, dixit eis, Quid me tentatis?

24 Ostendite mihi denarium; cujus habet imaginem et inscriptionem? Respondentes autem dixerunt, Caesaris.

25 Tum dixit eis, Reddite igitu. quae *sunt* Caesaris, Caesari; et quae *sunt* Dei, Deo.

26 Itaque non potuerunt ejus verba capere coram plebe: et mirati super ejus responso, siluerunt.

27 Accedentes autem quidam Sadducaeorum, qui contendunt non esse resurrectionem; interrogârunt eum,

28 Dicentes, Praeceptor, Moses scripsit nobis, Si cujus frater mortuus fuerit habens uxorem, et sine liberis mortuus fuerit, ut ejus frater accipiat uxorem illam, et excitet semen fratri suo.

29 Septem ergo fratres fuerunt; quorum primus, acceptâ uxore, mortuus est sine liberis.

30 Accepit igitur eam secundus, qui et ipse mortuus est sine liberis.

31 Deinde tertius accepit eam: itidem autem et illi septem: nec reliquerunt liberos, et mortui sunt.

32 Post omnes autem mortua est mulier.

33 In resurrectione ergo, cujus eorum erit uxor? nam illi septem habuerunt eam uxorem.

34 Tum respondens dixit eis Jesus, Filii hujus aevi ducunt uxores, et nuptum dantur;

35 Qui verò digni: habiti fuerunt qui aevum illud consequantur, et resurrectionem ex mortuis, neque ducunt uxores, neque nuptum dantur:

36 Nec enim mori possunt ampliùs: pares enim angelis sunt: et filii sunt Dei, quum sint filii resurrectionis.

37 Mortuos autem suscitatum iri, etiam Moses indicavit in rubo, quum

LUCA, XXI.

dicit Dominum Deum Abrahami, et Deum Isaaci, et Deum Jacobi.

38 Deus autem non est mortuorum, sed vivorum *Deus;* omnes enim vivunt ei.

39 Respondentes autem ei quidam ex scribis dixerunt, Praeceptor, bene dixisti.

40 Nec ampliùs audebant eum quicquam interrogare.

41 Dixit autem eis, Quomodo dicunt Christum filium esse Davidis?

42 Et ipse David dicit in libro Psalmorum, Dixit Dominus Domino meo, Sede ad dextram meam,

43 Usquedum posuero inimicos tuos scabellum pedum tuorum.

44 David ergo Dominum eum vocat, et quomodo filius ejus est?

45 Audiente verò toto populo dixit discipulis suis,

46 Cavete a scribis qui volunt ambulare stolati, et amant salutationes in foris, ac primos consessus in conventibus, et primos accubitus in coenis;

47 Qui devorant domos viduarum, et in speciem precibus longis utuntur: isti recipient gravius judicium.

CAP. XXI.

INTUITUS autem vidit divites immittentes dona sua in gazophylacium.

2 Vidit autem etiam quandam viduam pauperculam conjicientem illùc minuta *aereola* duo:

3 Et dixit, Verè dico vobis, vidua haec pauper conjecit amplius quàm omnes.

4 Nam omnes hi ex eo quod sibi redundat, conjecerunt quae donarent Deo: haec autem conjecit ex penuriâ suâ totum victum quem habebat.

5 ¶ Et quibusdam dicentibus de templo, quòd pulchris lapidibus ac donariis ornatum esset, dixit,

6 Haeccine spectatis? venient dies quibus non relinquetur lapis super lapidem qui non destruatur.

7 Interrogaverunt autem eum, dicentes, Praeceptor, quando haec erunt? et quod *erit* signum quando futura sunt ista?

8 Ipse verò dixit, Videte ne seducamini; multi enim venient sub nomine meo, dicentes, Ego sum *Christus:* et tempus illud appropinquat: ne igitur sequimini eos.

9 Quum verò audieritis bella et exagitationes, ne consternamini oportet enim ista primùm fieri, sed non statim *erit* finis.

10 Tunc dixit eis, Insurget gens in gentem, et regnum in regnum:

11 Et magni terraemotus erunt singulis locis, et fames, ac pestilentiae, et terriculamenta, et signa e coelo magna erunt.

12 Sed ante haec omnia injicient vobis manus, et *vos* persequentur, tradentes in conventus et carceres, adductos ad reges ac praesides, propter nomen meum.

13 *Haec* autem cedent vobis testimonio.

14 Habete igitur fixum in cordibus vestris, non praemeditari defensionem.

15 Ego enim dabo vobis os, et sapientiam, cui non poterunt contradicere, neque resistere, omnes qui se vobis opponent.

16 Prodemini autem etiam a parentibus, et fratribus, et cognatis, et amicis: et morte mulctandos curabunt *aliquos* ex vobis:

17 Et eritis exosi omnibus propter nomen meum.

18 Sed pilus capitis vestri non peribit.

19 Per tolerantiam vestram possidete animas vestras.

20 Quum autem videritis Hierosolymam cingi ab exercitibus, tunc agnoscite appropinquare vastationem ejus.

21 Tunc qui in Judaeâ sunt, fugiant in montes; et qui intra eam, excedant; et qui in agris, non ingrediantur in eam.

22 Nam hi sunt dies ultionis, ut impleantur omnia quae scripta sunt.

LUCA, XXII

23 Vae autem praegnantibus et lactantibus in illis diebus! erit enim necessitas magna in hâc regione, et ira in populo isto.

24 Et cadent acie gladii, et captivi ducentur in omnes gentes: et Hierosolyma calcabitur a gentibus, usquequo impleantur tempora gentium.

25 Tunc erunt signa in sole, et lunâ, et stellis; et in terrâ anxietas gentium in consilii inopiâ, resonante mari et salo;

26 Exanimatis hominibus prae timore et exspectatione *malorum* eorum quae invadent in orbem terrarum; nam potestates coelorum concutientur.

27 Et tunc videbunt Filium hominis venientem in nube cum potentiâ et gloriâ multâ.

28 Quum autem haec fieri incipient, suscipite, et attollite capita vestra, quoniam appropinquat redemptio vestri.

29 Dixit etiam eis parabolam, *inquiens*, Videte ficum et omnes arbores:

30 Quum jam emiserint *folia*, vos eas cernentes per vos ipsos agnoscitis iam propè esse aestatem:

31 Ita et vos, quum videritis haec fieri, agnoscite propè esse regnum Dei.

32 Amen dico vobis, Nequaquam praeterierit haec aetas quousque *haec* omnia facta fuerint.

33 Coelum et terra praeteribunt, verba autem mea nequaquam praeteribunt.

34 Cavete autem vobis, nequando graventur corda vestra crapulâ et ebrietate, et curis hujus vitae, et repentè vobis superveniat dies ille.

35 Nam ut laqueus invadet in omnes qui habitant in superficie totius terrae.

36 Excubate igitur, omni tempore rogantes ut digni habeamini qui effugiatis ista omnia quae futura sunt, et consistatis ante Filium hominis.

37 ¶ Docebat autem interdiu in templo: noctu verò exiens, pernoctabat in monte qui vocatur Olearum.

38 Et totus populus diluculo veniebat ad eum, ut eum audiret in templo.

CAP. XXII.

APPROPINQUABAT autem festum azymorum, quod dicitur Pascha:

2 Et quaerebant primarii sacerdotes et scribae quomodo eum interimerent: timebant enim plebem.

3 Introiit autem Satanas in Judam cognominatum Iscariotem, qui erat e numero *illorum* duodecim.

4 Abiens igitur colloquutus est cum primariis sacerdotibus ac praefectis *templo*, quomodo ipsis eum proderet.

5 Qui gavisi sunt; et pacti *se* daturos ei pecuniam.

6 *Ipse* verò spopondit; quaerebatque opportunitatem eum ipsis tradendi absque turbâ.

7 ¶ Venit autem dies azymorum, quo oportebat mactari pascha.

8 Misit igitur Petrum et Joannem, dicens, Profecti parate nobis pascha, ut vescamur.

9 Ipsi verò dixerunt ei, Ubi vis paremus *illud?*

10 At ille dixit eis, Ecce, postquam introïeritis in urbem, occurret vobis quidam aquae amphoram bajulans; sequimini eum domum illam in quam ingredietur.

11 Et dicite patrifamilias illius domûs, Dicit tibi Praeceptor, Ubi est diversorium, ubi pascha cum discipulis meis edam?

12 Tunc ipse monstrabit vobis coenaculum magnum stratum: illic parate *pascha*.

13 Profecti verò invenerunt omnia prout dixerat eis; et paraverunt pascha.

14 Quum autem adesset *constitutum* illud tempus, discubuit, et duodecim apostoli cum eo.

15 Et dixit eis, Desiderio desideravi hoc pascha edere vobiscum, antequam ego patiar.

LUCA, XXII.

16 Dico enim vobis me non amplius esurum ex eo, usquequo completum fuerit in regno Dei.

17 Et accepto poculo, quum gratias egisset, dixit, Accipite hoc, et partimini vobis ipsis.

18 Dico enim vobis me non bibiturum ex fructu vitis, usquequo regnum Dei venerit.

19 Et accepto pane, quum gratias egisset, fregit; et dedit eis, dicens, Hoc est corpus meum quod pro vobis datur: hoc facite in mei commemorationem.

20 Itidem etiam *dedit eis* poculum postquam coenâsset, dicens, Hoc poculum *est* novum illud foedus per sanguinem meum, qui pro vobis effunditur.

21 Caeterùm ecce, manus ejus qui me prodit, mecum *est* in mensâ.

22 Et Filius quidèm hominis, prout definitum est, abit: veruntamen vae homini illi per quem proditur!

23 Tunc ipsi coeperunt mutuò quaerere inter se de hâc re; ecquis nimirum ex ipsis esset hoc facturus.

24 Orta est autem etiam de hoc contentio inter eos, quis eorum videretur esse maximus.

25 Ipse verò dixit eis, Reges gentium dominantur eis, et qui habent eos in potestate, benefici vocantur.

26 Vos autem non ita *estote:* sed qui maximus est inter vos, esto sicut qui minimus *est;* et qui antecedit, sicut qui ministrat.

27 Nam uter major est, qui discumbit, an qui ministrat? nonne qui discumbit? At ego sum inter vos ut qui ministrat.

28 Vos autem ii estis qui per mansistis mecum in tentationibus meis.

29 Ego verò paciscor vobis, prout pactus est mihi Pater meus, regnum;

30 Ut edatis et bibatis in mensâ meâ in regno meo, et sedeatis super thronos, judicantes duodecim tribus Israel.

31 Dixit etiam Dominus, Simon,

Simon, ecce, Satanas appetit vos quos ventilaret sicut triticum:

32 Sed ego rogavi pro te, ne deficiat fides tua: tu igitur aliquando, quum te converteris, confirma fratres tuos.

33 Ipsi verò dixit ei, Domine, ecum paratus sum et in carcerem et ad mortem proficisci.

34 At ille dixit ei, Dico tibi, Petre, nequaquam emittet vocem hodie gallus, priusquam ter neges quòd tu me noveris.

35 Dixit etiam eis, Quando misi vos absque crumenâ et perâ et soleis, num quid defuit vobis? Ipsi verò dixerunt, Nihil.

36 Dixit ergo eis, At nunc, qui crumenam habet, sumat *eam*, similiter et peram: et qui non habet, vendat pallium suum, et emat gladium.

37 Dico enim vobis, adhuc oportere scriptum istud in me perfici; istud, *inquam*, Et cum sceleratis numeratus est: nam ea quae *scripta sunt* de me, finem habent.

38 At illi dixerunt, Domine, ecce duo gladii hìc. Ipse verò dixit eis, Satis est.

39 ¶ Et egressus, profectus est ex more in montem Olearum: sequuti sunt autem eum etiam discipuli ejus.

40 Quum verò pervenisset ad eum locum, dixit eis, Precamini, ne introëatis in tentationem.

41 Tum ipse avulsus ab eis quasi ad jactum lapidis, positisque genibus precatus est,

42 Dicens, Pater, si velles transferre poculum hoc a me: veruntamen non mea voluntas, sed tua fiat.

43 Conspectus est autem et angelus e coelo corroborans eum.

44 Et *ipse* constitutus ni angore intentiùs orabat. Erat autem sudor ejus quasi grumi sanguinis descendentes in terram.

45 Et quum surrexisset a precatione, venissetque ad discipulos suos invenit eos dormientes prae tristitiâ

LUCA, XXIII.

46 Et dixit eis, Quid dormitis? surgite, et precamini, ne introeatis in tentationem.

47 Adhuc autem eo loquente, ecce turba; et is qui dicebatur Judas, unus ex illis duodecim, praeibat eis, et appropinquavit Jesu, ut oscularetur eum.

48 Jesus autem dixit ei, Juda, osculo Filium hominis prodis?

49 Videntes autem ii qui circa ipsum *erant*, quod futurum erat, dixerunt ei, Domine, percutiemusne gladio?

50 Et quidam ex ipsis percussit servum pontificis maximi, et abstulit aurem ejus dextram.

51 Respondens autem Jesus dixit, Sinite huc usque. Et tactâ illius auriculâ, sanavit eum.

52 Dixit autem Jesus iis qui adversùs ipsum venerant, *nempe* primariis sacerdotibus, et praefectis templo, et senioribus, Ut adversùs latronem exiistis cum gladiis ac fustibus?

53 Quum quotidie vobiscum essem in templo, non extendistis manus in me: sed haec est hora illa vestra, et potestas tenebrarum.

54 Comprehensum autem eum duxerunt, et introduxerunt domum pontificis maximi. Petrus verò sequebatur procul.

55 Quumque accendissent ignem in medio aulae, atque unà consedissent, sedit et Petrus inter eos.

56 Quum autem eum vidisset ancilla quaedam sedentem ad ignem, intentis in eum oculis, dixit, Et iste cum eo erat.

57 Ipse verò abnegavit eum, dicens, Mulier, non novi eum.

58 Et paulò pòst alius videns eum, dixit, Et tu ex ipsis es. Petrus verò ait, Heus tu, non sum.

59 Et interpositâ quasi horâ unâ, alius quidam *id* asseverabat, dicens, Verè et iste cum illo erat: etenim Galilaeus est.

60 Ait autem Petrus, Heus tu, nescio quid dicas. Et illico, adhuc ipso loquente, vocem emisit gallus.

61 Tum conversus Dominus intuitus est Petrum: et recordatus est Petrus sermonis Domini, quomodo *nimirum* dixerat ipsi, Priusquam gallus vocem emiserit, ter me abnegabis.

62 Et egressus foras Petrus flevit amarè.

63 ¶ At ii qui unà tenebant Jesum, illudebant ei, caedentes *eum*:

64 Et quum eum obvolvissent, verberabant faciem ejus, et interrogabant eum, dicentes, Vaticinare quis sit qui te percussit.

65 Et alia multa conviciantes dicebant in eum.

66 ¶ Et ut ortus est dies, coactum fuit presbyterium populi, et primarii sacerdotes, et scribae, et adduxerunt eum in suum consessum,

67 Dicentes, Num tu es ille Christus? dic nobis. Dixit autem eis, Si vobis dixero, nequaquam credetis:

68 Quòd si etiam interrogavero, nequaquam respondebitis mihi, neque *me* absolvetis.

69 Ab hoc tempore erit Filius hominis sedens ad dextram potentiae Dei.

70 Dixerunt autem omnes, Tu ergo es Filius ille Dei? Ipse verò dixit eis, Vos dicitis, nam ego sum.

71 At illi dixerunt, Quid ampliùs egemus testimonio? Ipsi enim audivimus ex ore ipsius

CAP. XXIII.

TUM surgens universa multitudo eorum, duxit eum ad Pilatum.

2 Coeperunt autem eum accusare dicentes, Comperimus istum pervertere gentem, et vetare tributa dare Caesari, dicendo se Christum, *id est*, regem esse.

3 Pilatus ante interrogavit eum dicens, *Tune* es Rex ille Judaeorum? Ipse verò respondens ei dixit, Tu dicis.

4 Ait verò Pilatus ad primarios

LUCA, XXIII.

sacerdotes et turbam, Nullam invenio noxam in hoc homine.

5 At illi invalescebant, dicentes, Concitat populum, docens per universam Judaeam, exorsus a Galilaeâ huc usque.

6 Pilatus verò, auditâ Galilaeâ, interrogavit num homo iste Galilaeus esset.

7 Et quum cognovisset eum ad Herodis potestatem pertinere, remisit eum ad Herodem, qui et ipse Hierosolymis erat per eos dies.

8 Herodes autem viso Jesu gavisus est valdè : nam a multo tempore cupiebat eum videre, eò quòd audivisset multa de eo ; et speraret se signum aliquod visurum ab eo fieri.

9 Interrogavit autem eum multo sermone ; sed ipse nihil ei respondit.

10 Adstabant autem primarii sacerdotes et scribae magnâ contentione eum accusantes.

11 Herodes autem, cum militibus suis. quum eum pro nihilo habuisset, et illusisset ei, amictum veste splendidâ remisit ad Pilatum.

12 Et facti sunt amici inter sese Pilatus et Herodes eo ipse die : nam antea inimici erant inter sese.

13 Pilatus verò, convocatis primariis sacerdotibus, et magistratibus, ac populo,

14 Dixit eis, Obtulistis mihi hunc hominem tanquam avertentem populum : et ecce, ego in vestri conspectu quaestionem habitâ, nullam noxam inveni in homine isto, ex iis de quibus accusatis eum.

15 Sed ne Herodes quidèm ; nam remis vos ad illum ; et ecce, nihil dignum morte factum est ab eo.

16 Castigatum ergo eum dimittam.

17 (Necesse autem habebat dimittere eis singulis festis unum quemniam.)

18 Exclamavit autem simul universa turba, dicens, Tolle hunc dimitte verò nobis Barabbam :

19 (Qui erat propter seditionem quandam, et caedem factam in urbe, conjectus in carcerem.)

20 Rursus ergo Pilatus alloquutus est eos, volens dimittere Jesum.

21 Ipsi verò reclamabant, dicentes Crucifige, crucifige eum.

22 Ille autem tertiò dixit eis, Quid enim iste mali fecit? nullam noxam capitalem inveni in eo : castigatum ergo eum dimittam.

23 At illi instabant vocibus magnis petentes ut ipse crucifigeretur ; et invalescebant voces eorum ac primariorum sacerdotum.

24 Tum Pilatus secundùm eos judicavit, ut fieret quod ipsi petebant.

25 Dimisit autem eis illum qui propter seditionem et caedem conjectus fuerat in carcerem, quem petierant : Jesum verò tradidit ille eorum voluntati.

26 ¶ Quum igitur abducerent eum, prehenso Simone quodam Cyrenaeo, qui veniebat rure, imposuerunt ei crucem ferendam ponè Jesum.

27 Sequebatur autem eum magna multitudo populi, et mulierum, quae et plangebat et lamentabatur eum.

28 Conversus autem ad eas Jesus, dixit, Filiae Hierusalem, ne flete de me ; verùm de vobisipsis flete, et de liberis vestris .

29 Nam ecce, venient dies quibus dicent, Beatae steriles, et uteri qui non genuerunt, et ubera quae non lactaverunt.

30 Tum incipient dicere montibus, Cadite in nos ; et collibus, Operite nos.

31 Nam si in virente ligno ista faciunt, in arido quid fiet ?

32 Ducebantur autem etiam alii duo, qui erant malefici, cum eo necandi.

33 ¶ Quum igitur venissent in locum qui vocatur Calvaria, illic crucifixerunt eum, et maleficos illos ; unum ad dextram, alterum ad sinistram.

34 Jesus autem dicebat Pater re

LUCA, XXIV.

mitte *hoc* ipsis; nesciunt enim quid faciant. Partientes verò vestimenta ejus, jecerunt sortem.

35 Et stabat populus spectans: sannis autem excipiebant eum etiam primores cum eis, dicentes, Alios servavit · servet seipsum, si hic est Christus ille electus ille Dei.

36 Illudebant autem etiam ei milites, accedentes, et acetum ei offerentes,

37 Dicentesque. Si tu es Rex ille Judaeorum, serva temetipsum.

38 Erat autem etiam inscriptio scripta super eum literis Graecis, et Romanis, et Hebraicis, HIC EST REX ILLE IVDAEORVM.

39 ¶ Unus autem ex maleficis qui erant suspensi, conviciabatur ei, dicens, Si tu es Christus ille, et teipsum et nos serva.

40 Respondens autem alter objurgavit eum, dicens, Ne tu quidem Deum times, quum in eâdem sis damnatione?

41 Et nos quidem justè (nam digna factis recipimus;) iste verò nihil indecens fecit.

42 Dixitque Jesu, Domine, memento mei, quum veneris in regnum tuum.

43 Tunc dixit ei Jesus, Amen dico tibi, hodie mecum eris in paradiso.

44 ¶ Erat autem quasi hora sexta, et tenebrae factae sunt in totâ regione usque ad horam nonam.

45 Et obtenebratus est sol, et aulaeum templi fissum est medium.

46 Quumque clamâsset voce magnâ Jesus, ait, Pater, in manus tuas depono spiritum meum: Et quum haec dixisset, expiravit.

47 Quum vidisset autem centurio quod factum fuerat, glorificavit Deum, dicens, Verè hic homo justus erat.

48 Et omnis turba quae simul ad hoc spectaculum accesserat, spectans quae facta fuerant, verberans pectora sua revertebatur.

49 Stabant autem omnes noti ejus procul, et mulieres quae erant eum unà sequutae a Galilaeâ, videntes ista.

50 ¶ Tum ecce, quidam nomine Josephus, senator, vir bonus ac justus,

51 (Qui non assensus fuerat consilio ac facto eorum,) ortus Arimathaeâ, civitate Judaeorum; qui et ipse exspectabat regnum Dei:

52 Hic, *inquam*, adiens Pilatum, petiit corpus Jesu.

53 Et detractum illud involvit sindone, posuitque illud in monumento quod ˙erat in saxo incisum, in quo nondum quisquam positus fuerat.

54 Porrò dies erat parasceves, et sabbatum succedebat.

55 Subsequutae etiam mulieres quae cum eo venerant ex Galilaeâ, spectârunt monumentum, et quomodo positum esset corpus ejus.

56 Reversae verò paraverunt aromata et unguenta; ac sabbato quidem quieverunt, secundùm mandatum.

CAP. XXIV.

PRIMO autem *die* hebdomadis, profundo diluculo iverunt ad monumentum, ferentes quae paraverant aromata, et nonnullae cum ipsis.

2 Invenerunt autem saxum avolutum à monumento.

3 Et ingressae, non invenerunt corpus Domini Jesu.

4 Et factum est, ut dum in eâ re haesitarent, tum ecce, duo viri supervenerint eis, induti vestibus fulgurantibus:

5 Quum autem expavefactae inclinarent faciem in terram, dixerunt eis, Quid inter mortuos quaeritis eum qui vivit?

6 Non est hîc, sed suscitatus est. mementote, ut loquutus sit vobis, quum adhuc in Galilaeâ esset,

7 Dicens. Oportet Filium hominis tradi in manus hominum peccatorum, et crucifigi, et die tertio resurere

LUCA, XXIV

8 Recordatae sunt igitur verborum illius,

9 Et reversae a monumento annunciaverunt haec omnia illis undecim, et reliquis omnibus.

10 Erant autem Maria Magdalene, et Joanna, et Maria Jacobi *mater*, et reliquae cum ipsis, quae haec dicebant apostolis.

11 Sed visa sunt apud eos quasi deliramentum verba ipsarum ; neque crediderunt eis.

12 Petrus autem surgens cucurrit ad monumentum : et quum introspexisset, videt lintea sola *illìc* jacentia ; abiitque, apud semetipsum mirans *f*actum.

13 Et ecce, duo ex iis ibant eo ipso die in vicum distantem stadiis sexaginta ab Hierusalem, cui *vico* nomen *est* Emmaus.

14 Et colloquebantur inter se de istis omnibus quae evenerant.

15 Et factum est, ut dum colloquerentur, et *se* mutuò rogitarent, ipse Jesus accederet, et unà iter faceret cum ipsis.

16 Oculi autem eorum tenebantur, ne ipsum agnoscerent.

17 Dixit autem eis, Qui sunt hi sermones quos confertis inter vos ambulantes ? et *quid* estis tetrico vultu ?

18 Respondens autem alter, cui nomen Cleopas, dixit ei, Tu solus commoraris Hierosolymae, et non nosti quae in ea facta sunt his diebus ?

19 Ipse verò dixit eis, Quae ? At illi dixerunt ei, Quae *facta sunt* Jesu Nazareno, qui fuit propheta potens reipsà et verbis coram Deo et toto populo :

20 Quomodo eum tradiderunt principes sacerdotum et magistratus nostri, ut morte damnaretur, et crucifixerunt eum.

21 Nos autem sperabamus illum esse qui redempturus esset Israelem : atqui praeter haec omnia, tertium nunc diem agit hodie ex quo haec facta sunt.

22 Sed et mulieres quaedam ex nobis perculerunt nos, quae diluculo venerunt ad monumentum :

23 Et non invento ejus corpore venerunt, dicentes se et am apparitionem angelorum vidisse, qui dicunt eum vivere.

24 Et abierunt quidam eorum qui erant nobiscum ad monumentum, et ita invenerunt prout mulieres dixerant ; ipsum verò non viderunt.

25 Tum ipse dixit eis, O amentes et tardi corde ad credendum omnibus quae loquuti sunt prophetae ?

26 Nonne haec oportuit pati Christum, et introïre in gloriam suam ?

27 Et exorsus a Mose et omnibus prophetis, interpretabatur illis in omnibus Scripturis quae de se *scripta erant*.

28 Appropinquàrunt igitur vico, in quem proficiscebantur ; et ipse simulabat se longiùs ire.

29 Sed *ipsi* adegerunt eum, dicentes, Mane nobiscum, quoniam advesperascit, et inclinavit dies. Ingressus est igitur ut maneret cum eis :

30 Et factum est quum accubuisset cum eis, sumpto pane, benedixit, et fractum porrexit eis.

31 Adaperti sunt autem oculi eorum, et agnoverunt eum ; sed ipse ablatus est ex eorum conspectu.

32 Tum alter ad alterum dixerunt, Nonne cor nostrum ardebat in nobis, dum loqueretur nobis in vià, et dum adaperiret nobis Scripturas ?

33 Et surgentes eo ipso momento, reversi sunt Hierosolyma.n, et invenerunt congregatos illos undecim, et eos qui cum ipsis erant :

34 *Et* qui dicebant, Suscitatus est Dominus verè, et conspectus est S moni.

35 Tum ipsi exposuerunt *eis* quae *gesta erant* in vià, et ut fuerat a se agnitus in fractione panis.

36 ¶ Haec autem ipsis loquentibus stetit ipse Jesus in medio eorum, et dixit eis, Pax vobis.

37 Consternati verò et expave-

acti, videbantur sibi spiritum conspicere.

38 Tunc dixit eis, Quid turbati estis, et quare disceptationes subeunt corda vestra?

39 Videte manus meas et pedes meos ; nam ego ipse sum : contrectate me, et videte : nam spiritus carnem et ossa non habet, prout me conspicitis habere.

40 Et quum hoc dixisset, ostendit eis manus ac pedes.

41 Adhuc autem ipsis non credentibus prae gaudio, et mirantibus, dixit eis, Habetis hic esculentum aliquid ?

42 Tum ipsi porrexerunt ei partem piscis assi, et aliquid ex favo apiario :

43 Quae *ille* accepit, et in eorum conspectu comedit.

44 Dixitque eis, Hi sunt sermones quos loquutus sum vobis, quum adhuc essem vobiscum, oportere impleri omnia quae scripta sunt in lege Mosis, et Prophetis, et Psalmis, de me.

45 Tunc aperuit eorum mentem, ut intelligerent Scripturas :

46 Et dixit eis, Ita scriptum est et ita oportuit Christum pati, et resurgere a mortuis tertio die :

47 Et praedicari ejus nomine resipiscentiam ac remissionem peccatorum apud omnes gentes, incipiendo ab urbe Hierosolymorum.

48 Vos autem estis horum testes.

49 Et ecce, ego emittam promissum Patris mei in vos : vos autem manete Hierosolymis usquequo induamini virtute ex alto

50 ¶ Eduxit autem eos foràs ad Bethaniam usque : et, sublatis manibus suis, benedixit eis.

51 Et factum est, ut dum ipse benediceret eis, disjunctus ab eis sursum ferretur in coelum.

52 Ipsi autem adorato eo reversi sunt Hierosolymam cum gaudio magno.

53 Erantque omni *tempore* in templo, laudantes et benedicentes Deo. Amen.

EVANGELIUM *secundùm* JOANNEM.

CAP. I.

IN principio erat Sermo ille, et Sermo erat apud Deum, eratque Ille Sermo Deus.

2 Hic *Sermo* erat in principio apud Deum.

3 Omnia per hunc *Sermonem* facta sunt, et absque eo factum est nihil quod factum sit.

4 In ipso vita erat, et vita erat Lux illa hominum.

5 Et lux ista in tenebris lucet, sed tenebrae eam non comprehenderunt.

6 ¶ Exstitit homo missus a Deo, cui nomen Joannes.

7 Is venit ad *dandum* testimonium, *id est*, ut testaretur de illâ luce, ut omnes per eum crederent.

8 Non erat ille Lux illa, sed *missus fuit* ut testaretur de illâ Luce.

9 *Hic* erat Lux illa vera quae illuminat omnem hominem venientem in mundum.

10 In mundo erat, et mundus per eum factus est ; sed mundus eum non agnovit.

11 Ad sua venit, et sui eum non exceperunt.

12 Quotquot autem eum exceperunt, dedit eis hoc jus, ut filii Dei sint facti, *nempe* iis qui credunt in nomen ejus .

13 Qui non ex sanguine, neque ex libidine carnis, neque ex libidine viri, sed ex Deo geniti sunt.

14 Et Sermo ille factus est caro, et commoratus est inter nos, (et spectavimus gloriam ejus, gloriam, *inquam*, ut unigeniti, *egressi* a Patre,) plenus gratiae ac veritatis.

JOANNES, I.

15 Joannes testatus est de eo, et clamavit, dicens, Hic est de quo dicebam, *Is* qui pone me venit antepositus est mihi; quia prior me erat.

16 Et ex plenitudine ipsius omnes accepimus, et gratiam pro gratiâ.

17 Nam lex illa per Mosen data est; gratia et veritas per Jesum Christum praestita est.

18 Deum nemo vidit unquam: nigenitus ille Filius qui est in sinu Patris, ille *nobis* exposuit

19 Hoc etiam est testimonium Joannis, quando miserunt Judaei Hierosolymis sacerdotes et Levitas, ut interrogarent eum quisnam ipse esset.

20 Et professus est, neque negavit: professus est, *inquam*, se non esse Christum illum.

21 Tunc interrogaverunt eum, Quid ergo *es?* Tune es Elias? *Ipse vero* dixit, Non sum. Et *illi*, Es tu propheta ille? Qui respondit, Non.

22 Dixerunt ergo ei, Quis es? ut responsum demus iis qui miserunt nos . quid dicis de teipso?

23 Ait, Ego *sum* vox clamantis in deserto, Complanate viam Domini, prout dixit Esaias propheta.

24 Qui vero missi fuerant, erant ex Pharisaeis,

25 Et interrogaverunt eum, ac dixerunt ei, Cur ergo baptizas, si tu non es Christus ille, neque Elias, neque propheta ille?

26 Respondit eis Joannes dicens, Ego baptizo aquâ ; sed in medio vestrûm stat quem vos non nôstis;

27 Hic ille est qui pone me venit, qui mihi antepositus est : cujus solerum ego non sum dignus qui solvam scrrigiam.

28 Haec Bethabarae facta sunt serus Jordanem, ubi Joannes baptizabat.

29 ¶ Postero die videt Joannes Jesum venientem ad se, et ait, Ecce Agnus ille Dei qui tollit peccatum mundi.

30 Hic est de quo dicebam, Pone me venit vir qui antepositus est mihi, quia prior me erat.

31 At ego non noveram eum : sed ut manifestus fiat Israeli, propterea veni ego baptizans aquâ.

32 Tum, *inquam*, testatus est Joannes, dicens, Conspexi Spiritum descendentem quasi columbam e coelo, *qui* etiam mansit super eum.

33 Et ego non noveram eum ; sed qui misit me ut baptizarem aquâ, ille mihi dixerat, Super quem videris Spiritum descendentem, ac manentem super eum, hic est qui baptizat Spiritu Sancto.

34 Ego igitur vidi, et testor hunc esse Filium illum Dei.

35 ¶ Postero die iterum stabat Joannes, et ex discipulis ejus duo :

36 Et intuitus Jesum ambulantem, dixit, Ecce Agnus ille Dei.

37 Audierunt autem eum duo illi discipuli loquentem, et sequuti sunt Jesum.

38 Conversus verò Jesus, et conspicatus eos sequentes *se*, dicit eis,

39 Quid quaeritis? Illi verò dixerunt ei, Rabbi (quod dicitur, si interpreteris, Praeceptor,) ubi moraris?

40 Dicit eis, Venite et videte. Venerunt videruntque ubi moraretur; et apud eum manserunt diem illum; hora enim erat quasi decima.

41 Erat Andreas, frater Simonis Petri, unus ex duobus, qui audierant *illa* ex Joanne, et sequuti fuerant eum.

42 Invenit hic prior fratrem suum Simonem, et dixit ei, Invenimus Messiam illum ; quod est, si interpreteris, Christus ille.

43 Et adduxit eum ad Jesum. Intuitus autem eum Jesus dixit, Tu es Simon filius Jona · tu vocaberis Cephas, quod *est*, s. interpreteris, Petra.

44 Postero die voluit Jesus abire in Galilaeam: invenit autem Philippum, et dixit ei, Sequere me.

45 Erat verò Philippus ex Bethsaidâ, civitate Andreae et Petri.

46 Invenit Philippus Nathanaë-

em, et dicit ei, Invenimus *illum* de-
quo scripsit Moses in lege, et prophetae, *nempe* Jesum filium illum. Josephi, illum ex *urbe* Nazarethâ

47 Tum dixit ei Nathanaël, Ab *urbe* Nazarethâ potest aliquid boni es-se? Dixit ei Philippus, Veni et vide.

48 Vidit Jesus Nathanaëlem veni-entem ad se, et dixit de eo, Ecce verè Israelita in quo dolus non est.

49 Dixit ei Nathanaël, Unde me nósti? Respondit Jesus, et dixit ei, Priusquam te Philippus vocaret, quum esses subter ficum, videbam te.

50 Respondit Nathanaël, et dixit ei, Rabbi, tu es ille Filius Dei; tu es ille Rex Israel.

51 Respondit Jesus, et dixit ei, Quia dixi tibi, Vidi te sub ficu, cre-dis? majora istis videbis.

52 Praeterea dixit ei, Amen, amen, dico vobis, Ab hoc tempore videbitis coelum apertum, et angelos Dei as-cendentes ac descendentes super Fi-lium hominis.

CAP. II.

DIE autem tertio nuptiae factae sunt in Canâ *oppido* Galilaeae: eratque mater Jesu illîc:

2 Vocatus est autem etiam Jesus ac discipuli ejus ad nuptias illas.

3 Et quum defecisset vinum, ma-ter Jesu dixit ei, Vinum non ha-bent.

4 Dixit ei Jesus, Quid mihi tecum, mulier? nondum venit hora mea.

5 Dicit ejus mater ministris, Quod-cunque dixerit vobis, facite.

6 Erant autem ibi lapideae hydriae sex positae secundùm purificationem Judaeorum, capientes singulae am-phoras binas aut ternas.

7 Dicit eis Jesus, Implete has hy-drias aquâ. Impleverunt eas igitur usque ad summum.

8 Tunc dicit eis, Haurite nunc, et offerte architriclino. Obtulerunt igi-tur.

9 Ut autem gustavit architriclino aquam illam quae facta fuerat vinum nesciebat autem unde esset; sed mi-nistri sciebant qui hauserant aquam), vocat sponsum architriclino:

10 Et dicit ei, Omnes primo loca bonum vinum apponunt; et postquam *convivae* affatim biberunt, tunc id quod minùs bonum est: tu servâsti bonum vinum usque adhuc.

11 Hoc initium signorum fecit Je-sus in Canâ, *oppido* Galilaeae, et ma-nifestam fecit gloriam suam: et cre-diderunt in eum discipuli ejus.

12 ¶ Postea descendit Capernaum ipse, et mater, et fratres, et discipuli ejus: manseruntque illîc non multos dies;

13 Nam propè erat pascha Judae-orum: ascendit igitur Jesus Hiero-solymam.

14 Et invenit in templo venditores boum, et ovium, et columbarum, et nummularios sedentes.

15 Factoque flagello e funiculis, omnes ejecit e templo, et oves et bo-ves; et argentariorum nummulos ef-fudit, mensasque subvertit.

16 Et columbarum venditoribus dixit, Tollite hinc ista: ne facite do-mum Patris mei domum mercatûs.

17 Recordati sunt autem ejus dis-cipuli scriptum esse, Zelus domûs tuae exedit me.

18 Responderunt ergo Judaei, et dixerunt ei, Quod signum ostendis nobis quòd ista facis?

19 Respondit Jesus, et dixit eis, Destruite templum hoc, et intra tri-duum excitabo illud.

20 Dixerunt ergo Judaei, Quadra-ginta et sex annis aedificatum est tem-plum istud, et tu triduo illud excita-bis?

21 At ille loquebatur de templo corporis sui.

22 Postquam ergo suscitatus fui ex mortuis, recordati sunt ejus disci-puli quod hoc sibi dixisset, et credi-derunt Scripturae, et sermoni quem Jesus dixerat

23 Quum autem esset Hierosoly-mis in pascha, in festo, multi credi-derunt in nomen ejus, conspicientes signa quae edebat.

JOANNES, III.

24 Ipse autem Jesus non credebat eis semetipsum, eo quòd nósset omnes :

25 Nec opus esset ut quisquam ei testaretur de homine : ipse enim sciebat quid esset in homine.

CAP. III.

ERAT autem quidam ex Pharisaeis, cui nomen *erat* Nicodemo ex primoribus Judaeorum :

2 Hic venit ad Jesum nocte, et dixit ei, Rabbi, scimus te a Deo venisse doctorem : nemo enim potest haec signa edere quae tu edis, nisi Deus sit cum eo.

3 Respondit Jesus, et dixit ei, Amen, amen, dico tibi, nisi quis genitus sit iterum, non potest videre regnum Dei.

4 Dicit ei Nicodemus, Quomodo potest homo gigni qui sit senex? num potest in uterum matris suae secundò introïre, et gigni ?

5 Respondit Jesus, Amen, amen, dico tibi, nisi quis fuerit genitus ex aquâ et Spiritu, non potest introïre in regnum Dei.

6 Quod genitum est ex carne, caro est : et quod genitum est ex Spiritu, spiritus est.

7 Ne mireris me dixisse tibi, Oportet vos iterum gigni.

8 Ventus quò vult spirat, et sonum ejus audis, sed nescis unde veniat, et quò vadat : ita est quisquis genitus est e Spiritu.

9 Respondit Nicodemus, et dixit ei, Quomodo possunt haec fieri ?

10 Respondit Jesus, et dixit ei, Tu es doctor ille Israelis, et haec non nôsti ?

11 Amen, amen, dico tibi, quod scimus loquimur, et quod vidimus testamur : sed testimonium nostrum non recipitis.

12 Si terrena dixi vobis, et non creditis ; quomodo, si dixero vobis coelestia, creditis ?

13 Nullus enim ascendit in coelum, nisi qui descendit e coelo, *nempe* Filius hominis qui est in coelo.

14 Prout autem Moses extulit serpentem in deserto, ita extolli oportet Filium hominis :

15 Ut quisquis credit in eum, non pereat, sed habeat vitam aeternam

16 Ita enim Deus dilexit mundum, ut Filium suum unigenitum dederit, ut quisquis credit in eum, non pereat, sed habeat vitam aeternam.

17 Non enim misit Deus Filium suum in mundum ut damnet mundum, sed ut servetur mundus per eum.

18 Qui credit in eum non condemnatur : qui verò non credit, jam condemnatus est ; qvia non credidit in nomen unigeniti Filii Dei.

19 Haec est autem condemnatio, quòd Lux venit in mundum, sed dilexerunt homines potiùs tenebras quàm lucem ; quia sunt eorum mala opera.

20 Quisquis enim quae mala sunt agit, odit lucem, nec venit ad lucem, ne arguantur opera ipsius :

21 Qui verò dat operam veritati, venit ad lucem ; ut manifesta fiant facta ipsius, quòd secundùm Deum facta fuerint.

22 ¶ Postea venit Jesus et discipuli ejus in Judaeae territorium : et illic degebat cum eis, et baptizabat.

23 Baptizabat autem etiam Joannes in Aenon prope Salim, quoniam aquae multae erant illic, et veniebant ac baptizabantur.

24 Nondum enim conjectus fuerat Joannes in carcerem.

25 Orta est igitur quaestio *quibusdam* ex discipulis Joannis cum Judaeis de purgatione.

26 Veneruntque ad Joannem, et dixerunt ei, Rabbi, is qui tecum era apud trajectum Jordanis, cui tu testimonium dedisti, ecce baptizat, et omnes veniunt ad eum.

27 Respondit Joannes, et dixit Homo non potest recipere quicquam nisi fuerit ei datum e coelo.

28 Vos ipsi mihi testes estis me dixisse, Non sum ego Christus, sed missus sum *qui apparerem* coram eo-

JOANNES, IV

29 Qui habet sponsam sponsus est: amicus autem sponsi, qui stat et audit eum, gaudio gaudet propter vocem spoṇsi : hoc ergo gaudium meum impletum est.

30 Illum oportet crescere, me verò minui.

31 Qui supernè venit, supra omnes est : qui e terrâ est, terrenus est, et terre 1a loquitur ; qui e coelo venit, supra omnes est.

32 Et quod vidit et audivit, hoc testatur : sed testimonium ejus nemo recipit.

33 Qui recipit ejus testimonium, is obsignavit Deum veracem esse.

34 Nam *is demum*, quem misit Deus, verba Dei loquitur: non enim *huic* admetitur Deus Spiritum.

35 Pater diligit Filium, et omnia dedit ei in manum.

36 Qui credit in Filium, habet vitam aeternam ; qui verò non obtemperat Filio, non videbit vitam, sed ira Dei manet super eum.

CAP. IV.

UT ergo cognovit Dominus Pharisaeos audisse ipsum plures discipulos facere et baptizare quàm Joannem,

2 (Quanquam Jesus ipse non baptizabat, sed discipuli ejus,)

3 Reliquit Judaeam, et abiit rursum in Galilaeam.

4 Oportebat autem eum transire per Samariam.

5 Venit ergo in urbem Samariae quae dicitur Sichar, juxta praedium quod dedit Jacobus Josepho filio suo.

6 Erat autem ibi fons Jacobi. Jesus ergo fatigatus ex itinere, ita sedit ad fontem ; hora *enim* erat quasi sexta.

7 Venit mulier Samaritana ut hauriret aquam : dicit ei Jesus, Da mihi potum.

8 Nam discipuli ejus abierant in urbem, ut cibos emerent.

9 Dicit igitur ei mulier illa Samaritana, Quomodo tu, Judaeus quum sis, potum a me poscis quae sum mulier Samaritana ? (non enim utuntur Judaei Samaritanis.)

10 Respondit Jesus et dixit ei, Si nôsses donum illud Dei, et quis sit ille qui dicit tibi, Da mihi potum, tu petiisses ab eo, et dedisset tibi aquam vivam.

11 Dicit ei mulier, Domine, neque quo haurias habes, et puteus profundus est ; unde ergo habes aquam illam vivam ?

12 Num tu major es patre nostro Jacobo, qui dedit nobis hunc puteum, ex quo ipse bibit, et filii ejus, et ejus pecora ?

13 Respondit Jesus, et dixit ei, Quisquis bibit ex aquâ istâ, sitiet rursus ;

14 Quisquis autem biberit ex aquâ illâ quam ego ei dabo, non sitiet in aeternum ; sed aqua illa quam ego dabo ei, fiet in eo fons aquae salientis in vitam aeternam.

15 Dicit ei mulier, Domine, da mihi aquam istam, ut non sitiam, neque veniam huc ad hauriendum.

16 Dicit ei Jesus, Vade, voca virum tuum, et veni huc.

17 Respondit mulier, et dixit ei, Non habeo virum. Dicit ei Jesus, Bene dixisti, Non habeo virum :

18 Quinque enim viros habuisti ; et nunc quem habes, non est tuus vir : hoc verè dixisti.

19 Dicit ei mulier, Domine, video te prophetam esse.

20 Patres nostri in hoc monte adoraverunt : et vos dicitis, Hierosolymis esse locum illum ubi oporteat adorare.

21 Dicit ei Jesus, Mulier, crede mihi, venit tempus, quando neque in monte hoc, neque Hierosolymis adorabitis Patrem.

22 Vos adoratis quod nescitis ; nos adoramus quod scimus quia salus ex Judaeis est.

23 Sed venit hora, et nunc est quum veri adoratores adorabunt Patrem spiritu ac veritate : etenim Pater tales quaerit qui ipsum adorent.

JOANNES, IV.

24 Jeus est Spiritus: et qui adorant eum, oportet ut spiritu ac veritate adorent.

25 Dicit ei mulier, Scio Messiam venturum (qui dicitur Christus); quum venerit ille, nobis annunciabit omnia.

26 Dicit ei Jesus, Ego *is* sum, qui loquor tibi.

27 Interea verò venerunt ejus discipuli, et mirati sunt quòd cum muliere loqueretur: nemo tamen dixit, Quid quaeris? aut, Quid loqueris cum eâ?

28 Reliquit ergo hydriam suam mulier, et abiit in urbem, dixitque ejus loci hominibus,

29 Venite, videte hominem qui dixit mihi quaecunque feci: num iste est Christus ille?

30 Exierunt ergo ex urbe, et venerunt ad eum.

31 ¶ Interim autem rogabant eum discipuli, dicentes, Rabbi, comede.

32 Ille autem dixit eis, Ego cibum habeo quo vescar, quem vos non nôstis.

33 Dicebant ergo discipuli alii ad alios, Num quis attulit ei quo vesceretur?

34 Dicit eis Jesus, Esca mea est exsequi voluntatem ejus qui misit me, et perficere ipsius opus.

35 Nonne vos dicitis, Adhuc quadrimestre *spatium* superest, et messis erit? Ecce, dico vobis, attollite oculos vestros, et spectate regiones; nam albae jam sunt ad messem.

36 Qui autem metit, mercedem accipit, et cogit fructum in vitam aeternam: ut et qui seminat, simul gaudeat, et qui metit.

37 Nam in hoc dictum illud verum est, Alius est qui seminat, et alius qui metit.

38 Ego misi vos ad *id* metendum in quo vos non laboràstis: alii laboraverunt, et vos in labores eorum introistis.

39 ¶ Ex urbe autem illâ multi Samaritanorum crediderunt in eum propter sermonem mulieris illius, testantis ac dicentis, Certè dixit mihi omnia quae feci.

40 Quum ergo venissent ad eum Samaritani, rogârunt eum ut apud ipsos maneret; et mansit ibi duos dies.

41 Ac multo plures crediderunt propter sermonem ipsius.

42 Et illi mulieri dicebant, Non ampliùs propter tuos sermones credimus: ipsi enim audivimus, et scimus hunc esse verè Servatorem illum mundi, Christum.

43 ¶ Duobus autem pòst diebus exiit inde. et abiit in Galilaeam.

44 Ipse enim Jesus testatus fuerat, Prophetam in suâ patriâ honorem non habere.

45 Quum ergo venisset in Galilaeam, exceperunt eum Galilaei, quum omnia vidissent quae fecerat Hierosolymis in festo: nam et ipsi venerant ad festum.

46 ¶ Venit igitur Jesus rursum Cana, *oppidum* Galilaeae, ubi fecerat ex aquâ vinum. Erat autem in *urbe* Capernaumo regius quidam, cujus filius aegrotabat.

47 Is quum audisset Jesum venisse ex Judaeâ in Galilaeam, abiit ad eum, et eum rogavit ut descenderet ac sanaret suum filium: erat enim moribundus.

48 Dixit ergo Jesus ei, Nisi signa et miracula videritis, non creditis.

49 Dicit ei regius ille, Domine, descende priusquam moriatur puerulus meus.

50 Dicit ei Jesus, Vade, filius tuus vivit. Credidit homo sermoni quem dixerat ei Jesus; et profectus est.

51 Jam autem eo descendente, servi occurrerunt ei, et annunciaverunt, dicentes, Filius tuus vivit.

52 Percontatus est ergo ab eis horam quâ meliùs habuerat: et dixerunt ei, Heri *circiter* horam septimam dimisit eum febris.

53 Agnovit ergo pater id *factum esse* illâ ipsâ horâ, quâ dixerat ei Jesus, Filius tuus vivit: et credidit ipse, ac domus ejus tota.

JOANNES, V.

54 Hoc rursus, *id est* secundum signum edidit Jesus, quum venisset ex Judaeâ in Galilaeam.

CAP. V.

POST haec erat festum Judaeorum, et ascendit Jesus Hierosolymam.

2 Est autem Hierosolymis ad *portam* pecuariam piscina, quae nominatur Hebraice Bethesda, quinque porticus habens.

3 In his jacebat multitudo magna aegrotorum, caecorum, claudorum, aridorum, exspectantium aquae motum.

4 Angelus enim descendebat certo momente in piscinam, et turbabat aquam : itaque qui primus ingressus erat post aquae turbationem, sanus fiebat a quocunque detineretur morbo.

5 Erat autem quidam illic tricesimum octavum annum agens in morbo.

6 Hunc quum vidisset Jesus jacentem, et cognovisset eum jam multum temporis egisse *in morbo*, dicit ei, Cupis sanus fieri ?

7 Respondit ei aegrotus ille, Domine, non habeo qui, quum turbata fuerit aqua, immittat me in piscinam: sed interim dum ego venio, alius ante me descendit.

8 Dicit ei Jesus, Surge, attolle grabbatum tuum, et ambula.

9 Et statim sanus factus est homo ille : et sustulit grabbatum suum, et ambulabat : erat autem sabbatum die illo.

10 Judaei ergo dicebant ei qui curatus fuerat, Sabbatum est, non licet tibi attollere grabbatum.

11 Respondit eis, Qui me sanum fecit, is mihi dixit, Attolle grabbatum tuum, et ambula.

12 Interrogaverunt eum ergo, Quis ille est qui dixit tibi, Attolle grabbatum tuum, et ambula ?

13 Is autem qui sanatus fuerat nesciebat quis esset : Jesus enim evaserat *e* turbâ quae erat in illo loco.

14 Postea invenit eum Jesus in templo, et dixit ei, Ecce, sanus factus es : ne pecca ampliùs, ut nequid deterius tibi fiat.

15 Abiit homo ille, et nunciavit Judaeis Jesum esse a quo sanatus fuerat.

16 Ac propterea persequebantur Judaei Jesum, et studebant eum trucidare, quòd ista fecisset sabbato.

17 Jesus autem respondit eis, Pater meus usque adhuc operatur, et ego operor.

18 Propterea ergo magis studebant eum Judaei trucidare, quia non solùm solvisset sabbatum, sed et Deum dixisset patrem suum, aequalem se faciens Deo.

19 Respondit ergo Jesus, et dixit eis, Amen, amen, dico vobis, non potest Filius a semetipso operari, *id est* nisi viderit Patrem operantem : quaecunque enim ille facit, haec etiam Filius pariter facit.

20 Pater enim amat Filium, et omnia monstrat ei quae ipse facit : et opera istis majora monstrabit ei, ut vos miremini.

21 Sicut enim Pater suscitat mortuos et vivificat, ita et Filius quos vult vivificat.

22 Nec enim Pater judicat quenquam, sed omne judicium dedit Filio :

23 Ut omnes honorent Filium, prout honorant Patrem : qui non honorat Filium, non honorat Patrem, ut qui miserit eum.

24 Amen, amen, dico vobis, qui sermonem meum audit, et credit ei qui misit me, habet vitam aeternam, et in condemnationem non veniet : sed transivit a morte in vitam.

25 Amen, amen, dico vobis, adventat tempus, et nunc est, quum mortui audient vocem Filii Dei ; et qui audierint, vivent.

26 Sicut enim Pater habet vitam in seipso, sic dedit et Filio habere vitam in seipso.

27 Et auctoritatem ei dedit etiam judicium exercendi, quatenus Filius hominis est.

28 Ne hoc miramini; nam veniet hora, quâ omnes qui in monumentis sunt audient vocem ejus;

29 Et prodibunt, qui bona fecerint in resurrectionem vitae; qui verò mala egerint, in resurrectionem condemnationis.

30 Non possum ego a meipso facere quicquam: prout audio, judico: et judicium meum justum est; quia non quaero voluntatem meam, sed voluntatem ejus qui misit me, *id est*, Patris.

31 Si ego testor de meipso, testimonium meum non est idoneum.

32 Alius est qui testatur de me, et scio firmum esse testimonium quod testatur de me.

33 Vos misistis ad Joannem, et *is* testimonium dedit veritati.

34 Ego autem ab homine testimonium non capto: sed haec dico ut vos servemini.

35 Ille erat lucerna ardens et lucens: vos autem voluistis ad momentum exsultare ejus luce.

36 At ego testimonium habeo majus *testimonio* Joannis: opera enim quae dedit mihi Pater ut ea perficerem, ipsa, *inquam*, opera quae ego facio, testantur de me, quòd Pater miserit me.

37 Et qui misit me Pater, ipse testatus est de me: neque vocem ejus unquam audistis, neque speciem ejus vidistis.

38 Et sermonem ejus non habetis in vobis manentem; quia quem misit ille, huic vos non creditis.

39 Scrutamini Scripturas, quia vos videmini vobis in ipsis vitam aeternam habere: et illae sunt quae testantur de me.

40 Sed non vultis venire ad me, ut vitam habeatis.

41 Gloriam ab hominibus non capto

42 Sed vos novi charitatem Dei non habere in vobis.

43 Ego veni nomine Patris mei, nec recipitis me: si venerit alius nomine suo, illum recipietis.

44 Quomodo vos potestis credere, quum gloriam alii ab aliis captetis, et gloriam illam quae a solo Deo proficiscitur non quaeratis?

45 Ne putate me accusaturum vos apud Patrem: est qui accuset vos Moses, in quo vos speratis.

46 Si enim crederetis Mosi, crederetis mihi: nam ille de me scripsit.

47 Quòd si scriptis illius non creditis, quomodo verbis meis credetis?

CAP. VI.

POST haec abiit Jesus trans mare Galilaeae, *quod est* Tiberiadis.

2 Et sequebatur eum turba multa, quia videbant ejus signa quae edebat in aegrotis.

3 Subiit verò in montem Jesus, et ibi sedit cum discipulis suis.

4 Propè autem erat pascha, festum Judaeorum.

5 Quum ergo sustulisset oculos Jesus, et conspexisset multam turbam ad se venire, dicit Philippo Unde ememus panes ut isti vescantur?

6 (Hoc autem dicebat tentans eum: ipse enim sciebat quid esset facturus.)

7 Respondit ei Philippus, Ducentorum denariorum panes non suffecerint eis, ut singuli eorum paululum quiddam accipiant.

8 Dicit ei unus ex discipulis ejus, *nempe* Andreas, frater Simonis Petri,

9 Est hic puerulus quidam qui habet quinque panes hordeaceos et duos pisciculos: sed haec quid sunt inter tam multos?

10 Dixit autem Jesus, Facite ut isti discumbant. Erat autem gramen multum in eo loco. Discubuerunt ergo viri illi numero quasi quinquies mille.

11 Accepit autem panes illos Jesus, et actis gratiis distribuit discipulis, discipuli verò discumbentibus similiter etiam ex pisciculis illis quantum volebant.

12 Ut autem expleti sunt, dixit Je

JOANNES, VI.

sus discipulis suis, Cogite quae superuerunt fragmenta, ne quid pereat.

13 Coëgerunt ergo, et impleverunt duodecim cophinos fragmentis ex quinque illis panibus hordeaceis, quae superfuerant iis qui comederant.

14 Illi ergo, quum vidissent signum quod Jesus ediderat, dicebant, Hic est verè propheta ille qui venturus erat in mundum.

15 Jesus ergo, quum nôsset venturos. e. se abrepturos ut se facerent regem, secessit rursus in montem solus ipse.

16 ¶ Ut autem serum *diei* factum est, descenderunt discipuli ejus ad mare.

17 Et ingressi navigium ibant trans mare Capernaumum versus; jam autem erant tenebrae, nec venerat ad eos Jesus.

18 Et mare, vento magno flante, insurgebat.

19 Provecti verò quasi stadia viginti-quinque aut triginta, conspiciunt Jesum ambulantem super mare, et appropinquantem navi; et timuerunt.

20 Ille vero dixit eis, Ego sum, ne timete.

21 Cupidè ergo receperunt eum in navigium; et statim navigium pervenit ad regionem in quam ibant.

22 ¶ Postero die, turba quae substiterat eis mare, quum vidisset illic non fuisse aliud navigiolum nisi unum illud in quod ingressi fuerant discipuli ejus, et Jesum non introisse cum discipulis suis in navigium, sed solos ejus discipulos abiisse :

23 (Alia verò navigiola Tiberiade venerunt prope locum illum ubi comederant panem, posteaquam gratias egisset Dominus:)

24 Quum igitur, *inquam*, vidisset turba Jesum illic non esse, neque discipulos ejus, ingressi sunt et ipsi in navigia, et venerunt Capernaumum, quaerentes Jesum.

25 Et eo invento trans mare, dixerunt ei, Rabbi, quando huc pervenisti ?

26 Respondit eis Jesus, et dixit Amen, amen, dico vobis, quaeritis me, non quia vidistis signa, sed quia comedistis panes illos, et saturati estis.

27 Operemini non cibo qui perit sed cibo illi qui permanet in vitam aeternam, quem Filius hominis dabit vobis: hunc enim Pater obsignavit, *id est,* Deus.

28 Dixerunt ergo ad eum, Quid faciemus ut operemur operibus Dei ?

29 Respondit Jesus, et dixit eis Hoc illud est opus Dei, ut credatis in eum quem ille misit.

30 Dixerunt ergo ei, Quod ergo tu signum edis, ut videamus et credamus tibi? quid operaris?

31 Patres nostri comederunt illud manna in deserto illo, sicut scriptum est, Panem coelestem dedit eis vescendum.

32 Dixit ergo eis Jesus, Amen, amen, dico vobis, nequaquam Moses dedit vobis panem illum coelestem; sed Pater meus dat vobis panem illum coelestem verum.

33 Panis enim ille Dei is est qui de coelo descendit, et dat vitam mundo.

34 Dixerunt ergo ei, Domine, da nobis semper panem istum.

35 Dixit autem eis Jesus, Ego sum panis ille vitae: qui venit ad me nequaquam esuriet; et qui credit in me non sitiet unquam.

36 Sed dixi vobis, vos etiam vidisse me, et non credere.

37 Quicquid dat mihi Pater, ad me veniet; et eum qui venit ad me nequaquam ejecerim foras :

38 Quia descendi e coelo, ut ex sequar non voluntatem meam, sed voluntatem ejus qui misit me.

39 Haec est autem voluntas ejus qui misit me, *id est,* Patris, ut quicquid mihi dederit, non perdam ex eo, sed suscitem illud in ultimo illo die.

40 Haec est autem voluntas ejus, qui misit me, ut omnis qui conspicit Filium, et credit in eum, habeat vi-

JOANNES, VII.

...am aeternam: et suscitum ipsum ego ultimo illo die.

41 Murmurabant ergo Judaei de eo, quia dixerat, Ego sum panis ille qui e coelo descendit.

42 Et dicebant, Nonne hic est Jesus, filius ille Josephi, cujus nos novimus patrem et matrem? quomodo ergo dicit iste, E coelo descendi?

43 Respondit ergo Jesus, et dixit eis, Ne murmurate inter vos.

44 Nemo potest venire ad me, nisi Pater, qui misit me, traxerit eum: et ego suscitem ipsum ultimo illo die.

45 Scriptum est in prophetis, Et erunt omnes docti a Deo. Quisquis ergo audivit a Patre, et didicit, venit ad me.

46 Non quòd Patrem viderit quisquam, nisi is qui est a Deo; hic vidit Patrem

47 Amen, amen, dico vobis, qui credit in me habet vitam aeternam.

48 Ego sum panis ille vitae.

49 Patres vestri comederunt manna in deserto, et mortui sunt.

50 Hic est panis ille qui e coelo descendit, ut qui eo vescitur, non moriatur.

51 Ego sum panis ille vivificus qui e coelo descendit. Siquis ederit ex hoc pane, vivet in aeternum: panis autem quem ego dabo, caro mea est, quam ego dabo pro mundi vitâ.

52 Pugnabant ergo Judaei alii adversùs alios, dicentes, Quomodo potest hic nobis carnem *suam* dare ad vescendum?

53 Dixit ergo eis Jesus, Amen, amen, dico vobis, nisi ederitis carnem Filii hominis, et biberitis ejus sanguinem, non habebitis vitam in vobis.

54 Qui edit carnem meam, habet vitam aeternam; et ego suscitabo ipsum in ultimo illo die.

55 Caro enim mea verè est cibus, et sanguis meus verè est potus.

56 Qui edit meam carnem, et bibit meum sanguinem, in me manet, et ego in eo.

57 Sicut misit me vivens ille Pater, et ego vivo per Patrem: *ita* etiam qui ederit me, vivet ipse quoque per me.

58 Hic est panis ille qui de coelo descendit: non prout comederunt patres vestri manna, et mortui sunt: qui ederit hunc panem, vivet in aeternum.

59 Haec dixit in synagogâ, quum doceret in *urbe* Capernaumo.

60 Multi ergo ex discipulis ejus *his* auditis dixerunt, Durus est hic sermo: quis potest eum audire?

61 Sciens autem Jesus apud se discipulos suos de hoc murmurare, dixit eis, Hoccine vos offendit?

62 *Quid* si igitur spectaveritis Filium hominis ascendentem eò ubi erat priùs?

63 Spiritus est id quod vivificat; caro non prodest quicquam: verba quae ego loquor vobis, spiritus sunt et vita sunt.

64 Sed sunt quidam ex vobis qui non credunt. Sciebat enim a principio Jesus quinam essent qui non credebant, et quis eum proditurus esset.

65 Et dicebat, Propterea dixi vobis neminem posse venire ad me, nisi fuerit ei datum a Patre meo.

66 Ex eo *tempore* multi discipulorum ejus retro retulerunt, nec campliùs cum eo versabantur.

67 Dixit ergo Jesus duodecim illis, Num et vos vultis abire?

68 Respondit ergo ei Simon Petrus, Domine, ad quem abibimus? verba vitae aeternae habes:

69 Et nos credidimus, et scimus te esse Christum illum Filium Dei viventis.

70 Respondit eis Jesus, Nonne ego vos duodecim elegi, et *tamen* unus ex vobis est diabolus?

71 Loquebatur autem de Judâ Simonis *filio* Iscariotâ; futurum enim erat ut hic proderet eum, quum esset unus ex iilis duodecim.

CAP. VII.

VERSABATUR autem Jesus post haec in Galilaeâ: nolebat

IOANNES, VII.

enim in Judaeâ versari, quia studebant eum Judaei trucidare.

2 Propè autem erat festum Judaeorum Scenopegia.

3 Dixerunt igitur ad eum fratres ejus, Digredere hinc, et vade in Judaeam, ut tui quoque discipuli spectent opera tua quae facis.

4 Nemo enim in occulto facit aliquid, et quaerit ipse celebris esse: si haec facis, patefacito teipsum mundo.

5 Nam ne fratres quidem ejus credebant in eum.

6 Dicit ergo eis Jesus, Tempus meum nondum adest: tempus autem vestrum semper est paratum.

7 Non potest mundus vos odisse: me autem odit, quoniam ego testor de eo, opera ejus mala esse.

8 Vos ascendite ad hos dies festos: ego nondum ascendo ad festum, quia tempus meum nondum expletum est.

9 Haec autem quum eis dixisset, mansit in Galilaeâ.

10 ¶ Ut ascenderunt autem fratres ejus, tunc et ipse ascendit ad festum, non manifestè, sed velut in occulto.

11 Judaei ergo quaerebant eum in festo, et dicebant, Ubi est ille?

12 Et mussitatio multa erat in turbâ de eo: alii quidèm dicebant, Vir bonus est; alii verò dicebant, Non, sed turbam seducit.

13 Nullus tamen palam loquebatur de eo, propter metum Judaeorum.

14 ¶ Festo autem illo jam medio ascendit Jesus in templum, ac docebat.

15 Et mirabantur Judaei, dicentes, Quomodo iste literas novit, quum eas non didicerit?

16 Respondit eis Jesus, et dixit, Mea doctrina non est mea, sed ejus qui misit me.

17 Si quis voluerit quod ille vult facere, cognoscet de doctrinâ, utrum ex Deo sit, an ego a meipso loquar.

18 Qui a semetipso loquitur, gloriam propriam quaerit: qui autem quaerit gloriam ejus qui misit ipsum,

hic verax est, et injustitia in eo non est.

19 Nonne Moses dedit vobis legem, et *tamen* nemo ex vobis praestat legem? quid me studetis truci dare?

20 Respondit turba et dixit, Daemonium habes: quis te studet trucidare?

21 Respondit Jesus et dixit eis, Unum opus feci, et omnes miramini.

22 Attamen Moses dedit vobis circumcisionem (non quòd ex Mose sit, sed *quia* ex patribus) et sabbato circumciditis hominem.

23 Si circumcisionem accipit homo sabbato, ut non solvatur lex Mosis, mihi indignamini quòd totum nominem sanum fecerim sabbato?

24 Ne judicate secundùm speciem, sed justum illud judicium ferte.

25 Dicebat ergo quidam ex Hierosolymitanis, Nonne hic est quem student trucidare?

26 At ecce, palàm loquitur, et nihil ei dicunt: numnam verò cognoverunt primores hunc verè esse Christum illum?

27 Sed novimus unde hic sit: quum autem venerit ille Christus, nemo cogniturus est unde sit.

28 Clamabat ergo Jesus in templo, docens ac dicens, Et me nôstis, et unde sim nôstis: et a meipso non veni, sed est verax qui misit me, quem vos non nôstis.

29 Ego verò novi eum, quia ab ipso sum, et ille me misit

30 Studebant ergo eum prehendere: sed nemo injecit in eum manum, quia nondum venerat hora ipsius.

31 Multi verò ex turbâ crediderunt in eum, et dicebant, Christus, quum venerit, num signa plura edet iis quae iste edidit?

32 Audierunt Pharisaei turbam ista murmurantem de eo, et miserunt Pharisaei ac primarii sacerdotes ministros ut eum prehenderent.

33 Dixit ergo eis Jesus, Adhuc

JOANNES, VIII.

paulisper ero vobiscum : deinde abibo ad eum qui me misit.

34 Quaeretis me, nec invenietis : et ubi ego ero, eò vos non poteritis venire.

35 Dixerunt ergo Judaei inter se:e, Quò jam est iste profecturus, ut nos non inveniamus eum ? num ad eos qui dispersi sunt inter Graecos profecturus est, et Graecos docturus ?

36 Quis est hic sermo quem dixit, Quaeretis me, et non invenietis : et ubi ego ero, vos non poteritis venire ?

37 ¶ Ultimo autem die illo magno festi stetit Jesus, et clamavit, dicens, Siquis sitit, veniat ad me, et bibat.

38 Qui credit in me, sicut dixit Scriptura, flumina aquae vivae ex ventre ipsius fluent.

39 (Hoc autem dixit de Spiritu illo quem accepturi erant credentes in eum : nondum enim erat Spiritus Sanctus, quia Jesus nondum erat glorificatus.)

40 Multi ergo e turbâ, quum audissent hunc sermonem, dicebant, Verè hic est propheta ille.

41 Alii dicebant, Hic est Christus ille. Quidam autem dicebant, Num enim e Galilaeâ veniet ille Christus ?

42 Nonne Scriptura dicit, ex semine Davidis, et ex vico Bethlehema, ubi erat David, venturum illum Christum ?

43 Dissidium ergo ortum est in turbâ propter eum.

44 Quidam autem ex ipsis volebant eum prehendere : sed nemo inrecit in eum manus.

45 Venerunt ergo ministri ad primarios sacerdotes et Pharisaeos : qui dixerunt eis, Quare non adduxistis eum ?

46 Responderunt ministri, Nunquam ita loquutus est homo ut homo iste.

47 Responderunt ergo eis Pharisaei. Num et vos seducti estis ?

48 Num quis ex primoribus credidit in eum, aut ex Pharisaeis ?

49 Sed turba haec, quae non novit legem, exsecrabilis est.

50 Dicit eis Nicodemus, is qui venerat ad eum nocte, quum unus esset ex illis:

51 Num lex nostra condemnat quempiam, nisi priùs ex ipso audierit, et cognoverit quid faciat ?

52 Responderunt et dixerunt ei, Num et tu Galilaeus es ? scrutare, et scito ex Galilaeâ prophetam non fuisse suscitatum.

53 Et profectus est unusquisque domum suam.

CAP. VIII.

JESUS autem profectus est in montem Olearum.

2 Et diluculo rursus adfuit in templo ; et totus populus venit ad eum, et sedens docebat eos.

3 Adducunt autem ad eum scribae et Pharisaei mulierem in adulterio deprehensam : et quum statuissent eam in medio,

4 Dicunt ei, Praeceptor, haec mulier deprehensa est in ipso facto, quum moecharetur.

5 In lege verò Moses mandavit nobis ut tales lapidentur : tu ergo quid dicis ?

6 Hoc autem dicebant tentantes eum, ut possent eum accusare. Jesus autem incurvatus deorsum, digito scribebat in terrâ.

7 Quum autem perseverarent eum interrogare, erexit se, et dixit eis, Qui vestrûm immunis est a peccato, primus in eam jaciat lapidem.

8 Et rursum incurvatus deorsum, scribebat in terrâ.

9 Ipsi verò quum haec audivissent, et a conscientia redarguerentur, singulatim alius post alium exibant, initio facto a senioribus usque ad ultimos : et relictus est solus Jesus, et mulier in medio stans.

10 Quum autem sese Jesus erexisset, et neminem conspiceret praeter mulierem, dixit ei, Mulier, ubi sunt

JOANNES, VIII.

illi tui accusatores? nemo te condemnavit?

11 Ipsa verò dixit, Nemo, Domine. Dixit autem ei Jesus, Nec ego te condemno : vade, et ne amplius pecca.

12 ¶ Rursum ergo Jesus eis loquutus est, dicens, Ego sum lux illa mundi: qui sequitur me, non ambulabit in tenebris, sed habebit lumen vitae.

13 Pharisaei igitur dixerunt ei, Tu de teipso testaris : testimonium tuum non est firmum.

14 Respondit Jesus, et dixit eis, Etiamsi ego testor de meipso, firmum est testimonium meum ; quia scio unde venerim, et quò vadam : vos autem nescitis unde venerim, et quò vadam.

15 Vos secundùm carnem judicatis: ego non judico quenquam.

16 Quod si etiam judicarem ego, judicium meum firmum esset. quia solus non sum, sed ego et qui misit me Pater.

17 Sed et in lege vestrâ scriptum est, duorum hominum testimonium firmum esse.

18 Ego *is* sum qui testor de meipso, et testatur de me qui misit me Pater.

19 Dicebant ergo ei, Ubi est tuus ille Pater? Respondit Jesus, Neque me nôstis, neque Patrem meum : si me nôssetis, Patrem quoque meum nôssetis.

20 Haec verba loquutus est Jesus in gazophylacio, docens in templo : et nemo prehendit eum, quia nondum venerat illa ipsius hora.

21 ¶ Dixit ergo iterum eis Jesus, Ego vado, et quaeretis me, et in hoc peccato vestro moriemini : quò ego vado, vos non potestis venire.

22 Dicebant ergo Judaei, Num trucidabit seipsum, qui dicat, Quò ego vado, vos non potestis venire?

23 Tunc dixit eis, Vos ex *locis* infernis estis, ego sum ex supernis : vos ex hoc mundo estis, ego non sum ex hoc mundo.

24 Ideo vobis dixi, vos morituros in peccatis vestris . nam nisi credideritis me *eum* esse, moriemini in peccatis vestris.

25 Dixerunt ergo ei, Tu quis es Tum dixit eis Jesus, *Id* quod a principio dico vobis.

26 Multa habeo quae de vobis loquar ac judicem ; sed qui me misit, verax est ; et ego quae audivi ab eo, haec loquor mundo.

27 Non cognoverunt eum de Patre sibi *haec* dicere.

28 Dixit ergo eis Jesus, Quum sustuleritis Filium hominis, tunc agnoscetis me eum esse, et a meipso nihil facere ; sed prout docuit me Pater, haec loqui.

29 Nam qui me misit, mecum est : non reliquit me solum Pater, quia ego quae placita sunt ei facio semper.

30 Haec illo loquente multi crediderunt in eum.

31 ¶ Dicebat ergo Jesus iis Judaeis qui crediderant ipsi, Si vos manseritis in sermone meo, verè discipuli mei eritis.

32 Et cognoscetis veritatem, et veritas vos in libertatem vindicabit.

33 Responderunt ei, Semen Abrahami sumus, neque cuiquam servivimus unquam : quomodo tu dicis, Vos in libertatem vindicabimini ?

34 Respondit eis Jesus, Amen, amen, dico vobis, quisquis operam dat peccato, servus est peccati.

35 Servus autem non manet in domo perpetuò : filius manet perpetuò.

36 Itaque si vos Filius in libertatem vindicârit, verè liberi eritis.

37 Scio vos semen Abrahami esse sed studetis me trucidare, quia sermo ille meus non habet locum apud vos.

38 Ego loquor quod vidi apud Patrem meum ; et vos facitis quod vidistis apud patrem vestrum.

39 Responderunt et dixerunt ei, Pater noster Abrahamus est. Dicit eis Jesus. Si filii Abrahami essetis opera Abrahami faceretis.

40 Nunc autem studetis me trucidare, hominem qui veritatem vobis loquutus sum, quam audivi a Deo: hoc Abrahamus non fecit.

41 Vos facitis opera patris vestri Itaque dixerunt ei, Nos ex scortatione non sumus geniti: unum Patrem habemus, *nempe* Deum.

42 Dixit ergo eis Jesus, Si Deus Pater vester esset, diligeritis me; ego enim a Deo prodii et adsum: nec enim a meipso veni, sed ille me misit.

43 Quare loquutionem istam meam non agnoscitis? *nempe* quoniam non potestis audire sermonem meum.

44 Vos ex patre diabolo estis, et cupiditates patris vestri vultis explere. Ille fuit homicida a principio, et in veritate non perstitit; non est enim veritas in eo. Quotiescunque loquitur mendacium, de suo loquitur, quia mendax est, et pater ille mendacii.

45 Vos autem, quia ego veritatem dico non creditis mihi.

46 Quis ex vobis arguit me de peccato? si veritatem dico, quare vos non creditis mihi?

47 Qui ex Deo est, verba Dei audit; propterea vos non auditis, quia ex Deo non estis.

48 Responderunt ergo Judaei et dixerunt ei, Nonne bene dicimus te Samaritanum esse, et daemonium habere?

49 Respondit Jesus, Ego daemonium non habeo; sed honoro Patrem meum, et vos contumeliâ afficitis me.

50 Ego verò non quaero gloriam meam: est qui quaerat et judicet.

51 Amen, amen, dico vobis, siquis sermonem meum servaverit, mortem non conspiciet in aeternum.

52 Dixerunt ergo ei Judaei, Nunc agnoscimus te daemonium habere. Abrahamus mortuus est, et prophetae: et tu dicis, Siquis sermonem meum servaverit, non gustabit mortem in aeternum.

53 Num tu major es patre illo nostro Abrahamc qui mortuus est? etiam prophetae mortui sunt, quem tu teipsum facis?

54 Respondit Jesus, Si ego glorifico meipsum, gloria mea nihil est: Pater ille meus is est qui glorificat me, quem vos dicitis Deum vestrum esse.

55 Sed non nôstis eum; ego verò ipsum novi: et si dixero ipsum mihi non esse notum, ero similis vestri, id *est*, mendax: sed eum novi, et sermonem ejus servo.

56 Abrahamus pater ille vester gestivit ut videret diem istum meum; et vidit, ac gavisus est.

57 Dixerunt igitur ei Judaei, Quinquaginta annos nondum habes, et Abrahamum vidisti?

58 Dixit eis Jesus, Amen, amen, dico vobis, priusquam Abrahamus existeret, ego sum.

59 Sustulerunt ergo lapides ut jacerent in eum: Jesus autem occultavit se, et exivit e templo, quum transivisset per medios ipsos: et ita praeteriit.

CAP. IX.

PRAETERIENS autem vidit quendam caecum a nativitate.

2 Et interrogaverunt eum discipuli ejus, dicentes, Rabbi, quis peccavit, iste, an parentes ejus, ut caecus nasceretur?

3 Respondit Jesus, Neque iste peccavit, neque parentes ejus, *ut caecus nasceretur*; sed *caecus natus est*, ut opera Dei manifesta fiant in eo.

4 Oportet me vacare operibus ejus qui misit me, donec dies est: veniet nox, quum nemo potest operari.

5 Quamdiu fuero in mundo, Lux sum mundi.

6 Hoc quum dixisset, spuit humi, et fecit lutum ex sputo, et illevit *lu*tum oculis caeci;

7 Dixitque ei, Vade, ablue *oculos* in piscinâ Siloam, quod est, *si* interpreteris, Missus. Abiit ergo, et abluit *oculos*, rediitque videns.

8 Vicini ergo, et qui priùs viderant eum caecum esse, dicebant, Nonne hic est qui sedebat et mendicabat?

JOANNES, IX.

9 Alii dicebant, Hic est; alii verò, similis est ei. Ille *verò* dicebat, Ego *is* sum.

10 Dixerunt ergo ei, Quomodo aperti sunt tibi oculi?

11 Respondit ille, et dixit, Quidam qui dicitur Jesus lutum fecit, et illevit *illud* oculis meis, et dixit mihi, Vade ad piscinam Siloam, et ablue *oculos :* ut autem abii et ablui *oculos*, vidi.

12 Dixerunt ergo ei, Ubi est ille? Ait, Nescio.

13 ¶ Adducunt eum ad Pharisaeos, eum, *inquam*, qui olim caecus fuerat.

14 Erat autem sabbatum, quum lutum faceret Jesus, et aperiret oculos ejus.

15 Rursus ergo interrogârunt eum etiam Pharisaei, quomodo videndi facultatem esset adeptus. Ille verò dixit eis, Lutum imposuit oculis meis, et ablui *oculos*, et video.

16 Dicebant ergo ex Pharisaeis quidam, Homo iste non est a Deo; nam sabbatum non servat. Alii dicebant, Quomodo potest quispiam peccator talia signa edere? Et dissidium erat inter eos.

17 Rursus dicunt caeco, Tu quid dicis de ipso, quòd aperuit oculos tuos? Ille autem dixit, Certè propheta est.

18 Non crediderunt ergo Judaei de eo quòd caecus fuisset, et videndi facultatem esset adeptus, usquequc vocârunt ejus parentes, ejus, *inquam*, qui videndi facultatem fuerat adeptus.

19 Et interrogaverunt eos, dicentes, Hiccine est filius ille vester, quem vos dicitis caecum natum esse? quomodo ergo nunc videt?

20 Responderunt eis parentes ejus, et dixerunt, Scimus hunc esse filium llum nostrum, et caecum natum esse:

21 Quomodo verò nunc videat nescimus; aut quis ejus aperuerit oculos nos nescimus: ipse aetatem habet, ipsum interrogate, ipse de se loquetur.

22 Haec dixerunt parentes ejus, quòd timerent Judaeos: jam enim constituerant Judaei, ut siquis eum confiteretur esse Christum, synagogâ moveretur.

23 Propterea parentes ejus dixerunt Aetatem habet, ipsum interrogate.

24 Secundò ergo vocârunt hominem qui fuerat caecus, et dixerunt ei, Tribue gloriam Deo; nos hunc hominem scimus peccatorem esse.

25 Respondit igitur ille, et dixit, An peccator sit nescio: unum scio; me, quum caecus fuerim, nunc videre.

26 Dixerunt autem ei rursus, Quid fecit tibi? quomodo aperuit oculos tuos?

27 Respondit eis, Jam vobis dixi, et non audistis: cur iterum vultis audire? num et vos fieri vultis ipsiu discipuli?

28 Itaque conviciati sunt ei, et dixerunt, Tu discipulus illius es: nos autem Mosis discipuli sumus.

29 Nos scimus Deum esse loquutum Mosi: hic autem unde sit nescimus.

30 Respondit ille, et dixit eis, At enim istud mirum est, quòd vos nesciatis unde sit, et *tamen* aperuit meos oculos.

31 Scimus autem quòd Deus peccatores non audiat: sed si quis Dei cultor est, et facit quod ille vult, *ille* hunc audit.

32 Ab seculo non est auditum aliquem aperuisse oculos ejus qui caecus natus fuerit.

33 Nisi esset hic a Deo, non posset *tale* quicquam facere.

34 Responderunt et dixerunt ei Tu in peccatis natus es totus, et tu doces nos? Et ejecerunt eum forà.

35 Audivit Jesus eum ejectum foràs; et eum nactus, dixit ei, Tunc credis in Filium Dei?

36 Respondit ille, et dixit, Quis est, Domine, ut credam in eum?

37 Dixit autem ei Jesus, Et v. disti eum, et is est qui loquitur tecum

JOANNES, X.

38 At ille ait, Credo, Domine. Et adoravit eum.

39 Et dixit Jesus, Ad judicium *exercendum* ego in hunc mundum veni: ut qui non vident, videant; et qui vident, caeci fiant.

40 Audierunt autem haec quidam e Pharisaeis qui cum ipso erant et dixerunt ei Num et nos caeci sumus?

41 Dixit eis Jesus, Si caeci essetis, non haberetis peccatum: nunc vero dicitis, Videmus: itaque peccatum vestrum manet.

CAP. X.

AMEN, amen, dico vobis, qui non ingreditur per ostium in caulam ovium, sed ascendit aliunde, ille fur est et latro.

2 Qui vero ingreditur per ostium, pastor est ovium.

3 Huic aperit janitor, et oves vocem ejus audiunt: et suas oves vocat nominatim, et educit eas.

4 Quumque suas oves emiserit, antegreditur eas: et oves eum sequuntur, quia nôrunt vocem ejus.

5 Alienum autem nequaquam sequentur, sed fugient ab eo; quia non nôrunt vocem alienorum.

6 Hanc similitudinem dixit eis Jesus. Illi vero non cognoverunt quaenam illa essent quae loquebatur eis.

7 ¶ Jesus ergo rursum dixit eis, Amen, amen, dico vobis, ego sum ostium illud ovium.

8 Quotquot ante me venerunt, fures sunt et latrones: sed oves non auscultárunt eos.

9 Ego sum illud ostium: per me siquis introíerit, servabitur; et ingredietur, et egredietur, et pascua inveniet.

10 Fur non venit nisi ut furetur, et mactet ac perdat *oves:* ego veni ut vitam habeant, et abundent.

11 Ego sum pastor ille bonus: bonus pastor animam suam deponit pro ovibus.

12 Mercenarius autem, et qui non est pastor, cujus non sunt oves propriae, videns lupum venientem, relinquit oves, et fugit: lupus autem eas rapit, et dispergit ovile:

13 Mercenarius autem fugit, quia mercenarius est, et non est illi cura ovium.

14 Ego sum pastor ille bonus, et agnosco meas, et agnoscor a meis.

15 Prout novit me Pater, *ita* et ego novi Patrem; et animam meam depono pro ovibus.

16 Alias etiam oves habeo, quae non sunt ex hâc caulâ: illas quoque oportet me adducere; nam vocem meam audient: fietque unus grex, *et* unus pastor.

17 Propterea Pater me diligit, quia ego depono animam meam ut eam rursus assumam.

18 Nemo tollit eam a me, sed ego depono eam per me ipsum: potestatem habeo deponendi eam, et potestatem habeo rursus eam assumendi Hoc mandatum accepi a Patre meo.

19 Dissidium igitur rursum ortum est inter Judaeos propter istos sermones.

20 Dicebant autem multi eorum, Daemonium habet, et insanit: quid eum auditis?

21 Alii dicebant, Haec verba non sunt daemoniaci: num daemonium potest caecorum oculos aperire?

22 ¶ Facta autem encaenia Hierosolymis, et hiems erat.

23 Et ambulabat Jesus in templo in porticu Solomonis.

24 Cinxerunt igitur eum Judaei, et dixerunt ei, Quousque animam nostram suspendis? Si tu es Christus ille, dic nobis apertè.

25 Respondit eis Jesus, Dixi vobis, nec creditis: opera quae ego facio in nomine Patris mei, haec testantur de me.

26 Sed vos non creditis, non enim estis ex ovibus illis meis, sicut dixi vobis.

27 Oves illae meae vocem meam audiunt, et ego eas agnosco, et sequuntur me.

JOANNES, XI.

28 Et ego vitam aeternam do eis, nec peribunt in aeternum, neque rapiet eas quisquam e manu meâ.

29 Pater ille meus, qui mihi dedit eas, major omnibus est: neque quisquam potest eas eripere e manu Patris mei.

30 Ego et Pater unum sumus.

31 Sustulerunt ergo rursum lapides Judaei, ut eum lapidarent.

32 Respondit eis Jesus, Multa bona opera exhibui vobis ex Patre meo : propter quod illorum operum me lapidatis ?

33 Responderunt ei Judaei, dicentes, Ob bonum opus non lapidamus te, sed ob blasphemiam, id est, quia tu, homo quum sis, facis teipsum Deum.

34 Respondit eis Jesus, Nonne, scriptum est in lege vestrâ, Ego dixi, *dii* estis ?

35 Si ergo illos dixit deos, ad quos sermo Dei factus est, et non potest solvi Scriptura ;

36 *Mene*, quem Pater sanctificavit et misit in mundum, vos dicitis blasphemare, quia dixi, Filius Dei sum ?

37 Si non facio opera Patris mei, nolite credere mihi :

38 Sin verò *illa* facio, etiamsi mihi non credatis, operibus *tamen* credite ; ut cognoscatis et credatis Patrem in me esse, et me in eo.

39 Rursus ergo studebant eum prehendere : sed exivit ex eorum manu.

40 Abiitque rursus ad trajectum Jordanis, in eum locum ubi primùm fuerat Joannes, quum baptizaret, mansitque illic.

41 Multi autem veniebant ad eum, et dicebant, Joannes quidem signum nullum edidit : quaecunque autem de isto dixit, vera erant

42 Et multi illic crediderunt in eum.

CAP. XI.

AEGROTABAT autem quidam nomine Lazarus a Bethaniâ, ex vico Mariae et Marthae sororis ipsius.

2 (Maria autem ea erat quae unxit Dominum unguento, et extersit pedes ejus capillis suis ; cujus frater Lazarus aegrotabat.)

3 Miserunt ergo sorores ejus ad ipsum, dicentes, Domine, ecce, is quem amas, aegrotat.

4 Jesus autem, hoc audito, dixit, Morbus iste non est *immissus* ad mortem, sed pro Dei gloriâ, ut per eum *morbum* glorificetur Filius Dei.

5 Diligebat autem Jesus Martham, et sororem ejus, et Lazarum.

6 Ut ergo audivit *illum* aegrotare, tum quidèm mansit duos dies in eo loco ubi erat.

7 Deinde postea dixit discipulis, Eamus in Judaeam rursus.

8 Dicunt ei discipuli, Rabbi, modò studebant te Judaei lapidare, et rursum illùc abis ?

9 Respondit Jesus, Nonne duodecim sunt horae diei ? Siquis ambulet interdiu, non impingit, quia lucem hujus mundi videt.

10 Si quis autem ambulet nocte, impingit, quia lux ei non adest.

11 Haec ait ; et postea dixit eis, Lazarus, amicus ille noster, dormit : sed proficiscor ut a somno excitem eum.

12 Dixerunt ergo discipuli ejus, Domine, si dormit, servabitur.

13 Hoc autem dixerat Jesus de ipsius morte : at illi putârunt eum de dormitione somni dicere.

14 Tunc ergo Jesus dixit eis apertè, Lazarus mortuus est :

15 Et gaudeo propter vos, ut credatis, me illùc non fuisse : sed eamus ad eum.

16 Dixit autem Thomas, qui dicitur Didymus, condiscipulis, Eamus et nos, ut moriamur cum eo

17 Venit ergo Jesus, et invenit eum quartum jam diem in monumento agere.

18 Erat autem Bethania prope Hierosolymam ferè stadiis quindecim.

19 Multique ex Judaeis venerant ad Martham et Mariam, ut consolarentur eas de fratre suo.

JOANNES, XI.

20 Martha ergo, ut audivit Jesum venire, occurrit ei : Maria verò domi sedebat.

21 Dixit autem Martha Jesu, Domine, si fuisses hic, fr****r meus non fuisset mortuus :

22 Sed et nunc scio, fore ut quaecunque petieris a Deo, det tibi.

23 Dicit ei Jesus, Resurget frater tuus.

24 Dixit ei Martha, Scio resurrecturum in resurrectione ultimo illo die.

25 Dixit ei Jesus, Ego sum resurrectio et vita: qui credit in me, etiamsi mortuus fuerit, vivet:

26 Et quisquis vivit, et credit in me, non morietur in aeternum. Credis hoc?

27 Ait illi, Etiam, Domine, ego credo te esse Christum illum Filium illum Dei, qui in mundum venturus erat.

28 Et quum haec dixisset, abiit, et clam vocavit Mariam sororem suam, dicens, Praeceptor adest, et te vocat.

29 Illa ut audivit, surgit citò, et venit ad eum.

30 (Nondum autem venerat Jesus in vicum ; sed erat in eo loco ubi occurrerat ei Martha.)

31 Judaei ergo, qui domi erant cum eâ, et consolabantur eam, quum vidissent Mariam citò surrexisse, et exiisse, sequuti sunt eam, dicentes, Abit ad monumentum, ut illic fleat.

32 Maria verò quum venisset eò ubi erat Jesus, viso eo, accidit ad ejus pedes, dicens ei, Domine, si fuisses hic, non esset mortuus frater meus.

33 Jesus autem, ut vidit eam flentem, et Judaeos qui unà venerant cum eâ flentes, infremuit spiritu, et turbavit seipsum ;

34 Et dixit, Ubi posuistis eum ? Dicunt ei, Domine, veni et vide.

35 Lacrymatus est Jesus.

36 Dixerunt ergo Judaei, Ecce, quomodo amabat eum !

37 Quidam autem ex ipsis dixerunt, Non poterat hic, qui aperuit oculos caeci, facere ut et iste non moreretur ?

38 Jesus ergo rursum fremens apud semetipsum, venit ad monumentum : erat autem spelunca, et lapis erat ei impositus.

39 Ait Jesus, Tollite lapidem. Dicit ei Martha, soror ejus qui mortuus fuerat, Domine, jam olet ; quatuor enim dierum est.

40 Dicit ei Jesus, Nonne dixi tibi, fore, si credideris, ut videas gloriam Dei?

41 Sustulerunt ergo lapidem e loco ubi mortuus ille fuerat positus. Jesus autem sustulit sursum oculos, et dixit, Pater, gratias ago tibi quòd me audieris.

42 Ego verò sciebam me semper a te audiri : sed propter turbam circumstantem hoc dixi, ut credant me a te missum esse.

43 Et quum haec dixisset, clamavit voce magnâ, Lazare, adesdum foras.

44 Tum qui fuerat mortuus, prodiit pedes et manus vinctus fasciis ; facies autem ejus sudario erat obvincta. Dicit eis Jesus, Solvite eum, et sinite abire.

45 Multi ergo ex Judaeis qui venerant ad Mariam, et conspexerant quae fecerat Jesus, crediderunt in eum.

46 Quidam autem ex eis abierunt ad Pharisaeos, et dixerunt eis quae fecerat Jesus.

47 ¶ Coëgerunt ergo primarii sacerdotes et Pharisaei consilium, et dicebant, Quid agemus ? nam hic homo multa signa edit.

48 Si omittamus eum ita, omnes ei credent : venientque Romani, et delebunt tum locum nostrum, tum gentem.

49 Unus autem ex ipsis, Caiaphas pontifex maximus anni illius, dixit eis, Vos nihil scitis ;

50 Nec cogitatis conducere nobis, ut unus homo moriatur pro populo et tota gens non pereat.

JOANNES. XII.

51 Hoc autem ex semetipso non dixit ; sed quum esset pontifex maximus anni illius, prophetavit fore ut Jesus pro gente moreretur :

52 Nec tantùm pro eâ gente, sed ut etiam filios Dei dispersos cogeret in unum.

53 Ab illo ergo die consultabant unà ut trucidarent eum.

54 Jesus ergo palam ampliùs non versabatur inter Judaeos : sed abiit illinc in regionem quae est prope desertum, in urbem quae dicitur Ephraim ; et illic agebat cum discipulis suis.

55 Propè autem erat pascha Judaeorum : et ascenderunt multi Hierosolymam ex illâ regione ante pascha, ut purificarent se.

56 Quaerebant ergo Jesum, et loquebantur alii cum aliis in templo s.antes, Quid videtur vobis ? an venturus non esse ad festum ?

57 Dederant autem primarii sacerdotes et Pharisaei mandatum, ut siquis nôsset ubi esset, indicaret, ut prehenderent eum.

CAP. XII.

JESUS ergo sex ante pascha diebus venit in Bethaniam, ubi erat Lazarus ille qui fuerat mortuus, quem suscitaverat ex mortuis.

2 Fecerunt igitur ei coenam illic, et Martha ministrabat : Lazarus autem unus erat ex iis qui simul discumbebant cum eo.

3 Maria verò acceptâ librâ unguenti nardi liquidae multi pretii, unxit pedes Jesu, et extersit pedes ejus capillis suis : domus autem impleta est odore unguenti.

4 Dixit ergo quidam ex discipulis ejus, *nempe*, Judas Simonis *filius*, Iscariotes, qui erat eum proditurus,

5 Quare hoc unguentum non vaenit trecentis denariis, et datum est pauperibus ?

6 Dixit autem hoc, non quòd pauperum ipsi cura esset, sed quia fur erat, et marsupium habebat, et ea quae immittebantur gestabat.

7 Dixit ergo Jesus, Omitte eam, in

diem funerationis meae servavit istud.

8 Pauperes enim semper habebitis vobiscum, me verò non semper habebitis.

9 ¶ Cognovit ergo turba multa ex Judaeis eum illic esse : et venerunt, non propter Jesum tantùm, sed etiam ut Lazarum viderent, quem excitârat a mortuis.

10 Consultârunt autem primarii sacerdotes, ut Lazarum et am trucidarent.

11 Quia multi ex Judaeis propter eum abibant et credebant in Jesum.

12 ¶ Postero die turba multa, quae venerat ad festum, quum audissent Jesum venire Hierosolymam,

13 Acceperunt ramos palmarum, et prodierunt ei obviam, et clamabant, Hosanna ! benedictus qui venit in nomine Domini, Rex ille Israelis !

14 Nactus autem Jesus asellum insedit ei, sicut scriptum est,

15 Ne time, filia Sionis : ecce, Rex ille tuus venit insidens pullo asinae.

16 Haec autem non cognoverunt discipuli ejus primò : sed quum glorificatus esset Jesus, tunc recordati sunt haec esse scripta de eo, et sese haec illi praestitisse.

17 Testabatur verò turba quae erat cum eo, quòd Lazarum vocâsset e monumento, et suscitâsset eum a mortuis.

18 Propterea etiam occurrit ei turba, quia audierat eum edidisse hoc signum.

19 Pharisaei ergo dixerunt inter se, Videtisne nos nihil proficere ? ecce, mundus eum sequutus est.

20 ¶ Erant autem quidam Graeci ex iis qui ascendunt ut adorent in festo.

21 Isti ergo venerunt ad Philippum, qui *erat* a Bethsaidâ Galilaeae, et rogârunt eum, dicentes, Domine, vellemus Jesum videre.

22 Venit Philippus, et dicit Andreae : Andreas rursum et Philippus dicunt Jesu.

23 Jesus autem respondit eis, di

cens, Venit hora illa qua glorificetur Filius hominis.

24 Amen, amen, dico vobis, nisi granum frumenti ceciderit in terram, et mortuum fuerit, ipsum solum manet: si vero mortuum fuerit, multum fructum adfert.

25 Qui amat animam suam, perdet eam: et qui odit animam suam in hoc mundo, in vitam aeternam custodiet eam.

26 Si mihi quis ministrat, me sequatur; et ubi ego fuero, illic et minister meus erit: et si quis mihi ministraverit, honorabit eum Pater.

27 Nunc anima mea turbata est: et quid dicam? Pater, libera me ab hac horâ; sed propterea veni in horam hanc.

28 Pater. glorifica nomen tuum. Venit ergo vox e coelo, *dicens*, Et glorificavi, et rursus glorificabo.

29 Turba ergo quae adstabat et audierat, dicebat tonitru esse factum: Alii dicebant, Angelus ei loquutus est.

30 Respondit Jesus, et dixit, Non propter me haec vox exstitit, sed propter vos.

31 Nunc judicium adest mundi hujus; nunc princeps ille mundi hujus ejicietur foras.

32 Et ergo, si sublatus fuero a terrâ, omnes traham ad meipsum.

33 (Hoc autem dicebat, significans quâ morte futurum erat ut moreretur.)

34 Respondit ei turba, Nos audivimus ex lege, Christum manere in aeternum: quomodo igitur tu dicis, oportere tolli Filium hominis? quis est iste Filius hominis?

35 Dixit igitur eis Jesus, Adhuc parvo tempore lux vobiscum est: ambulate dum lucem habetis, ne vos tenebrae deprehendant: nam qui ambulat in tenebris nescit quò vadat.

36 Dum lucem habetis, credite in lucem, ut filii lucis fiatis. Haec loquutus est Jesus: et quum abiisset, occultavit se ab eis.

37 ¶ Quum autem tot signa coram eis edidisset, non credebant in eum:

38 Ut sermo Esaiae prophetae impleretur. quem dixit, Domine, quis credidit sermoni nostro, et brachium Domini cui retectum est?

39 Propterea non poterant credere, quia iterum dixit Esaias,

40 Excaecavit oculos eorum, et obduravit corda eorum: ne videam oculis, et intelligant corde, et sese convertant, et sanem eos.

41 Haec dixit Esaias, quando vidit gloriam ejus, et loquutus est de eo.

42 Veruntamen etiam ex primoribus multi crediderunt in eum: sed propter Pharisaeos *hoc* non profitebantur, ne synagogâ moverentur.

43 Dilexerunt enim gloriam hominum potiùs quàm gloriam Dei.

44 Jesus autem clamavit, et dixit, Qui credit in me, non credit in me, sed in eum qui misit me.

45 Et qui conspicit me, conspicit eum qui misit me.

46 Ego lux in mundum veni, ut quisquis credit in me in tenebris non maneat.

47 Siquis autem audierit verba mea, et non crediderit, ego non damno ipsum: non enim veni ut damnem mundum, sed ut servem mundum.

48 Qui rejicit me, nec recipit verba mea, habet qui condemnet ipsum: sermo quem loquutus sum, ille damnabit eum ultimo illo die.

49 Quia ego ex meipso non sum loquutus: sed qui misit me Pater, ipse mihi mandavit quid dicam, et quid loquar.

50 Et scio mandatum ejus vitam aeternam esse. Quae igitur ego loquor, prout dixit mihi Pater, ita loquor.

CAP. XIII.

ANTE festum autem paschae, sciens Jesus venisse horam illam suam, quâ digrederetur ex hoc mundo ad Patrem, quum dilexisset suos illos, qui erant in mundo, usque ad finem dilexit eos.

2 Et coenâ peractâ (quum dia-

JOANNES, XIII.

bolus jam immisisset in cor Judae, *filii* Simonis, Iscariotae, ut proderet eum),

3 Sciens Jesus Patrem omnia dedisse sibi in manus, et se a Deo prodisse, et ad Deum abire,

4 Surgit a coenâ, et deponit pallium ; acceptoque linteo, praecinxit se.

5 Deinde immisit aquam in pelvim, et coepit lavare pedes discipulorum, et extergere linteo quo erat praecinctus.

6 Venit ergo ad Simonem Petrum, qui dixit ei, Domine, tu mihi lavas pedes ?

7 Respondit Jesus, et dixit ei, Quod ego facio, tu nescis nunc, cognosces autem postea.

8 Dicit ei Petrus, Non lavabis meos pedes in aeternum. Respondit ei Jesus, Nisi lavero te, nihil mecum habebis commune.

9 Dicit ei Simon Petrus, Domine, non solùm pedes meos, sed etiam manus et caput.

10 Dicit ei Jesus, Ei qui lotus est, non opus est nisi ut pedes lavet, sed est mundus totus : et vos mundi estis, sed non omnes.

11 Nôrat enim eum a quo prodebatur : propterea dixit, Non omnes estis mundi.

12 Postquam ergo lavisset pedes eorum, et pallium suum recepisset, rursum discubuit, et dixit eis, Nôstisne quid fecerim vobis ?

13 Vos me vocantes, *dicitis*, Praeceptor ac Domine ; et rectè dicitis : sum enim.

14 Itaque si ego lavi pedes vestros Dominus et praeceptor, vos quoque debetis alii aliorum pedes lavare.

15 Exemplum enim praebui vobis, ut prout ego feci vobis, *ita* et vos faciatis.

16 Amen, amen, dico vobis, Servus non est major domino suo, neque egatus major eo a quo missus est.

17 Si haec noveritis, beati eritis si ea feceritis.

18 Non de omnibus vobis loquor: ego scio quos elegerim : sed *oportet*

ut impleatur Scriptura, Qui edit mecum panem, sustulit adversùm me calcem suum.

19 Jam nunc dico vobis priusquam fiat, ut quum factum fuerit, credatis me *eum* esse.

20 Amen, amen, dico vobis, Quando aliquem misero, quisquis *eum* recipit, me recipit ; qui verò me recipit, recipit eum qui me misit.

21 Quum haec dixisset Jesus, turbatus est spiritu ; et testatus est, dixitque, Amen, amen, dico vobis, unus ex vobis prodet me.

22 Discipuli ergo aspiciebant alii ad alios, dubitantes de quo diceret.

23 Erat autem quidam ex discipulis Jesu recumbens in sinu ipsius, *nimirum* is quem diligebat Jesus.

24 Innuit ergo huic Simon Petrus *ut* percontaretur quisnam esset de quo diceret.

25 Ille verò quum incubuisset pectori Jesu, dicit ei, Domine, quis est ?

26 Respondet Jesus, Ille est cui ego intinctam offulam dedero. Et quum intinxisset offulam, dedit Judae *filio* Simonis Iscariotae.

27 Et post *sumptam* offulam, tunc ingressus est in illum Satanas. Dicit igitur ei Jesus, Quod facis, mox facito.

28 Hoc autem nemo accumbentium intelligebat quorsum ei dixisset.

29 Quidam enim putabant, quia marsupium habebat Judas, Jesum ei dixisse, Eme quibus opus est nobis ad festum : aut egenis ut aliquid daret.

30 Ille igitur, acceptâ offulâ, statim exivit : erat autem nox.

31 Quum ergo exivisset, dicit Jesus, Nunc glorificatus est Filius hominis, et Deus glorificatus in eo.

32 *Quòd* si Deus glorificatus est in eo, Deus quoque glorificabit eum in sese, et statim glorificabit eum.

33 Filioli, adhuc paulisper vobis cum sum. Quaeretis me : sed sicut dixi Judaeis, Quò ego vado, vos non potestis venire ; *ita* et vobis nunc dico.

34 Mandatum novum do vobis, Ut

JOANNES, XIV.

alii alios diligatis : sicut, *inquam*, dilexi vos, ut vos etiam diligatis alii alios.

35 Ex hoc omnes cognoscent vos esse discipulos meos, si charitatem habueritis alii in alios.

36 Dicit ei Simon Petrus, Domine, quò abis ? Respondit ei Jesus, Quò abeo non potes me nunc sequi : posteà verò sequêris me.

37 Dicit ei Petrus, Domine, quare non possem te sequi nunc ? animam meam pro te deponam.

38 Respondit ei Jesus, Animam tuam pro me depones ? Amen, amen, dico tibi, non emittet vocem gallus, donec ter me abnegaveris.

CAP. XIV.

NE turbator cor vestrum : creditis in Deum ; etiam in me credite.

2 In domo Patris mei habitationes multae sunt: alioqui dixissem vobis.

3 Proficiscor paraturus vobis locum : et quum profectus fuero, et paravero vobis locum, rursum veniam, et assumam vos ad meipsum ; ut ubi ero ego, et vos sitis.

4 Et quò ego abeam scitis ; et viam scitis.

5 Dicit ei Thomas, Domine, nescimus quò abeas : quomodo igitur possumus viam scire ?

6 Dicit ei Jesus, Ego sum via illa, et illa veritas, et vita illa : nemo venit ad Patrem nisi per me.

7 Si nôssetis me, Patrem etiam meum nôssetis ; et jam nunc nòstis eum, et vidistis eum.

8 Dicit ei Philippus, Domine, ostende nobis Patrem, et sufficit nobis.

9 Dicit ei Jesus, Tantum temporis vobiscum sum, et non nòstis me, Philippe? Qui vidit me vidit Patrem : quomodo igitur tu dicis, Ostende nobis Patrem ?

10 Non credis me in Patre, et Patrem in me esse? Verba quae ego loquor vobis, a meipso non loquor : sed Pater qui in me manet, ipse facit opera.

11 Credite mihi me in Patre, et Patrem in me *esse* ; sin minùs, propter ipsa opera credite mihi.

12 Amen, amen, dico vobis, qui credit in me, opera quae ego facio, et ipse faciet, et majora istis faciet : nam ego ad Patrem meum proficiscor.

13 Et quicquid petieritis in nomine meo, hoc faciam : ut glorificetur Pater in Filio.

14 Si quid petieritis n nomine meo, ego faciam.

15 Si diligitis me, mandata mea servate.

16 Ego verò rogabo Patrem, et alium advocatum dabit vobis ut maneat vobiscum in aeternum :

17 *Nempe* Spiritum illum veritatis, quem mundus non potest recipere, quia non conspicit eum, nec novit eum ; vos autem nòstis eum, quia apud vos manet, et in vobis erit.

18 Non relinquam vos orbos ; redeo ad vos.

19 Adhuc paululum, et mundus me non ampliùs conspiciet ; vos autem conspicietis me ; quia ego vivo, vos etiam vivetis.

20 In illo die vos cognoscetis me esse in Patre meo, et vos in me, et me in vobis.

21 Qui tenet mandata mea, et servat illa, is est qui diligit me : qui au tem diligit me, diligetur a Patre meo et ego diligam eum, et ei conspiciendum exhibebo meipsum.

22 Dicit ei Judas, non *ille* Iscariotes, Domine, quid est cur de sis nobis conspiciendum exhibiturus, et non mundo ?

23 Respondit Jesus, et dixit ei, Si quis diligit me, sermonem meum servabit, et Pater meus diliget eum, e ad eum veniemus, et apud eum habitabimus.

24 Qui non diligit me, sermones meos non servat ; sermo quem auditis non est meus, sed ejus qui misit me, *nempe* Patris.

25 Haec loquutus sum vobis, apud vos manens.

JOANNES, XV.

26 Advocatus autem ille, *id est* Spiritus Sanctus, quem mittit Pater in nomine meo, ille vos docebit omnia, et in memoriam revocabit vobis omnia quae dixi vobis.

27 Pacem relinquo vobis, pacem Ilam meam do vobis: non prout mundus dat, ego do vobis. Ne turbator cor vestrum, neque formidato.

28 Audivistis me dixisse vobis, Abeo, et redeo ad vos. Si diligeretis me, gauderetis utique quòd dixerim, Proficiscor ad Patrem ; nam Pater major me est.

29 Et nunc dixi vobis, priusquam fiat ; ut quum factum fuerit, credatis.

30 Non loquar ampliùs multa vobiscum : venit enim princeps mundi hujus, sed in me non habet quicquam.

31 Sed ut nôrit mundus quod ego Patrem diligo ; et prout mandavit mihi Pater, ita facio. Surgite, abeamus hinc.

CAP. XV.

EGO sum vitis illa vera, et Pater meus est agricola ille.

2 Omnem palmitem in me non ferentem fructum tollit ; et omnem qui fert fructum purgat, ut plus fructûs adferat.

3 Jam vos puri estis propter sermonem quem loquutus sum vobis.

4 Manete in me, et ego in vobis *manebo:* sicut palmes non potest ferre fructum a semetipso, *id est*, nisi manserit in vite ; ita nec vos, nisi in me manseritis.

5 Ego sum vitis, vos palmites : is qui manet in me, et in quo ego maneo, hic fert fructum multum ; nam seorsum a me nihil potestis facere.

6 Nisi quis in me manserit, abjectus extra *vineam,* statim ut palmes arescet : deinde colliguntur isti *palmites,* et in ignem abjiciuntur, et ardent.

7 Si manseritis in me, et verba mea in vobis manserint, quicquid volueritis, petite, et fiet vobis.

8 In hâc re glorificatus fuerit Pater meus, ut fructum multum adferatis, et eritis mei discipuli.

9 Prout dilexit me Pater, *ita et* ego dilexi vos : manete in illâ meâ charitate.

10 Si mandata mea servaveritis, manebitis in charitate meâ ; sicut ego Patris mei mandata servavi, et maneo in ejus charitate.

11 Haec loquutus sum vobis, ut gaudium illud meum in vobis maneat, et gaudium vestrum plenum fiat.

12 Hoc est mandatum illud meum, ut diligatis alii alios, prout dilexi vos.

13 Majorem charitatem nullus habet quàm istam, ut quispiam animam suam deponat pro amicis suis.

14 Vos amici mei eritis, si feceritis quaecunque ego mando vobis.

15 Non ampliùs dicam vos servos, quia servus nescit quid faciat dominus ipsius : vos autem dixi amicos, quia omnia quae audivi a Patre meo, nota feci vobis.

16 Non vos me elegistis, sed ego elegi vos, et constitui vos ut abeuntes fructum feratis, et fructus vester maneat ; ut quicquid petieritis a Patre in nomine meo, det vobis.

17 Haec mando vobis, ut diligatis alii alios.

18 Si mundus vos odit, scitis me priùs quàm vos illis odio habitum.

19 Si ex mundo essetis, mundus quod suum est amaret ; quia verò ex mundo non estis, sed ego elegi vos ex mundo, propterea odit vos mundus.

20 Mementote sermonis illius quem ego dixi vobis, Non est servus major domino suo. Si me persequuti sunt, et vos persequentur ; si sermonem meum servaverunt, et vestrum servabunt.

21 Sed haec omnia facient vobis propter nomen meum, quia non noverunt eum qui misit me

22 Si non venissem et loquutus essem eis, peccatum non haberent

nunc autem non habent quod praetexant peccato suo.

23 Qui me odit, *is* etiam Patrem meum odit.

24 Si opera non fecissem inter eos quae nemo alius fecit, peccatum non haberent ; nunc autem et viderunt, et oderunt tum me, tum Patrem meum.

25 Sed *oportet* ut impleatur sermo qui in lege ipsorum scriptus est, Oderunt me immerito.

26 Quum autem venerit Advocatus ille, quem ego mittam vobis a Patre, Spiritus, *inquam*, ille veritatis, qui a Patre emanat, ille testabitur de me.

27 Sed et vos testabimini, quoniam a principio mecum estis.

CAP. XVI.

HAEC loquutus sum vobis, ut ne offendamini.

2 Movebunt vos synagogis ; imo veniet tempus, quum quisquis trucidabit vos putabit *se* cultum praestare Deo.

3 Et haec facient vobis, quia non noverunt Patrem, neque me.

4 Sed haec loquutus sum vobis, ut quum venerit hora illa, memineritis eorum, *nempe*, quod ego *haec* dixerim vobis : haec autem vobis a principio non dixi, quia vobiscum eram.

5 Nunc autem abeo ad eum qui misit me, et nemo ex vobis interrogat me, *dicens*, Quò abis?

6 Sed quia haec loquutus sum vobis, tristitia implevit cor vestrum.

7 Sed ego veritatem dico vobis, confert vobis ut ego abeam : nisi enim abiero, Advocatus ille non veniet ad vos ; sin autem profectus fuero, mittam eum ad vos.

8 Et quum venerit ille, arguet mundum de peccato, et de justitiâ, et de judicio.

9 De peccato quidèm, eò quòd non credunt in me.

10 De justitiâ verò, eò quòd ad Patrem abeam, et amplius non conspicietis me.

11 De judicio autem, eò quòd princeps hujus mundi condemnatus sit.

12 Adhuc multa habeo quae vobis dicam ; sed nunc non potestis portare.

13 Quum autem venerit ille, *id est*, Spiritus ille veritatis, introducet vos in omnem veritatem ; non enim loquetur a semetipso, sed quaecunque audierit loquetur ; et quae venturae sunt renunciabit vobis.

14 Ille me glorificabit ; quia de meo accipiet, et renunciabit vobis.

15 Omnia quae habet Pater, mea sunt ; proptereà dixi illum de meo accepturum, et renunciaturum vobis.

16 Paulisper, et non conspicietis me ; et rursum paulisper, et videbitis me, quia ego vado ad Patrem.

17 Dixerunt ergo *quidam* ex discipulis ejus alii ad alios, Quid est hoc quod dicit nobis, Paulisper, et non conspicietis me ; et rursus paulisper, et videbitis me, et, Quia ego vado ad Patrem ?

18 Dicebant ergo, Quid illud est quod dicit Paulisper ? nescimus quid loquatur.

19 Cognovit autem Jesus eos velle ipsum interrogare, et dixit eis, De hoc quaeritis inter vos, quòd dixi, Paulisper, et non conspicietis me ; et iterum, Paulisper, et videbitis me?

20 Amen, amen, dico vobis, flebitis vos, et lamentabimini, mundus autem gaudebit : vos verò tristes eritis, sed tristitia vestra evadet in gaudium.

21 Mulier, quum parit, dolorem habet, quoniam advenit hora ejus ; postquam autem peperit puerulum, jam non meminit afflictionis, propter gaudium quòd homo sit natus in mundum.

22 Et vos igitur nunc quidèm tristitiâ tenemini ; sed rursum videbo vos, et gaudebit cor vestrum, et gaudium vestrum nemo tollet a vobis.

23 Et illo die me non interrogabitis quicquam. Amen, amen, dico vo

JOANNES. XVII.

sis, quaecunque petieritis a Patre, in nomine meo, dabit vobis.

24 Usque adhuc non petiistis quic- uam, in nomine meo : petite, et accipietis, ut gaudium vestrum sit plenum.

25 Haec loquutus sum vobis per similitudines; venit tempus quum non ampliùs per similitudines loquar vobis, sed apertè de Patre meo renunciabo vobis.

26 Illo die in nomine meo petetis; et non dico vobis me rogaturum Patrem pro vobis.

27 Ipse enim Pater amat vos, quia vos me amâstis, et credidistis me a Deo prodiisse.

28 Prodii a Patre, et veni in mundum; iterum relinquo mundum, et proficiscor ad Patrem.

29 Dicunt ei discipuli ejus, Ecce nunc apertè loqueris, nec similitudinem ullam dicis.

30 Nunc scimus te scire omnia, nec opus esse tibi ut quis te interroget : per hoc credimus te a Deo prodiisse.

31 Respondit eis Jesus, Nunc creditis ?

32 Ecce, veniet tempus, et jam venit, quum dispergemini unusquisque ad sua, meque solum relinquetis : sed non sum solus; nam Pater mecum est.

33 Haec loquutus sum vobis ut in me pacem habeatis : in mundo oppressionem habebitis; sed confidite, ego vici mundum.

CAP. XVII.

HAEC loquutus est Jesus, et sustulit oculos suos in coelum, dixitque, Pater, venit hora illa ; glorifica Filium tuum, ut et te Filius tuus glorificet :

2 Sicut dedisti ei auctoritatem *in* omnem carnem, ut quotquot dedisti ei, det eis vitam aeternam.

3 Haec est autem vita aeterna, ut te cognoscant *esse* illum solum verum Deum, et quem misisti Jesum Christum.

4 Ego te glorificavi in terrâ ; opus consummavi quod dedisti mil.i ut facerem.

5 Nunc igitur glorifica me, tu Pater, apud temetipsum, eâ gloriâ quam habui apud te priusquam mundus esset.

6 Manifestum feci nomen tuum hominibus quos dedisti mihi *selectos* e mundo : tui erant, et mihi eos dedisti ; e. sermonem tuum servarunt.

7 Nunc noverunt omnia quae dedisti mihi a te esse;

8 Quia verba quae tradidisti mihi, tradidi eis ; et ipsi receperunt, et verè nôrunt me a te prodiise, et crediderunt me a te missum esse.

9 Ego pro eis rogo : non pro mundo rogo, sed pro *iis* quos dedisti mihi, quia tui sunt.

10 Et mea omnia tua sunt, et tua mea sunt : et glorificatus sum in eis.

11 Et non sum ampliùs in mundo, sed isti sunt in mundo, et ego ad te venio. Pater sancte, serva eos per nomen tuum quos dedisti mihi, ut sint unum, prout *et* nos.

12 Quum essem cum eis in mundo, ego servabam eos per nomen tuum ; quos dedisti mihi ego custodivi, et nemo ex eis periit, nisi filius ille perditionis ; ut Scriptura impleretur.

13 Nunc autem ad te venio, et haec loquor in mundo, ut habeant gaudium meum plenum apud se.

14 Ego tradidi eis sermonem tuum, et mundus eos odio habuit, quia non sunt ex mundo, prout et ego non sum ex mundo.

15 Non rogo ut tollas eos e mundo, sed ut serves eos a Malo illo.

16 Ex mundo non sunt, prout et ego non sum ex mundo.

17 Sanctifica eos tuâ veritate : sermo ille tuus veritas est.

18 Sicut me misisti in mundum, *ita* et ego misi eos in mundum :

19 Et eorum causâ ego sanctifico meipsum, ut sint et ipsi sanctificati in veritate.

20 Non tantùm autem pro istis

JOANNES, XVIII.

...go, sed et pro iis qui per sermonem eorum credituri sunt in me:

21 Ut omnes unum, sint, sicut tu, Pater, in me, et ego in te, ut et ipsi in nobis unum sint: ut credat mundus me a te missum esse.

22 Et ego gloriam, quam dedisti mihi, dedi eis; ut sint unum, sicut et nos unum sumus.

23 Ego in eis, et tu in me, ut sint consummati in unum, et ut cognoscat mundus quòd tu me miseris, et eos diligas, prout me dilexisti.

24 Pater, quos dedisti mihi, velim ut ubi sum ego, et illi sint mecum; ut conspiciant gloriam illam meam quam dedisti mihi, quia dilexisti me ante jactum mundi fundamentum.

25 Pater juste, mundus te non novit: ego autem te novi, et hi noverunt me a te missum esse.

26 Et notum ipsis feci nomen tuum. et notum faciam; ut charitas, quâ dilexisti me, sit in eis, et ego in eis.

CAP. XVIII.

HAEC quum dixisset Jesus, egressus abiit cum discipulis suis trans torrentem Cedron, ubi erat hortus, in quem introivit ipse et discipuli ejus.

2 Noverat autem eum locum etiam Judas, qui prodebat eum, quia Jesus frequenter cum discipulis suis illùc convenerat.

3 Judas ergo quum accepisset cohortem, et a primariis sacerdotibus ac Pharisaeis ministros, venit illùc cum laternis et facibus et armis.

4 Jesus itaque sciens omnia quae ventura erant in se, prodiens dixit eis, Quem quaeritis?

5 Responderunt ei, Jesum Nazarenum. Dicit eis Jesus, Ego is sum. Stabat autem cum eis etiam Judas qui prodebat eum.

6 Ut ergo dixit eis, Ego is sum, abierunt retrorsum, et ceciderunt humi.

7 Iterum igitur rogavit eos, Quem quaeritis? Illi autem dixerunt, Jesum Nazarenum.

8 Respondit Jesus, Dixi vobis me eum esse; ergo si me quaeritis. sinite hos abire:

9 Ut impleretur sermo quem dixerat, Ex iis quos dedisti mihi non perdidi quenquam.

10 Simon autem Petrus, quum gladium haberet, eduxit eum, et percussit servum pontificis maximi, et abscidit auriculam ejus dextram; erat autem nomen servo Malchus.

11 Dicit ergo Jesus Petro, Reconde gladium tuum in vaginam: annon bibam poculum quod dedit mihi Pater?

12 Cohors igitur et tribunus et ministri Judaeorum comprehenderunt Jesum, et vinxerunt eum;

13 Et abduxerunt primùm ad Annam, erat enim socer Caiaphae, qui erat pontifex maximus anni illius; is verò misit eum vinctum ad Caiapham pontificem maximum.

14 Erat autem Caiaphas is qui consilium dederat Judaeis, expedire ut unus homo moreretur pro populo.

15 Sequebatur autem Jesum Simon Petrus, et alius discipulus. Discipulus verò ille notus erat pontifici maximo, et simul introit cum Jesu in aulam pontificis maximi.

16 Petrus autem stabat extrà ad ostium. Exivit ergo discipulus ille alter qui erat notus pontifici maximo, et loquutus est ostiariae, et introduxit Petrum.

17 Dixit ergo Petro ancilla ostiaria, Nonne et tu ex discipulis es hominis istius? Dicit ille, Non sum.

18 Adstabant autem servi et ministri, qui prunas congesserant; quia frigus erat, et sese calefaciebant; erat verò cum eis etiam Petrus adstans. et sese calefaciens.

19 Pontifex maximus ergo interrogavit Jesum de discipulis ejus, e de doctrinâ ipsius.

20 Respondit ei Jesus, Ego palam loquutus sum mundo: ego semper docui in synagogâ. et in templo, quò undique Judaei conveniunt. et in occulto loquutus sum nihil.

JOANNES, XIX.

21 Quia me interrogas? interroga eos qui audierunt quid sim ipsis loquutus; ecce, hi sciunt quae dixerim ego.

22 Haec autem quum ipse dixisset, unus ex ministris qui adstabat, bacillo cecidit Jesum, dicens, Itane respondes pontifici maximo?

23 Respondit ei Jesus, Si malè loquutus sum, testificare de malo; sin bene, cur me caedis?

24 Miserat igitur eum Annas vinctum ad Caiapham pontificem maximum.

25 Stabat autem Simon Petrus, et sese calefaciebat; dixerunt igitur ei, Num et tu ex discipulis ejus es? Negavit ille, et dixit, Non sum.

26 Dicit ei quidam ex servis pontificis maximi, cognatus ejus cujus absciderat Petrus auriculam, Nonne ego te vidi in horto cum eo?

27 Rursus ergo negavit Petrus, et statim gallus vocem emisit.

28 ¶ Ducunt ergo Jesum a Caiaphâ in praetorium; erat autem mane, et ipsi non introïerunt in praetorium, ne polluerentur, sed ut ederent pascha.

29 Prodiit ergo Pilatus ad eos, et dixit, Quam accusationem adfertis adversùs hominem istum?

30 Responderunt et dixerunt ei, Nisi iste esset facinorosus, non tradidissemus eum tibi.

31 Dicit ergo eis Pilatus, Accipite eum vos, et secundùm legem vestram condemnate eum. Itaque Judaei dixerunt ei, Nobis non licet occidere quenquam.

32 Ut sermo Jesu impleretur, quem dixerat, significans quâ morte futurum erat ut moreretur.

33 Introïvit ergo rursus in praetorium Pilatus, et vocavit Jesum, dixitque ei, Tune es rex ille Judaeorum?

34 Respondit ei Jesus, A teipsone tu hoc dicis, an alii dixerunt tibi de me?

35 Respondit Pilatus, Nunquid ego Judaeus sum? gens tua et primarii sacerdotes tradiderunt te mihi quid fecisti?

36 Respondit Jesus, Regnum meum non est ex hoc mundo: si ex hoc mundo esset regnum meum, ministri mei certâssent ne traderer Judaeis: nunc autem regnum meum non est hinc.

37 Dixit ergo ei Pilatus, Ergo rex es tu? Respondit Jesus, Tu dicis me regem esse: ego ad hoc natus sum, et ad hoc veni in mundum, ut dem testimonium veritati. Quisquis est ex veritate audit vocem meam.

38 Dicit ei Pilatus, Quid est veritas? Et quum hoc dixisset, rursum prodiit ad Judaeos, et dixit eis, Ego nullum invenio crimen in eo.

39 Est autem vobis consuetudo, ut unum dimittam vobis in paschâ: vultisne ergo dimittam vobis regem illum Judaeorum?

40 Clamaverunt autem rursum omnes dicentes, Nequaquam istum, sed Barabbam. Erat autem ille Barabbas latro.

CAP. XIX.

TUNC ergo assumpsit Jesum Pilatus, et flagellavit.

2 Et milites contexuerunt coronam e spinis, et imposuerunt ipsius capiti, et pallio purpureo induerunt eum.

3 Et dicebant, Ave rex Judaeorum. Et bacillis eum caedebant.

4 Prodiit ergo rursum Pilatus foras, et dixit eis, Ecce, adduco vobis eum foras, ut noveritis me nullum in eo crimen invenire.

5 Prodit ergo Jesus foras, ferens spineam illam coronam, et purpureum illud pallium. Et dixit eis *Pilatus*, Ecce homo.

6 Quum autem intuiti essent eum primarii sacerdotes et *eorum* ministri clamaverunt, dicentes, Crucifige, crucifige. Dicit eis Pilatus, Accipite eum vos, et crucifigite; ego enim non invenio in eo crimen.

7 Responderunt ei Judaei, Nos legem habemus, et secundùm legem

JOANNES, XIX.

nostram debet mori, quia Filium Dei se fecit.

8 Quum ergo audivisset Pilatus nunc sermonem, magis timuit.

9 Et rursus ingressus est in praetorium, et dixit Jesu, Unde es tu? Jesus autem responsum ei non dedit.

10 Dicit ergo ei Pilatus, Mihi non loqueris? nescis me potestatem habere crucifigendi te, et potestatem habere te dimittendi?

11 Respondit Jesus, Non haberes potestatem adversùm me ullam, nisi *hoc* tibi datum esset supernè; propterea, qui me tradidit tibi, majus peccatum habet.

12 Ex eo *tempore* studebat Pilatus eum dimittere: Judaei verò clamabant, dicentes, Si hunc dimiseris, non es amicus Caesaris: quicunque se regem facit, contradicit Caesari.

13 Pilatus ergo quum audisset hunc sermonem, eduxit foras Jesum; conseditque in tribunali, in loco qui dicitur Lithostrotos, Hebraicè autem Gabbatha.

14 Erat autem parasceve paschae, hora verò quasi sexta: tum dicit Judaeis, Ecce rex vester.

15 Illi vero clamaverunt, Tolle, tolle, crucifige eum. Dicit eis Pilatus, Regem vestrum crucifigam? Responderunt primarii sacerdotes, Non habemus regem nisi Caesarem.

16 Tunc ergo tradidit eum ipsis, ut crucifigeretur. Assumpserunt autem Jesum, et abduxerunt.

17 Et ipse bajulans crucem suam prodiens venit in eum locum qui dicitur Calvariae, Hebraicè autem Golgotha:

18 Ubi crucifixerunt eum, et cum eo alios duos, hinc et hinc, medium autem Jesum

19 Scripsit autem etiam titulum Pilatus, et posuit super crucem. Erat verò scriptum, IESVS NAZARENUS REX ILLE IUDAEORUM.

20 Hunc ergo titulum multi Judaeorum legerunt; quia prope civitatem erat locus ubi crucifixus erat Jesus; et erat scriptum Hebraicè, Graecè, et Latinè.

21 Dixerunt igitur Pilato primarii sacerdotes Judaeorum, Ne scribito Rex ille Judaeorum; sed illum dixisse, Rex sum Judaeorum.

22 Respondit Pilatus, Quod scripsi, scripsi.

23 Milites ergo, quum crucifixissent Jesum, acceperunt ejus vestimenta (et fecerunt quatuor partes, unicuique militi partem) et tunicam: erat autem tunica inconsutilis a summo contexta tota.

24 Dixerunt ergo inter se, Ne findamus eam, sed sortiamur de illâ. cujus futura sit: ut Scriptura impleretur, dicens, Partiti sunt vestimenta mea sibi, et super veste meâ jecerunt sortem. Milites igitur haec fecerunt.

25 Stabant autem juxta crucem Jesu, mater ejus, et soror matris ejus. Maria Cleophae uxor, et Maria Magdalene.

26 Quum vidisset ergo Jesus matrem, ac discipulum adstantem quem diligebat, dicit matri suae, Mulier ecce filius tuus.

27 Deinde dicit discipulo, Ecce mater tua. Et ex illâ horâ recepit eam discipulus ille domum suam.

28 Postea, quum sciret Jesus *reliqua* omnia jam esse consummata, ut consummaretur Scriptura, dixit, Sitio

29 Vas igitur *illìc* erat positum aceto plenum. Illi verò impleverunt spongiam aceto, et hyssopo circumdatam admoverunt ori ejus.

30 Quum autem accepisset Jesus acetum, dixit, Consummatum est: et inclinato capite tradidit spiritum.

31 ¶ Judaei ergo, ut non manerent in cruce corpora sabbato, quoniam erat parasceve (erat enim magnus dies illius sabbati,) rogaverunt Pilatum ut confringerentur eorum crura, ac tollerentur.

32 Venerunt ergo milites, et prioris quidem *latronis* confregerunt ra, et alterius qui crucifixus fuerat cum eo

JOANNES, XX

33 Ad Jesum autem quum venissent, ut viderunt eum jam mortuum, non confregerunt ejus crura :

34 Sed quidam ex militibus lanceâ latus ejus fodit ; et statim exivit sanguis et aqua.

35 Et qui vidit, testatur ; et verum est testimonium ejus ; ille, *inquam*, scit se vera dicere, ut *et* vos credatis.

36 Facta sunt enim haec ut Scriptura impleretur, *dicens*, Non confringetur *ullum* os ipsius.

37 Et rursus alia Scriptura dicit, Intuebuntur in eum quem transfixerunt.

38 ¶ Post haec autem rogavit Pilatum Josephus Arimathaeensis (ut qui esset discipulus Jesu, sed occultus, propter metum Judaeorum) ut tolleret corpus Jesu : quod permisit Pilatus. Venit ergo, et sustulit corpus Jesu.

39 Venit autem et Nicodemus (is qui venerat ad Jesum nocte primùm,) ferens misturam myrrhae et aloës libras quasi centum :

40 Acceperunt ergo corpus Jesu, et obvinxerunt illud linteis cum aromatibus, sicut mos est Judaeis funerare.

41 In eo autem loco ubi fuerat crucifixus, erat hortus, et in horto monumentum novum, in quo nondum quisquam positus fuerat.

42 Ibi ergo, propter parasceven Judaeorum, quòd monumentum illum propè esset, posuerunt Jesum.

CAP. XX.

PRIMO verò die hebdomadis, Maria Magdalene venit manè, quum adhuc tenebrae essent, ad monumentum, videtque lapidem sublatum a monumento.

2 Currit ergo et venit ad Simonem Petrum, et ad alterum illum discipulum quem amabat Jesus, et dicit eis, Sustulerunt Dominum e monumento et nescimus ubi posuerunt eum.

3 Exivit ergo Petrus, et alter ille discipulus, et venerunt ad monumentum.

4 Currebant autem duo simul sed alter ille discipulus praecurrit citiùs Petro, venitque prior ad monumentum.

5 Et quum se incurvâsset vidit posita lintea : non tamen introïvit.

6 Venit ergo Simon Petrus sequens eum, et introïvit in monumentum, et conspexit lintea ibi posita ;

7 Et sudarium quod fuerat super caput ejus, non cum linteis positum, sed seorsum involutum in unum locum.

8 Tunc ergo introïvit etiam alter ille discipulus, qui venerat prior ad monumentum, viditque et credidit.

9 Nondum enim noverant Scripturam, videlicet, quòd oporteret eum a mortuis resurgere.

10 Redierunt ergo illi discipuli ad suos.

11 Maria verò flens stabat ad monumentum foris : dum ergo fleret, incurvavit se in monumentum.

12 Et conspexit duos angelos albatos, sedentes, unum ad caput, et alterum ad pedes, *illic* ubi jacuerat corpus Jesu :

13 *Qui* etiam dixerunt ei, Mulier, quid fles ? Dicit eis, Sustulerunt Dominum meum, nec scio ubi posuerint eum.

14 Et quum haec dixisset, convertit se retrorsum, conspexitque Jesum stantem, nec sciebat Jesum esse.

15 Dicit ei Jesus, Mulier, quid fles ? quem quaeris ? Illa putans olitorem esse, dixit ei, Domine, si tu ipsum asportâsti, dicito mihi ubi posueris eum, et ego eum tollam.

16 Dicit ei Jesus, Maria. Illa se convertens dicit ei, Rabboni, quod dicitur Praeceptor.

17 Dicit ei Jesus, Ne me tangito ; nondum enim ascendi ad Patrem meum : sed proficiscere ad fratres meos, et dic eis, Ascendo ad Patrem meum et Patrem vestrum, et Deum meum et Deum vestrum.

18 Venit Maria Magdalene annuncians discipulis, quòd vidisset Dominum, et *quòd* ea sibi dixisset.

JOANNES, XXI.

19 ¶ Quum ergo vespera esset, die illo primo hebdomadis, et fores essent clausae, *illic* ubi erant discipuli coacti propter metum Judaeorum, venit Jesus, stetitque in medio ipsorum, et dixit eis, Pax vobis.

20 Et quum haec dixisset, ostendit eis manus ac latus suum. Gavisi sunt ergo discipuli, so Domino.

21 Dicit autem eis iterum, Pax vobis: sicut misit me Pater, ita et ego mitto vos.

22 Et quum haec dixisset, afflavit *eos*; et dixit eis, Accipite Spiritum Sanctum.

23 Si quorum remiseritis peccata, remittuntur eis: si quorum retinueritis, retenta sunt.

24 ¶ Thomas autem, unus ex duodecim, qui dicitur Didymus, non erat cum eis, quando venerat Jesus.

25 Dixerunt igitur ei alii discipuli, Vidimus Dominum. Ille vero dixit eis, Nisi videro in manibus ejus vestigium clavorum, et immisero digitum meum in vestigium clavorum, et immisero manum meam in latus ejus, nequaquam credam.

26 Octo ergo post diebus rursus erant discipuli ejus intus, et Thomas cum eis; venit Jesus, foribus clausis, et stetit in medio *ipsorum*, et dixit, Pax vobis.

27 Deinde dicit Thomae, Infer digitum tuum huc, et vide manus meas, et profer manum tuam, et immitte in latus meum; et ne esto incredulus, sed credens.

28 Respondit autem Thomas, et dixit, Domine mi, et Deus mi.

29 Dicit ei Jesus, Quia vidisti me, Thoma, credidisti: beati qui non viderunt, et crediderunt.

30 Multa vero etiam alia signa edidit Jesus in discipulorum suorum conspectu, quae non sunt scripta in hoc libro.

31 Haec autem scripta sunt, ut credatis Jesum esse Christum illum Filium Dei, et ut credentes vitam habeatis per nomen ejus.

CAP. XXI.

POSTEA sese rursus exhibuit Jesus discipulis ad mare Tiberiadis: sic autem exhibuit.

2 Erant simul Simon Petrus, et Thomas qui dicitur Didymus, et Nathanael qui erat ex Cana Galilaeae, et *filii* Zebedaei, aliique ex discipulis ejus duo.

3 Dicit eis Simon Petrus, Abeo piscatum. Dicunt ei, Imus et nos tecum. Exierunt, et ascenderant in navigium statim: et illa nocte nihil ceperunt.

4 Mane vero jam exorto, stetit Jesus ad littus; nesciebant tamen discipuli Jesum esse.

5 Dicit igitur eis Jesus, Pueri, num quid obsonii habetis? Responderunt ei, Non.

6 At ille dixit eis, Conjicite rete in dextram navigii partem, et invenietis. Conjecerunt ergo, et non amplius valebant illud trahere prae multitudine piscium.

7 Dicit ergo discipulus ille, quem diligebat Jesus, Petro, Dominus est. Simon ergo Petrus, quum audisset Dominum esse, amiculum succinxit (erat enim nudus), et abjecit se in mare.

8 Alii vero discipuli navigio venerunt (non enim longe aberant a terra, sed circiter cubitis ducentis), trahentes rete *plenum* piscium.

9 Ut autem descenderunt in terram, viderunt prunas positas, et piscem impositum, et panem.

10 Dicit eis Jesus, Adferte ex piscibus quos modo cepistis.

11 Ascendit Simon Petrus, et traxit rete in terram, plenum magnis piscibus centum quinquaginta tribus: et quum tot essent, non est fissum rete.

12 Dicit eis Jesus, Venite, prandete. Nullus autem discipulorum audebat eum interrogare, Tu quis es? quum scirent Dominum esse.

13 Venit ergo Jesus, et accipit panem, et dat eis, et piscem similiter

14 Ita jam tertio sese exhibuit Je

suis discipulis suis postquam suscitatus fuerat ex mortuis.

15 Quum ergo prandissent, dicit Simoni Petro Jesus, Simon *fili* Jonae, diligis me plùs quàm hi? Dicit ei, Certè, Domine, tu nôsti quòd amem te. Dicit ei, Pasce agnos meos.

16 Dicit ei rursum secundò, Simon *fili* Jonae, diligis me? Ait illi, Certè, Domine, tu nôsti quòd amem te. Dicit ei, Pasce oves meas.

17 Dicit ei tertiò, Simon *fili* Jonae, amas me? Tristitiâ fuit affectus Petrus quòd tertiò dixisset ipsi, Amas me? dixitque ei, Domine, tu omnia nôsti; tu nôsti quòd amem te. Dicit ei Jesus, Pasce oves meas.

18 Amen, amen, dico tibi, quum esses junior, cingebas te, et ibas quò volebas: quum autem senueris, extendes manus tuas, et alius te cinget, et transferet quò noles.

19 Hoc autem dixit, significans quâ morte glorificaturus esset Deum. Et quum hoc dixisset, dicit ei, Sequere me.

20 Conversus Petrus videt illum discipulum, quem diligebat Jesus, sequentem, qui et recubuerat in coenâ illâ super pectus ejus, et dixerat, Domine, quis est ille qui te prodit?

21 Hunc ergo quum vidisset Petrus, dicit Jesu, Domine, hic autem quid?

22 Dicit ei Jesus, Si velim eum manere donec veniam, quid ad te? tu me sequere.

23 Exiit ergo sermo iste inter fratres, discipulum illum non moriturum: sed non dixerat ei Jesus, Non morietur: sed Si eum velim manere donec veniam, quid ad te?

24 Hic est discipulus ille qui de his testatur, et haec scripsit: et scimus verum esse testimonium ejus.

25 Sunt autem et alia multa quae fecit Jesus, quae si scribantur sigillatim, ne mundum quidèm ipsum opinor capturum eos qui scriberentur libros. Amen.

ACTA APOSTOLORUM.

CAP. 1.

PRIMUM quidèm librum confeci, Theophile, de omnibus quae coepit Jesus et facere et docere.

2 Ad *eum* usque diem, quo, quum mandata dedisset Apostolis, quos per Spiritum Sanctum elegerat, sursum cceptus est.

3 Quibus etiam sese, postquam passus fuit, exhibuit vivum cum multis certissimis signis, per dies quadraginta conspectus ab eis, et dicens quae ad regnum Dei *spectant*.

4 Et cum illis conveniens denunciavit eis ne abscederent Hierosolymâ, sed ut exspectarent promissionem Patris, quam, *inquit*, audistis ex me.

5 Nam Joannes quidèm baptizavit aquâ, vos autem baptizabimini Spiritu Sancto istis non multis pòst diebus.

6 Quum igitur illi convenissent, interrogârunt eum dicentes, Domine, num hoc tempore restitues regnum Israeli?

7 Dixit autem ad illos, Non est vestrûm nôsse tempora sive opportunitates quas Pater in suâ ipsius potestate posuit.

8 Sed recipietis virtutem Spiritûs Sancti, postquam supervenerit in vos, eritisque mihi testes et in Hierosolymis, et in totâ Judaeâ, et Samariâ, et usque ad ultimas terras.

9 Et quum haec dixisset, aspicientibus ipsis, elevatus est: et nubes susceptum eum abstulit ab oculis eorum.

ACTA. II.

10 Et quum essent intentis in coelum oculis, eo proficiscente, ecce, viri duo adstiterunt illis albo vestitu.

11 Qui et dixerunt, Viri Galilaei, quid statis intuentes in coelum? hic Jesus qui sursum receptus est a vobis in coelum, ita veniet quemadmodum conspexistis eum proficiscentem in coelum.

12 Tunc reversi sunt Hierosolymam a monte qui vocatur Oliveti, qui est prope Hierosolymam, distans itinere sabbati.

13 Et quum introissent, ascenderunt in coenaculum, ubi commorabantur et Petrus, et Jacobus, et Joannes, et Andreas, Philippus, et Thomas, Bartholomaeus, et Matthaeus, Jacobus *filius* Alphaei, et Simon Zelotes, et Judas Jacobi *frater*.

14 Hi omnes perdurabant concorditer in oratione et deprecatione, cum uxoribus, et Mariâ matre Jesu, et cum ipsius fratribus.

15 Et per eos dies quum assurrexisset Petrus in medio discipulorum, dixit (erat autem turba capitum eòdem *loci* quasi centum viginti),

16 Viri fratres, oportuit impleri Scripturam hanc, quam praedixit Spiritus Sanctus per os Davidis, de Judâ, qui fuit dux viae iis qui comprehenderunt Jesum:

17 Annumerabatur enim nobiscum et sortitus erat sortem ministerii hujus.

18 Is igitur acquisivit agrum ex mercede injustitiae; et praecipitatus crepuit medius, et effusa sunt omnia viscera ejus.

19 Innotuitque omnibus habitantibus Hierosolymâ; adeò ut vocetùr ager ille propriâ ipsorum linguâ Aceldama, hoc est, Ager sanguinis.

20 Scriptum est enim in libro Psalmorum, Fiat commoratio ejus deserta, et non sit qui habitet in eâ. Et, Episcopatum ejus accipiat alius.

21 Oportet igitur ex iis viris qui nobiscum conversati sunt toto tempore quo Dominus Jesus versatus est inter nos,

22 Exorsus a baptismo Joannis, ad eum usque diem quo sursùm receptus est a nobis, unum fieri nobiscum testem resurrectionis ejus.

23 Statuerunt igitur duos, Josephum vocatum Barsabam, qui cognominabatur Justus, et Matthiam.

24 Et precantes dixerunt, Tu, Domine, qui corda omnium nôsti, osten de utrum elegeris ex his duobus:

25 Ut accipiat sortem ministerii hujus et apostolatûs, a quo aberravit Judas, ut abiret in locum suum.

26 Jecerunt igitur sortes eorum; et cecidit sors super Matthiam, qui communibus calculis allectus est cum undecim apostolis.

CAP. II.

QUUM autem advenisset dies Pentecostes, erant omnes concorditer eòdem *loci*.

2 Tum exstitit repentè sonitus e coelo, tanquam ruentis flatûs violenti, qui replevit totam domum ubi erant considentes.

3 Et visae sunt eis dispertitae linguae instar ignis, *qui* etiam sedit super unumquemque eorum.

4 Repleti sunt autem omnes Spiritu Sancto, coeperuntque loqui aliis linguis, prout Spiritus ille dabat eis effari.

5 Erant verò Hierosolymis habitantes Judaei, viri religiosi, ex omni natione eorum qui sub coelo sunt.

6 Orto autem hoc rumore, convenit multitudo, et confusa fuit quòd audiret unusquisque suâ propriâ linguâ ipsos loquentes.

7 Obstupescebant autem omnes ac mirabantur, dicentes alii ad alios, Nonne, ecce, omnes isti qui loquuntur Galilaei sunt?

8 Quomodo igitur nos audimus eos suâ quisque linguâ in quâ nati sumus?

9 Parthi et Medi, et Elamitae, et qui incolimus Mesopotamiam, Judaeamque, et Cappadociam, Pontum, et Asiam,

10 Phrygiam, et Pamphyliam, Aegyptum, et partes Libyae quae est

ACTA, II.

secundùm Cyrenem, et advenae Romani, tum Judaei, tum proselyti.

11 Cretes, et Arabes, audimus eos loquentes nostris linguis magnifica Dei *facta.*

12 Obstupescebant igitur omnes, et haesitabant, dicentes alius ad alium, Quid hoc *rei* esse possit ?

13 Alii verò cavillantes dicebant, Vino dulci pleni sunt.

14 Consistens autem Petrus cum undecim, sustulit vocem suam, et affatus est eos, dicens, Viri Judaei, *vos- que* omnes qui habitatis Hierosolymis, hoc vobis notum esto, et auribus percipite verba mea.

15 Non enim, ut vos existimatis, isti ebrii sunt, quum sit hora diei tertia :

16 Sed hoc illud est quod dictum est per prophetam Joëlem,

17 Et erit ultimis temporibus (dicit Deus) effundam ex Spiritu meo in quamvis carnem : et prophetabunt filii vestri et filiae vestrae, et juvenes vestri visiones videbunt, et seniores vestri somnia somniabunt.

18 Et quidem in servos meos et in ancillas meas in diebus illis effundam ex Spiritu meo, et prophetabunt.

19 Et edam miracula in coelo sursum, et signa in terra deorsum, sanguinem, et ignem, et vaporem fumi.

20 Sol convertetur in tenebras, et luna in sanguinem, priusquam veniat dies ille Domini magnus et illustris.

21 Et futurum est, ut quicunque invocaverit nomen Domini, servetur.

22 Viri Israëlitae, audite sermones istos : Jesum illum Nazarenum, virum a Deo approbatum apud vos praestantibus factis et miraculis et signis quae edidit per eum Deus in medio vestri, sicut et ipsi nôstis :

23 Hunc, inquam, definito illo consilio et praestituto Dei deditum, quum accepissetis, manibus sceleratis *cruci* affixum interemistis :

24 Quem Deus suscitavit, solutis doloribus mortis, eò quòd fieri ner poterat ut ipse ab eâ retineretur.

25 David enim dicit de eo, Prospiciebam Dominum coram me semper ; quoniam est mihi ad dextram ne concutiar.

26 Propterea oblectatum est cor meum, et exultavit lingua mea atque adeò caro mea commorabitur cum spe.

27 Quoniam non derelinques animam meam apud inferos, nec sines Sanctum illum tuum sentire corruptionem.

28 Notas mihi fecisti vias vitae ; replebis me jucunditate in tuo conspectu.

29 Viri fratres, licet liberè dicere apud vos de patriarchâ Davide, eum et obiisse et sepultum esse, et monumentum ejus esse apud nos ad hunc usque diem.

30 Propheta igitur quum esset, et sciret Deum jurejurando sibi jurâsse, fore ut ex fructu lumbi ipsius, quod ad carnem attinet, Christum illum suscitaret, *quem* collocaret super ejus throno :

31 Praescius loquutus est de resurrectione Christi, non derelictam esse apud inferos animam ejus, neque carnem ejus sensisse corruptionem.

32 Hunc Jesum suscitavit Deus : cujus *rei* omnes nos sumus testes.

33 Itaque dextrâ Dei sursum sublatus, et promissum Spiritum Sanctum adeptus a Patre, effudit hoc quod vos nunc spectatis et auditis.

34 Nec enim David ascendit in coelos : sed dicit ipse, Dixit Dominus Domino meo, Sede ad dextram meam,

35 Usquedum posuero inimicos tuos scabellum pedum tuorum.

36 Certò sciat ergo tota domus Israëlis, quòd Deus nunc fecerit Dominum et Christum, hunc ipsum, *in- quam,* Jesum quem vos crucifixistis.

37 Qui verò haec audierunt compuncti sunt corde, et dixerunt ad Petrum ac reliquos apostolos, Quid faciemus, viri fratres ?

ACTA, III.

38 Petrus autem ait ad eos, Resipiscite, et baptizetur unusquisque vestrûm in nomen Jesu Christi in remissionem peccatorum : et accipietis donum Spiritûs Sancti.

39 Vobis enim *facta est* promissio, et liberis vestris, et omnibus longè pòst *futuris*, quoscunque videlicet advocaverit Dominus Deus noster.

40 Aliisque sermonibus plurimis obtestabatur, et exhortabatur *eos*, dicens, Servamini ex natione istâ pravâ.

41 Qui ergo libenter receperunt sermonem ejus baptizati sunt ; et additae sunt *ecclesiae* die illo animae quasi ter mille.

42 Perdurabant autem in doctrinâ apostolorum, et communicatione, et fractione panis, et precibus.

43 Obortus est autem omnibus timor ; multaque miracula et signa per apostolos fiebant.

44 Omnes autem qui credebant erant eòdem *loci*, et habebant omnia communia ;

45 Et possessiones ac facultates vendebant, et dispertiebant ea omnibus, prout cuique opus erat.

46 Et quotidie perdurantes concorditer in templo, ac frangentes domatim panem, capiebant cibum cum exsultatione et simplicitate cordis ;

47 Laudantes Deum, et habentes gratiam apud totum populum. Dominus autem addebat quotidie ecclesiae qui salvi fierent.

CAP. III.

CAETERUM Petrus et Joannes simul ascendebant in templum sub horam precationis, *nempe* nonam.

2 Quidam autem vir claudus ab utero matris suae portabatur ; quem ponebant quotidie ad portam templi quae dicitur Speciosa, ut peteret eleemosynam ab ingredientibus in templum.

3 Is quum vidisset Petrum ac Joannem ingressuros in templum, rogavit ut eleemosynam acciperet.

4 Intentis autem in eum oculis Petrus cum Joanne, dixit, Aspice ad nos.

5 Ille igitur attendebat eos, sperans se aliquid ab eis accepturum.

6 Petrus autem dixit, Argentum et aurum non est mihi : quod autem habeo, hoc tibi do ; In nomine Jesu Christi Nazareni surge et ambula.

7 Et prehensâ manu ejus dextrâ, erexit *eum :* illico verò confirmati sunt pedes ipsius ac malleoli.

8 Et exsiliens stetit, et ambulavit. et ingressus est cum eis in templum, ambulans et saliens, et laudans Deum.

9 Viditque eum totus populus ambulantem et laudantem Deum.

10 Et eum agnoverunt illum esse qui ad *petendum* eleemosynam sedebat ad Speciosam portam templi : et impleti sunt pavore et stupore super eo quod ei contigerat.

11 Quum autem claudus ille, qui sanatus fuerat, teneret Petrum et Joannem, cucurrit totus populus ad eos in porticum quae appellatur Solomonis, expavefactus.

12 Quo viso Petrus respondit populo, Viri Israëlitae, quid miramini de hac re ? aut quid intentos oculos in nos habetis, quasi propriâ potestate aut pietate effecerimus ut hic ambulet ?

13 Deus ille Abrahami, et Isaaci, et Jacobi, Deus, *inquam*, patrum nostrorum glorificavit Filium suum Jesum, quem vos tradidistis et abnegâstis in conspectu Pilati, quum ille judicâsset esse dimittendum.

14 Vos autem Sanctum illum et Justum abnegâstis, et postulâstis homicidam condonari vobis ;

15 Principem autem vitae trucidâstis, quem Deus suscitavit a mortuis cujus *rei* nos testes sumus.

16 Et per fidem in nomen ipsius hunc quem conspicitis ac nôstis, confirmavit nomen ipsius : fides, inquam, quae per ipsum *est*, dedit isti integritatem hanc coram omnibus vobis.

17 Sed nunc, fratres, scio vos per

ACTA, IV.

ignorantiam *ista* fecisse, sicut et primores vestros.

18 Deus autem quae praenunciaverat per os omnium prophetarum suorum, Christum suum perpessurum, ita implevit.

19 Resipiscite igitur, et convertite vos, ut deleantur peccata vestra, postquam venerint tempora refrigerationis a conspectu Domini,

20 Et miserit priùs praedicatum vobis Jesum Christum :

21 Quem oportet quidèm coeli capiant usque ad tempora restitutionis omnium, de quibus loquutus est Deus a seculo per os omnium sanctorum suorum prophetarum.

22 Moses etenim ad patres dixit, Prophetam suscitabit vobis Dominus Deus vester ex fratribus vestris, sicut me : audietis eum in omnibus quae loquutus fuerit vobis.

23 Futurum est autem ut quisquis non auscultârit prophetam illum, disperdatur e populo.

24 Sed et omnes prophetae a Samuele, et deinceps iis qui fuerunt quotquot loquuti sunt, etiam praenunciârunt dies istos.

25 Vos estis filii prophetarum, et pacti quod pepigit Deus erga patres nostros, dicens ad Abrahamum, Et in semine tuo benedictionem consequentur omnes familiae terrae.

26 Vobis primùm Deus suscitatum Filium suum Jesum misit, qui benediceret vobis, unoquoque *sese* avertente a pravitatibus vestris.

CAP. IV.

LOQUENTIBUS autem ipsis ad populum, supervenerunt sacerdotes et praefectus templo et Sadducaei ;

2 Molestè ferentes quòd docerent populum, et annunciarent in nomine Jesu resurrectionem ex mortuis.

3 Et injecerunt eis manus, posueruntque eos in custodiâ in posterum diem : nam erat jam vespera.

4 Multi verò eorum qui audierant tunc sermonem, crediderunt : et factus est numerus virorum quasi quinquies mille.

5 Factum est autem postero die ut cogerentur primores eorum et seniores et scribae Hierosolymis ;

6 Et Annas pontifex maximus, et Caiaphas, et Joannes, et Alexander et quotquot erant ex genere pontificio.

7 Quum igitur statuissent eos in medio, percontati sunt, Quâ potestate aut quo nomine vos hoc fecistis ?

8 Tunc Petrus repletus Spiritu Sancto dixit eis, Primores populi, et seniores Israëlis,

9 Quandoquidem de nobis hodie quaestio habetur super beneficio in hominem aegrotum *collato*, quomodo *videlicet* iste servatus sit :

10 Notum sit omnibus vobis, et toti populo Israël, per nomen Jesu Christi Nazareni, quem vos crucifixistis, quem Deus suscitavit a mortuis, per hoc, *inquam*, istum adstare in vestro conspectu sanum.

11 Hic est lapis ille pro nihilo habitus a vobis aedificantibus, qui factus est caput anguli.

12 Nec est in alio quoquam salus nec enim aliud nomen est sub coelo quod datum sit inter homines, per quod oporteat nos servari.

13 Conspectâ verò Petri in dicendo libertate et Joannis, compertoque homines esse illiteratos et idiotas, admirabantur, et agnoscebant eos cum Jesu fuisse.

14 Et hominem illum autem qui sanatus fuerat videntes stantem cum eis, nihil poterant contradicere.

15 Jussis autem ipsis extra concilium abire, conferebant inter se,

16 Dicentes, Quid faciemus hominibus istis ? conspicuum enim signum editum esse per eos, manifestum est omnibus habitantibus Hierosolymis, nec id possumus negare :

17 Sed ne *id* ampliùs serpat in populum, minaciter interminemur eis, ne posthac ulli hominum loquantur in nomine isto

ACTA, V

18 Itaque vocatis ipsis denunciarunt ne omnino loquerentur, neve doterent in nomine Jesu.

19 Petrus autem et Joannes respondentes dixerunt eis, An justum sit in conspectu Dei vobis potiùs auscultare quàm Deo, judicate.

20 Non enim possumus nos, quae ridimus et audivimus, non loqui.

21 Illi verò, non invenientes quonodo punirent eos, additis minis eos dimiserunt, propter populum, quia omnes glorificabant Deum super eo quod factum fuerat.

22 Annorum enim erat ampliùs quadraginta homo ille, in quem editum fuerat signum istud sanationis.

23 Dimissi autem *illi* venerunt ad suos, et annunciaverunt quae primarii sacerdotes et seniores ipsis dixerant.

24 Qui quum *haec* audissent, concorditer sustulerunt vocem ad Deum, dixeruntque, Domine, tu es Deus ille qui fecisti coelum ac terram, mare, et omnia quae in eis sunt ;

25 Qui Spiritu Sancto per os Davidis pueri tui dixisti, Cur fremuerunt gentes, et populi meditati sunt inania ?

26 Adstiterunt reges terrae, et principes coacti sunt simul adversùs Dominum, et Christum ejus.

27 Coacti sunt enim in hac civitate verè adversùs sanctum Filium tuum Jesum quem unxisti, Herodes et Pontius Pilatus, cum gentibus et populis Israëlis,

28 Ut facerent quaecunque manus tua et consilium tuum priùs definierat ut fierent.

29 Nunc igitur, Domine, intuere in minas eorum, et da servis tuis ut cum omni libertate loquantur sermonem tuum,

30 Manu tuâ a te extensâ ad sanandum, signisque et miraculis editis per nomen sancti Filii tui Jesu.

31 Quum autem precati essent, successus est locus in quo erant coacti : et repleti sunt omnes Spiritu Sancto, et loquuti sunt sermonem Dei cum libertate.

32 Multitudinis autem eorum qui crediderant erat cor et anima una : nec quisquam aliquid eorum quae habebat suum esse dicebat, sed erant eis omnia communia.

33 Et apostoli magnâ vi reddebant testimonium resurrectionis Domini Jesu, et gratia magna erat super eos omnes.

34 Nullus enim erat egenus inter eos : quotquot enim erant possessores agrorum aut domorum, vendentes afferebant pretia eorum quae vendita fuerant ;

35 Et deponebant ad pedes apostolorum : distribuebatur autem *hoc* singulis, prout cuique opus erat.

36 Joseph ergo qui cognominatus est Barnabas ab apostolis (quod est, si interpreteris, Filius consolationis) Levites, Cyprius genere,

37 Quum haberet agrum, vendidit *eum*, et attulit pecuniam, deposuitque ad pedes apostolorum.

CAP. V.

VIR autem quidam nomine Ananias, cum Sapphirâ uxore suâ, vendidit possessionem ;

2 Et intervertit *aliquid* ex pretio, consciâ etiam uxore suâ, allatamque partem aliquam ad pedes apostolorum deposuit.

3 Dixit autem Petrus, Anania, cur implevit Satanas cor tuum, ut mentireris *in* Spiritum Sanctum, et inter verteres ex pretio istius praedii ?

4 Nonne, si servâsses, manebat tibi, et venundatum in tuâ erat potestate? quid *erat* cur induceres in animum rem istam? non es mentitus hominibus, sed Deo.

5 Audiens autem Ananias hos sermones, cecidit, et exanimatus est : et exstitit timor magnus super omnes audientes ista.

6 Surgentes verò juvenes subtraxerunt eum, elatumque sepelierunt

7 Intercessit autem fermè horarum trium intervallum, quum uxor quoque ipsius, nesciens quod factum fuerat, ingressa est.

ACTA, V.

8 Dixit autem ei Petrus, Dic mihi, num tanti praedium vendidistis? Ipsa verò dixit, Etiam, tanti.

9 Petrus autem dixit ei, Quia *est* cur convenerit inter vos ut tentaretis Spiritum Domini : ecce, pedes eorum qui sepelierunt virum tuum, ad ostium *adsunt*, et efferent te.

10 Illico verò cecidit ad pedes jus, et exanimata est : ingressi autem juvenes, invenerunt eam mortuam, et elatam sepelierunt juxta virum suum.

11 Et obortus est timor magnus toti ecclesiae, et omnibus qui haec audiebant.

12 Per manus autem apostolorum edebantur signa et miracula multa in populo : et erant concorditer omnes in porticu Solomonis.

13 Caeterorum autem nemo audebat ipsis adhaerere : sed magnificabat eos populus.

14 Imò verò adjiciebantur qui crederent Domino, multitudo *videlicet* virorum simul ac mulierum.

15 Adeò ut in plateas efferrent aegrotos, et ponerent in lectis ac grabbatis ; ut venientis Petri vel umbra inumbraret aliquem eorum.

16 Conveniebat autem etiam vulgus vicinarum urbium Hierosolymam, adferente aegrotos ac vexatos a spiritibus impuris, qui sanabantur omnes.

17 Insurgens autem pontifex maximus, et omnes qui cum eo erant, quae est secta Sadducaeorum, repleti sunt invidià :

18 Et injecerunt manus in apostolos, posueruntque eos in custodia publicâ.

19 Sed angelus Domini per noctem aperuit fores carceris, eductisque illis, dixit,

20 Ite, et *vos* sistentes loquimini populo in templo omnia verba vitae ajus.

21 *Illi* verò, quum *haec* audissent, introierunt sub diluculum in templum, et docebant. Adveniens autem pontifex maximus, et qui cum eo erant, convocârunt concilium et universum senatum filiorum Israel ; miseruntque in carcerem, ut illi adducerentur.

22 Quum autem venissent ministri, non invenerunt eos in carcere : *quod* reversi annunciaverunt,

23 Dicentes, Carcerem quidèm invenimus clausum quàm tutissimè, et custodes extrà stantes ante fores : quum aperuissemus autem, neminem intùs invenimus.

24 Ut verò audierunt hos sermones et pontifex et praefectus templo, et primarii sacerdotes, ambigebant de illis quonam hoc evasurum esset.

25 Adveniens autem quidam nunciavit eis, Ecce, viri quos posueratis in carcere, stant in templo et docent populum.

26 Tunc praefectus abiens cum ministris adduxit eos, non *tamen* per vim (timebant enim populum, ne lapidarentur).

27 Adductos igitur eos statuerunt in concilio · et interrogavit eos pontifex maximus,

28 Dicens, Nonne etiam atque etiam denotavimus vobis ne doceretis nomine isto ? et ecce, replevistis Hierosolymam doctrinâ vestrâ, et vultis in nos inducere sanguinem hominis istius.

29 Respondens autem Petrus et apostoli dixerunt, Obedire oportet Deo potiùs quàm hominibus.

30 Deus patrum nostrorum suscitavit Jesum, quem vos interfecistis suspensum in ligno :

31 Hunc, *inquam*, Deus dextrâ suâ evectum *constituit* principem ac servatorem, ut det resipiscentiam Israeli, et remissionem peccatorum.

32 Et nos sumus ei testes horum quae dicimus : atque etiam Spiritus ille Sanctus, quem dedit Deus iis qui dicto sunt audientes ipsi.

33 At illi, *his* auditis, frendebant, et consultabant de iis interficiendis.

34 Surgens autem in concilio quidam Pharisaeus, nomine Gamaliel, legis doctor, quem totus populus in pretio habebat, jussit ut paulisper abducerent foras apostolos :

ACTA, VI. VII.

35 Et dixit illis, Viri Israelitae, attendite animum vobis ipsis, quod ad istos homines *attinet*, quid facturi sitis.

36 Nam ante haec tempora exortus est Theudas, dicens se aliquem esse: cui adhaesit numerus virorum circiter quadringentorum : qui interemtus est, et omnes qui assensi sunt ei dissoluti sunt, et ad nihilum redacti.

37 Post hunc exortus est Judas ille Galilaeus temporibus descriptionis, et avertit populum multum post se : periit et ille, et omnes qui assensi fuerant ei dispersi sunt.

38 Nunc itaque dico vobis, absistite ab hominibus istis, et missos ipsos facite ; quoniam si est ex hominibus consilium hoc, sive opus istud, dissolvetur :

39 Sin ex Deo est, non potestis illud dissolvere : *et videte* ne etiam cum Deo pugnare comperiamini.

40 Assensi sunt autem ei : et quum advocassent apostolos, caesis denunciàrunt ne loquerentur in nomine Jesu : et dimiserunt eos.

41 Ipsi ergo gaudentes profecti sunt a conspectu concilii, quòd digni habiti essent qui pro nomine Jesu contumeliâ afficerentur.

42 Et quotidie in templo et domatim non cessabant docere et evangelizare Jesum Christum.

CAP. VI.

CAETERUM per eos dies quum multiplicarentur discipuli, ortum est murmur Graecorum adversùs Hebraeos, quòd ipsorum viduae despicerentur in ministerio quotidiano.

2 Itaque duodecim illi, advocatâ multitudine discipulorum, dixerunt, Non est aequum nos, derelicto sermone Dei, ministrare mensis.

3 Adhibitâ ergo inspectione diligite ô fratres, ex vobis viros septem, testimonio ornatos, plenos Spiritu Sancto et sapientiâ, quos praeficiamus hu : negotio.

4 Nos verò in precibus et administratione sermonis perdurabimus

5 Placuit autem hic sermo toti praesenti multitudini : et elegerunt Stephanum, virum plenum fide ac Spiritu Sancto, et Philippum, et Prochorum, et Nicanorem, et Timonem, et Parmenam, et Nicolaum proselytum Antiochensem

6 Quos statuerunt in conspectu apostolorum ; qui quum precati essent, imposuerunt eis manus.

7 Itaque sermo Dei crescebat, et valdè multiplicabatur numerus discipulorum Hierosolymis ; multaque turba sacerdotum auscultabat fidei.

8 Stephanus verò, plenus fide ac potentiâ, edebat miracula et signa magna in populo.

9 Exorti sunt autem e synagogâ, quae dicitur Libertinorum, quidam, et Cyrenaeorum et Alexandrinorum, et eorum qui sunt ex Ciliciâ et Asiâ, altercantes cum Stephano.

10 Sed non potuerunt resistere sapientiae et spiritui per quem loquebatur.

11 Tunc subjecerunt quosdam qui dicerent se audivisse eum loquentem verba blasphema in Mosen et Deum.

12 Commoveruntque plebem et seniores et scribas : et eum adortu correptum adduxerunt in concilium

13 Stiteruntque falsos testes qui dicerent, Homo iste non cessat loqui verba blasphema adversùs locum hunc sanctum et legem.

14 Audivimus enim eum quum diceret, Jesum illum Nazarenum destructurum hunc locum, et mutaturum ritus quos tradidit nobis Moses.

15 Tunc intentis in eum oculis, omnes qui sedebant in concilio, viderunt faciem ejus quasi faciem angeli.

CAP. VII.

DIXIT autem pontifex maximus, Num igitur haec ita habent?

2 Ipse verò dixit, Viri, fratres et patres, audite ; Deus ille gloriae visus est patri nostro Abrahamo, quum

esset in Mesopotamiâ, priusquam habitaret Charranis:

3 Et dixit ei, Exi e terrâ tuâ, et ex cognatione tuâ, et veni in terram quamcunque monstravero tibi.

4 Tunc exiit e terrâ Chaldaeorum, et habitavit Charranis: et illinc, postquam mortuus est pater ejus, transtulit eum *Deus* in terram hanc, in quâ nunc vos habitatis.

5 Nec dedit ei possessionem in eâ, ne vestigium quidèm pedis; quamvis pollicitus esset se illam daturum ei obtinendam, et semini ejus post eum, quum non haberet prolem.

6 Loquutus autem est ita Deus, Erit, *inquit*, semen tuum inquilinum in terrâ alienâ, ubi servituti subjicietur, et malè accipietur annis quadringentis.

7 Sed gentem cui servierint puniam ego, dicit Deus: et póst haec exibunt, *ipsi* et servient in loco isto.

8 Deditque ei foedus circumcisionis: et ita *Abrahamus* genuit Isaacum, et circumcidit eum die octavo; Isaacus autem *genuit* Jacobum, et Jacobus duodecim illos patriarchas.

9 Patriarchae verò invidiâ moti, Josephum vendiderunt *abducendum* in Aegyptum: sed erat Deus cum eo.

10 Et eruit eum ex omnibus ipsius afflictionibus, deditque ei gratiam et sapientiam coram Pharaone rege Aegypti, qui constituit eum praefectum Aegypto, et toti domui suae.

11 Venit autem fames in universam terram Aegypti et Chanaan, et afflictio magna: et nor inveniebant cibos patres nostri.

12 Quum audivisset autem Jacobus esse triticum in Aegypto, misit patres nostros primùm.

13 Et in secundâ *profectione* agnitus est Josephus, a fratribus suis, et innotuit Pharaoni genus Josephi.

14 Missis autem *nunciis*, Josephus accersivit patrem suum Jacobum, omnemque cognationem suam, capitum septuaginta quinque.

15 Descendit ergo Jacobus in Aegyptum; obiitque ipse, et patres nostri.

16 Et translati sunt Sichemum, et positi in monumento quod emera Abrahamus pretio argenti a filiis Emmoris *patris* Sichemi.

17 Quum autem appropinquaret tempus promissionis a Deo juratae Abrahamo, crevit populus, et multiplicatus est in Aegypto;

18 Usquequo exortus est alius rex. qui non noverat Josephum.

19 Hic adversùs genus nostrum ingeniosus, malè accepit patres nostros, *adeò* ut exponerent infantes suos, ne subolescerent.

20 Quo tempore natus est Moses, qui fuit divinitùs venustus, et nutritus fuit tres menses in domo patris sui.

21 Expositum autem illum sustulit filia Pharaonis, et nutrivit eum sibi pro filio.

22 Et institutus est Moses omni sapientiâ Aegyptiorum; eratque potens dictis et factis.

23 Ut verò expletum est ei quadraginta annorum tempus, venit ei in mentem invisere fratres suos filios Israelis.

24 Et quum vidisset quendam ex iis affici injuriâ, tutatus est eum, et percusso Aegyptio, vindicavit eum qui opprimebatur.

25 Existimabat autem fratres suos intelligere, Deum per manum ipsius dare ipsis salutem: at illi non intellexerunt.

26 Subsequente verò die risus est ipsis pugnantibus, et compulit eos in pace, dicens, Viri, fratres estis vos. cur alii alios injuriâ afficitis?

27 Is autem qui injuriâ afficiebat proximum, repulit eum, dicens, Quis te nobis constituit principem et judicem?

28 Num tu me vis interimere, quemadmodum interemisti heri Aegyptium illum?

29 Ad hunc autem sermonem Moses fugit, et factus est advena in regione Madian, ubi genuit duos filios

ACTA, VII.

30 Expletis verò annis quadraginta, visus est ei in deserto montis Sina angelus Domini in flammeo igne rubi.

31 Moses autem ut hoc conspexit, admiratus est visum : et quum accederet ad hoc considerandum, exstitit ad eum vox Domini, *dicentis,*

32 Ego sum Deus ille patrum tuorum, Deus Abrahami, et Deus Isaaci, et Deus Jacobi Tremefactus autem Moses non audebat *illum* considerare.

33 Dixit autem ei Dominus, Solve soleas pedum tuorum : locus enim in quo stas terra sancta est.

34 Vidi, vidi vexationem populi mei qui *est* in Aegypto, et suspiria ipsorum audivi, et descendi ut eruam eos : nunc ergo adesdum, mittam te in Aegyptum.

35 Hunc *ergo* Mosen, quem abnegaverant, dicentes, Quis te constituit principem ac judicem ? hunc, *inquam,* Deus misit principem et liberatorem *futurum,* ductu angeli qui visus fuerat ei in rubo.

36 Hic eduxit illos editis miraculis et signis in regione Aegypti, et in Rubro Mari, et in deserto, annis quadraginta.

37 Hic est Moses ille qui dixit filiis Israel, Prophetam suscitabit vobis Dominus Deus vester e fratribus vestris sicut me: ipsum audietis.

38 Hic ille est, qui, conveniente *populo* in deserto, fuit cum angelo ipsum alloquente in monte Sina, et cum patribus nostris, quique excepit viva eloquia quae nobis traderet.

39 Cui noluerunt auscultare patres nostri, sed repulerunt *eum,* et aversi sunt cordibus suis in Aegyptum.

40 Dicentes Aaroni, Fac nobis Deos qui praeeant nobis ; Mosi enim sti, qui eduxit nos ex regione Aegypti, nescimus quid contigerit.

41 Et vitulum fecerunt per illos dies, obtuleruntque sacrificium idolo, et oblectarunt sese operibus manuum suarum.

42 Vertit autem *sese* Deus, et tradidit eos ad colendum exercitum coeli : sicut scriptum est in libro prophetarum, Num victimas et oblationes obtulistis mihi annis quadraginta in deserto, domus Israel ?

43 Imò bajulâstis tabernaculum Molochi, et sidus Dei vestri Remphanis, quas figuras fecistis, ut eas ado raretis : itaque transferam vos ad Babylonis fines.

44 Tabernaculum testimonii fui patribus nostris in deserto, prout praeceperat is qui dixerat Mosi, ut faceret illud secundùm exemplar quod viderat.

45 Quod etiam acceptum introduxerunt patres nostri cum Jesu in ipsâ occupatione gentium, quas expulit Deus a conspectu patrum nostrorum, usque ad dies Davidis ;

46 Qui nactus est gratiam apud Deum, petiitque ut nancisceretur tabernaculum Deo Jacobi.

47 Solomon autem aedificavit ei aedem.

48 Sed Excelsissimus ille in manufactis templis non habitat, sicut propheta dicit,

49 Coelum mihi thronus est ; terra autem scabellum pedum meorum. Quam aedem aedificabitis mihi, dicit Dominus : aut quis est locus requietis meae ?

50 Nonne manus mea fecit haec omnia ?

51 Duri cervice, et incircumcisi corde et auribus, vos semper Spiritui illi Sancto obnitimini : quales fuerunt patres vestri, tales et vos *estis.*

52 Quem prophetarum non sunt persequuti patres vestri ? trucidârunt, inquam, eos qui praenunciârunt adventum Justi illius, cujus nunc vos proditores et interfectores facti estis ;

53 Qui accepistis legem per dispositionem angelorum, nec servâstis

54 Audientes autem haec findebantur cordibus suis, et stridebant dentibus in eum.

55 Quum autem esset plenus Spiritu Sancto, intentis in coelum oculis

ACTA, VIII.

vidit gloriam Dei, et Jesum adstantem ad dextram Dei;

56 Et ait, Ecce, conspicio coelos apertos, et Filium illum hominis adstantem ad dextram Dei.

57 Exclamantes autem *illi* voce magnâ, continuerunt aures suas, et rruerunt concorditer in eum.

58 Et ejectum eum extra urbem, apidârunt : testes autem deposuerunt pallia sua ad pedes adolescentis qui vocabatur Saulus.

59 Lapidârunt igitur Stephanum, invocantem, et dicentem, Domine Jesu, suscipe spiritum meum.

60 Positis autem genibus, clamavit voce magnâ, Domine, ne statuas eis hoc peccatum. Et quum hoc dixisset, obdormivit.

CAP. VIII.

SAULUS autem ultro consenserat in necem ejus. Orta est verò illo die persequutio magna adversùs ecclesiam quae *erat* Hierosolymis; et omnes dispersi sunt per regiones Judaeae et Samariae, praeter apostolos.

2 Extulerunt autem unà Stephanum viri religiosi, et plangorem magnum ediderunt super eo.

3 Saulus verò vastabat ecclesiam, iens domatim : et tractos viros ac mulieres tradebat in custodiam *conjiciendos.*

4 At qui dispersi fuerant peragrabant *regionem,* evangelizantes sermonem *Dei.*

5 ¶ Philippus verò, quum devenisset in urbem Samariae, praedicabat eis Christum.

6 Attendebat autem turba concorditer ea quae a Philippo dicebantur, audientes et videntes signa quae edebat.

7 Spiritus enim impuri ex multis qui *eis* tenebantur, exibant, clamantes voce magnâ : multique paralytici et claudi sanati sunt.

8 Et gaudium magnum exstitit in illâ urbe.

9 Vir autem quidam, nomine Simon, antea in urbe illâ exercuerat artem magicam, et gentem Samariae obstupefecerat, dicens se esse quempiam magnum.

10 Quem attendebant omnes a minimo usque ad maximum, dicentes, Iste est potentia illa Dei magna.

11 Attendebant autem eum, propterea quòd a multo tempore magicis artibus eos dementârat.

12 Quum verò credidissent Philippo evangelizanti quae ad regnum Dei et nomen Jesu Christi *pertinent,* baptizabantur tum viri tum mulieres.

13 Simon verò et ipse credidit; et baptizatus perduabat apud Philippum : et conspiciens signa et virtutes magnas edi, obstupefiebat.

14 Quum autem audissent apostoli qui erant Hierosolymis, Samariam recepisse sermonem Dei, miserunt ad eos Petrum ac Joannem.

15 Qui quum descendissent, precati sunt pro eis, ut acciperent Spiritum Sanctum.

16 (Nondum enim in quenquam illorum illapsus fuerat, sed baptizati tantùm fuerunt in nomen Jesu.

17 Deinde imposuerunt eis manus, et receperunt *illi* Spiritum Sanctum.

18 Quum autem conspexisset Simon per impositionem manuum apostolorum dari Spiritum Sanctum, obtulit eis pecunias :

19 Dicens, Date etiam mihi potestatem istam, ut cuicunque imposuero manus, recipiat Spiritum Sanctum.

20 Petrus autem dixit ei, Pecunia tua tecum pereat, qui donum Dei existimâris pecuniis acquiri.

21 Non est tibi pars neque sors in hoc negotio ; cor enim tuum non est rectum in Dei conspectu.

22 Resipisce igitur ab istâ malitiâ tuâ, et roga Deum, si forte remittatur tibi machinatio cordis tui.

23 Video enim te in felle amaris simo et nexu injustitiae positum.

24 Respondens autem Simon dixit, Deprecamini vos pro me apud Dominum, nequid me invadat *istorum* quae dixistis.

25 Illi igitur testificati et loquu

sermonem Dei, reversi sunt Hierosolymam, et multis vicis Samaritanorum evangelizârunt.

26 ¶ Angelus autem Domini loquutus est Philippo, dicens, Surge, et vade meridiem versus, ad viam quae Hierosolymis descendit Gazam, et quae est deserta.

27 Is igitur surgens profectus est; et ecce, quidam Aethiops eunuchus, dynastes Candaces reginae Aethiopum, qui praeerat universis illius gazis, venerat Hierosolymam adoraturus:

28 Et revertebatur sedens in curru suo, legebatque Esaiam prophetam.

29 Dixit autem Spiritus Philippo, Accede, et proximè adjungitor ad currum istum.

30 Accurrens gitur Philippus audivit eum legentem Esaiam prophetam; et dixit, Nempe intelligis quae legis?

31 At ille ait, Quinam enim possim, nisi quis mihi praeierit? Et precatus est Philippum ut ascenderet, sederetque secum.

32 Locus autem scripturae quem legebat hic erat, Ut ovis ad mactationem ductus est: et ut agnus coram suo tonsore mutus, ita non aperuit os suum.

33 In ipsius depressione judicium ejus sublatum est: seculum autem ejus quis enarrabit? quoniam tollitur e terrâ vita ejus.

34 Respondens autem eunuchus Philippo dixit, Rogo te, de quo dicit istud propheta? de seipso, an de alio quopiam?

35 Tum Philippus aperuit os suum; et exorsus ab hâc scripturâ, evangelizavit ei Jesum.

36 Quum verò pergerent in viam, venerunt ad quandam aquam: tum ait ei eunuchus, En aquam: quid prohibet me baptizari?

37 Dixit verò Philippus, Si credis ex toto corde, licet. Respondens autem *ille* dixit, Credo Jesum Christum esse Filium illum Dei.

38 Jussitque sisti currum: ac descenderunt ambo in illam aquam Philippus simul et eunuchus; et *ille* baptizavit eum.

39 Quum autem ascendissent ex aquâ, Spiritus Domini rapuit Philippum, nec ampliùs vidit eum eunuchus: perrexit igitur in viâ suâ, gaudens.

40 Philippus autem inventus est Azoti: et peragrans *regionem* evangelizavit omnibus urbibus, usquedum veniret Caesaream.

CAP. IX.

SAULUS autem adhuc spirans minas ac caedem adversùs discipulos Domini, adiit pontificem maximum;

2 Et petiit ab eo epistolas *perferendas* Damascum ad synagogas; ut siquos invenisset hujus sectae, tum viros tum mulieres, vinctos abduceret Hierosolymam.

3 Quum autem iter faceret, factum est ut appropinquaret Damasco: et repentè circumfudit eum ut fulgor, lux e coelo.

4 Et quum cecidisset in terram, audivit vocem dicentem sibi, Saul, Saul, quid me persequeris?

5 Dixit autem, Quis es, Domine? Dominus autem dixit, Ego sum Jesus quem tu persequeris: durum *fuerit* tibi contra stimulos calcitrare.

6 *Saul verò* tremens et pavens dixit, Domine, quid me vis facere? Tum Dominus ad eum, Surge, et ingredere urbem, et dicetur tibi quid te oporteat facere.

7 Viri autem illi, qui cum Saulo iter faciebant, constiterunt muti, audientes quidèm *ejus* vocem, neminem autem videntes.

8 Surrexit autem Saulus e terrâ; apertisque oculis suis, neminem videbat: manu verò ductum eum introduxerunt Damascum.

9 Fuitque tribus diebus non videns, et non comedit, neque bibit.

10 Erat autem quidam discipulus Damasci, nomine Ananias; ad quem dixit per visionem Dominus, Ana-

ACTA, IX.

nia. Et ille ait, Ecce, ego *adsum*, Domine.

11 Tum Dominus ad eum, Surge, et proficiscere in vicum qui vocatur Rectus, et quaere in domo Judae Saulum *quendam* nomine, Tarsensem; ecce enim precatur:

12 Et vidit per visionem virum, Ananiam nomine, introëuntem et imponentem sibi manum, ut visum reciperet.

13 Respondit autem Ananias, Domine, audivi ex multis de viro isto, quot malis affecerit sanctos tuos Hierosolymis.

14 Quinetiam hoc loco habet potestatem a principibus sacerdotum, vinciendi omnes qui invocant nomen tuum.

15 Dixit autem ad eum Dominus, Proficiscere: nam instrumentum electum est mihi iste, ut portet nomen meum in conspectum gentium, et regum, et filiorum Israel :

16 Ego enim ostendam ei quàm multa oporteat ipsum pro nomine meo pati.

17 Abiit igitur Ananias, et introïvit domum illam, et impositis ipsi manibus, dixit, Saul frater, Dominus misit me, (Jesus, *inquam*, qui visus est tibi in viâ quâ veniebas) ut visum recipias, et implearis Spiritu Sancto.

18 Statim autem deciderunt ab oculis ejus quasi squamae, et visum recepit illico : ac surgens baptizatus est.

19 Quumque cepisset cibum, corroboratus est. Fuit autem Saulus cum discipulis qui erant Damasci, per dies aliquot.

20 Statim in synagogis praedicavit Christum, *nempe* eum esse Filium illum Dei.

21 Obstupescebant autem omnes qui eum audiebant, et dicebant, Nonne sic est qui perdidit Hierosolymis eos qui invocabant nomen istud ; et huc idcirco venit, ut vinctos eos adduceret ad primarios sacerdotes?

22 Saulus autem magis invalescebat, et confundebat Judaeos qui habitabant Damasci, colla is testimoniis demonstrans eum esse Christum.

23 Expletis autem multis diebus, inierunt simul Judaei consilium illum interimendi.

24 Sed intellectae sunt Saulo insidiae eorum : adservabant autem portas die ac nocte, ut eum interimerent.

25 Acceptum igitur eum discipuli nocte, per murum demiserunt, funi submissum i.. portâ.

26 Quum verò Saulus advenisset Hierosolymam, tentabat se propiùs adjungere discipulis ; sed omnes timebant eum, non credentes eum esse discipulum.

27 Barnabas autem acceptum eum duxit ad apostolos, et exposuit eis quomodo in viâ vidisset Dominum, et quòd loquutus esset ei, et quomodo Damasci liberè loquutus esset in nomine Jesu.

28 Versabatur ergo cum eis Hierosolymis.

29 Et liberè in nomine Domini Jesu loquebatur, et disceptabat adversùs Graecos : illi verò conabantur eum interimere.

30 Quod quum cognovissent fratres, deduxerunt eum Caesaream, et emiserunt Tarsum.

31 Ecclesiae igitur per totam Judaeam et Galilaeam et Samariam habentes pacem, aedificabantur ; et pergentes *in* timore Domini, *et* consolatione Sancti Spiritûs, multiplicabantur.

32 ¶ Factum est autem ut Petrus, dum per omnes pertransiret, deveniret etiam ad sanctos qui habitabant Lyddae.

33 Reperit autem illic quendam nomine Aeneam, ab annis jam octo decumbentem in grabbato, qui erat paralyticus :

34 Et dixit ei Petrus, Aenea, sanat te Jesus Christus : surge, e sterne tibi ipsi. *Is* autem statim surrexit.

35 Et viderunt eum omnes qui incolebant Lyddam et Sarona, qui converterunt *se* ad Dominum.

ACTA, X.

36 ¶ Joppae verò fuit quaedam discipula nomine Tabitha, quae, si interpreteris, dicitur Caprea: haec erat dives operum bonorum et eleemosynarum quas praestabat.

37 Factum est autem per illos dies, ut ex morbo moreretur: quam quum avissent, posuerunt in coenaculo.

38 Quum autem Lydda esset prope Joppen, discipuli, audito Petrum illic esse, duos viros miserunt ad eum, rogantes ne cunctaretur usque ad ipsos progredi.

39 Exsurgens igitur Petrus venit cum eis: quem, ubi adfuit, duxerunt in coenaculum: ubi adstiterunt ei omnes viduae, flentes, et ostendentes tunicas et vestimenta quae Dorcas faciebat, quum unà cum ipsis esset.

40 Ejectis autem omnibus foras, Petrus, positis genibus, precatus est: et conversus ad corpus, dixit, Tabitha, surge. Illa verò aperuit oculos suos, et viso Petro resedit.

41 Datâ autem ei manu *Petrus* erexit eam; et vocatis sanctis ac viduis eam vivam repraesentavit.

42 Id autem innotuit per totam Joppen, et multi crediderunt in Dominum.

43 Factumque est ut dies multos maneret *Petrus* Joppae apud Simonem quendam coriarium.

CAP. X.

PORRO quidam erat Caesareae, nomine Cornelius, centurio ex cohorte quae vocatur Italica,

2 Pius ac timens Deum, cum totâ domo suâ, et praestans eleemosynas multas populo;

3 Qui quum assiduè precaretur Deum, vidit per visionem manifestè, quasi horâ diei nonâ, angelum Dei, introëuntem, et dicentem ipsi, Corneli:

4 At ille, intentis oculis in eum et expavefactus, dixit, Quid est, Domine? Dixit autem is, Preces tuae et eleemosynae tuae ascenderunt in memoriam in Dei conspectu.

5 Nunc igitur mitte aliquos Joppen, et accerse Simonem qui cognominatur Petrus.

6 Is diversatur apud Simonem quendam coriarium, cui est domus apud mare: is dicet tibi quid te oporteat facere.

7 Ut autem discessit angelus qui loquebatur Cornelio, vocavit duos ex famulis suis, et militem pium ex iis qui cum ipso erant assidui :

8 Et quum eis exposuisset omnia, misit eos Joppen.

9 Postridie verò illis iter facientibus, et appropinquantibus urbi, ascendit Petrus in solarium ut precaretur, circa horam sextam.

10 Factum est autem ut valde esuriret, voluitque capere cibum : Parantibus igitur illis *cibum*, incidit in eum mentis excessus.

11 Conspexitque coelum apertum, ac descendens ad se vas quoddam, ut linteum magnum, quatuor extremis devinctum, quod demittebatur in terram :

12 In quo erant quaevis quadrupedia terrae, et ferae, et reptilia, et volucres coeli.

13 Et exstitit vox ed eum, Surge, Petre, macta, et ede.

14 Ait autem Petrus, Nequaquam, Domine : nunquam enim edi quicquam pollutum vel impurum.

15 Tum vox rursus ad eum secundò, Quae Deus purgavit, tu ne polluito.

16 Hoc autem factum est ter: et rursum receptum est vas in coelum.

17 Quum autem apud sese haesitaret Petrus quidnam esset visum illud quod viderat, tum ecce, viri qui missi fuerant a Cornelio, percontati de domo Simonis, supervenerunt ad vestibulum,

18 Et evocato *quopiam*, percontati sunt an Simon, quo cognominaretur Petrus, illic diversaretur ?

19 Petro verò cogitante de visione, dixit ei Spiritus, Ecce, tres viri quaerunt te.

20 Surgens itaque descende, et ni

ACTA, X.

hil addubitans proficiscere cum eis; nam ego eos misi.

21 Descendens ergo Petrus ad viros illos qui ad ipsum missi fuerant a Cornelio, dixit, Ecce, ego *is* sum quem quaeritis : quae causa est propter quam adestis ?

22 Ipsi verò dixerunt, Cornelius centurio, vir justus et timens Deum, et ornatus testimonio totius gentis Judaeorum, divinitùs admonitus est ab angelo sancto, ut accerseret te domum suam, et abs te quaedam audiret.

23 Intrò vocatos igitur eos accepit hospitio. Postridie verò Petrus abiit cum eis, et cuidam ex fratribus Joppensibus comitati sunt eum.

24 Et altero post die introïerunt Caesaream. Cornelius autem exspectabat eos, convocatis cognatis suis et necessariis amicis.

25 Ut autem factum est ut introïret Petrus, occurrens ei Cornelius, et accidens ad ejus pedes, adoravit.

26 Petrus vero erexit eum, dicens, Surge : et ego ipse homo sum.

27 Et colloquens cum eo, ingressus est. invenitque multos qui convenerant :

28 Dixitque is, Vos scitis Judaeo nefas esse propiùs adjungere se, aut accedere ad alienigenam : sed mihi ostendit Deus, ne quem pollutum vel impurum hominem dicerem.

29 Quapropter etiam nihil obloquutus veni accersitus. Percontor, igitur, quam ob causam me accersiveritis ?

30 Tum Cornelius ait, Nudius quartus usque ad hanc horam eram ejunus, et horâ nonâ precabar domi meae ; et ecce, quidam stetit coram me, veste splendidâ :

31 Dixitque, Corneli, exauditae sunt preces tuae, et eleëmosynae tuae in memoriam venerunt in conspectu Dei.

32 Mitte ergo Joppen, et accerse Simonem qui cognominatur Petrus : hic diversatur in aedibus Simonis coriarii, apud mare : qui, quum adve nerit, loquetur tibi.

33 Eodem igitur *momento* misi ad te : et tu bene fecisti qui advenetis. Nunc ergo omnes nos in conspectu Dei adsumus, ut audiamus omnia quae tibi praecepta sunt a Deo.

34 Petrus autem, ore aperto, dixit Verè deprehendo Deum non respicere ad personam :

35 Sed in quâvis gente acceptun ei esse quemvis qui eum timeat, et operam det justitiae.

36 Quem sermonem significavit filiis Israëlis, evangelizans pacem per Jesum Christum, qui est omnium Dominus.

37 Vos nôstis quod gestum est in totâ Judaeâ, initio facto a Galilaeâ, post baptisma quod praedicavit Joannes :

38 Ut Jesum Nazarenum unxerit Deus Spiritu Sancto et potentiâ, qui obambulavit beneficiis afficiens, et sanans omnes sub diaboli potestatem redactos, quoniam Deus erat cum eo.

39 Et nos sumus testes omnium quae et in regione Judaeorum et Hierosolymis fecit ; quem interemerunt suspensum in ligno.

40 Hunc *autem* Deus suscitavit tertio die, fecitque ut is conspicuus fieret ;

41 Non toti populo, sed testibus quos ipse priùs designaverat, *nimirum.* nobis qui comedimus ac bibimus unà cum eo, posteaquam resurrexit a mortuis.

42 Mandavit autem nobis ut praedicemus populo, et cum testificatione denunciemus eum esse qui definitus sit a Deo judex vivorum ac mortuorum.

43 Huic etiam omnes prophetae testimonium dant, remissionem peccatorum accepturum per nomen ejus quemvis qui crediderit in eum.

44 Adhuc loquente Petro verba ista, illapsus est Spiritus Sanctus in omnes qui audiebant hunc sermonem.

45 Et fideles qui *erant ex circum*

ACTA, XI.

cisione, et venerant cum Petro, obstupuerunt, quòd etiam in gentes effusum esset donum Spiritùs Sancti:

46 Audiebant enim eos loquentes linguis, ac magnificantes Deum Tunc respondit Petrus,

47 Num quis aquam prohibere potest, quominus *videlicet* baptizentur isti qui Spiritum Sanctum acceperunt sicut et nos?

48 Jussitque eos baptizari in nomen Domini. Tunc rogaverunt eum ut ibi permaneret ad dies aliquot.

CAP. XI.

AUDIERUNT autem apostoli et fratres qui erant in Judaeâ, gentes etiam recepisse sermonem Dei.

2 Quum igitur ascendisset Petrus Hierosolymam, disceptârunt adversus eum qui *erant* ex circumcisione.

3 Dicentes, Ad viros praeputium habentes introisti, et unà edisti cum eis.

4 Exorsus autem Petrus, *omnia* exposuit eis ordine, dicens,

5 Ego eram in civitate Joppe precans: et visum in mentis excessu vidi, *nempe* descendens vas quoddam, ceu linteum magnum, quod quatuor extremis demittebatur e coelo, et ad me usque venit.

6 In quod quum intendissem oculos, consideravi, et vidi quadrupedia terrae, et feras, et reptilia, et volucres coeli.

7 Audivi autem vocem dicentem mihi, Surge, Petre, macta et ede.

8 Dixi verò, Nequaquam, Domine: nam nihil commune aut impurum unquam introïvit in os meum.

9 Respondit autem mihi vox secundò e coelo, Quae Deus purgavit, tu ne polluito.

10 Idque ter factum est, et rursus omnia sursum retracta sunt in coelum

11 Tum ecce, eodem momento tres viri supervenerunt in aedes in quibus eram, Caesareâ missi ad me.

12 Dixit verò mihi Spiritus, ut irem cum eis, nihil dubitans. Venerunt autem mecum etiam sex isti fratres, et ingressi sumus domum viri illius:

13 Qui annunciavit nobis quomodo vidisset angelum domi suae, qui adstitisset ac dixisset ipsi, Mittite aliquos Joppen, et accerse Simonem qui cognominatur Petrus:

14 Qui tibi ea dicturus est, per quae tu serveris et tota domus tua

15 Quum autem coepissem loqui, illapsus est Spiritus Sanctus, in eos, quemadmodum et in nos in principio.

16 Recordatus sum verò illius dicti Domini, quum diceret, Joannes quidèm baptizavit aquâ, vos verò baptizabimini Spiritu Sancto.

17 Postquam igitur par illud donum dedit eis Deus, ut et nobis, quum crediderunt in Dominum Jesum Christum, quis eram ego qui Deum possem inhibere?

18 His autem auditis quieverunt, et glorificaverunt Deum, dicentes, Nempe etiam gentibus Deus resipiscentiam dedit ad vitam.

19 ¶ Caeterùm qui dispersi fuerant ex afflictione ortâ ob Stephanum, pervenerunt usque in Phoeniciam, et Cyprum, et Antiochiam, nemini loquentes sermonem *Dei*, nisi solis Judaeis.

20 Erant autem quidam Cyprii et Cyrenenses, qui ingressi Antiochiam, loquuti sunt Graecis, evangelizantes Dominum Jesum.

21 Fuit autem manus Domini cum eis: multusque numerus, fide ipsis habitâ conversus est ad Dominum.

22 Pervenit autem hic rumor ad aures ecclesiae quae erat Hierosolymis: emiserunt igitur Barnabam ut pergeret Antiochiam usque.

23 Qui quum advenisset et vidisset gratiam Dei, gavisus est, et hortatus est omnes ut proposito cordis permanerent cum Domino:

24 Nam erat vir bonus, et plenus Spiritu Sancto et fide: et adjuncta est multa turba Domino.

25 Abiit autem Barnabas Tarsum

ACTA, XII.

at requireret Saulum: et eum inveu-
.um duxit Antiochiam.

26 Factumque est ut annum totum convenirent in ecclesiâ, docerentque turbam multam: et discipuli nominarentur primùm Antiochiae Christiani.

27 Per id tempus autem descenderunt Hierosolymis prophetae Antiochiam

28 Et unus eorum surgens, nomine Agabus, significavit per Spiritum, famem magnam futuram in toto terrarum orbe: quae etiam fui' sub Claudio Caesare.

29 Singuli verò discipulorum, prouc cuique suppetebat, decreverunt subministrationis caussâ mittere *aliquid* fratribus habitantibus in Judaeâ.

30 Quod et fecerunt, mittentes ad seniores per manum Barnabae et Sauli.

CAP. XII.

CAETERUM per id tempus injectis rex Herodes manibus male accepit nonnullos ex ecclesiâ.

2 Interemit autem Jacobum fratrem Joannis gladio.

3 Et quum vidisset *hoc* placere Judaeis, perrexit comprehendere etiam Petrum: (erant autem dies azymorum.)

4 Quem etiam prehensum, conjecit in carcerem, traditum quatuor quaternionibus militum, ut eum servarent: volens eum post pascha producere populo.

5 Petrus igitur servabatur in carcere: preces autem assiduae fiebant ab ecclesiâ ad Deum pro ipso.

6 Quum verò producturus esset eum Herodes, nocte illâ dormiebat Petrus inter duos milites, vinctus catenis duabus, et custodes ante ostium observabant carcerem.

7 Et ecce, angelus Domini supervenit, et lux splenduit in carcere: et pulsato latere Petri, excitavit eum, dicens, Surge velociter. Et exciderunt ei catenae ex manibus.

8 Dixitque ei angelus, Praecinge te, et subliga sandalia tua. Fecit autem ita. Tum *ille* dixit ei, Amicito. pallio tuo, et sequere me.

9 Itaque egressus *Petrus* sequebatur eum, nec sciebat verum esse quod fiebat per angelum, sed putabat se visum *aliquod* cernere.

10 Quum autem transivissent primam ac secundam custodiam, venerunt ad portam Ferream, quae ducit in civitatem, quae sponte aperta es eis: et egressi progressi sunt per vicum unum; et statim abscessit angelus ab eo.

11 Tum Petrus ad se reversus dixit, Nunc verè scio Dominum emisisse angelum suum, et eruisse me e manu Herodis, et ex omni exspectatione populi Judaeorum.

12 Et *re* consideratâ, venit domum Mariae matris Joannis, qui cognominabatur Marcus, ubi erant multi congregati et precantes.

13 Quum pulsâsset autem Petrus ostium vestibuli, prodiit puella ut subauscultaret, nomine Rhode.

14 Quae, agnitâ voce Petri, prae gaudio non aperuit vestibulum, sed intrò currens annunciavit adstare Petrum ante vestibulum.

15 Illi verò dixerunt ei, Insanis. Illa autem asseverabat ita se *rem* habere. At illi dicebant, Angelus ejus est.

16 Petrus verò *ibi* perseverabat pulsare: quum autem aperuissent, viderunt eum, et perculsi fuerunt.

17 *Ipse* verò manu postulato ab ipsis silentio, narravit eis quomodo Dominus se eduxisset e carcere: dixitque, Annunciate ista Jacobo et fratribus. Et egressus, profectus est in alium locum.

18 Orto autem die fuit tumultus non parvus inter milites quidnam factum esset Petro.

19 Herodes verò, quum eum requisivisset, et non invenisset, quaestione de custodibus habitâ, jussit eos ad supplicium rapi; et quum descendisset a Judaeâ Caesaream *ibi* commoratus es.

ACTA, XIII.

20 Herodes autem infenso animo erat in Tyrios et Sidonios: at illi concorditer venerunt ad eum, et electo Blasto, qui praeerat cubiculo regis, petebant pacem; eo quod aleretur regio ipsorum ex regis *agro.*

21 Statuto autem die, Herodes indutus veste regiâ, et considens pro tribunali, concionabatur ad eos.

22 Populus verò acclamabat, Vox Dei, et non hominis.

23 Illico verò percussit eum angelus Domini, eo quòd non tribuisset gloriam Deo: et erosus a vermibus, exanimatus est.

24 Sermo verò Domini crescebat ac multiplicabatur.

25 Barnabas autem et Saulus reversi sunt Hierosolymis, expleto ministerio, simul assumpto etiam Joanne qui cognominabatur Marcus.

CAP. XIII.

ERANT autem Antiochiae, in ecclesiâ quae *illic* erat, quidam prophetae et doctores, Barnabas, et Simeon qui vocabatur Niger, et Lucius Cyrenaeus, et Manahem qui fuerat unà cum Herode tetrarchâ educatus, et Saulus.

2 Quum autem ii ministrarent Domino et jejunarent, dixit Spiritus Sanctus, Separate mihi Barnabam et Saulum ad opus ad quod eos advocavi.

3 Quum *ergo* jejunâssent, et precati essent, et imposuissent eis manus, dimiserunt *eos.*

4 Ipsi igitur emissi a Spiritu Sancto, descenderunt Seleuciam; et illinc abnavigaverunt Cyprum.

5 Quumque pervenissent Salamina, annunciârunt sermonem Dei in synagogis Judaeorum: habebant autem etiam Joannem *ipsis* subservientem.

6 Peragratâ verò insulâ Paphum usque, invenerunt quendam magum pseudoprophetam Judaeum, cui nomen *erat* Barjesu;

7 Qui erat cum propraetore Sergio Paulo, viro prudente. Hic, advoca-

tis Barnabâ et Saulo, expetivit audire sermonem Dei.

8 Obsistebat autem eis Elymas, *sa est* magus (ita enim explicatur nomen ejus), studens avertere propraetorem a fide.

9 Saulus autem (qui et Paulus) repletus Spiritu Sancto, intentis in eum oculis,

10 Dixit, O plene omni dolo, et ad quodvis scelus facilitate, fili diaboli, hostis omnis justitiae, non cessabis pervertere vias Domini rectas?

11 Nunc igitur, ecce, manus Domini adversùm te; erisque caecus, non videns solem ad tempus. Illico verò incidit in eum caligo ac tenebrae: et circumiens, quaerebat qui ipsum manu prehensum ducerent.

12 Tunc propraetor, quum vidisset quod factum fuerat, credidit, perculsus super doctrinâ Domini.

13 ¶ Provecti verò Papho Paulus et qui cum eo erant, venerunt Pergen Pamphyliae *urbem:* Joannes verò abscedens ab eis, reversus est Hierosolymam.

14 At ipsi digressi Pergà, venerunt Antiochiam *urbem* Pisidiae, et ingressi synagogam die sabbati, consederunt.

15 Post lectionem autem legis et prophetarum, miserunt praefecti synagogae ad eos, dicentes, Viri fratres, siquis est in vobis sermo exhortationis ad populum, dicite.

16 Quum surrexisset igitur Paulus, manu silentio postulato, dixit, Viri Israelitae, et qui timetis Deum, audite.

17 Deus ille populi hujus Israelis elegit patres nostros, et populum sursum evexit, quum commoraretur in terrâ Aegypti, et ex eâ eduxit eo elato brachio.

18 Et circiter quadraginta annorum tempus mores eorum pertulit in deserto.

19 Et quum delevisset septem gentes in terrâ Chanaan, sortes distribuit eis terram earum.

20 Et postea annis circiter qua

ACTA, XIII.

a.nngentis quinquaginta dedit judices, usque ad Samuelem prophetam.

21 Et exinde petierunt regem: deditque eis Deus Saulum filium Cis, virum ex tribu Benjamin, annis quadraginta.

22 Et amoto illo, excitavit eis Davidem in regem, cui etiam testimonio dato dixit, Inveni Davidem *filium* Jesse, virum secundùm cor meum, qui exsequetur omnes voluntates meas.

23 Hujus e semine Deus secundùm promissionem excitavit Israeli Servatorem Jesum;

24 Quum antè praedicâsset Joannes coram eo jam adventante, baptismum resipiscentiae toti populo Israelis.

25 Quum autem expleret Joannes cursum, dixit, Quem me suspicamini esse? non *is* sum ego; sed ecce, venit post me, cujus pedum soleam non sum dignus ut solvam.

26 Viri fratres, filii generis Abrahami, et qui inter vos timetis Deum, vobis sermo salutis hujus missus est.

· 27 Qui enim habitabant Hierosolymis, et primores eorum, quum hunc ignorarent, tum voces prophetarum, quae per omne sabbatum leguntur, eo damnato impleverunt.

28 Tum nullâ caussâ mortis inventâ, petierunt a Pilato ut necaretur.

29 Quum verò perfecissent omnia quae de eo scripta sunt, detractum e ligno posuerunt in monumento.

30 Deus autem suscitavit eum a mortuis.

31 Qui conspectus est per dies multos iis qui simul ascenderant cum eo a Galilaeâ Hierosolymam, suntque testes ejus apud populum.

32 Et nos vobis evangelizamus eam promissionem quae patribus facta est, Deum videlicet eam explevisse iliis illorum, *id est* nobis, suscitato Iesu:

33 Ut etiam in Psalmo secundo scriptum est, Filius meus es tu, ego hodie genui te.

34 Quòd autem suscitaverit eum a mortuis, non ampliùs reversurum, ad sepulchrum, ita dixit, Dabo vobis firmas illas Davidis beneficentias.

35 Ideo et aliàs dicit, Non sines Sanctum illum tuum sentire corruptionem.

36 Nam David quidèm, postquam aetate suâ inservivit Dei consilio, obdormivit, et appositus est patribus suis, sensitque corruptionem:

37 At is quem Deus excitavit non sensit corruptionem.

38 Notum igitur sit vobis, fratres, annunciari vobis remissionem peccatorum per istum:

39 Et ab omnibus a quibus per legem Mosis absolvi non potuistis, per hunc quemvis qui credat, absolvi.

40 Videte ergo ne vobis superveniat quod dictum est in prophetis.

41 Videte, ô contemptores, et admiramini, et evanescite; quia opus operor ego diebus vestris, opus quod non credetis, si quis enarraverit vobis.

42 ¶ Egressis autem *eis* e synagogâ Judaeorum, rogârunt gentes ut intra proximè sequens sabbatum dicerentur sibi haec verba.

43 Solutoque conventu, sequuti sunt multi ex Judaeis et religiosis proselytis Paulum ac Barnabam: qui alloquentes eos, persuaserunt eis ut permanerent in gratiâ Dei.

44 Sequente verò sabbato urbs propè tota convenit ad audiendum sermonem Dei.

45 Visâ autem turbâ, Judaei repleti sunt invidiâ: et contradicebant iis quae a Paulo dicebantur, contradicentes ac blasphemantes.

46 Tunc loquendi libertate usi Paulus ac Barnabas dixerunt, Vobis necesse fuit primùm exponi sermonem Dei: postquam autem illum repellitis, et indignos vos ipsos decernitis aeternâ vitâ, ecce, convertimus nos ad gentes.

47 Ita enim nobis mandavit Dominus, *dicens*, Constitui te ut sis lux gentium, ut sis saluti usque ad ultimas terras.

ACTA, XIV.

48 Gentes autem haec audientes, gavisae sunt, et laudibus extulerunt sermonem Domini: et crediderunt quotquot erant ordinati ad vitam aeternam.

49 Perferebatur autem sermo Domini per totam illam regionem.

50 Judaei vero exstimulârunt mulieres religiosas et honoratas, et primos urbis, et excitârunt persequutionem in Paulum ac Barnabam, ejeceruntque eos e finibus suis.

51 At illi, excusso pulvere pedum suorum in eos, venerunt Iconium.

52 Discipuli vero replebantur gaudio et Spiritu Sancto.

CAP. XIV.

FACTUM est autem Iconii, ut simul introïrent synagogam Judaeorum, et ita loquerentur, ut crederet Judaeorum simul et Graecorum magna multitudo.

2 Qui vero increduli fuerunt Judaei, incitârunt et malè affectos reddiderunt animos gentium adversùs fratres.

3 Multum igitur tempus *ibi* commorati sunt, liberè loquentes, freti Domino, qui testimonium dabat sermoni gratiae suae, dabatque ut signa et miracula ederentur per manus eorum.

4 Scissa est autem multitudo urbis: et alii quidèm erant a Judaeis, alii verò ab apostolis.

5 Quum autem factus esset impetus gentium ac Judaeorum, unà cum suis primoribus, ad eos injuriis afficiendos et lapidandos,

6 Re consideratâ perfugerunt in civitates Lycaoniae, Lystram et Derben, et circumjacentem regionem:

7 Et illìc evangelizaverunt.

8 Quidam autem vir Lystris captus pedibus sedebat, claudus ab utero matris suae, qui nunquam ambulaverat.

9 Hic audivit Paulum loquentem: qui quum intendisset in eum oculos, et vidisset, quòd fidem haberet *se* liberatum iri,

10 Dixit voce magnâ, Surge in pedes tuos rectus. At *ille* exsiliit et ambulavit.

11 Turba vero quum vidisset quod fecerat Paulus, sustulerunt vocem suam, Lycaonicè dicentes, Dii assimilati hominibus descenderunt ad nos

12 Vocabantque Barnabam, Jovem; Paulum vero Mercurium, quoniam is erat dux sermonis.

13 Sacerdos autem Jovis collocati ante illorum urbem, quum tauros vittatos ad vestibula adduxisset, volebat cum turbâ sacrificare.

14 Quod quum audissent apostoli Barnabas et Paulus, diruptis palliis suis insilierunt in turbam, clamantes,

15 Ac dicentes, Viri, cur ista facitis ? nos quoque sumus homines iisdem quibus vos affectionibus obnoxii, annunciantes, ut a vanis istis rebus convertatis vos, ad Deum. illum vivum, qui fecit coelum, et terram, et mare. et omnia quae in eis sunt:

16 Quique praeteritis aetatibus sivit omnes gentes suis ipsarum viis incedere.

17 Quanquam non passus est se *esse* expertem testimonii, bona tribuendo, dans nobis coelitùs pluvias ac tempora fructibus edendis apta, implens cibo et laetitiâ corda nostra.

18 Et haec dicentes, vix compescuerunt turbam, ne ipsis sacrificaret.

19 Supervenerunt autem quidam Judaei Antiochiâ et Iconio, qui, persuasâ turbâ, Paulum lapidatum traxerunt extra urbem, existimantes eum mortuum esse.

20 Quum autem circumstetissent eum discipuli, surrexit, et ingressus est urbem ; et postridie egressus venit Derben cum Barnabâ

21 Quumque evangelizâssent urbi illi, et discipulos multos adjunxissent reversi sunt Lystram, et Iconium, et Antiochiam ;

22 Confirmantes animos discipulorum, hortantes ut permanerent in fide, et *dicentes* oportere per multas afflictiones nos ingredì in regnum Dei.

ACTA. XV.

23 Quumque ipsis per suffragia creâssent per singulas ecclesias presbyteros, precatique essent cum jejuniis, commendârunt eos Domino, in quem crediderant.

24 Peragratâque Pisidiâ, venerunt in Pamphyliam.

25 Ac Pergae loquuti *Domini* sermonem, descenderunt Attaliam.

26 Et illinc enavigârunt Antiochiam, unde fuerant commendati gratiae Dei ad opus quod impleverant.

27 Quum autem venissent et coegissent ecclesiam, retulerunt quanta Deus per ipsos effecisset, eumque aperuisse gentibus ostium fidei.

28 Et commorati sunt illic non parvum tempus cum discipulis.

CAP. XV.

PORRO quidam qui descenderant e Judaeâ, docebant fratres, *et dicebant*, Nisi circumcidamini ritu Mosis, non potestis servari.

2 Ortâ igitur repugnantiâ et altercatione non parvâ Paulo ac Barnabae adversùs illos, constitutum fuit ut ascenderent Paulus et Barnabas, et quidam alii ex illis, ad apostolos ac presbyteros Hierosolymam, super hac quaestione.

3 Illi ergo deducti ab ecclesiâ, peragrârunt Phoenicen et Samariam, narrantes conversionem gentium : et gaudio magno affecerunt omnes fratres.

4 Quum autem pervenissent Hierosolymam, excepti sunt ab ecclesiâ et ab apostolis ac presbyteris, et retulerunt quanta Deus per ipsos effecerat.

5 Sed (*aiebant*) quidam surrexerunt e sectâ Pharisaeorum qui crediderunt, dicentes, Oportere ipsos circumcidere et denunciare ut observent legem Mosis.

6 Convenerunt igitur apostoli et presbyteri ut dispicerent de hoc negotio.

7 Quum autem multa disceptatio fuisset, surgens Petrus dixit eis, Viri fratres, vos scitis Deum jampridem inter nos elegisse me, ut per os meum audirent gentes sermonem evangelii et crederent.

8 Et ille cordium cognitor Deus praebuit eis testimonium, dato ipsis Spiritu Sancto, sicut et nobis :

9 Nihilque discrevit inter nos et illos, fide ab ipso purgatis cordibus eorum.

10 Nunc ergo quid tentatis Deum, ad imponendum jugum cervici discipulorum, quod neque patres nostri neque nos portare valuimus?

11 Imò per gratiam Domini Jesu Christi credimus nos servatum iri, quemadmodum et illos.

12 Tacuit autem tota illa multitudo, et audiebant Barnabam, et Paulum, exponentes quanta Deus edidisset signa et miracula per ipsos inter gentes.

13 Postquam autem ipsi conticuissent, respondit Jacobus dicens, Viri fratres, audite me.

14 Simeon exposuit quomodo primùm Deus respexerit gentes, ut sumeret ex ipsis populum nomini suo.

15 Et huic *rei* consonant verba prophetarum, sicut scriptum est :

16 Post haec revertar, et restaurabo tabernaculum Davidis collapsum, et ruinas ejus restaurabo, et rursus erigam illud.

17 Ut requirant reliqui homines Dominum, et omnes gentes super quas invocatum fuerit nomen meum, dicit Dominus qui facit haec omnia.

18 Nota sunt Deo ab *omni* aevo omnia opera sua.

19 Quamobrem ego censeo non esse obturbandos eos qui ex gentibus ad Deum se convertunt :

20 Sed ad eos scribendum, ut abstineant a pollutis per simulacra, et scortatione, et suffocatis rebus, et sanguine.

21 Moses enim ab aetatibus antiquis oppidatim habet qui ipsum praedicent, quum in synagogis per singula sabbata legatur.

22 ¶ Tunc visum est apostolis et presbyteris, cum totâ ecclesiâ, delec-

ACTA, XVI

nos ex sese viros mittere Antiochiam cum Paulo et Barnabâ; *nempe*, Judam qui cognominabatur Barsabas, et Silam, viros primarios inter fratres :

23 Istis per eorum manum scriptis : Apostoli et presbyteri et fratres, iis qui sunt Antiochiae et in Syrià et in Ciliciâ fratribus, qui sunt ex gentibus, salutem.

24 Quoniam quosdam e nobis egressos audivimus vos turbâsse verbis, laoefactantes animas vestras, dicentes, *Oportere vos circumcidi*, et servare legem ; quibus *hoc* non mandaveramus :

25 Visum est nobis concorditer coactis delectos viros mittere ad vos cum dilectis nostris Barnabâ et Paulo,

26 Hominibus qui exposuerunt animas suas pro nomine Domini nostri Jesu Christi.

27 Misimus ergo Judam et Silam, qui et ipsi *vobis* eadem verbis referent.

28 Visum est enim Spiritui Sancto ac nobis, ne quod ampliùs imponeremus vobis onus praeter necessaria ista ;

29 *Videlicet*, ut abstineatis ab iis quae sunt immolata simulacris, et sanguine, et suffocato, et scortatione : a quibus si vobis caveritis, bene agetis. Valete.

30 Illi igitur dimissi venerunt Antiochiam, et coactâ multitudine reddiderunt epistolam :

31 Quam quum legissent, gavisi sunt super eâ exhortatione.

32 Judas quoque et Silas, quum essent et ipsi prophetae, multo sermone adhortati sunt, et confirmârunt fratres.

33 Quum autem egissent *illic* aliquamdiu, dimissi sunt cum pace a fratribus ad apostolos.

34 Silae tamen visum est ibi manere.

35 Paulus autem et Barnabas commorati sunt Antiochiae, docentes et evangelizantes, cum aliis etiam multis, sermonem Domini.

36 Post aliquot autem dies dixit Barnabae Paulus, Reversi invisamus fratres nostros oppidatim in quibus annunciavimus sermonem Domini *cognituri* quomodo *se* habeant.

37 Barnabae verò consilium erat assumere secum Joannem, qui vocabatur Marcus.

38 Paulus autem aequum censebat eum non simul assumere, qui abscessisset ab ipsis ex Pamphyliâ, nec eorum comes in illo opere fuisset.

39 Sic igitur sunt exacerbati, ut alter ab altero discederet : et Barnabas, assumpto Marco, navigaret in Cyprum :

40 Paulus verò, allecto Silâ, abiit commendatus gratiae Dei a fratribus :

41 Peragravitque Syriam ac Ciliciam, confirmans ecclesias.

CAP. XVI.

PERVENIT autem Derben et Lystram : et ecce, discipulus quidam erat illic nomine Timotheus, filius mulieris cujusdam Judaeae fidelis ; patris autem Graeci :

2 Huic dabant testimonium fratres qui Lystris erant et Iconii.

3 Eum *itaque* voluit Paulus secum proficisci : et assumptum eum circumcidit, propter Judaeos qui in illis locis erant : sciebant enim omnes patrem ejus Graecum esse.

4 Prout autem pertransibant urbes, tradebant eis servanda instituta illa quae decreta fuerant ab apostolis et presbyteris qui Hierosolymis erant.

5 Itaque ecclesiae confirmabantur fide, et exuberabant numero quotidie.

6 ¶ Phrygiâ autem peragratâ et Galaticâ regione, prohibiti a Spiritu Sancto loqui sermonem Dei in Asiâ.

7 Quum venissent in Mysiam, tentabant ire versus Bithyniam : sed non sivit eos *ire* Spiritus.

8 Praeteritâ igitur Mysiâ, descenderunt Troada.

9 Et visum per noctem conspectum est Paulo : Vir Macedo quidam adstabat precans eum, et dicens, Tra

ACTA, XVI.

jice in Macedoniam, et succurre nobis.

10 Ut autem hoc visum vidit, statim studuimus abire in Macedoniam, collatis argumentis colligentes quòd advocâsset nos Dominus ut eis evangelizaremus.

11 Provecti igitur Troade, rectum cursum tenuimus Samothracem, et sequente die Neapolin ;

12 Et illinc Philippos, quae est prima hujus partis Macedoniae urbs, colonia. Commorati sumus autem in eâ urbe aliquot dies.

13 Et die sabbati egressi sumus ex urbe ad flumen, ubi solebat esse precatio : ubi quum consedissemus, alloquuti sumus mulieres quae convenerant.

14 Quaedam autem mulier nomine Lydia, quae purpuram vendebat in urbe Thyatirorum, Deum colens, *nos* audivit : cujus Dominus adaperuit cor, ut attenderet ea quae dicebantur a Paulo.

15 Quum igitur baptizata esset, et domus ejus, rogavit *nos*, dicens, Si judicâstis me fidelem esse Domino, ingressi domum meam, manete. Et adegit nos.

16 Factum est autem proficiscentibus nobis ad precationem, ut ancillula quaedam, habens spiritum Pythonis, occurreret nobis, quae quaestum magnum praebebat dominis suis vaticinando :

17 Haec subsequuta Paulum ac nos, clamabat, dicens, Isti homines servi sunt Dei illius altissimi, qui annunciant vobis viam salutis.

18 Hoc autem fecit ad multos dies : sed molestè ferens Paulus, et sese convertens, spiritui illi dixit, Praecipio tibi per nomen Jesu Christi ut exeas ab eâ. Exiit igitur eodem illo momento.

19 Videntes illius *ancillulae* domini abiisse spem quaestûs sui, prehensum Paulum et Silam traxerunt in forum ad magistratus.

20 Et quum pertraxissent eos ad praetores, dixerunt, Homines isti conturbant civitatem nostram, quum sint Judaei :

21 Et annunciant ritus quos non licet nobis suscipere, neque usurpare, quum simus Romani.

22 Unà verò insurrexit turba adversùs eos : et praetores diruptis eorum vestibus jusserunt *eos* virgis caedi.

23 Quumque multas plagas eis imposuissent, conjecerunt eos in carcerem, additis mandatis commentariensi ut tutò eos asservaret :

24 Qui, tali accepto mandato, conjecit eos in intimum carcerem, et pedes eorum adstrinxit numellâ.

25 Mediâ autem nocte precantes Paulus et Silas hymnos canebant : et qui vincti erant exaudiebant eos.

26 Repentè verò terraemotus magnus exstitit, ita ut concuterentur fundamenta carceris : et illico apertae sunt omnes fores, et omnium vincula laxata.

27 Expergefactus autem commentariensis, quum videret fores carceris apertas, educto gladio erat seipsum interempturus, existimans vinctos effugisse.

28 Clamavit autem Paulus voce magnâ, dicens, Ne quid feceris tibi ipsi mali ; omnes enim hîc sumus.

29 Is vero petito lumine irrupit, et tremefactus accidit Paulo et Silae *ad pedes*.

30 Et productis ipsis foras, ait, Domini, quid me oportet facere ut server ?

31 At illi dixerunt, Crede in Dominum Jesum Christum, et servaberis tu, ac domus tua.

32 Et loquuti sunt ei sermonem Domini, et omnibus qui erant domi ipsius.

33 *Ipse* verò illis assumptis eâ ipsâ horâ noctis, lavit *eorum* plagas : et baptizatus est ipse, et omnes *domestici* illius illico.

34 Et ipsis deductis domum suam, apposuit mensam : et exsultavit quòd cum universâ domo suâ credidisset Deo.

ACTA, XVII.

35 Die autem exorto, praetores miserunt viatores, qui dicerent, Dimitte homines illos.

36 Annunciavit autem commentariensis hos sermones Paulo; Miserunt, *inquit*, praefecti ut dimittamini: nunc igitur egressi, ite in pace.

37 Paulus autem dixit eis, Caesos nos publicè, indictâ causâ, quum simus Romani, conjecerunt in carcerem: et nunc clam nos ejiciunt? non profectò; sed veniant ipsi, et nos educant.

38 Renunciârunt autem praetoribus viatores verba ista: timueruntque audito eos Romanos esse.

39 Et venientes precati sunt eos, et eductos rogârunt ut egrederentur ex urbe.

40 Egressi autem e carcere introïerunt ad Lydiam: et visis fratribus, consolati sunt eos, et egressi sunt *ex urbe*.

CAP. XVII.

ITINERE autem facto per Amphipolin et Apolloniam, venerunt Thessalonicam, ubi erat synagoga quaedam Judaeorum.

2 Paulus verò, sicut consueverat, introïvit ad eos, et per sabbata tria disseruit *cum* eis ex Scripturis,

3 Explicans et ob oculos ponens oportuisse Christum pati, et resurgere a mortuis; et hunc Jesum, Quem ego, *inquit*, annuncio vobis, esse Christum illum.

4 Nonnulli igitur eorum assensi sunt, et consociati sunt Paulo et Silae, et religiosorum Graecorum multitudo magna, et ex mulieribus primariis non paucae.

5 Sed invidiâ commoti Judaei qui increduli erant, assumptis quibusdam circumforaneis viris sceleratis, ac turbâ coactâ, fecerunt ut civitas tumultuaretur; et adorti domum Jasonis, studebant eos adducere ad populum.

6 Et quum non invenissent eos, traxerunt Jasonem et quosdam fratres ad civitatis magistratus, clamando, Isti qui orbis terrarum statum subverterunt, etiam hîc adsunt;

7 Quos excepit Jason: qui omnes contra decreta Caesaris faciunt, regem alium dicentes esse, *nempe* Jesum.

8 Commoverunt autem turbam et civitatis magistratus haec audientes,

9 Qui tamen, quum satis accepissent ab Jasone et caeteris, dimiserunt eos.

10 Fratres verò statim per noctem Paulum simul et Silam eniserunt Beroeam; qui quum advenissent, iverunt in synagogam Judaeorum.

11 Iis autem qui erant Thessalonicae fuerunt isti generosiores; ut qui receperint sermonem cum omni alacritate, quotidie scrutantes Scripturas an haec ita se haberent.

12 Multi igitur crediderunt ex eis, et Graecarum mulierum honoratarum et virorum non pauci.

13 Ut autem cognoverunt Thessalonicenses Judaei, Beroeae quoque annunciatum esse a Paulo sermonem Dei, venerunt etiam illuc, concitantes turbam.

14 Sed tunc statim Paulum emiserunt fratres, ut iret velut ad mare: Silas autem et Timotheus remanserunt illic.

15 Qui verò Paulum susceperant tuto loco constituendum, deduxerunt eum Athenas usque: et accepto mandato ad Silam ac Timotheum, ut quàm citissimè ad ipsum venirent, abierunt.

16 Paulo verò Athenis illos exspectante, irritabatur spiritus ejus in ipso, quum conspiceret urbem idolis refertam.

17 Disserebat igitur in synagogâ cum Judaeis et religiosis; et in foro quotidie cum quibusvis obviis.

18 Quidam autem ex Epicureis et Stoicis philosophis conflictabantur cum eo: et quidam dicebant, Quid vult garrulus iste dicere? Alii verò, Peregrinorum deorum videtur annunciator esse: quoniam Jesum et resurrectionem ipsis annunciabat.

ACTA, XVIII.

19 Et prehensum eum duxerunt .n Areopagum, dicentes, Possumus*ne* scire quae sit ista nova, de quâ tu loqueris, doctrina?

20 Peregrina enim quaedam infers auribus nostris: volumus ergo scire quidnam ista sibi velint.

21 (Caeterùm Athenienses omnes et inquilini hospites nulli alii rei vacabant, nisi ad dicendum aut audiendum aliquid novi.)

22 Quum autem constitisset Paulus in medio Areopago, dixit, Viri Athenienses, omninò conspicio vos quasi religiosiores.

23 Pertransiens enim et contemplans sacra vestra, inveni etiam aram, cui inscriptum erat, IGNOTO DEO. Quem ergo ignorantes colitis, hunc ego vobis annuncio.

24 Deus ille qui fecit mundum et omnia quae in eo sunt, quum sit coeli et terrae Dominus, in manufactis templis non habitat:

25 Nec manibus hominum colitur, alicujus rei egens, quum ipse det omnibus vitam, et halitum, et omnia;

26 Fecitque ex uno sanguine totam gentem hominum, ut habitaret super universâ superficie terrae, definitis statis temporibus, et positis terminis habitationis eorum;

27 Ut quaererent Dominum, si forte palpando eum invenirent; quanquam profectò non longè abest ab unoquoque nostrûm:

28 In ipso enim vivimus, et movemur, et sumus; sicut et quidam vestratium poetarum dixerunt, Nam hu'us progenies etiam sumus.

29 Progenies ergo Dei quum simus, non debemus existimare auro et argento, aut lapidi, sculpturae artificii, et excogitationis hominum, numen esse simile.

30 Deus igitur, temporibus istius ignorantiae connivendo dissimulatis, nunc denunciat omnibus ubique hominibus ut resipiscant:

31 Eo quòd statuit diem quo justè udicaturus est orbem terrarum, per eum virum quem definiit, fide *ejus rei* palam factâ omnibus, illo a mortuis suscitato.

32 Quum audissent autem resurrectionem mortuorum, alii quidem sannis *eum* excipiebant, alii verò dicebant, Audiemus te rursùs de hac re.

33 Et ita Paulus exivit e medio eorum

34 Quidam verò ei adhaeserunt et crediderunt: in quibus *fuit* et Dionysius Areopagita, et mulier nomine Damaris, et alii cum eis.

CAP. XVIII.

POSTEA Paulus, quum discessisset Athenis, venit Corinthum:

2 Et reperto quodam Judaeo, nomine Aquila, Pontico natione, qui nuper venerat ex Italiâ, et Priscillâ uxore ejus (eo quòd edixisset Claudius, ut omnes Judaei Româ excederent) venit ad eos.

3 Et quia ejusdem erat artificii, mansit apud eos, et operabatur: erat enim ars illorum conficere tabernacula.

4 Disserebat autem in synagogâ omnibus sabbatis, et in suam sententiam adducebat tum Judaeos, tum Graecos.

5 Ut autem advenerunt e Macedoniâ Silas et Timotheus, constringebatur spiritu Paulus, cum testificatione praedicans Judaeis Jesum *esse* Christum illum.

6 Ipsis autem sese obsistentibus ac blasphemantibus, excussis vestibus dixit eis, Sanguis vester *esto* super caput vestrum: purus ego: ab hoc tempore ad gentes proficiscar.

7 Et digressus illinc introiit domum cujusdam nomine Justi, colentis Deum, cujus domus erat confinis synagogae.

8 Crispus autem praefectus synagogae credidit Domino cum totâ domo suâ: multique Corinthiorum audientes credebant et baptizabantur.

9 Dixit autem Dominus nocte per visionem Paulo, Ne time, sed loquere et ne tacueris:

ACTA. XIX.

10 Nam ego sum tecum, et nemo te invadet ut tibi malefaciat: quoniam populus est mihi multus in hac urbe.

11 Commoratus est itaque *illic* annum et sex menses, docens apud eos sermonem Dei.

12 Quum autem Gallio esset proconsul Achaiae, insurrexerunt concorditer Judaei in Paulum, et adduxerunt eum ad tribunal,

13 Dicentes, Iste persuadet hominibus colere Deum contra legem.

14 Paulo vero jam os aperturo, dixit Gallio Judaeis, Siqua injuria esset, aut facinus malum, ô Judaei, quatenus aequum esset vos tolerarem:

15 Sin vero quaestio est de sermone et nominibus, et lege vestrate, ipsi videritis: judex enim ego istarum rerum esse nolo.

16 Et abegit eos a tribunali.

17 Prehensum autem omnes Graeci Sosthenem praefectum synagogas caedebant ante tribunal: neque quicquam eorum Gallioni curae erat.

18 Paulus vero quum adhuc *illic* permansisset dies multos, valedicto fratribus, enavigavit in Syriam, et cum eo Priscilla et Aquila, quum totondisset caput Cenchreis: habebat enim votum.

19 Pervenit autem Ephesum, et eos ibi reliquit: ipse vero ingressus synagogam, disseruit cum Judaeis.

20 Rogantibus autem ipsis ut diutiùs apud ipsos maneret, non annuit:

21 Sed valedixit eis, dicens, Oportet omnino me diem festum qui instat agere Hierosolymis: sed iterum revertar ad vos, Deo volente. Et provectus est Epheso.

22 Quumque descendisset Caesaream, ascendissetque *Hierosolymam*, et salutâsset ecclesiam, descendit Antiochiam.

23 Et quum egisset *illic* aliquantulum, abiit, peragrans ordine Galaticam regionem et Phrygiam, confirmans omnes discipulos.

24 Judaeus autem quidam, Apollos nomine, Alexandrinus genere, vir eloquens, pervenit Ephesum, potens in Scripturis.

25 Hic erat initiatus viâ Domini; et fervens spiritu, loquebatur et docebat diligenter ea quae sunt Domini; sciens tantùm baptisma Joannis:

26 Coepitque liberè loqui in synagogâ: quem auditum Aquila et Priscilla, assumpserunt et exquisitiùs ei exposuerunt viam Dei.

27 Quum autem vellet transire in Achaiam, fratres *eum* adhortati, scripserunt discipulis ut exciperent eum: qui quum advenisset, multum contulit iis qui crediderant per gratiam:

28 Magnâ enim contentione Judaeos magis ac magis redarguebat publicè, ostendens per Scripturas Jesum esse Christum illum.

CAP. XIX.

FACTUM est autem interim, dum Apollos esset Corinthi, ut Paulus, peragratis superioribus partibus, veniret Ephesum: ubi quum discipulos quosdam invenisset,

2 Dixit eis, Num Spiritum Sanctum accepistis posteaquam credidistis? Illi verò dixerunt ei. Imo sitne Spiritus Sanctus, ne audivimus quidem.

3 Tunc dixit eis, In quid ergo baptizati estis? Ipsi verò dixerunt, In Joannis baptizma.

4 Dixit autem Paulus, Joannes quidèm baptizavit baptismo resipiscentiae, dicens populo, ut in eum qui veniebat post ipsum crederent, hoc est, in Christum Jesum.

5 Qui verò *illum* audierunt, baptizati sunt in nomen Domini Jesu.

6 Et quum imposuisset eis manus Paulus, venit Spiritus Sanctus in eos. et loquebantur linguis, et prophetabant.

7 Erant autem omnes isti viri circiter duodecim.

8 *Ipse* porrò ingressus synagogam liberè loquebatur ad tres menses, disserens et suadens quae ad regnum Dei *pertinent*.

ACTA, XIX.

9 Quum autem quidam indurarentur, et parere nollent, malè loquentes de viâ illâ *Dei* apud multitudinem, abscedens ab illis separavit discipulos, quotidie disserens in scholâ Tyranni cujusdam.

10 Hoc autem factum est per biennium; *ita* ut omnes qui habitabant in Asiâ, tam Judaei tum Graeci, audierint sermonem Domini Jesu.

11 Virtutesque non vulgares edebat Deus per manus Pauli:

12 *Ita* ut etiam ad aegrotos deferrentur a corpore ejus sudaria seu semicinctia, et discederent ab eis morbi, et spiritus mali ab eis exirent.

13 Aggressi sunt verò quidam ex circulatoribus Judaeis exorcistis nominare super eos qui habebant spiritus malos, nomen Domini Jesu, dicentes, Adjuramus vos per Jesum quem Paulus praedicat.

14 Erant autem quidam filii Scevae Judaei primarii sacerdotis septem, qui hoc faciebant.

15 Respondens verò spiritus malus dixit, Jesum novi, et Paulum scio; vos autem qui estis?

16 Et insiliit in eos homo in quo erat spiritus ille malus, et superatis illis, invaluit contra eos, ita ut nudi et vulnerati effugerent ex domo illâ.

17 Id verò innotuit omnibus tum Judaeis tum Graecis qui habitabant Ephesi: et incidit timor in eos omnes, et magnificabatur nomen Domini Jesu.

18 Et multi eorum qui crediderant, veniebant confitentes et indicantes facta sua.

19 Multi verò ex iis qui curiosa ista exercuerant, comportatos libros exusserunt in omnium conspectu: quorum supputatis pretiis, repererunt denariorum quinquaginta millia.

20 Ita fortiter crescebat sermo Domini et invalescebat.

21 ¶ His autem expletis, induxit in animum Paulus, peragratâ Macedoniâ et Achaiâ, proficisci in Hierosolimam, dicens, Postquam illic fuero, me Romam etiam videre.

22 Missis verò in Macedoniam duobus ex iis qui ministrabant ei, *videlicet* Timotheo et Erasto, ipse substitit ad tempus in Asiâ.

23 Ortus est autem illo tempore tumultus non parvus ob viam *Dei*.

24 Nam quidam, nomine Demetrius, signator argenti, qui faciebat templa Dianae argentea, praebebat artificibus non parvum quaestum:

25 Quibus ille congregatis, et istiusmodi rerum opificibus, dixit, Viri, scitis ex hoc quaestu nostras esse copias:

26 Et spectatis et auditis Paulum istum non solùm Ephesinam, sed prope totius Asiae multam turbam persuadendo avertisse, dicentem deos illos non esse qui manibus fiant.

27 Non solùm autem periculum est, ne istud quod nobis est peculiare, nobis probrosum evadat, sed etiam ne magnae deae Dianae templum pro nihilo putetur, futurumque sit ut etiam destruatur majestas ejus, quam Asia tota et orbis terrarum colit.

28 *His* autem auditis, pleni excandescentiâ, clamaverunt, dicentes, Magna *est* Diana Ephesiorum!

29 Et impleta est civitas tota confusione: et irruerunt concorditer in theatrum, correpto Gaio et Aristarcho Macedonibus, sociis peregrinationis Pauli.

30 Paulo verò volente prodire ad populum, non siverunt eum *prodire* discipuli.

31 Sed et quidam ex Asiarchis, quum essent ei amici, *nunciis* ad eum missis, rogârunt ne se daret in theatrum.

32 Alii igitur aliud clamabant: erat enim concio confusa, et plerique nesciebant cujus *rei* causâ convenissent.

33 Ex turbâ verò productus fuit Alexander, propellentibus eum Judaeis. Alexander igitur, manu silentio postulato, volebat causam dicere apud populum.

34 Quem ut cognoverunt Judaeum esse, vox exstitit una ab omnibus pro-

ACTA, XX.

ecta, quasi ad horas duas clamantibus, Magna est Diana Ephesiorum!

35 Tum scriba, quum sedâsset turbam, dixit, Viri Ephesii, quisnam est hominum qui nesciat Ephesiorum urbem aedituam esse magnae deae Dianae, et a Jove delapsi *simulacri?*

36 Quum igitur istis non possit contradici, oportet vos sedatos esse, nec quicquam praeceps facere.

37 Adduxistis enim homines istos, neque sacrilegos, neque contumeliosos in deam vestram.

38 Quòd si Demetrius, et qui cum eo sunt artifices, negotium habent cum aliquo, agitur forum, et proconsules sunt; alii alios in jus vocent.

39 Siquid autem de rebus aliis requiritis, in legitimâ concione explicabitur.

40 Nam periculum est ne postulemur seditionis propter *diem* hodiernum, quum nulla subsit causa ob quam possimus reddere rationem concursûs istius. Et quum haec dixisset, dimisit concionem.

CAP. XX.

POSTQUAM verò cessavit tumultus, quum advocâsset Paulus discipulos, et complexus esset, abiit profecturus in Macedoniam.

2 Quum autem illas partes peragrâsset, et hortatus illos fuisset multo sermone, venit in Graeciam.

3 Et ibi peractis mensibus tribus, quum ei in Syriam navigaturo factae fuissent a Judaeis insidiae, censuit per Macedoniam reverti.

4 Comitabatur autem eum usque in Asiam Sopater Beroeensis: ex Thessalonicensibus verò, Aristarchus, et Secundus, et Gaius Derbaeus, et Timotheus:

5 Asiam verò, Tychicus et Trophimus, qui quum praeivissent, expectârunt nos Troade.

6 Nos verò enavigavimus Philippis post dies azymorum, et venimus ad eos Troadem intra dies quinque; ubi egimus dies septem.

7 Primo autem die hebdomadis, coactis discipulis ad frangendum panem, Paulus disserebat cum eis, abiturus postridie, protraxitque sermonem usque in mediam noctem.

8 Erant verò lucernae multae in coenaculo ubi erant coacti.

9 Sedens autem quidam adolescens nomine Eutychus in fenestrâ, demersus somno profundo, quum diutiùs dissereret Paulus, prae somno deturbatus, decidit ex tertiâ contignatione deorsum; et sublatus est mortuus.

10 Quum descendisset autem Paulus, prolapsus est in eum; et *eum* complexus dixit, Ne tumultuamini: anima enim ejus in ipso est.

11 Quum igitur ascendisset, fregissetque panem, et cibum sumpsisset, diu colloquutus usque ad diluculum, ita *demum* profectus est.

12 Adduxerunt autem puerum vivum, et solamen receperunt non mediocre.

13 ¶ Nos verò progressi ad navem, provecti sumus Asson, illinc recepturi Paulum: sic enim mandârat, pedibus ipse iter facturus.

14 Ut autem conjunxit *sese* nobis cum apud Asson, recepto eo, venimus Mitylenen.

15 Et quum illinc enavigâssemus, sequenti die pervenimus e regione Chii; postridie verò appulimus Samum; et quum diversati essemus apud Trogyllium, sequenti die venimus Miletum.

16 Decreverat enim Paulus praeternavigare Ephesum, ne ipsi contingeret tempus terere in Asiâ: festinabat enim, ut, si fieri posset, die pentecostes esset Hierosolymis.

17 Missis autem Mileto *nunciis* Ephesum, accersivit presbyteros ecclesiae:

18 Qui quum ad ipsum venissent, dixit eis, Vos scitis quomodo a primo die quo ingressus sum Asiam, vobiscum per id omne tempus fuerim,

19 Serviens Domino cum omni modestiâ, et multis lacrymis ac ten-

ttitionibus, quae mihi evenerunt in Judaeorum insidiis:

20 Ut nihil subterfugerim eorum quae *vobis* conducerent, quominus *ea* vobis annunciarem, et docerem vos publicè et domatim;

21 Etiam atque etiam testificans Judaeis simul et Graecis conversionem ad Deum, et fidem quae est in Dominum nostrum Jesum Christum.

22 Et nunc ecce, ego vinctus Spiritu proficiscor Hierosolymam, ignorans quae in eâ mihi occurrent:

23 Nisi quòd Spiritus Sanctus oppidatim etiam atque etiam testificatur, dicens, vincula et afflictiones me manere.

24 Sed nullius rei habeo rationem, neque vita mea mihi ipsi cara est, ut peragam cursum meum cum gaudio, et ministerium quod accepi a Domino Jesu, ad testificandum evangelium gratiae Dei.

25 Et nunc ecce, ego scio non ampliùs visuros faciem meam ullos ex vobis omnibus, per quos transivi praedicans regnum Dei.

26 Ideo testor vobis hodierno die, me purum esse a sanguine omnium.

27 Non enim subterfugi quominus annunciarem vobis omne Dei consilium.

28 Attendite igitur *animum* vobisipsis, et toti gregi, in quo vos Spiritus Sanctus constituit episcopos, ad pascendam ecclesiam Dei, quam suo illo sanguine acquisivit.

29 Ego enim illud scio, lupos graves, non parcentes gregi, ingressuros esse in vos post discessum meum.

30 Et ex vobis ipsis exorituros qui loquantur perversa, ut discipulos post se abstrahant.

31 Ideo vigilate, memores me per triennium nocte et die non cessâsse eum lacrymis monere unumquemque.

32 Et nunc quoque, fratres, commendo vos Deo et sermoni gratiae ipsius; qui *quidèm Deus* potest *vos* superstruere, et dare vobis quod haereditatis jure possideatis cum sanctificatis omnibus.

33 Argentum vel aurum, aut vestem nullius concupivi.

34 Imò ipsi nôstis, usibus meis et iis qui mecum sunt, manus istas ministrâsse.

35 In omnibus ostendi vobis oportere sic laborando sublevare infirmos, et meminisse verborum Domini Jesu, ipsum *videlicet* dixisse, Beatum est dare potiùs quàm accipere.

36 Et quum haec dixisset, positis genibus suis, oravit cum illis omnibus.

37 Magnus autem fletus omnium ortus est; et ruentes in collum Pauli deosculabantur eum;

38 Cruciati maximè ob sermonem quem dixerat, ipsos non esse ampliùs faciem ejus conspecturos: et deduxerunt eum ad navim.

CAP. XXI.

UT autem provecti sumus, avulsi ab eis, recto cursu venimus Coum, et sequenti die Rhodum, et illinc Patara:

2 Et nacti navem trajicientem in Phoenicen, eâ conscensâ, provecti sumus.

3 Quum autem coepisset nobis apparere Cyprus, et eam ad sinistram reliquissemus, navigavimus in Syriam, et devecti sumus Tyrum: illic enim navis erat suum onus expositura.

4 Permansimus autem ibidem dies septem, inventis discipulis; qui Paulo dicebant per Spiritum, ne ascenderet in Hierosolymam.

5 Sed peractis illis diebus, abiimus, omnibus deducentibus nos, cum uxoribus et liberis, extra urbem usque et positis genibus in littore, precati sumus.

6 Et alii alios complexi, conscendimus navim: illi autem reversi sunt domum suam.

7 Nos verò navigatione perfectâ, pervenimus Tyro Ptolemaida; et salutatis fratribus, mansimus diem unum apud eos.

8 Postridie verò egressi Paulus et

ACTA. XXI.

20 qui cum eo eramus, venimus Caesaream : et ingressi domum Phippi evangelistae (qui erat unus ex illis septem), mansimus apud eum.

9 Huic autem erant quatuor filiae virgines prophetantes.

10 Et quum *illic* permansissemus dies complures, descendit ex Judaea quidam propheta nomine Agabus ;

11 Qui quum venisset ad nos, et sumpsisset zonam Pauli, vinctis sibi manibus ac pedibus, dixit, Haec dicit Spiritus Sanctus, Virum cujus est haec zona, ita vincient Hierosolymis Judaei, tradentque in manus gentium.

12 Ut vero ista audivimus, rogabamus et nos et ejus loci incolae, ne ascenderet Hierosolymam.

13 Sed respondit Paulus, Quid facitis, flentes et mollientes cor meum? Nam ego non solùm vinciri, sed et mori paratus sum Hierosolymis pro nomine Domini Jesu.

14 Quum igitur non assentiretur, acquievimus, dicentes, Fiat Domini voluntas.

15 Porrò post dies istos collectis sarcinis ascendimus Hierosolymam.

16 Venerunt autem simul etiam *aliqui* ex discipulis Caesareâ nobiscum, adducentes, apud quem hospitaremur, Mnasonem quendam Cyprium, antiquum discipulum.

17 ¶ Quum igitur pervenissemus Hierosolymam, libenter exceperunt nos fratres.

18 Sequenti verò die introiit Paulus nobiscum ad Jacobum, et omnes presbyteri adfuerunt.

19 Quos complexus, exposuit ordine singula quae Deus fecerat inter gentes per ipsius ministerium.

20 At illi, *his* auditis, glorificaverunt Dominum ; et dixerunt ei, Conspicis, frater, quot sint millia Judaeorum qui crediderunt ; suntque omnes accensi zelo legis.

21 Audierunt autem de te ex aliorum sermone, te defectionem a Mose docere omnes qui inter gentes sunt Judaeos, et dicere eos non debere circumcidere filios, neque *secundùm ri*tus ambulare.

22 Quid est ergo ? omnino oportet convenire multitudinem : audient enim te venisse.

23 Hoc igitur fac quod tibi dicimus : Sunt nobis viri quatuor vote obnoxii :

24 His assumptis, sanctificator cum eis, et adde ad eorum sumptus, ut radant capita, et nôrint omnes nihil esse eorum quae de te famâ acceperunt · sed te quoque ita incedere ut legem observes.

25 De iis autem qui crediderunt ex gentibus, nos scripsimus, et decrevimus nequid hujusmodi observent, nisi ut caveant ab iis quae sunt immolata simulacris, et a sanguine, et rebus suffocatis, et scortatione.

26 Tum Paulus, assumptis viris illis, sequente die cum eis sanctificatus ingressus est in templum, denuncians expletionem dierum sanctiiicationis, usquedum oblata fuit pro unoquoque eorum oblatio.

27 Quum autem septeni illi dies jam essent explendi, qui ex Asiâ *advenerant* Judaei ipsum conspicati in templo, concitârunt totam turbam, et injecerunt manus in eum,

28 Clamantes, Viri Israelitae, succurrite : hic ille homo est, qui adversùs populum et legem et locum hunc omnes ubique docet ; atque adeò Graecos introduxit in templum, et polluit sanctum locum istum.

29 (Viderant enim antea Trophimum Ephesium in urbe cum eo, quem existimabant fuisse a Paulo introductum in templum.)

30 Commota est igitur urbs tota, et factus est concursus populi : et prehensum Paulum trahebant e templo : statimque clausae sunt fores.

31 Studentibus autem ipsis eum trucidare, nunciatum est ad tribunum cohortis, totam Hierosolymam conturbatam esse :

32 Qui eo ipso *momento*, acceptis militibus ac centurionibus, decurri ad illos. At illi, quum vidissent tri

ACTA, XXII.

unum et milites, cessàrunt verberare Paulum.

33 Tunc appropinquans tribunus prehendit eum, et jussit vinciri catenis duabus : et percontatus est quisnam esset, et quid fecisset.

34 Alii autem aliud clamabant in turbâ : et quum non posset certi quicquum cognoscere propter tumultum, jussit eum duci in castra.

35 Quum igitur pervenisset ad gradus, evenit ut portaretur a militibus propter violentiam turbae.

36 Sequebatur enim multitudo populi clamans, Tolle ipsum.

37 Et quum futurum esset ut introduceretur in castra Paulus, dicit tribuno, Licetne mihi aliquid tibi dicere ? Qui dixit, Graecè nôsti ?

38 Nonne tu es Aegyptius ille, qui ante hos dies ad seditionem concitâsti et eduxisti in desertum quatuor millia sicariorum ?

39 Dixit autem Paulus, Ego quidèm sum Judaeus Tarsensis, urbis in Ciliciâ non obscurae civis ; caeterùm rogo te, permitte mihi ut alloquar populum.

40 Quum igitur ille permisisset, Paulus stans in gradibus, manu silentium postulavit a plebe ; et magno silentio facto, loquutus est linguâ Hebraeâ, dicens,

CAP. XXII.

VIRI fratres et patres, audite meam, quâ nunc apud vos utor, defensionem.

2 (Quum audissent autem eum Hebraeâ linguâ ipsos alloqui, magis praebuerunt se quietos ; *ipse* verò dixit *eis*,)

3 Ego quidèm sum Judaeus, natus Tarsi, *quae urbs est* Ciliciae, nutritus verò in hac ipsâ urbe apud pedes Gamalielis, institutus ad exquisitam formam patriae legis, zelo Dei accensus, sicut et vos omnes estis hodie.

4 Qui hanc sectam sjm persequutus usque ad mortem, vinciens ac tradens in carceres tum viros tum mulieres :

5 Ut et pontifex maximus mihi testis est, et totus seniorum ordo ; a quibus etiam acceptis ad fratres epistolis, Damascum proficiscebar, adducturus etiam eos, qui illic essent, vinctos Hierosolymam, ut punirentur.

6 Evenit autem mihi iter facienti, et appropinquanti Damasco c.rciter meridiem, ut repentè e coelo circumfuderit me lux multa tanquam fulgur.

7 Cecidique in solum, et audivi vocem dicentem mihi, Saul, Saul, quìd me persequeris ?

8 Ego verò respondi, Quis es, Domine ? Dixitque mihi, Ego sum Jesus Nazarenus, quem tu persequeris

9 Porrò qui mecum erant lucem quidèm conspexerunt, et expavefacti sunt : vocem autem non audierunt ejus qui loquebatur mecum.

10 Dixi verò, Quid faciam, Domine? Dominus autem dixit mihi, Surge, ac proficiscere Damascum : et illic tibi dicetur de omnibus quae constitutum est tibi ut facias.

11 Quum verò non viderem prae gloriâ lucis illius, manu deductus ab iis qui mecum erant, veni Damascum.

12 Ananias autem quidam, vir pius secundùm legem, testimonio ornatus omnium *illic* habitantium Judaeorum.

13 Veniens ad me, et adstans dixit mihi, Saul frater, recipe visum. Et ego eodem illo memento sum ipsum intuitus.

14 Ipse autem dixit, Deus patrum nostrorum designavit te qui cognosceres ipsius voluntatem, et videres Justum illum, et audires vocem ex ore ipsius.

15 Nam eris ei testis apud omnes homines *eorum* quae vidisti et audisti.

16 Et nunc quid cunctaris ? surgens baptizator, et abluitor a peccatis tuis, invocato nomine Domini.

17 Evenit autem mihi reverso Hierosolymam, quum precarer in templo, ut raperer extra me.

ACTA XXIII.

18 Et viderem eum dicentem mihi, Festina, et exi citò Hierosolymis, quoniam non recipient testimonium tuum de me.

19 Et ego dixi, Domine ipsi sciunt me pertraxisse in carcerem, et verberibus affecisse per singulas synagogas eos qui credebant in te.

20 Et quum effunderetur sanguis Stephani martyris tui, ego quoque adstabam., et unà assentiebar interfectioni ipsius, et custodiebam pallia eorum qui interficiebant eum.

21 Tum is dixit mihi, Proficiscere: nam ego te procul ad gentes emittam.

22 ¶ Audiebant autem eum ad hunc usque sermonem: tum verò sustulerunt vocem suam, dicentes, Tolle e terrâ hominem istiusmodi: non enim convenit eum vivere.

23 Clamantibus autem eis, et projicientibus pallia, et pulverem jactantibus in aërem.

24 Jussit tribunus eum duci in castra, dixitque ut in eum flagris inquireretur ut resciret quam ob causam sic clamarent adversùs eum.

25 Quum autem eum distendisset loris caedendum, dixit adstanti centurioni Paulus, Num hominem Romanum, et indamnatum licet vobis flagellare?

26 Hoc autem quum audisset centurio, adiit tribunum, et hoc annunciavit ei, dicens, Vide quid facturus sis; homo enim iste Romanus est.

27 Accedens autem tribunus, dixit ei, Dic mihi, num tu Romanus es? At ille dixit, Etiam.

28 Et respondit tribunus, Ego multâ summâ civitatem istam acquisivi. Paulus autem ait, Ego verò etiam natus sum *civis*.

29 Statim igitur abscesserunt ab eo qui erant in eum inquisituri: sed et tribunus quoque timuit, cognito eum Romanum esse, quoniam eum vinxerat.

30 ¶ Postridie verò, volens certum scire, nempe cujus *rei* accusaretur a Judaeis, solvit eum e vinculis, jussit primarios sacerdotes venire, totumque ipsorum consessum: ac deductum Paulum statuit coram eis.

CAP. XXIII.

INTENTIS autem in consessum oculis, Paulus ait, Viri fratres, ego omni conscientiâ bonâ me gessi apud Deum ad hunc usque diem.

2 Ananias autem pontifex maximus imperavit iis qui ipsis adstabant, ut os ejus caederent.

3 Tum Paulus dixit ei, Futurum est ut percutiat te Deus, paries dealbate: et tu sedes judicans me secundùm legem, et legem transgrediens jubes me caedi?

4 Tum qui adstabant dixerunt, Pontifici Dei maximo conviciaris?

5 Dixit autem Paulus, Nesciebam, fratres, pontificem esse maximum: scriptum est enim, Principi populi tui non maledices.

6 Quum verò nôsset Paulus unam quidem partem esse Sadducaeorum, alteram verò Pharisaeorum, clamavit in consessu, Viri fratres, ego Pharisaeus sum, filius Pharisaei: de spe et resurrectione mortuorum ego in judicium vocor.

7 Quum autem hoc esset loquutus, orta est seditio inter Pharisaeos ac Sadducaeos; et scissa est multitudo.

8 Nam Sadducaei quidèm dicunt non esse ressurrectionem, neque angelum, neque spiritum; Pharisaei autem utrumque confitentur.

9 Ortus est igitur clamor magnus: et quum surrexissent scribae ex partibus Pharisaeorum, depugnabant, dicentes, Nihil mali invenimus in homine isto: quòd si spiritus loquutus est ei, seu angelus, ne repugnemus Deo.

10 Magnâ autem ortâ seditione, veritus tribunus, ne Paulus ab ipsis discerperetur, jussit militum manum descendere, et eum rapere e medio ipsorum, ac ducere in castra.

11 ¶ Sequente verò nocte superveniens ei Dominus, dixit, Confide, Paule; ut enim constanter testificatus

ACTA, XXIV.

tus es Hierosolymis de iis quae ad me attinent, sic te oportet etiam Romae testari.

12 Orto autem die, quidam ex Judaeis factâ coitione devoverunt sese, dicentes neque esuros se, neque bibituros usquequo trucidâssent Paulum.

13 Erant verò plures quàm quadraginta *viri*, qui hanc conjurationem fecerant :

14 Qui adierunt primarios sacerdotes et seniores, et dixerunt, Devotione devovimus nosipsos, nihil gustaturos usquequo trucidaverimus Paulum.

15 Nunc ergo vos indicate tribuno ex consessûs voluntate, ut eum cras ad vos deducat, veluti exquisitiùs percognituros de iis quae ad eum *spectant :* nos verò, priusquam appropinquet, parati sumus ipsum interimere.

16 Quum autem filius sororis Pauli audisset insidias, venit, et ingressus in castra, renunciavit *istud* Paulo.

17 Paulus autem, advocato quodam ex centurionibus, ait, Adolescentem hunc abduc ad tribunum ; habet enim quod annunciet ei.

18 Ille igitur assumptum eum, duxit ad tribunum, et dixit, Vinctus ille Paulus advocatum me rogavit ut nunc adolescentem ducerem ad te, qui aliquid habeat quod tibi loquatur.

19 Tribunus verò, prehensâ ejus manu, quum secessisset seorsum, percontatus est, Quid est quod habes mihi annunciandum ?

20 *Ille* autem dixit, Judaei constituerunt te rogare, ut cras Paulum deducas in consessum, quasi aliquid exquisitiùs percontaturi sint de eo.

21 Tu verò ne ipsis assentitor ; insidiantur enim ei ex istis viri plures quadraginta, qui seipsos devoverunt, neque esuros neque bibituros usquequo interemerint eum : et nunc parati sunt, exspectantes quid a te renuncietur.

22 Tribunus igitur dimisit adolescentem, quum ei praecepisset *ut* nulli effutiret quòd haec ipsi indicâsset.

23 Et advocatis duobus quibusdam ex centurionibus, Parate, ait, milites ducentos, qui proficiscantur Caesaream usque, et equites septuaginta, et stipatores ducentos, a tertiâ horâ noctis :

24 Et ut jumenta praeberent, ut impositum Paulum salvum perducerent ad Felicem praesidem :

25 Scriptâ epistolâ quae hanc summam contineret :

26 Claudius Lysias praestantissimo praesidi Felici salutem

27 Virum hunc comprehensum a Judaeis, quum jam futurum esset ut ab eis interimeretur, superveniens eum militum manu, erui, quum cognovissem Romanum esse.

28 Et volens scire causam cur eum criminarentur, deduxi eum in ipsorum consessum.

29 Quem comperi accusari de quaestionibus legis ipsorum, nullius verò criminis reum quod sit dignum morte aut vinculis.

30 Indicatis autem mihi insidiis adversùs hunc virum eventuris a Judaeis, eo ipso momento misi *eum* ad te, et denunciavi quoque accusatoribus, ut quae habent adversùs eum dicant apud te : Vale.

31 ¶ Milites igitur, sicut ipsis praeceptum erat, assumptum Paulum duxerunt nocte Antipatrida.

32 Postero autem die reversi sunt in castra, relictis equitibus qui cum eo proficiscerentur.

33 Qui quum venissent Caesaream, et reddidissent epistolam praesidi, stiterunt coram eo etiam Paulum.

34 Quum legisset autem *literas* praeses, et interrogâsset ex quâ provinciâ esset, ac cognovisset esse ex Ciliciâ,

35 Audiam te, inquit, quum accusatores quoque tui adfuerint. Jussit que in praetorio Herodis ipsum custodiri.

CAP. XXIV.

QUINQUE autem post diebus descendit pontifex maximus

ACTA, XXIV.

Ananias cum senioribus, et Tertullo quodam oratore; qui comparuerunt coram praeside contra Paulum.

2 Citato igitur eo, coepit accusare Tertullus, dicens,

3 Multa nos pace potiri per te, et ea quae recte ac feliciter in hac gente prudentia tua gesta sunt, prorsus et ubique agnoscimus, praestantissime Felix, cum omni gratiarum actione.

4 Ne vero te diutius interpellem, precor te ut audias nos paucis pro tua aequitate.

5 Comperimus enim virum hunc *esse* pestem, et qui moveat seditionem omnibus Judaeis per universum orbem, et principem sectae Nazarenorum:

6 Qui templum quoque tentavit profanare: in quem etiam prehensum voluimus secundum legem nostram judicium ferre;

7 Sed interveniens tribunus Lysias, cum magna vi abduxit eum e manibus nostris:

8 Jussis ipsius accusatoribus ad te venire; ex quo poteris ipse, inquisitione habita, de omnibus istis cognoscere, de quibus nos eum accusamus.

9 Consenserunt autem etiam Judaei, aientes haec ita se habere.

10 ¶ Respondit autem Paulus, quum innuisset ei praeses ut loqueretur, Quia te a multis annis isti genti praefuisse scio, eo alacriore animo quae ad me attinent pro mei defensione dicam.

11 Quum tu possis certior fieri, non plures *exactos* esse dies quam duodecim, ex quo ascendi Hierosolymam adoraturus.

12 Neque vero me in templo invenerunt cum aliquo disserentem, aut coitionem turbae facientem, neque in synagogis, neque in urbe;

13 Neque probare possunt ea, de quibus nunc me accusant.

14 Hoc vero tibi fateor, me secundum viam illam, quam haeresin dicunt, ita servire patrio Deo, ut qui credam omnibus quae in lege et in prophetis scripta sunt:

15 *Et* spem habeam in Deo, fore, quam etiam ii ipsi exspectant, resurrectionem mortuorum, tum justorum, tum injustorum.

16 Interea vero ipse *me* exerceo, ad conscientiam habendam sine of fendiculo apud Deum et apud homines semper.

17 Pluribus autem annis interjectis, veni eleemosynas praestiturus genti meae, et oblationes.

18 Inter quae invenerunt me sanctificatum in templo, non *tamen* cum turba, neque cum tumultu, quidam ex Asia Judaei:

19 Quos oportuit apud te adesse, et accusare, siquid haberent adversum me.

20 Aut hi ipsi dicant si quod compererunt in me injuste factum, quum ego starem in consessu:

21 Nisi de hac una voce, qua clamavi, quum inter eos starem, De resurrectione mortuorum ego in judicium vocor hodie a vobis.

22 ¶ Auditis autem his, Felix distulit eos, Postquam exquisitius pernovero quae ad viam istam pertinent, inquiens, quum tribunus Lysias descenderit, pernoscam vestrum negotium.

23 Edicto etiam centurioni ut servaretur Paulus, ac laxaretur, et nequis prohiberetur ex ipsius familiaribus ei ministrare, aut eum adire.

24 ¶ Aliquot autem post diebus, quum advenisset Felix cum Drusilla uxore sua, quae erat Judaea, accersivit Paulum, et audivit eum de fide quae est in Christum.

25 Disserente autem ipso de justitia, et continentia, et judicio futuro, expavefactus Felix, respondit, Ut nunc se res habent, abi: opportunitatem autem nactus accersam te.

26 Simul et illud sperans, fore ut pecunia ipsi daretur a Paulo, ut eum *vinculis* exsolveret: quamobrem etiam frequentius eum accersens, colloquebatur cum eo.

27 Biennio autem completo accepit successorem Felix Portium Festum : et volens gratiam inire a Judaeis Felix, reliquit Paulum vinctum.

CAP. XXV.

FESTUS ergo ingressus provinciam, trid:io pòst ascendit Caesareâ Hierosolymam.

2 Comparuerunt autem coram eo pontifex maximus et primarii ex Judaeis contra Paulum, et eum precati sunt,

3 Petentes gratiam adversùs eum, ut accerseret eum Hierosolymam, factis insidiis, ut *eum* in viâ interimerent.

4 Festus autem respondit, ut servaretur Paulus Caesareae; se verò citò *illùc* profecturum.

5 Qui ergo inter vos, inquit, *istud* poterunt, unà descendant, et siquid est in hoc viro improbum, accusent eum.

6 Actis autem apud eos diebus non pluribus quàm decem, quum descendisset Caesaream, postero die sedit in tribunali, jussitque Paulum adduci.

7 Qui quum adfuisset, circumsteterunt *eum* qui Hierosolymis descenderant Judaei, multas et graves criminationes adferentes adversùs Paulum, quas non valebant demonstrare :

8 Quum ipse pro sui defensione diceret, Neque in legem Judaeorum, neque in templum, neque in Caesarem quicquam peccavi.

9 Sed Festus volens gratiam inire a Judaeis, respondens Paulo dixit, Vis Hierosolymam ascendere, et illic de his judicari apud me ?

10 Dixit autem Paulus, Ad tribunal Caesaris sto, ubi me oportet judicari: Judaeis nulla in re injuriam feci, sicut et tu pulchrè nôsti.

11 Nam si injuriam et si quid dignum morte feci, non recuso mori: sin verò nihil est ex iis de quibus isti me accusant, nemo potest me illis donare: Caesarem appello.

12 Tunc Festus cum concilio colloquutus, respondit, Caesarem appellâsti ? ad Caesarem proficiscêns.

13 ¶ Diebus autem aliquot exactis, Agrippa rex et Bernice venerun. Caesaream, salutaturi Festum.

14 Et quum dies complures illic commorati, Festus regi exposuit quae ad Paulum *spectabant*, dicens, Vir quidam est relictus a Felice in vinculis :

15 De quo, quum essem Hierosolymis, comparentes me interpellârunt principes sacerdotum et seniores Judaeorum, petentes damnationem adversùs eum.

16 Quibus respondi, non esse Romanis morem, quempiam ultro addicere exitio, *id est*, priusquàm is qui accusatur in conspectu habeat accusatores, et locum defensionis accipiat super criminatione.

17 Quum ergo huc convenissent, absque ullâ dilatione, consequente die sedens in tribunali, jussi adduci hominem.

18 Cujus accusatores quum adstarent, nullum crimen objiciebant eorum quae ego suspicabar ;

19 Sed quaestiones quasdam de suâ superstitione habebant adversùs eum, et de quodam Jesu defuncto, quem aiebat Paulus vivere.

20 Dubitans autem ego super ejusmodi inquisitione, dixi num vellet proficisci Hierosolymam, et illic judicari super istis.

21 Quum verò Paulus appellâsset ut servaretur Augusti cognitioni, jussi eum servari quousque mitterem eum ad Caesarem.

22 Agrippa verò dixit Festo, Velim et ipse hominem audire. At ille, Cras, inquit, eum audies.

23 ¶ Postero igitur die quum venisset Agrippa et Bernice cum multâ ostentatione, et introissent in auditorium cum tribunis et eminentibus ejus urbis civibus, jubente Festo, adductus est Paulus.

24 Tum Festus, Agrippa rex, inquit, et omnes qui simul adestis nobiscum, conspicitis istum, de quo om-

nis multitudo Judaeorum compellavit me, et Hierosolymis et hic, vociferantes non oportere ipsum vivere amplius.

25 Ego verò quum comperissem eum nihil dignum morte fecisse, et is ipse appellâsset Augustum, decrevi eum mittere.

26 De quo quid certi scribam domino, non habeo: quapropter eum ad vos produxi, et maximè ad te, rex Agrippa, ut habitâ quaestione, habeam quod scribam.

27 Nam praeter rationem mihi videtur, quum mittam vinctum, non etiam crimina in eum *collata* significare.

CAP. XXVI.

AGRIPPA verò Paulo dixit; Permittitur tibi pro teipso dicere. Tunc Paulus extensâ manu, hâc defensione usus est:

2 Super omnibus de quibus postulor a Judaeis, rex Agrippa, beatum me duco quòd sim hodie causam apud te dicturus:

3 Maximè quòd te gnarum esse sciam omnium quae apud Judaeos sunt rituum et quaestionum. Ideò rogo te ut patienter me audias.

4 Vitam itaque meam actam a juventute, quaeque a principio fuit in gente meâ Hierosolymis, sciunt omnes Judaei;

5 Ut qui antea noverint, me jam inde a majoribus (si velint testari) secundùm exquisitissimam illam haeresin nostrae religionis, vixisse Pharisaeum.

6 Nunc verò ob spem promissionis factae patribus nostris a Deo, sto in judicium vocatus:

7 Ad quam *promissionem* duodecim tribus nostrae, *Deo* nocte et die perpetuò servientes, sperant se perventuras: de quâ spe postulor, rex Agrippa, a Judaeis.

8 Quid? incredibile judicatur apud vcs, quòd Deus mortuos excitet?

9 Equidem statueram apud me adversùs nomen Jesu Nazareni multa oportere *me* contraria facere:

10 Quod etiam feci Hierosolymis; et multos sanctorum ego carceribus inclusi, a principibus sacerdotum potestate acceptâ: et quum *ab eis* interimerentur, tuli suffragium:

11 Ac per omnes synagogas saepe ipsos puniens, coëgi ad blasphemandum: et supra modum furens adversùs eos, persequutus sum *ipsos* etiam in exteras usque civitates.

12 Inter quae etiam proficiscens Damascum cum potestate et procuratione a principibus sacerdotum,

13 Die medio, rex, in viâ vidi coelitùs lucem, quae splendorem solis superans, circumfudit me suo fulgore, et eos qui mecum iter faciebant:

14 Quum autem omnes nos decidissemus in terram, audivi vocem alloquentem me, ac dicentem Hebraicâ linguâ, Saul, Saul, quid me persequeris? durum est tibi contra stimulos calcitrare.

15 Ego autem dixi, Quis es, Domine? At ille dixit, Ego sum Jesus ille quem tu persequeris.

16 Sed exsurge, et sta in pedes tuos: idcirco enim apparui tibi, ut designarem te ministrum ac testem tum eorum quae vidisti, tum eorum *in* quibus apparebo tibi;

17 Eruens te ex hoc populo, et gentibus, ad quos nunc te mitto;

18 Ut aperias oculos eorum, et convertas *eos* a tenebris ad lucem, et *a* potestate Satanae ad Deum, ut remissionem peccatorum et sortem inter sanctificatos accipiant per fidem quae est in me.

19 Unde, rex Agrippa, non fui n bellis coelesti illi apparitioni;

20 Sed iis qui sunt Damasci primùm, et Hierosolymis, et in omni regione Judaeae, *deinde* et gentibus annunciavi ut resipiscerent, et converterent se ad Deum, opera facientes convenientia resipiscentiae.

21 Horum causâ Judaei me in templo comprehensum tentârunt manibus *suis* interficere.

ACTA, XXVII.

22 Sed auxilium, quod est a Deo, nactus, perstiti in hunc usque diem, testificans *ista* tum parvis tum magnis, nec quicquam dicens extra ea quae prophetae ac Moses futura praedixerunt :

23 *Nempe* Christum fuisse passurum, ac primùm ex resurrectione mortuorum, lucem annunciaturum huic populo et gentibus.

24 Haec autem ipso, pro sui defensione ; Festus magnâ voce ait, Insanis, Paule, multae literae te ad insaniam adigunt.

25 Tum ille, Non insanio, inquit, praestantissime Feste, sed vera ac sanae mentis verba eloquor.

26 Scit enim ista rex, apud quem etiam liberè loquor; nam eum latère quicquam horum non arbitror, neque enim id in angulo gestum est.

27 Credis, rex Agrippa, prophetis? scio te credere.

28 Agrippa verò dixit Paulo, Propemodum persuades mihi ut fiam Christianus.

29 Paulus autem dixit, Optârim a Deo, ut et propemodum et admodum, non tu modò, sed omnes etiam qui me audiunt hodie, facti essetis tales qualis ego sum, exceptis istis vinculis.

30 Et quum haec dixisset, surrexit rex, ac praeses, et Bernice, et qui consederant cum eis,

31 Et quum secessissent, loquebantur alii ad alios, dicentes, Nihil morte aut vinculis dignum facit homo iste.

32 Agrippa verò dixit Festo, Dimitti poterat homo iste, nisi appellâsset Caesarem.

CAP. XXVII.

UT autem decretum fuit ut nos enavigaremus in Italiam, tradiderunt tum Paulum tum quosdam alios vinctos centurioni, nomine Julio, cohortis Augustae.

2 Conscenso igitur navigio Adramytteno, navigaturi secundùm Asiae regiones provecti sumus, et nobiscum erat Aristarchus Macedo Thessalonicensis.

3 Alterâ autem die devecti sumus Sidonem : et Julius humanitèr tractato Paulo, permisit ut ad amicos profectus, ab illis curaretur.

4 Illinc verò provecti sublegimus Cyprum, quòd venti essent adversi.

5 Et pelagus quod est secundùm Ciliciam et Pamphyliam emensi, devenimus Myra *urbem* Lyciae.

6 Et illic nactus centurio navem Alexandrinam navigantem in Italiam, imposuit nos in eam.

7 Quumque multis diebus tardè navigaremus, vixque pervenissemus secundùm Cnidum, non permittente nobis vento, sublegimus Cretam secundum Salmonem :

8 Et illam vix praeterlegentes, pervenimus in locum quendam quem vocant Pulchros Portus, cui propinqua erat civitas Lasaea.

9 Multo autem tempore peracto, et quum jam esset periculosa navigatio, quòd jam etiam jejunium praeteriisset, admonebat *eos* Paulus,

10 Dicens eis, Viri, video cum injuriâ multoque damno, non solùm oneris et navis, sed etiam capitum nostrorum, futuram navigationem.

11 Centurio autem gubernatori et nauclero potiùs assentiebatur, quàm iis quae a Paulo dicebantur.

12 Et quum appositus portus non esset ad hybernandum, plerique coeperunt consilium solvendi etiam illinc, *experturi* siquo modo possent Phoenica pervenire, et illic hybernare ; qui portus est Cretae, spectans ad Africum et Corum.

13 Quum autem aspirâsset Notus, visi sibi propositi compotes, quum solvissent, propiùs praeterlegebant Cretam.

14 Verùm haud multô pòst impegit in eam ventus turbulentus, qui vocatur Euroclydon.

15 Quumque abreptum esset navigium, nec posset obniti vento, dato *navigio flatibus*, ferebamur.

16 Et quum infra parvam quandam insulam, quae Clauda vocatur,

ACTA, XXVII.

cursu delati essemus, vix valuimus scaphae compotes fieri.

17 Quâ subductâ, adjumentis utebantur, succinctâ navi : timentesque ne in syrtin inciderent, summissis velis, ita ferebantur.

18 Quum autem vehementi tempestate jactaremur, sequente *die* jacturam fecerunt :

19 Ac tertio die ipsi nostris manibus armamenta navis abjecimus.

20 Quum autem neque sol neque sidera apparerent ad complures dies, et tempestas non parva incumberet, in posterum erat ablata spes omnis salutis nostrae.

21 Et quum multa jam fuisset inedia, tunc stans Paulus in medio ipsorum dixit, Oportebat quidèm ô viri, mihi obediendo non provehi a Cretâ, et vitare injuriam hanc et damnum.

22 Sed nunc adhortor vos ut bono animo sitis : jactura enim nulla erit cujusquam ex vobis, sed tantum navis.

23 Adstitit enim mihi hâc nocte angelus Dei, cujus sum ego, et cui etiam servio,

24 Dicens, Ne metue, Paule ; oportet te Caesari sisti : et ecce, condonavit tibi Deus omnes qui tecum navigant.

25 Propterea bono animo estote, viri : credo enim Deo, ita fore quemadmodum loquutus est mihi.

26 In insulam autem quandam incidere nos oportet.

27 Caeterùm quum quartadecima nox advenisset, et jactaremur in Adriâ, nautae circa medium noctis suspicati sunt appropinquare sibi aliquam regionem.

28 Et demissâ bolide invenerunt passus viginti : et paululum inde progressi, rursum demissâ bolide invenerunt passus quindecim.

29 Timentesque ne quo modo in aspera loca inciderent, jactis e puppi anchoris quatuor, optabant diem iriri.

30 Quum verò nautae studerent fugere e navi, et demisissent scapham in mare, sub obtentu velut e prora anchoras extensuri,

31 Dixit Paulus centurioni et militibus, Nisi isti in navi manserint, vos servari non potestis.

32 Tunc absciderunt milites funes scaphae, et siverunt eam excidere.

33 Interim autem dum oriretur dies, hortabatur Paulus omnes ut caperent cibum, dicens, Dies hic est decimus quartus, ex quo exspectantes jejuni permanetis, nullo *cibo* sumpto.

34 Ideo vos hortor ut sumatis cibum ; hoc enim ad salutem vestrum spectat : nullius enim vestrûm capillus ex capite cadet.

35 Et quum haec dixisset, et accepisset panem, gratias egit Deo in conspectu omnium : et quum fregisset, coepit edere.

36 Omnes verò quum jam animum recepissent, sumpserunt et ipsi cibum.

37 Eramus autem universa capita in navigio ducenta septuaginta sex.

38 Caeterùm satiati cibo, allevabant navim, projicientes frumentum in mare.

39 Quum autem dies ortus esset, terram illam non agnoscebant : sinum verò quendam animadverterunt habentem littus, in quem consilium ceperant, si possent, expellere navim.

40 Anchoris igitur sublatis, permiserunt *eam* mari, simul laxatis vinculis gubernaculorum : et sublato artemone ad venti flatum, tendebant ad littus.

41 Sed quum incidissent in locum bimarem, impegerunt navem : ac prora quidèm infixa manebat immota, puppis verò solvebatur prae undarum violentiâ.

42 Militum autem consilium erat ut vinctos trucidarent, nequis, quum enatâsset, effugeret.

43 Sed centurio volens conservare Paulum, prohibuit eos ab hoc consilio ; jussitque ut qui possent natare, abjicerent *se* primos, et in terram evaderent :

44 Reliqui verò partim in tabulis partim quibusdam navis *fragmentis*

169

ACTA, XXVIII.

et ita factum est, ut omnes salvi evaderent in terram.

CAP. XXVIII.

ET quum salvi evasissent, tunc agnoverunt insulam vocari Melitam.

2 Barbari verò praestabant nobis non vulgarem humanitatem : accensâ enim pyrâ acceperunt nos omnes, propter imbrem urgentem, et propter frigus.

3 Quum autem convertisset Paulus nonnihil sarmentorum, et imposuisset in pyram, vipera e calore prorepens invasit ejus manum.

4 Ut verò barbari viderunt pendentem bestiam e manu ejus, alii aliis dicebant, Omnino homicida est homo iste, quem, servatum e mari, ultio non sivit vivere.

5 At ille, excussâ bestiâ in ignem, nihil mali passus est.

6 Illi verò exspectabant dum intumesceret, aut concideret repentè mortuus : sed quum multum *tempus* exspectâssent, et viderunt nihil incommodi illi accidere, mutati, dicebant eum esse Deum.

7 Caeterùm circa locum illum erant praedia primario insulae, nomine Publio, qui nos exceptos, triduò peramicè hospites habuit.

8 Factum est autem ut pater Publii febribus ac dysenteriâ detentus, decumberet : ad quem Paulus ingressus, et precatus, impositis ei manibus, sanavit eum :

9 Hoc igitur facto, reliqui etiam qui morbis tenebantur in insulâ, accedebant, et sanabantur :

10 Qui etiam multis honoribus nos honorârunt ; et quum proveheremur, imposuerunt quae usui *nobis* erant.

11 Tribus itaque pòst mensibus provecti sumus navi Alexandrinâ, quae in eâ insulâ hiemaverat, cui erat insigne Castor et Pollux.

12 Et devecti Syracusas, *illìc* mansimus triduum.

13 Unde circumlegentes devenimus Rhegium : et altero pòst die oborto Austro, secundo die venimus Puteolos :

14 Ubi repertis fratribus, rogati sumus ut permaneremus apud eos diebus septem : et ita contendimus Romam.

15 Unde quum audissent fratres de rebus nostris, prodierunt nobis in occursum usque ad Appii Forum et Tres Tabernas : quos quum vidisset Paulus, gratiis actis Deo, sumpsit fiduciam.

16 Quum verò venissemus Romam, centurio tradidit vinctos praefecto exercituum : sed permissum est Paulo ut habitaret seorsim, cum milite qui ipsum custodiret.

17 Factum est autem ut tertio post die convocaret Paulus Judaeorum primos : qui ubi convenissent, dixit eis, Ego, viri fratres, quum nihil fecerim adversùs populum aut ritus patrios, vinctus traditus sum Hierosolymis in manus Romanorum.

18 Qui quaestione de me habitâ, volebant me dimittere, quòd nulla sit in me causa mortis.

19 Sed contradicentibus Judaeis, coactus sum appellare Caesarem : non *tamen* quasi habeam de quo gentem meam accusem.

20 Ob hanc igitur causam vos advocavi, quos viderem et alloquerer ; nam propter spem Israëlis circumdatus sum hac catenâ.

21 Illi verò dixerunt ei, Nos neque literas accepimus de te ex Judaeâ ; neque adveniens quisquam fratrum annunciavit aut loquutus est aliquid de te mali.

22 Velimus autem ex te audire quae sentias : nam de haeresi istâ notum est nobis ubique *ei* contradici.

23 Quum igitur constituissent ei diem, venerunt ad eum in hospitium complures ; quibus cum attestatione exponebat regnum Dei, suadens eis quae de Jesu Christo sunt, ex lege Mosis et prophetis, a mane usque ad vesperam.

24 Et alii quidèm assentiebantur iis quae dicebantur ; quidam verò non credebant.

25 Quum autem inter se discordes essent, digressi sunt postquam Paulus hoc verbum dixisset, Rectè sanè Spiritus Sanctus loquutus est per Esaiam prophetam patribus nostris,

26 Dicens, Vade ad populum istum, et dic, Auditu audietis, et non intelligetis; et videntes videbitis, et non cernetis.

27 Crassum enim factum est cor populi hujus, et auribus graviter audierunt, et oculis suis conniverunt : ne cernant oculis, et auribus audiant, et corde intelligant, et convertant sese, et sanem eos.

28 Notum ergo sit vobis, missam esse gentibus hanc Dei salutem, et ipsos audituros.

29 Quum ergo haec dixisset, exierunt Judaei, multam habentes inter se disceptationem.

30 Mansit autem Paulus biennium totum in proprio conducto; et excipiebat omnes qui ad ipsum ingrediebantur ;

31 Praedicans regnum Dei, ac docens quae sunt de Domino Jesu Christo cum omni dicendi libertate, nemine prohibente.

EPISTOLA PAULI APOSTOLI AD ROMANOS.

CAP I.

PAULUS, servus Jesu Christi, ex *Dei* vocatione apostolus, separatus ad *praedicandum* evangelium Dei,

2 (Quod antè promiserat per prophetas suos in Scripturis sanctis),

3 De filio suo (facto ex semine Davidis, secundùm carnem ;

4 Declarato Filio Dei potenter secundùm Spiritum sanctificationis, per resurrectionem a mortuis) *nempe* Jesu Christo Domino nostro.

5 (Per quem accepimus gratiam et apostolatum ad obedientiam fidei, inter omnes gentes, pro ipsius nomine:

6 Inter quas estis etiam vos, vocati a Jesu Christo) :

7 Omnibus qui Romae estis, dilectis Dei, vocatis sanctis ; Gratia *sit* vobis et pax, a Deo Patre nostro, et Domino Jesu Christo.

8 Primùm quidèm gratias ago Deo meo per Jesum Christum super omnibus vobis, quòd fides vestra annuncietur in toto mundo.

9 Testis enim mihi est Deus, cui servio spiritu meo in evangelio Filii ipsius, me indesinenter mentionem facere vestri ;

10 Semper in precibus meis rogans, ut si quo modo tandem aliquando prosperum iter mihi detur ex voluntate Dei, veniam ad vos.

11 Expeto enim videre vos, ut aliquod impertiar vobis donum spirituale, ut vos stabiliamini :

12 Hoc est, ad communem exhortationem percipiendam apud vos, per mutuam fidem, vestram simul et meam.

13 Nolim autem vos ignorare, fratres, me saepe proposuisse venire ad vos, (sed prohibitus fui usque adhuc,) ut fructum aliquem haberem inter vos quoque, sicut et inter reliquas gentes.

14 Et Graecis et Barbaris, tum sapientibus tum insipientibus, debitor sum.

15 Itaque quicquid in me situm est, promptum est ad vobis quoque, qui Romae estis, evangelizandum.

16 Non enim me pudet evangeli

EPISTOLA PAULI

Christi : potentia siquidem est Dei ad salutem cuivis credenti ; Judaeo primùm, tum etiam Graeco.

17 Justitia enim Dei per illud relegitur ex fide in fidem : sicut scriptum est, Justus autem ex fide vivet.

18 Retegitur enim ira Dei e coelo adversùs omnem impietatem et injustitiam hominum, ut qui veritatem injustè detineant.

19 Quoniam id quod de Deo cognosci potest, manifestum est in ipsis ; Deus enim eis manifestum fecit.

20 Ipsius enim invisibilia jam inde a condito mundo ex rebus factis intellecta pervidentur, aeterna *videlicet* ejus tum potentia tum divinitas : ad hoc ut sint inexcusabiles.

21 Propterea quòd quum Deum cognoverint, *tamen* ut Deum non glorificaverunt, neque gratias et egerunt : sed vani facti sunt in ratiocinationibus suis, et obtenebratum est desipiens cor eorum.

22 Quum se dictitent sapientes, stulti facti sunt.

23 Mutârunt enim gloriam incorruptibilis Dei in simulacrum imaginis corruptibilis hominis, et volucrium, et quadrupedum, et reptilium.

24 Quamobrem etiam tradidit eos Deus cupiditatibus cordium ipsorum ad impuritatem, ut foedarent corpora sua in semetipsis.

25 Ut qui Dei veritatem transmutârint in falsitatem, et coluerint ac servierint rebus creatis, praeterito Creatore, qui est benedictus in secula. Amen.

26 Propterea, *inquam*, tradidit eos Deus foedis affectibus : nam et foeminae illorum transmutârunt naturalem usum in eum qui est praeter naturam :

27 Similiterque etiam masculi, relicto naturali usu foeminae, exarserunt suâ libidine alius in alium, masculi in masculis foeda perpetrantes, et ompensationem (quam oportuit) erroris sui in sese recipientes.

28 Et sicut non v'sum est eis

Deum in notitiâ retinere . *ita* tradidit eos Deus in mentem omnis judicii expertem, ut facerent quae minimè conveniebant :

29 Oppleti omni injustitiâ, malitiâ, scortatione, improbitate, avaritiâ ; pleni invidiâ, caede, contentione, dolc, malignitate :

30 Susurrones, obloquutores, Dei osores, injuriosi, superbi, gloriosi, inventores malorum, parentibus non obedientes,

31 Desipientes, foedifragi, charitatis expertes, implacabiles, immisericordes :

32 Qui Dei jure agnito (*nempe* eos qui talia faciunt dignos esse morte) *tamen* non solùm ea faciunt sed etiam facientibus applaudunt.

CAP. II.

QUAPROPTER inexcusabilis es, ô homo, quisquis *alium* damnas : nam hoc ipso quòd damnas alterum, teipsum condemnas : eadem enim facis *tu* qui *alium* damnas.

2 Scimus verò judicium Dei esse secundùm veritatem adversùs eos qui talia agunt.

3 Cogitas autem hoc, ô homo, qui damnas eos qui talia faciunt, et facis ea, fore ut effugias judicium Dei ?

4 An divitias benignitatis ejus et tolerantiae ac lenitatis contemnis, ignorans te benignitate Dei ad resipiscentiam deduci ?

5 Sed pro duritiâ tuâ et corde quod resipiscere nescit, thesaurizas tibi ipsi iram in diem irae et patefactionis justi judicii Dei ;

6 Qui reddet unicuique secundùm opera ipsius :

7 Iis quidem, qui secundùm patientem expectationem, gloriam et honorem et immortalitatem quaerunt, vi tam aeternam ;

8 Rixosis verò et veritati quidem non obtemperantibus, obtemperantibus autem injustitiae, *erit* excandescentia et ira.

9 Afflictio, *inquam, erit* et angustia in omnem animam hominis perpe

tiantis malum, tum Judaei in primis, tum etiam Graeci:

10 Gloria verò, et honor, et pax *erit* cuivis operanti bonum, tum Judaeo in primis, tum et Graeco:

11 Non enim est personarum acceptio apud Deum.

12 Quicunque enim sine lege peccaverunt, sine lege quoque peribunt: et quicunque in lege peccaverunt, per legem damnabuntur:

13 (Non enim qui audiunt legem 'usti sunt apud Deum; sed qui legem praestant, justificabuntur.

14 Nam quum gentes quae legem non habent, naturâ quae legis sunt faciant, isti legem non habentes, sibiipsis sunt lex:

15 Ut qui ostendant opus legis scriptum in cordibus suis, unà testimonium reddente ipsorum conscientiâ, et cogitationibus sese mutuò accusantibus, aut etiam excusantibus:)

16 In die quo judicabit Dominus de occultis hominum, ex evangelio meo, per Jesum Christum.

17 ¶ Ecce, tu cognominaris Judaeus, et acquiescis in lege, et gloriaris in Deo.

18 Et nôsti *ejus* voluntatem, et exploras quae discrepant, institutus ex lege;

19 Confidisque te ducem esse caecorum, lucem eorum qui *sunt* in tenebris,

20 Eruditorem insipientium, magistrum infantium, quòd habeas informationem cognitionis ac veritàtis in lege.

21 Qui igitur doces alium, teipsum non doces? qui praedicas non furandum, furaris?

22 Qui dicis non moechandum, moecharis? qui abominaris idola, sacrilegium admittis?

23 Qui de lege gloriaris, per legis transgressionem Deum dedecoras?

24 Nam Dei nomen propter vos blasphematur inter gentes, sicut scriptum est.

25 Nam circumcisio quidèm prodest, si legem exsequaris: quòd si transgressor legis fueris, circumcisio tua facta est praeputium.

26 Itaque si praeputium jus *egis* servaverit, nonne praeputium illius pro circumcisione reputabitur?

27 Et quod est ex naturâ praeputium, si legem servet, damnabit te, qui per literam et circuncisionem transgressor es legis?

28 Non enim qui *est* in propatulo *Judaeus*, Judaeus est; nec ea quae *est* in propatulo *circumcisio, id est*, in carne, circumcisio *est:*

29 Sed qui in occulto Judaeus *est*, et circumcisio cordis, *id est*, in spiritu, non literâ: cujus *Judaei* laus non *est* ex hominibus, sed ex Deo.

CAP. III.

QUAE est igitur praestantia Judaei? aut quae utilitas circumcisionis?

2 Multa per omnem modum: primarium enim *illud est*, quòd eis credita sunt eloquia Dei.

3 Quid enim si infidi fuerunt quidam? num ipsorum infidelitas fidem Dei inanem reddet?

4 Absit: imò esto Deus verax, omnis autem homo mendax: sicut scriptum est, Ut justificeris in sermonibus tuis, et vincas quando tu judicas.

5 Quod si injustitia nostra Dei justitiam commendat, quid dicemus? num injustus Deus qui inferat poenam? (humano more loquor.)

6 Absit: alioquin quomodo judex erit Deus mundi?

7 Etenim si veritas Dei per meum mendacium redundavit in gloriam ipsius, cur amplius ego ut peccator condemnor?

8 Ac non (sicut de nobis malè loquuntur, et sicut quidam aiunt nos dicere) faciamus mala ut veniant bona quorum damnatio justa est.

9 Quid igitur? praecellimus? Nullo modo: nam antè criminati sumus et Judaeos et Graecos omnes esse su peccato:

10 Sicut scriptum est, Non est justus, ne unus quidem:

EPISTOLA PAULI

11 Non est qui intelligat, non est qui exquirat Deum.

12 Omnes deflexerunt, simul inutiles facti sunt: non est qui faciat quod bonum est, non est usque ad unum.

13 Sepulchrum apertum, guttur eorum; linguis suis ad dolum usi sunt; venenum aspidum sub labiis eorum:

14 Quorum os diris et amarulentiâ plenum est.

15 Veloces pedes eorum ad effundendum sanguinem:

16 Contritio et calamitas in viis eorum.

17 Et viam pacis non cognoverunt:

18 Non est timor Dei coram oculis eorum.

19 Scimus autem, quaecunque lex dicit, iis qui in lege sunt dicere; ut omne os obturetur, et obnoxius fiat totus mundus condemnationi Dei.

20 Propterea ex operibus legis nulla caro justificabitur in conspectu ejus: per legem enim agnitio peccati.

21 Nunc verò absque lege justitia Dei manifesta facta est, comprobata testimonio legis ac prophetarum:

22 Justitia, inquam, Dei per fidem Jesu Christi in omnes et super omnes qui credunt; non enim est dishnctio:

23 Omnes enim peccaverunt, ac deficiuntur gloriâ Dei:

24 Ut qui justificentur gratis, *id est*, ejus gratiâ, per redemptionem factam in Jesu Christo:

25 Quem proposuit Deus placamentum per fidem in sanguine ipsius ad demonstrandam justitiam suam, per remissionem peccatorum quae antecesserunt, Deo *illa* tolerante:

26 Ad demonstrandam, *inquam*, justitiam suam, praesenti tempore; ut sit ipse justus, et justificans eum qui est ex fide Jesu.

27 Ubi igitur gloriatio? exclusa est. Per quam legem? operum? non, sed per legem fidei.

28 Colligimus igitur, fide justificari hominem absque operibus legis

29 An Judaeorum Deus solum? annon et gentium? certè et gentium.

30 Siquidem Deus unus *est* qui justificabit circumcisionem ex fide, et praeputium per fidem.

31 Legem igitur inutilem reddir us per fidem? Absit: imò legem stal, *i* mus.

CAP. IV.

QUID igitur dicemus Abraham um patrem nostrum nactum esse secundùm carnem?

2 Nam si Abrahamus ex operibus justificatus fuit, habet quod glorietur, at non apud Deum.

3 Quid enim Scriptura dicit? Credidit autem Abrahamus Deo, et imputatum est ei ad justitiam.

4 Atqui ei qui operatur, merces non imputatur ex gratiâ, sed *est* ex debito.

5 Ei verò qui non operatur, sed credit in eum qui justificat impium, imputatur fides sua ad justitiam.

6 Sicut etiam David declarat beatum eum hominem, cui Deus imputat justitiam absque operibus: *dicens*,

7 Beati quorum remissae sunt iniquitates, et quorum obtecta sunt peccata.

8 Beatus vir cui non imputavit Dominus peccatum.

9 Ista igitur beatitatis declaratio in circumcisionem *solùm*, an et in praeputium cadit? dicimus enim imputatam fuisse Abrahamo fidem ad justitiam.

10 Quomodo ergo imputata est? quum esset in circumcisione, an *quu* n esset in praeputio? Non in circumcisione, sed in praeputio.

11 Et sign um accepit circumcisionis, sigillum justitiae fidei receptae in praeputio, ut esset pater omnium credentium in praeputio, imputatâ etiam ipsis justitiâ;

12 Et pater circumcisionis, iis *videlicet* qui non solùm sunt ex circumcisione, sed qui etiam incedunt vestigiis

AD ROMANOS. V.

fidei patris nostri Abrahami, quae fuit in praeputio.

13 Non enim per legem promissio cessit Abrahamo, aut semini ejus, ut haeres esset mundi, sed per justitiam fidei.

14 Etenim si ii, qui ex lege sunt, haeredes sunt, inanis facta est fides, et vana reddita est illa promissio.

15 Nam lex iram efficit : ubi enim non est lex, ibi nec transgressio *est*.

16 Propterea ex fide *est haereditas* ut *sit* per gratiam, ut firma sit promissio toti semini : *id est*, non solùm ei quod est ex lege, verùm etiam ei quod *est* ex fide Abrahami, qui est pater omnium nostrûm,

17 (Sicut scriptum est, Patrem multarum gentium constitui te,) coram eo cui credidit, Deo *videlicet*, vivificante mortuos, et vocante quae non sunt tanquam sint :

18 Qui, *Abrahamus*, contra spem sub spe credidit, fore ut ipse fieret pater multarum gentium, secundùm id quod *ei* dictum fuerat, Ita erit semen tuum.

19 Ac minimè infirmus fide, non consideravit suum ipsius corpus jam emortuum, quum centum circiter natus esset annos, nec emortuum uterum Sarae.

20 Ad hanc promissionem autem Dei non addubitavit infidelitate : sed corroboratus fuit fide, tributâ gloriâ Deo ;

21 Ac plenè persuasum habens, *eum* quod promiserat, posse etiam facere.

22 Quapropter etiam hoc imputatum est ei ad justitiam.

23 Non scriptum est autem propter eum solùm, quòd *hoc* imputatum fuerat ei ;

24 Sed etiam propter nos, quibus futurum est ut imputetur, iis *nimirum* qui credunt in eum qui suscitavit Jesum Dominum nostrum a mortuis.

25 Qui traditus fuit morti propter offensas nostras, et suscitatus ad nostri justificationem.

CAP. V.

JUSTIFICATI igitur ex fide, pacem habemus erga Deum per Dominum nostrum Jesum Christum :

2 Per quem etiam fide adducti fuimus in hanc gratiam per quam stamus, et gloriamur sub spe gloriae Dei.

3 Neque id solùm, sed etiam gloriamur de afflictionibus, scientes quòd afflictio tolerantiam efficiat ;

4 Tolerantia verò experientiam, experientia autem spem :

5 Porrò spes non pudefacit, eò quòd charitas Dei effusa est in cordibus nostris per Spiritum Sanctum qui datus est nobis.

6 Christus enim, cum nullis adhuc viribus essemus, suo tempore pro impiis mortuus est.

7 Enimverò vix pro justo quisquam moriatur ; nam pro bono *viro* forsitan aliquis etiam mori sustineat.

8 Commendat autem suam erga nos charitatem Deus, eò quòd quum adhuc essemus peccatores, Christus pro nobis mortuus sit.

9 Justificati igitur nunc ejus sanguine, servabimur multò magis per eum ab irâ illâ.

10 Nam si, quum inimici essemus, reconciliati fuimus Deo per mortem Filii ejus, multò magis reconciliati servabimur per vitam ipsius.

11 Neque id solùm, verùm etiam gloriamur de Deo per Dominum nostrum Jesum Christum, per quem nunc reconciliationem recepimus

12 Propterea, sicut per unum hominem peccatum in mundum introiit, ac per peccatum, mors ; et ita in omnes homines mors pervasit, in quo omnes peccârunt.

13 Nam usque ad legem peccatum erat in mundo : peccatum verò *erat* non putatur, non existente lege.

14 Regnavit autem mors ab Adam 1 usque ad Mosen, in eos etiam qui non peccaverant ad similitudinem transgressionis Adami, qui est typus illius qui erat futurus.

15 At non ut offensa, ita etiam est

quod *Deus* gratificatur : nam si illius unius offensâ multi mortui sunt, multò magis gratia Dei et donatio per gratiam, quae *est* unius illius hominis Jesu Christi, in multos redundavit.

16 Neque ut *illud quod introiit* per unum qui peccavit, *ita est* beneficium : nam reatus quidèm *est* ex unâ offensâ ad condemnationem : quod autem gratificatur *Deus est* ex multis offensis ad justificationem.

17 Etenim si per unam offensam mors regnavit per unum, multò magis *ii* qui redundantiam illam gratiae et doni justitiae recipiunt, in vitâ regnabunt per unum Jesum Christum.

18 Nempe igitur, sicut per unam offensam *reatus venit* in omnes homines ad condemnationem, ita per unam justificationem *beneficium redundavit* in omnes homines ad justificationem vitae.

19 Sicut enim per inobedientiam unius hominis peccatores constituti sunt multi, ita per unius obedientiam justi constituentur multi.

20 Lex verò praeterea introiit, ut redundaret offensa illa : sed ubi redundavit peccatum, *ibi* superabundavit gratia :

21 Ut quemadmodum regnaverat peccatum ad mortem, ita etiam gratia regnaret per justitiam ad vitam aeternam, per Jesum Christum Dominum nostrum.

CAP. VI.

QUID igitur dicemus ? permanebimus in peccato, ut gratia auctior fiat ?

2 Absit : qui mortui sumus peccato, quomodo vivemus in eo ?

3 An ignoratis, nos quotquot baptizati sumus in Christum Jesum, in mortem ejus esse baptizatos ?

4 Sepulti sumus igitur cum eo per baptismum in mortem ; ut sicut suscitatus est Christus ex mortuis in gloriam Patris, ita et nos novâ vitâ incedamus.

5 Nam si cum eo plantati coaluimus assimilatione mortis ejus, nimirum etiam resurrectionis assimulatione *cum eo* coalescemus :

6 Illud scientes, veterem illum nostrum hominem cum eo crucifixum esse, ut aboleatur corpus peccati, ne nos ampliùs serviamus peccato.

7 Etenim qui mortuus est, libera tus est a peccato.

8 Quòd si mortui sumus cum Christo, credimus fore ut etiam vivamus cum eo :

9 Ut qui sciamus Christum suscitatum ex mortuis, non ampliùs mori : mortem, *inquam*, ei non ampliùs dominari.

10 Nam quòd mortuus est, peccato mortuus est semel : quòd autem vivit, vivit Deo.

11 Ita etiam vos colligite, vos tum mortuos esse peccato, tum verò vivere Deo per Christum Jesum Dominum nostrum.

12 Ne regnato igitur peccatum in mortali vestro corpore, ut obediatis peccato in cupiditatibus corporis.

13 Neque sistite membra vestra arma injustitiae peccato : sed sistite vos Deo, ut ex mortuis vivos, et membra vestra arma justitiae Deo.

14 Peccatum enim vobis non dominabitur : non enim estis sub lege sed sub gratiâ.

15 Quid igitur ? peccabimus, quòd non simus sub lege, sed sub gratiâ ? Absit.

16 An nescitis quòd cui sistitis vos servos ad obediendum, ejus servi estis cui obeditis, sive peccati ac mortem, sive obedientiae ad justitiam ?

17 Gratia autem *sit* Deo, quòd fuistis *quidèm* servi peccati, sed ex corde obedistis ei formae doctrinae in quam estis traditi.

18 Et liberati a peccato, mancipati estis justitiae

19 Hominum more loquor, propter infirmitatem carnis vestrae. Nempe, sicut sistitis membra vestra serva impuritati et iniquitati, ad *patrandam* iniquitatem ita nunc sistite memb

AD ROMANOS, VII.

vestra serva justitiae ad sanctimoniam.

20 Quum enim servi eratis peccati, liberi eratis justitiae.

21 Quem igitur fructum habebatis tunc ex iis de quibus nunc erubescitis? nam finis illorum mors *est*.

22 Nunc verò liberati a peccato, mancipati autem Deo, habetis fructum vestrum in sanctimoniam; finem vitem, vitam aeternam.

23 Nam stipendia peccati mors: donum autem Dei *est* vita aeterna, in Christo Jesu Domino nostro.

CAP. VII.

AN ignoratis, fratres, (peritos enim legis alloquor,) legem *tantisper* dominari homini quoad *ipse* vixerit?

2 Nam viro subjecta mulier, viventi viro devincta est per legem: quòd si mortuus fuerit vir, liberata est a lege viri.

3 Proinde, vivente viro, moecha vocabitur, si fiat alterius viri; sin autem mortuus fuerit vir ejus, libera est a lege illâ, ut non sit moecha, si fiat alterius viri.

4 Itaque, fratres mei, vos quoque mortificati estis legi in corpore Christi; ut essetis alterius, ejus *videlicet* qui ex mortuis suscitatus est, ut fructum feramus Deo.

5 Quum enim essemus in carne, affectus peccatorum per legem *exsistentes* vigebant in membris nostris, ad fructum ferendum morti.

6 Nunc autem liberati sumus a lege, mortuo eo in quo detinebamur, ut serviamus in novitate spiritûs, ac non *in* vetustate literae.

7 Quid ergo dicemus? Lex peccatum *est?* Absit Imò peccatum non cognovi nisi per legem: nam etiam cupiditatem non nóssem, nisi lex dixisset, Non concupisces.

8 Sed peccatum, occasione per illud mandatum sumptâ, effecit in me omnem cupiditatem.

9 Nam absque lege, peccatum *quidèm erat* mortuum: ego verò vivus eram sine lege quondam: mandati autem illius adventu peccatum *qui dèm* revixit, ego verò mortuus sum.

10 Et repertum est illud mandatum quod *erat* ad vitam, mihi *cedere* ad mortem.

11 Nam peccatum, occasione per illud mandatum sumptâ, seduxit me et per illud occidit.

12 Itaque lex ipsa quidèm sancta, et mandatum illud sanctum, ac justum, et bonum.

13 Ergo quod bonum *est*, mihi factum est mors? Absit: imò peccatum *mihi factum est mors*, ut appareret peccatum mihi per id quod bonum est efficere mortem; *id est*, ut peccatum fieret admodùm peccans per illud mandatum.

14 Scimus enim legem esse spiritualem: at ego carnalis sum, venditus ut subjicerer peccato.

15 Quod enim perpetro, non agnosco: non enim quod volo, hoc ago; sed quod odi, hoc facio.

16 Quòd si id facio quod nolo, consentio legi quòd bona *sit*.

17 Nunc itaque non campliùs ego id perpetro, sed peccatum quod in me habitat, *id perpetrat*.

18 Novi enim non habitare in me (id est, in carne meâ) bonum: nam velle adest mihi, sed ut quod bonum est efficiam, non assequor.

19 Non enim facio bonum quod volo: sed malum quod nolo, hoc ago.

20 Quòd si id facio ego quod ego nolo, non ampliùs ego id perpetro, sed peccatum quod in me habitat, *id perpetrat*.

21 Comperio igitur volenti mihi facere bonum hanc legem *impositam esse*, quòd mihi malum adjaceat.

22 Delector enim lege Dei quod ad interiorem hominem:

23 Sed video aliam legem in membris meis belligerantem adversùs legem mentis meae, et captivum reddentem me legi peccati quae est in membris meis.

24 Miser ego homo; quis me eripiet ex isto corpore mortis?

EPISTOLA PAULI

25 Gratias ago Deo per Jesum Christum Dominum nostrum. Nempe igitur ipse ego mente quidem servio legi Dei, carne verò legi peccati.

CAP. VIII.

NULLA igitur nunc *est* condemnatio iis qui *sunt* in Christo Jesu, *qui* non secundùm carnem incedunt, sed secundùm Spiritum.

2 Nam lex Spiritûs vitae, *qui est* in Christo Jesu, liberavit me a lege peccati et mortis.

3 Nam quae legis *erat* impotentia, quum viribus esset destituta per carnem, Deus suo ipsius Filio misso in formâ consimili carni peccato obnoxiae, idque pro peccato, condemnavit peccatum in carne :

4 Ut jus illud legis compleatur in nobis, qui non secundùm carnem incedimus, sed secundùm Spiritum.

5 Nam qui secundùm carnem sunt, quae carnis sunt sapiunt ; qui verò sunt secundùm Spiritum, quae Spiritûs sunt.

6 Nam quod sapit caro, mors est ; quod autem sapit Spiritus, vita et pax :

7 Quoniam quod sapit caro, inimicitia *est* adversùs Deum : legi enim Dei non subjicitur ; nam ne potest quidèm.

8 Ergo qui in carne sunt, Deo placere non possunt.

9 Vos autem non estis in carne, sed in Spiritu, siquidem Spiritus Dei habitat in vobis : quòd siquis Spiritum Christi non habet, is non est ejus.

10 Porrò si Christus in vobis *est*, corpus quidèm mortuum *est* propter peccatum ; Spiritus autem vita *est* propter justitiam.

11 Sed si Spiritus ejus qui suscitavit Jesum a mortuis habitat in vobis ; is qui excitavit Christum ex mortuis, rivificabit etiam mortalia corpora vestra per inhabitantem ipsius Spiritum a vobis.

12 Nempè igitur, fratres, debitores sumus non carni, ut secundùm carnem vivamus, *sed Spiritui.*

13 Nam si secundùm carnem vix-

eritis, futurum est ut moriamini ; sed si Spiritu actiones corporis mortificetis, vivetis.

14 Quotquot enim Spiritu Dei aguntur, ii sunt filii Dei.

15 Non enim accepistis spiritum servitutis ad metum ; sed accepistis Spiritum adoptionis, per quem clamamus Abba, *id est*, Pater.

16 Qui ipse Spiritus testatur unà cum spiritu nostro, nos esse filios Dei.

17 Quòd si filii, etiam haeredes : haeredes quidèm Dei, cohaeredes autem Christi : si modò simul *cum eo* patimur, ut simul etiam *cum eo* glorificemur.

18 Nam statuo minimè *esse* paria quae praesenti tempore perpetimur, gloriae in nobis retegendae.

19 Etenim mundus hic conditus *quasi* exserto capite observans exspectat patefactionem filiorum Dei.

20 Nam vanitati mundus hic conditus subjectus est, non suâ sponte, sed propter eum qui subjecit *eum isti vanitati :*

21 Sub spe quòd et ipse liberabitur ex servitute corruptionis in libertatem gloriae filiorum Dei.

22 Scimus enim totum mundum conditum unà suspirare, et unà parturire ad hoc usque tempus.

23 Neque verò *ille* solùm, sed et ipsi qui primitias Spiritûs habemus, nosipsi, inquam, apud nosipsos suspiramus, adoptionem exspectantes, *id est*, redemptionem corporis nostri.

24 Nam spe servati sumus. Spes autem si cernatur, non est spes : quod enim quis cernit, cur speret ?

25 Si verò quod non videmus speramus, *nempe* per tolerantiam exspectamus.

26 Itidem autem et Spiritus unà sublevat infirmitates nostras : quid enim precemur ut oportet, non novimus : sed ipse Spiritus interpellat pro nobis suspiriis inenarrabilibus.

27 Qui verò scrutatur corda, novit quid sapiat Spiritus : quia secundùm Deum interpellat pro sanctis.

28 Novimus autem. iis qui diligunt

Deum, omnia simul adjumento esse ad bonum, iis *videlicet* qui ex proposito *ipsius* vocati sunt.

29 Nam quos praenovit, etiam praedestinavit conformandos imagini Filii sui, ut is sit primogenitus inter multos fratres.

30 Quos verò praedestinavit, eos etiam vocavit: et quos vocavit, eos etiam justificavit: quos autem justificavit. eos etiam glorificavit.

31 Quid igitur dicemus ad haec? si Deus pro nobis, quis contra nos?

32 Is quidèm qui proprio Filio non pepercit, sed pro nobis omnibus tradidit eum, qui non etiam cum eo omnia nobis gratificabitur?

33 Quis intentabit crimina adversùs electos Dei? Deus *is est* qui justificat.

34 Quis est qui condemnet? Christus *is est* qui mortuus est, imò verò qui etiam suscitatus est; qui etiam est ad dextram Dei; qui etiam interpellat pro nobis.

35 Quis nos separabit a charitate Christi? *num* afflictio, num angustia, num persequutio, num fames, num nuditas, num periculum, num gladius?

36 (Sicut scriptum est, Tui causâ occidimur totum diem; habiti sumus velut oves destinatae mactationi.)

37 Imò in his omnibus plùs quàm victores sumus, per eum qui dilexit nos.

38 Nam mihi persuasum est, neque mortem, neque vitam, neque angelos, neque principatus, neque potestates, neque praesentia, neque futura,

39 Neque sublimitatem, neque profunditatem, neque ullam rem aliam creatam posse nos separare a charitate Dei, quae est in Christo Jesu Domino nostro.

CAP. IX.

VERITATEM dico per Christum, non mentior, attestante mihi simul conscientiâ meâ per Spiritum Sanctum;

2 Magnam mihi tristitiam esse, et perpetuum cruciatum cordi meo.

3 Optârim enim ego ipse anatnem esse *separatum* a Chiisto, pro fratribus meis, cognatis. *inquam*, meis secundùm carnem:

4 Qui sunt Israeuitae: quorum *est* adoptio, et gloria, et foedera, et legis constitutio, et cultus, et promissiones.

5 Quorum *sunt* patres, et ex quibus *est* Christus, quòd ad carnem attinet qui est supra omnes Deus laudandus in secula. Amen.

6 Fieri verò non potest ut exciderit sermo Dei. non enim omnes qui *sunt* ex *patre* Israele, *sunt* Israel;

7 Neque qui *sunt* semen Abrahami, *ideo* omnes *sunt* filii: sed in Isaaco vocabitur tibi semen.

8 Hoc est, non qui filii carnis, ii filii Dei: sed qui *sunt* filii promissionis censentur in semine.

9 Promissionis enim sermo hic est, Hoc ipso tempore veniam, et erit Sarae filius.

10 Neque *hic* solùm, sed et Rebecca, quum ex uno concepisset, *nempe* ex Isaaco patre nostro, *haec experta est ;*

11 (Nondum enim natis *pueris*, quum nihil fecissent boni vel mali, ut propositum Dei quod *est* secundùm *ipsius* electionem, *id est,* non ex operibus, sed ex vocante, *firmum* maneret ;)

12 Dictum est ei, Major serviet minori.

13 Sicut scriptum est, Jacobum dilexi, Esavum odio habui.

14 Quid igitur dicemus? Num injustitia *est* apud Deum? Absit.

15 Nam Mosi dicit, Miserebor cujus misertus fuero, et commiserabor quem commiseratus fuero.

16 Nempe igitur *electio* non *est* ejus qui velit, neque ejus qui currat, sed ejus qui misereatur, *nempe* Dei.

17 Dicit enim Scriptura Pharaoni, Ad hoc ipsum excitavi te, ut ostendam in te potentiam meam, et ut annuncietur nomen meum in totâ terrâ

18 Itaque cujus vult miseretur, quem autem vult indurat.

19 Dices ergo mihi: Quid adhuc succenset? nam voluntati illius quis resistit?

20 Imò verò, ô homo, tu quis es ex adverso responsas Deo? Num dicet figmentum fictori, Cur me tale fecisti?

21 Annon habet potestatem figulus in lutum, ut ex eâdem massâ faciat aliud quidèm vas ad decus, aliud verò ad dedecus?

22 Quid si verò volens ostendere ram, et notam facere potentiam suam, pertulit multâ lenitate vasa irae, compacta ad interitum;

23 Et ut notas faceret divitias gloriae suae erga vasa misericordiae, quae praeparavit ad gloriam,

24 Quos etiam vocavit, *nimirum* nos, non solùm ex Judaeis, verùm etiam ex gentibus?

25 Ut etiam apud Oseam dicit, Vocabo populum, qui meus non *erat*, populum meum; et eam, quae dilecta non *erat*, dilectam.

26 Et erit, in loco ubi dictum fuerat eis, Non populus meus vos, illic vocabuntur filii viventis Dei.

27 Esaias autem clamat super Israel, *Etiam* si fuerit numerus filiorum Israelis ut arena maris, reliquiae servabuntur.

28 Rem enim conficiet et concidet eum justitiâ: quoniam rem concisam peraget Dominus in terrâ.

29 Et sicut priùs dixit Esaias, Nisi Dominus Sabaoth reliquisset nobis semen, facti fuissemus ut Sodoma, et Gomorrhae similes facti fuissemus.

30 Quid igitur dicemus? nempe gentes quae non sectabantur justitiam, apprehendisse justitiam, justitiam autem eam quae *est* ex fide;

31 Israelem verò qui sectabatur legem justitiae, ad legem justitiae non pervenisse.

32 Quare? Quia non ex fide, sed velut ex operibus legis: offenderunt enim ad lapidem offendiculi.

33 Quemadmodum scriptum est, Ecce, pono in Sion lapidem ad quem impingitur, et petram offendiculi: et quisquis credit in eum, non pudefiet.

CAP. X.

FRATRES, propensa quidèm voluntas cordis mei, et deprecatio ad Deum super Israel est ad salutem.

2 Testor enim de ipsis, eos zelum Dei habere, sed non ex notitiâ.

3 Nam ignorantes Dei justitiam et propriam justitiam studentes constituere, justitiae Dei non fuerunt subjecti.

4 Nam finis legis *est* Christus, ad justitiam cuivis credenti.

5 Moses enim describit justitiam quae est ex lege *his verbis*, Quòd qui praestiterit ea, vivet per illa.

6 At quae ex fide est justitia ita dicit, Ne dixeris in corde tuo, Quis ascendet in coelum? (hoc est, Christum ex alto deducere:)

7 Aut, Quis descendet in abyssum? hoc est, Christum ex mortuis reducere.

8 Sed quid dicit? Prope te verbum est, in ore tuo et in corde tuo. Hoc est verbum illud fidei quod praedicamus.

9 *Nempe*, quòd si agnoveris ore tuo Dominum Jesum, et credideris in corde tuo quòd Deus eum excitavit a mortuis, servaberis.

10 Corde enim creditur ad justitiam, ore autem confessio fit ad salutem.

11 Dicit enim Scriptura, Quisquis credit in eum, non pudefiet.

12 Non enim est distinctio vel Judaei vel Graeci: nam idem *est* Dominus omnium, dives in quosvis a quibus invocatur.

13 Quisquis enim invocaverit nomen Domini, servabitur.

14 Quomodo igitur invocabunt eum, in quem non crediderint? quomodo autem credent *ei* de quo non audierint? quomodo autem audient absque praedicante?

15 Quomodo autem praedicabunt nisi missi fuerint? sicut scriptum est,

AD ROMANOS, XI.

Quàm speciosi pedes evangelizantium pacem, evangelizantium bona!

16 Sed non omnes auscultârunt evangelio : Esaias enim dicit, Domine, quis credidit sermoni nostro?

17 Ergo fides ex auditu est, auditus autem per verbum Dei.

18 Sed (inquam *ego*) annon audierunt? Imò verò in omnem terram exivit sonus eorum, et in fines orbis terrarum verba eorum.

19 Sed (inquam *ego*) nunquid Israel non cognovit *Deum?* Primus Moses dicit, Ego ad aemulationem provocabo vos per gentem quae non est gens : per gentem, intelligentiae expertem, ad iram vos provocabo.

20 Esaias autem utitur audaciâ, dicitque, Inventus sum ab iis qui me non quaerebant : conspicuus factus sum iis qui de me non interrogabant.

21 Adversùs Israelem autem dicit, Toto die expandi manus meas ad populum rebellem et contradicentem.

CAP. XI.

NUM igitur (inquam *ego*) abjecit Deus populum illum suum? Absit: nam et ego Israelita sum, ex semine Abrahami, tribûs Benjamini.

2 Non abjecit Deus populum illum suum quem praenovit. An nescitis de Eliâ quid dicat Scriptura? quomodo colloquatur *cum* Deo, dicens adversùs Israelem,

3 Domine, prophetas tuos occiderunt, et altaria tua suffoderunt ; et ego relictus sum solus, et petunt animam meam.

4 Sed quid dicit *ei* divinum responsum? Feci ut remanserint mihi septem millia virorum qui non flexerunt genu *imagini* Baalis.

5 *Ita* igitur et hoc tempore reservatio secundùm electionem gratuitam facta est.

6 Quòd si per gratiam, non jam ex operibus ; alioquin gratia jam non est gratia : sin ex operibus, jam non est gratia ; alioquin opus jam non est opus.

7 Quid igitur? quod requir. Israel, hoc non est assequutus : sed electi assequuti sunt, reliqui verò oc caluerunt,

8 (Sicut scriptum est, Dedit eis Deus spiritus soporis; oculos ut non videant, et aures ut non audiant,) usque ad hodiernum diem.

9 Et David dicit, Fiat mensa eorum in laqueum, et tendiculum, et offendiculum, et talionem ipsis :

10 Obtenebrentur oculi eorum, ut non cernant; et tergum eorum semper incurva.

11 *Num* igitur (inquam *ego*) impegerunt ut laberentur? Absit : sed per eorum lapsum salus *obtigit* gentibus, ut eos ad aemulationem provocaret.

12 Quòd si eorum ruina est opulentia mundi, et diminutio eorum opulentia gentium ; quantò magis plenitudo ipsorum ?

13 Nam (quòd vobis dico gentibus, quatenus ego quidèm sum apostolus gentium) ministerium meum illustro :

14 *Ut experiar* si quomodo ad aemulationem provocem consanguineos meos, et servem aliquos ex ipsis.

15 Nam si abjectio eorum est reconciliatio mundi, quae *erit* assumptio, nisi vita ex mortuis ?

16 Quòd si primitiae sanctae, *sancta* etiam massa : et si radix sancta *est*, etiam rami.

17 Quòd si nonnulli rami defracti sunt, tu verò quum esses oleaster, insitus es pro ipsis, et particeps radicis ac pinguedinis oleae factus es :

18 Ne gloriare adversùs ramos : quòd si gloriaris, non tu radicem portas, sed radix te.

19 Dices igitur, defracti sunt rami ut ego insererer.

20 Rectè : per incredulitatem defracti sunt, tu verò per fidem stas : ne effertor animo, sed time :

21 Nam si Deus naturalibus ramis non pepercit, *vide* ne tibi quoque non parcat

EPISTOLA PAULI

22 Vide igitur benignitatem ac severitatem Dei : in eos quidèm qui ceciderunt, severitatem : in te verò benignitatem, si permanseris in benignitate ; alioquin et tu excideris.

23 Sed et illi, si non permanserint in infidelitate, inserentur : potens enim est Deus rursum eos inserere.

24 Etenim si tu ex naturali exsectus es oleastro, et praeter naturam insitus es in veram oleam ; quantò magis ii qui naturales sunt inserentur propriae oleae ?

25 Nolim enim vos ignorare, fratres, mysterium hoc, (ut ne sitis apud vosmetipsos sapientes) obdurationem ex parte Israeli evenisse, tantisper dum plenitudo gentium introïerit :

26 Et ita totus Israel servabitur : sicut scriptum est, Veniet ex Sion ille liberator, et avertet impietates a Jacob.

27 Et hoc illis a me foedus, quum abstulero peccata ipsorum.

28 Itaque quod ad evangelium *attinet*, *sunt* inimici propter vos, quod ad electionem autem, diliguntur propter patres.

29 Nam dona illa, et illa vocatio Dei ejusmodi sunt, ut eorum ipsum poenitere non possit.

30 Sicut enim et vos quondam non paruistis Deo, nunc autem estis misericordiam consequuti per istorum contumaciam :

31 Sic et isti nunc non paruerunt, ut per vestram misericordiam et ipsi misericordiam consequantur.

32 Conclusit enim Deus omnes illos in contumaciâ, ut omnium illorum misereretur.

33 O profundas divitias tum sapientiae tum cognitionis Dei ! quàm inscrutabilia sunt ejus judicia, et ejus viae impervestigabiles !

34 Quis enim cognovit mentem Domini ? aut quis ei fuit a consilio ?

35 Aut quis prior dedit ei, et reddetur ei ?

36 Nam ex eo, et per eum, et in ipsum *sunt* omnia : ipsi *sit* gloria in secula. Amen.

CAP. XII.

ADHORTOR igitur vos, fratres, per miserationes Dei, ut sistatis corpora vestra hostiam vivam, sanctam, acceptam Deo, rationalem illum cultum vestrum.

2 Et ne vos configurate seculo isti : sed transformate vos per renovationem mentis vestrae, ad hoc ut probetis quae sit voluntas Dei bona illa, accepta ac perfecta.

3 Enimverò per gratiam quae mihi data est, edico cuivis versanti inter vos, ne sapiat suprà quàm oportet sapere : sed sapiat ad sobrietatem, prout cuique Deus partitus est mensuram fidei.

4 Quemadmodum enim in uno corpore membra multa habemus, membra verò omnia eandem non habent actionem ;

5 Ita multi unum corpus sumus in Christo, singulatim autem alii aliorum membra.

6 Habentes autem diversa dona pro gratiâ quae nobis data est, sive prophetiam, *prophetemus* pro proportione fidei :

7 Sive ministerium, *versemur* in ministrando : tum is qui docet, in docendo :

8 Tum qui exhortatur, in exhortatione : qui distribuit, cum simplicitate : qui praeest, cum diligentiâ : qui miseretur, cum hilaritate.

9 Dilectio *esto* minimè simulata. *Estote* abhorrentes a malo, agglutinati bono.

10 Fraternâ charitate alii ad alios amandos propensi ; honore alii aliis praeeuntes ;

11 Studio minimè pigri ; spiritu ferventes ; Domino servientes ;

12 Spe gaudentes ; in afflictione tolerantes ; in oratione perdurantes ;

13 Usibus sanctorum communicantes ; hospitalitatem sectantes.

14 Benedicite iis qui vos insectan-

ur; benedicite, *inquam*, et ne imprecamini.

15 Gaudete cum gaudentibus, et flete cum flentibus.

16 Eodem animo inter vos mutuò affecti. Non elatè *de vobisipsis* sentientes, sed humilibus obsecundantes. Ne estote prudentes apud vosmet ipsos.

17 Nemini malum pro malo vicissem reddentes: procurantes honesta coram omnibus hominibus.

18 Si fieri potest, quantum in vobis est, cum omnibus hominibus in pace viventes.

19 Non ipsi vosmet ulciscentes, dilecti ; sed date locum irae : scriptum est enim, Mihi est ultio ; ego rependam, dicit Dominus.

20 Itaque si esurit inimicus tuus, ciba eum ; si sitit, da ei potum ; hoc enim si feceris, carbones ignis coacervabis in caput ejus.

21 Ne vincitor a malo, sed vince bono malum.

CAP. XIII.

OMNIS anima potestatibus supereminentibus subjecta esto ; non enim est potestas nisi a Deo ; et quae sunt potestates, sunt a Deo ordinatae.

2 Itaque quisquis *se* opponit potestati, Dei ordinationi resistit : qui autem resistunt, ipsi sibi condemnationem auferent.

3 Nam magistratus non sunt terrori bonis operibus, sed malis. Vis autem non metuere potestatem ? Quod bonum est facito, et laudem ab ipso obtinebis :

4 Dei enim minister est tuo bono. Quòd si feceris quod malum est, metue ; non enim frustra gladium gestat ; nam Dei minister est, ultor ad iram ei qui quod malum est fecerit.

5 Quapropter necesse est subjici, non solùm propter iram, sed etiam propter conscientiam.

6 Propter hoc enim etiam tributa solvitis ; siquidem ministri Dei sunt in hoc ipsum incumbentes.

7 Reddite igitur omnibus quod debetis ; cui tributum *debetur* tributum cui vectigal, vectigal ; cui timor, timorem ; cui honor, honorem.

8 Nemini quicquam debete, nisi *hoc*, ut alii alios diligatis : nam qui diligit alterum, legem implevit.

9 Siquidem illud, Non moechaberis, Non occides, Non furaberis, Non falsum testimonium dices, Non concupisces ; et si quod aliud *est* mandatum, in hoc sermone summatim comprehenditur, nempe, Diliges proximum tuum sicut teipsum.

10 Charitas proximum non afficit malo : itaque charitas est completio legis.

11 Idque perspectâ opportunitate, quòd *videlicet* tempestivum jam *sit* nos a somno expergisci ; nunc enim propiùs nos est salus, quàm quum credidimus.

12 Nox processit, dies autem propinquat. Abjiciamus igitur opera tenebrarum, et induamur habitu qui luci conveniat.

13 Ut interdiu, compositè incedamus : non *in* comessationibus et ebrietatibus, non cubilibus ac proterviis, non lite et invidiâ :

14 Sed induimini Domino Jesu Christo, et carnis curam ne habete ad *explendas* cupiditates.

CAP. XIV.

EUM verò qui fide est infirmus, assumite ; non *tamen* ad certamina disceptationum.

2 Alius quidèm credit vesci licere quibusvis ; alius autem *fide* infirmus edit olera.

3 Qui edit, non edentem ne pro nihilo habeto : et qui non edit, edentem ne condemnato ; Deus enim eum assumpsit.

4 Tu quis es qui condemnas alienum famulum ? proprio domino per stat aut cadit : stabilietur autem potest enim Deus eum stabilire.

5 Alium quidèm aestimat diem prae die ; alius autem *peraequè* aestimat quemvis diem. Unusquisque in animo suo plenè certus esto.

EPISTOLA PAULI

6 Qui curat diem, Domino curat; x qui non curat diem, Domino non curat. Qui edit, Domino edit; gratias enim agit Deo: et qui non edit, Domino non edit, et gratias agit Deo:

7 Nullus enim nostrûm sibiipsi vivit, et nullus sibiipsi moritur.

8 Nam sive vivimus, Domino vivimus; sive morimur, Domino morimur; sive igitur vivamus, sive moriamur, Domini sumus.

9 Ad hoc enim Christus et mortuus est, et resurrexit, et revixit, ut et mortuis et viventibus dominetur.

10 Tu verò cur condemnas fratrem tuum? aut etiam tu cur pro nihilo habes fratrem tuum? Omnes enim sistemur apud tribunal Christi.

11 Scriptum est enim, Vivo ego, dicit Dominus, certè mihi sese flectet omne genu, et omnis lingua palam agnoscet Deum.

12 Nempe ergo unusquisque nostrûm de seipso rationem reddet Deo.

13 Ne ampliùs igitur alii alios judicemus: sed hìc potiùs adhibete judicium, ut ne offendiculum ponatis fratri, aut offensionem.

14 Novi, et persuasum habeo per Dominum Jesum, nihil esse impurum per se: sed ei qui existimat aliquid esse impurum, id ei impurum esse.

15 Verùm si propter escam frater tuus tristitiâ afficitur, non jam secundùm charitatem incedis. Ne escâ tuâ illum perdito pro quo Christus mortuus est.

16 Ne vestrum igitur bonum blasphematur:

17 Non enim est regnum Dei esca et potus, sed justitia, et pax, et gaudium per Spiritum Sanctum.

18 Nam qui per haec servit Christo, gratus est Deo, et acceptus hominibus.

19 Nempe igitur quae ad pacem faciunt sectemur, et quae ad mutuam aedificationem.

20 Ne cibi causâ destrue opus Dei. Omnia quidèm pura: sed malum est homini qui edit cum offendiculo.

21 Bonum est non vesci carnibus, neque bibere vinum, neque quicquam facere in quo frater tuus impingit, aut offenditur, aut infirmus est.

22 Tu fidem habes: apud temetipsum habe coram Deo. Beatus qui non condemnat seipsum in eo quod approbat.

23 Qui verò dubitat, si ederit, condemnatus est, quoniam non edit ex fide; quicquid verò ex fide non est, peccatum est.

CAP. XV.

DEBEMUS autem nos, qui firmi sumus, imbecillitates infirmorum portare, ac non indulgere nobisipsis.

2 Itaque unusquisque nostrûm proximo placeat in bonum, id est, ad ejus aedificationem.

3 Etenim Christus non placuit sibiipsi; sed, sicut scriptum est, Convicia eorum qui conviciantur tibi, inciderunt in me.

4 Nam quae antescripta sunt ad nostram doctrinam antescripta sunt; ut per tolerantiam et consolationem Scripturarum spem habeamus.

5 Deus autem tolerantiae et consolationis det vobis ut eodem animo inter vos mutuò affecti sitis, secundùm Christum Jesum:

6 Ut concorditer uno ore glorificetis Deum ac Patrem Domini nostri Jesu Christi.

7 Propterea assumite alii alios, sicut et Christus assumpsit nos in gloriam Dei.

8 Illud autem dico, Jesum Christum ministrum fuisse circumcisionis, pro Dei veritate, ut confirmaret promissiones patrum:

9 Et ut gentes pro misericordiâ glorificent Deum; sicut scriptum est, Propterea celebrabo te inter gentes et nomini tuo psallam.

10 Et rursum dicit, Gaudete, gentes, cum populo ejus:

11 Et rursum, Laudate Dominum omnes gentes, et collaudate eum, omnes populi.

12 Et rursum Esaias dicit, Erit ra

AD ROMANOS, XVI.

ex Jesse; et qui exsurgat ad imperandum gentibus, in ipso gentes sperabunt.

13 Utinam verò Deus spei impleat vos omni gaudio et pace credendo, ut spe abundetis per virtutem Spiritûs Sancti.

14 Persuasum autem habeo et ipse ego de vobis, fratres mei, quod ipse per vos pleni sitis bonitate, impleti runi cognitione, et qui possitis etiam vos mutuò monere.

15 Audaculè verò scripsi vobis, fratres, aliquatenus, veluti commonefaciens vos, propter gratiam quae data est mihi a Deo;

16 Ad hoc ut sim minister Jesu Christi apud gentes, operans evangelio Dei, ut oblatio gentium fiat accepta, sanctificata per Spiritum Sanctum.

17 Habeo igitur quod glorier per Christum Jesum, in iis quae ad Deum *pertinent*.

18 Non enim sustinuerim quicquam loqui quod non effecerit Christus per me, *adducendis* ad obedientiam gentibus, verbis et factis.

19 Virtute signorum ac prodigiorum, virtute Spiritûs Dei : adeò ut ab Hierusalem et circumjacentibus *regionibus*, usque ad Illyricum, impleverim praedicandi evangelii Christi munus.

20 Ita porrò contendens evangelizare, non ubi nominatus esset Christus, ut ne super alienum fundamentum aedificarem :

21 Sed sicut scriptum est, Quibus non est annunciatum de eo, videbunt ; et qui non audierunt, intelligent.

22 Quapropter etiam impeditus sum saepe *ne* venirem ad vos.

23 Nunc verò, quum non ampliùs habeam locum in his regionibus, desiderium autem maximum habeam veniendi ad vos a multis annis :

24 Quando proficiscar in Hispaniam, veniam ad vos : spero enim fore ut istac praeteriens videam vos, et a vobis deducar illùc ; si tamen

vestrâ consuetudine priùs ex parte expletus fuero.

25 Nunc autem proficiscor Hierosolymam, ministrans sanctis.

26 Placuit enim Macedoniae et Achaiae conferre aliquid in pauperes sanctos qui sunt Hierosolymis.

27 Placuit enim *eis, inquam*, et debitores illorum sunt ; nam si spiritualia ipsorum *bona* gentes participârunt, debent etiam *ipsae* in carnalibus eis ministrare.

28 Hoc igitur ubi perfecero, et eis consignavero hunc fructum, abibc istac in Hispaniam.

29 Scio verò me, quum veniam ad vos, cum plenâ benedictione evangelii Christi venturum.

30 Precor autem vos, fratres, per Dominum nostrum Jesum Christum, et per charitatem Spiritûs, ut mecum, certetis *vestris* pro me apud Deum precibus ;

31 Ut liberer ab iis qui rebelles sunt in Judaeâ, atque ministerium hoc meum erga Hierusalem acceptum sit sanctis :

32 Ut cum gaudio veniam ad vos per voluntatem Dei, unáque vobiscum refociller.

33 Deus autem pacis *sit* cum omnibus vobis. Amen.

CAP. XVI.

COMMENDO autem vobis Phoeben sororem nostram, quae est ministra ecclesiae Cenchreënsis ;

2 Ut eam excipiatis in Domino sicut dignum est sanctis, et adsitis ei quâcunque in re *ipsi* usus fuerit vobis : nam haec tum multis hospitium praebuit, tum mihi etiam ipsi.

3 Salutate Priscillam et Aquilam, adjutores meos in Christo Jesu :

4 (Qui pro animâ meâ suam ipsorum cervicem supposuerunt : quibus non ego solus gratias ago, sed etiam omnes ecclesiae gentium.)

5 Item ecclesiam quae in domo eorum est. Salutate Epaenetum mihi dilectum, primitias Achaiae in Christo.

PAULI EPISTOLA

o Salutate Mariam, quae multùm aboravit erga nos.

7 Salutate Andronicum et Juniam, cognatos meos, et concaptivos meos, qui sun, iusignes inter apostolos, qui etiam ante me fuerunt in Christo.

8 Salutate Amplium dilectum mihi a Domino :

9 Salutate Urbanum, adjutorem nostrum in Christo, et Stachyn mihi dilectum.

10 Salutate Apellem, probatum in Christo. Salutate eos qui sunt ex Aristobuli *familiaribus.*

11 Salutate Herodionem cognatum meum. Salutate eos qui *sunt* ex Narcissi *familiaribus*, eos, *inquam*, qui *sunt* in Domino.

12 Salutate Tryphaenam et Tryphosam, quae laborant in Domino. Salutate Persida dilectam, quae multùm laboravit in Domino.

13 Salutate Rufum selectum in Domino, et matrem ejus ac meam.

14 Salutate Asyncritum, Phlegontem, Hermam, Patrobam, Hermen, et qui cum iis sunt fratres.

15 Salutate Philologum, et Juliam, Nereum, et sororem ejus, et Olympam, et qui cum iis sunt omnes sanctos.

16 Salutate alii alios osculo sancto. Salutant vos ecclesiae Christi.

17 Precor autem vos, fratres, ut observetis dissidiorum et scandalorum auctores contra doctrinam quam vos didicistis; et declinetis ab eis.

18 Nam qui ejusmodi *sunt*, Domino nostro Jesu Christo non serviunt, sed suo ventri : et per blandiloquentiam et assentationem corda *hominum* minimè malorum seducunt.

19 Vestra enim obedientia ad omnes pervenit. Gaudeo igitur quod ad vos *attinet;* sed volo vos sapientes quidèm esse in rebus bonis, simplices verò in malis.

20 Porrò Deus pacis conteret Satanam sub pedes vestros citò. Gratia Domini nostri Jesu Christi *sit* vobiscum. Amen.

21 Salutant vos Timotheus adjutor meus, et Lucius, et Jason, et Sosipater, cognati me...

22 Saluto vos in Domino ego Tertius ; qui descripsi epistolam.

23 Salutat vos Gaius hospes meus et ecclesiae totius ; salutat vos Erastus procurator urbis, et Quartus frater.

24 Gratia Domini nostri Jesu Christi *sit* cum omnibus vobis. Amen.

25 Ei verò qui potest vos stabilire, secundùm evangelium meum et praeconium Jesu Christi, ex revelatione mysterii quod a temporibus secularibus tacitum fuit ;

26 Nunc verò factum est manifestum, et per Scripturas propheticas, ex imperio aeterni Dei, ad obedientiam fidei, omnibus gentibus declaratum ;

27 Soli, *inquam*, sapienti Deo gloria per Jesum Christum in secula. Amen.

Ad Romanos scripta fuit Corintho per Phoeben ministram Cenchreensis ecclesiae.

PAULI APOSTOLI EPISTOLA PRIMA AD CORINTHIOS.

CAP. I.

PAULUS vocatione apostolus Jesu Christi per voluntatem Dei, et Sosthenes, frater

2 Ecclesiae Dei quae est Corinthi, sanctificatis in Christo Jesu, vocatis sanctis, cum omnibus qui invocan nomen Domini nostri Jesu Christi

I. AD CORINTHIOS, II.

quovis loco, *Domini, inquam,* tum ipsorum, tum nostri;

3 Gratia vobis et pax a Deo Patre nostro, et Domino Jesu Christo.

4 Gratias ago Deo meo semper de vobis, ob gratiam Dei quae data est vobis in Christo Jesu:

5 Quòd in omnibus ditati sitis ir pso, omni loquendi facultate, omnique notitiâ;

6 Prout testimonium Christi confirmatum fuit in vobis:

7 Adeò ut nullo quod *Deus* gratificatur deficiamini, exspectantes dum patefiat Dominus noster Jesus Christus.

8 Qui *Deus* etiam confirmabit vos usque ad finem inculpatos, in diem Domini nostri Jesu Christi.

9 Fidelis *est* Deus, per quem vocati estis in communionem Filii ipsius Jesu Christi Domini nostri.

10 Precor autem vos, fratres, per nomen Domini nostri Jesu Christi, ut idem loquamini omnes, et non sint inter vos dissidia, sed sitis coagmentati eâdem mente, et eâdem sententiâ.

11 Declaratum est enim mihi de vobis, fratres mei, a domesticis Chloës, quòd lites sint inter vos.

12 Hoc autem dico, singulos vestrûm dicere, Ego quidèm sum Pauli, ego autem Apollo, ego verò Cephae, et ego Christi.

13 *Num* dispertitus est Christus? num Paulus crucifixus est pro vobis? aut in nomen Pauli baptizati fuistis?

14 Gratias ago Deo meo, quòd neminem vestrum baptizaverim, nisi Crispum et Gaium:

15 Ut nequis dicat me in meum nomen baptizâsse.

16 Baptizavi autem etiam Stephanae familiam: caeterùm haud scio num quem alium baptizaverim.

17 Non enim misit me Christus ut baptizarem, sed ut evangelizarem; non *tamen* cum dicendi peritiâ, ne inanis reddatur crux Christi.

18 Nam sermo ille de cruce, iis

quidèm qui pereunt, stultitia est; iis autem qui servantur, *id est* nobis, potentia Dei est.

19 Scriptum est enim, Abolebo sapientiam sapientum, et intelligentiam intelligentium tollam e medio.

20 Ubi sapiens? ubi scriba? ubi disquisitor seculi istius? nonne infatuavit Deus sapientiam mundi hujus?

21 Nam postquam in Dei sapientiâ mundus non cognovit Deum per istam sapientiam, placuit Deo per stultitiam praedicationis servare credentes.

22 Quandoquidem et Judaei signum petunt, et Graeci sapientiam quaerunt.

23 Nos autem praedicamus Christum crucifixum, Judaeis quidèm offendiculum, Graecis verò stultitiam:

24 Ipsis autem vocatis, tum Judaeis, tum Graecis, Christum Dei potentiam ac Dei sapientiam.

25 Nam stultitia Dei sapientior est quàm homines; et infirmitas Dei validior est quàm homines.

26 Videtis enim vocationem vestram, fratres; vos *videlicet* non esse multos sapientes secundùm carnem, non multos potentes, non multos nobiles.

27 Verùm quae stulta *sunt* mundo, elegit Deus, ut pudefaciat sapientes: et quae *sunt* infirma mundi, elegit Deus, ut pudefaciat robusta:

28 Et quae ignobilia sunt in mundo, et pro nihilo habita, elegit Deus; et ea quae non sunt, ut ea quae sunt aboleat:

29 Ut ne glorietur ulla caro coram eo.

30 Sed ex ipso vos estis in Christo Jesu, qui factus est nobis sapientia a Deo, justitiaque, et sanctificatio, et redemptio:

31 Ut *fiat* sicut scriptum est, Qui gloriatur, in Domino glorietur.

CAP. II.

EGO igitur quum venirem ad vos, fratres, veni non cum eminen-

PAULI EPISTOLA

aâ facundiae aut sapientiae, annuncians vobis testimonium Dei.

2 Non enim statui quicquam scire inter vos, nisi Jesum Christum, eumque crucifixum.

3 Sed fui ego cum infirmitate, et timore, ac tremore multo apud vos.

4 Neque oratio mea et praeconium meum *versatum est* in persuasoriis humanae sapientiae verbis, sed in demonstratione spirituali et potente.

5 Ne fides vestra consistat in sapientiâ hominum, sed in potentiâ Dei.

6 Sapientiam verò loquimur inter adultos; sapientiam autem non seculi hujus, neque principum seculi hujus qui abolentur;

7 Sed loquimur sapientiam Dei *latentem* in mysterio, *id est,* occultam illam quam praefinierat Deus ante secula, ad gloriam nostram;

8 Quam nemo principum seculi hujus cognovit; nam si cognovissent, nequaquam Dominum gloriae crucifixissent.

9 Sed *praedicamus*, sicut scriptum est, Quae oculus non vidit, nec auris audivit, nec in mentem hominis venerunt, quae paravit Deus iis a quibus ipse diligitur

10 Nobis autem Deus *ea* retexit per Spiritum suum: Spiritus enim omnia scrutatur, etiam profunditates Dei.

11 Quis enim hominum novit ea quae sunt hominis, nisi spiritus hominis qui est in eo? ita etiam ea quae sunt Dei, nemo novit nisi Spiritus Dei.

12 Nos verò non spiritum mundi accepimus, sed Spiritum qui *est* ex Deo; ut sciamus quae Deus est nobis gratificatus.

13 Quae etiam loquimur, non sermonibus quos docet humana sapientia, sed quos docet Spiritus Sanctus, spiritualia cum iis quae spiritualia sunt conjungentes.

14 Animalis autem homo non est capax eorum quae sunt Spiritus Dei; sunt enim ei stultitia, nec potest *ea*

cognoscere, quia spiritualiter dijudicantur.

15 At spiritualis dijudicat quidèm omnia, ipse verò a nemine dijudicatur.

16 Quis enim novit mentem Domini, qui instructurus sit eum? nos autem mentem Christi habemus.

CAP. III.

EGO porrò, fratres, non potui loqui vobis ut spiritualibus, sed *loquutus sum* ut carnalibus, *id est,* ut infantibus in Christo.

2 Lactis potu vos alui, et non escâ: nondum enim poteratis *id ferre;* imò ne nunc quidèm adhuc potestis.

3 Nam adhuc carnales estis: quum enim inter vos *sint* livor, et contentio, et dissidia, nonne carnales estis, et secundùm hominem inceditis?

4 Etenim quum dicit aliquis, Ego quidèm sum Pauli; alter verò, Ego sum Apollo, nonne carnales estis?

5 Quis igitur est Paulus, quis autem Apollos, nisi ministri per quos credidistis, et ut cuique Dominus dedit?

6 Ego plantavi, Apollos rigavit; sed Deus dedit incrementum.

7 Itaque neque is qui plantat est aliquid, neque qui rigat; sed Deus, qui dat incrementum.

8 Is verò qui plantat, et is qui rigat, unum sunt: unusquisque verò suam mercedem accipiet secundùm suum laborem.

9 Etenim Dei sumus administri: Dei arvum, Dei aedificium estis.

10 Secundùm gratiam Dei quae data est mihi, ut peritus architectus fundamentum posui: alius autem superaedificat. Porrò quisque videat quomodo superaedificet.

11 Nam fundamentum aliud nemo potest ponere praeter id quod positum est, quod est Jesus Christus.

12 Quòd siquis superaedificet super fundamentum hoc aurum, argentum, lapides pretiosos, ligna, foenum, stipulam:

13 Cujusque opus manifestum fiet

I. AD CORINTHIOS. IV

dies enim declarabit: nam per ignem retegetur; et cujusque opus quale sit, ignis probabit.

14 Si cujus opus manserit quod superaedificaverit, mercedem accipiet.

15 Si cujus opus exustum fuerit, damnum faciet; ipse vero servabitur; ita tamen ut per ignem.

16 An nescitis vos esse templum Dei, et Spiritum Dei habitare in vobis?

17 Siquis templum Dei violat, hunc perdet Deus: nam templum Dei sanctum est, quod estis vos.

18 Nullus seipsum seducat; siquis *sibi* videtur esse sapiens inter vos in hoc seculo, stultus fiat, ut fiat sapiens.

19 Sapientia enim mundi hujus stultitia *est* apud Deum: scriptum est enim, Carpit sapientes in versutia ipsorum:

20 Et rursum, Dominus novit cogitationes sapientum esse vanas.

21 Itaque nullus glorietur in hominibus: omnia namque vestra sunt:

22 Et Paulus, et Apollos, et Cephas, et mundus, et vita, et mors, et praesentia, et futura; omnia, *inquam*, vestra sunt:

23 Vos autem Christi; Christus vero Dei.

CAP. IV.

SIC de nobis reputet homo ut de ministris Christi, et dispensatoribus mysteriorum Dei.

2 Quod superest autem, *illud* requiritur in dispensatoribus, ut quis fidus reperiatur

3 Mihi vero pro minimo est quod a vobis dijudicer, aut ab humano judicio: imo nec ipse me dijudico.

4 Nullius enim rei mihi conscius sum: sed non per hoc justificatus sum; Dominus autem is est qui me dijudicat.

5 Proinde ne ante tempus quicquam judicate, *id est*, usquedum venerit Dominus, qui et illustraturus est occulta tenebrarum, et manifesta faciet consilia cordium: at tunc laus erit unicuique a Deo.

6 Haec autem, fratres, figurâ quâdam transtuli ad meipsum et Apollo, propter vos; ut in nobis discatis, supra id quod scriptum est non sapere; ut ne alius pro alio inflemini adversùs alium.

7 Quis enim te *ab aliis* discernit? quid autem habes quod non eceperis? quòd si etiam accepisti, quid gloriari. quasi non acceperis?

8 Jam saturati estis, jam ditat estis, absque nobis regnum adepti estis; atque utinam sanè regnum adepti sitis, ut et nos vobiscum regnemus.

9 Deus enim, puto, nos, ultimos apostolos, spectandos proposuit, ut morti addictos: nam spectaculum facti sumus mundo, et angelis, et hominibus.

10 Nos stulti propter Christum, vos autem prudentes in Christo; nos infirmi, vos autem validi; vos gloriosi, nos ignominiosi.

11 Ad hoc usque tempus et esurimus, et sitimus, et nudi sumus, et colaphis caedimur, et incertis sedibus erramus:

12 Et laboramus, operantes propriis manibus; conviciis affecti, benè precamur: persequutionem patientes, sustinemus.

13 Infamati precamur; tanquam purgamenta mundi facti sumus, et *tanquam* omnium sordes nunc usque.

14 Non ut vos pudore suffundam, haec scribo, sed ut filios meos dilectos admoneo.

15 Nam etsi decem millia paedagogorum habeatis in Christo, at non multos patres *habetis:* in Christo enim Jesu per evangelium ego vos genui.

16 Precor vos igitur, imitatores mei estote.

17 Propterea misi vobis Timotheum, qui est filius meus dilectus et fidelis in Domino, qui vobis in memoriam revocabit quae sint viae meae in

Christo, sicut ubique in omnibus ecclesiis doceo.

18 Caeterùm perinde quasi ego non
sim venturus ad vos, inflati sunt quidam.

19 Sed veniam brevi ad vos, si Dominus voluerit, et cognoscam non
verba istorum qui inflati sunt, sed
spiritualem potestatem.

20 Non enim in verbis *situm est
regnum* Dei, sed in *Spiritûs* potentiâ.

21 Quid vultis? cum virgâ veniam
ad vos, an cum charitate, et spiritu
lenitatis?

CAP. V.

OMNINO auditur *esse* inter vos
scortatio, et ejusmodi scortatio quae ne inter gentes quidem nominatur, adeò ut quis uxorem patris
habeat.

2 Et vos inflati estis, ac non potiùs
luxistis, ut tolleretur è medio vestri
qui facinus hoc patravit.

3 Enimvero ego, ut absens corpore, praesens autem spiritu, jam ut
praesens judicavi, ut is qui hoc ita
perpetravit,

4 Vobis et meo spiritu in nomine
Domini nostri Jesu Christi congrega-
tis, cum potestate Domini nostri Jesu
Christi;

5 Ejusmodi, *inquam, homo* tradatur Satanae ad interitum carnis, ut
spiritus salvus sit die illo Domini Jesu.

6 Non *est* bona gloriatio vestra. An
nescitis paululo fermenti totam massam fermentari?

7 Expurgate igitur vetus fermen-
tum, ut sitis nova massa, sicut estis
fermenti expertes. Etenim pascha
nostrum, pro nobis sacrificatum est,
nempe Christus:

8 Itaque festum agitemus, non fermento veteri, nec fermento malitiae
et nequitiae; sed non fermentatis *panibus* sinceritatis et veritatis.

9 ¶ Scripsi vobis in epistolâ, ne
commisceamini cum scortatoribus.

10 At non omnino cum scortatoribus mundi hujus, aut avaris, aut ra-

pacibus, aut idololatris, alioquin debetis scilicet e mundo exire.

11 Nunc autem scripsi vobis ne
commisceamini, *id est*, siquis, quum
frater nominetur, sit scortator, aut
alieni avidus, aut idololatra, aut convi-
ciator, aut ebriosus, aut rapax; cum
ejusmodi, *inquam*, ne edatis quidem.

12 Quid enim meâ *interest* etiam
de extraneis judicare? nonne de iis
qui intus sunt vos judicatis?

13 De extraneis verò Deus judicat.
Tollite igitur istum improbum ex
vobisipsis.

CAP. VI.

SUSTINET aliquis vestrûm, negotium habens adversùs alte-
rum, judicio experiri sub injustis, ac
non sub sanctis?

2 An ignoratis sanctos mundum ju-
dicaturos? quòd si per vos judicabi-
tur mundus, indigni estis minimis
judiciis?

3 An ignoratis fore ut angelos judicemus? nedum *ut* quae ad hujus
vitae usum pertinent *non judicemus?*

4 Itaque si judicia habeatis de iis
quae ad hujus vitae usum pertinent,
eos qui nullo loco habentur in ecclesia, eos, *inquam*, in subselliis collo-
cate.

5 Ut vos pudeat, vobis hoc dico.
Itane non est inter vos sapiens? ne
unus quidèm, qui possit jus reddere
inter fratres suos?

6 Sed frater cum fratre judicio ex-
peritur, idque sub infidelibus.

7 Jam igitur omninò defectus in
vobis est, quòd judicia habeatis inter
vosmetipsos: quare non potiùs injuriam patimini? cur non potiùs dam
num accipitis?

8 At vos injuriam facitis, et frau-
datis, idque fratres.

9 An ignoratis injustos non esse
Dei haereditatem possessuros? Ne
errate; neque scortatores, neq ie idololatrae, neque moechi, neque molles,
neque qui concumbunt cum masculis.

10 Neque fures, neque avari, ne-

I. AD CORINTHIOS, VII.

que ebriosi, neque conviciatores, neque rapaces, regni Dei háereditatem possidebunt.

11 Et haec eratis unusquisque: sed abluti estis, sed sanctificati estis, sed justificati estis, in nomine Domini Jesu, et per Spiritum Dei nostri.

12 Omnia mihi licent, at non omnia conducunt; omnia mihi licent, at ego non redigar sub ullius rei potestatem.

13 Escae ventri *destinatae sunt*, et venter escis: Deus autem et hunc et eas abolebit. Corpus verò non scortationi, sed Domino, et Dominus corpori.

14 Deus autem et Dominum suscitavit, et nos suscitabit potentiâ suâ.

15 An ignoratis corpora vestra esse membra Christi? Num igitur tollens membra Christi, faciam *ut sint* scorti membra? Absit.

16 An ignoratis eum qui agglutinatur scorto, unum esse corpus *cum scorto?* Erunt enim, inquit, qui duo *erant*, caro una.

17 Qui verò agglutinatur Domino, unus cum eo spiritus est.

18 Fugite scortationem. Omne peccatum quod fecerit homo, extra corpus est; sed qui scortatur, in proprium corpus peccat.

19 An ignoratis corpus vestrum esse templum Spiritûs Sancti, *qui est* in vobis, quem habetis a Deo, neque vos esse vestri juris?

20 Nam empti estis pretio: glorificate igitur Deum in corpore vestro, et in spiritu vestro, quae sunt Dei.

CAP. VII.

CAETERUM de quibus mihi scripsistis: Bonum *fuerit* viro mulierem non attingere.

2 Sed propter scortationes suam quisque uxorem habeto, et proprium quaeque virum habeto.

3 Uxori vir debitam benevolentiam reddito; similiter autem et uxor viro.

4 Uxor proprium corpus non habet potestate, sed vir: similiter autem et vir proprium corpus non habet potestate, sed uxor.

5 Ne fraudate alter alterum, nis siquid ex consensu ad tempus, ut vacetis jejunio et precibus: et rùrsum simul convenite, ne tentet vos Satanas propter incontinentiam vestram.

6 Hoc autem dico ex concessione non ex imperio.

7 Nam velim omnes homines esse ut et ipse *sum*: sed unusquisque proprium donum habet ex Deo; alius quidèm ita, alius autem ita.

8 Dico autem coelibibus et viduis, bonum eis est, si sic manserint ut et ego *maneo*.

9 Quòd si se non continent, matrimonium contrahant: nam melius est matrimonium contrahere, quàm uri.

10 Iis autem qui matrimonio juncti sunt, denuncio, non ego, sed Dominus, Uxor a viro ne se separato.

11 Quòd si se separârit, maneat innupta, aut viro reconciliator: et vir uxorem ne dimittito.

12 Reliquis autem ego dico, non Dominus: Siquis frater uxorem habeat infidelem, quae consentiat ad habitandum cum eo, ne eam dimittito.

13 Et uxor quae habet virum infidelem, qui consentiat ad habitandum cum eâ, ne eum dimittito.

14 Maritus enim infidelis sanctificatus est in uxore, et uxor infidelis sanctificata est in viro: alioqui certè liberi vestri impuri essent; nunc autem sancti sunt.

15 At si infidelis sese separat, separatus esto: non est servituti subjectus frater aut soror in hujusmodi *rebus:* sed ad pacem vocavit nos Deus.

16 Ecquid enim nôsti, uxor, us virum sis servatura? aut ecquid nôs ti, vir, an uxorem sis servaturus?

17 Sed ut unicuique *donum* partitus est Deus, ut unumquemque vocavit Dominus, ita incedat, et ita in ecclesiis omnibus constituo.

18 Circumcisus aliquis vocatus est? ne attrahat *praeputium*: in praeputio aliquis vocatus est? ne circumcidatur

19 Circumcisio nihil est, et praeputium nihil est, sed observatio mandatorum Dei.

20 Unusquisque, in qua vocatione
vocatus fuit, in eâ maneat.

21 Servus vocatus es ? ne sit tibi
curae : sed si potes etiam liber fieri,
potiùs *eo* utere.

22 Etenim qui in Domino vocatus
est servus, libertus Domini est : similiter et qui liber vocatus est, servus
est Christi.

23 Pretio empti estis ; ne estote
servi hominum.

24 Unusquisque in quo vocatus
fuit, fratres, in hoc maneat apud
Deum.

25 ¶ De virginibus autem praeceptum Domini non habeo : sed do quod
sentio, ut cui Dominus per misericordiam dederit fidum esse.

26 Existimo igitur hoc bonum esse
propter instantem necessitatem ; bonum, *inquam esse*, homini ita esse.

27 Alligatus es uxori ? ne quaere
dissolutionem : solutus es ab uxore ?
ne quaere uxorem.

28 Quòd si etiam duxeris uxorem,
non peccâsti : et si nupserit virgo, non
peccavit ; sed afflictionem in carne ha-
bituri sunt *qui sunt* hujusmodi. Ego
verò vobis parco.

29 Hoc autem aio, fratres, quoniam
tempus contractum est in posterum ;
ut et qui habent uxores sint ut non
habentes ;

30 Et qui flent, ut non flentes ; et
qui gaudent, ut non gaudentes ; et
qui emunt, ut non obtinentes ;

31 Et qui utuntur hoc mundo, ut
non abutentes : praeterit enim species
hujus mundi.

32 Velim autem vos absque soli-
citudine esse. Qui coelebs est, curat
ea quae *sunt* Domini, quomodo placiturus sit Domino :

33 At qui duxit uxorem, curat ea
quae sunt mundi, quomodo placiturus
sit uxori.

34 Discretae sunt, ea quae *est* uxor
et ea quae *est* virgo. Quae *est* innupta,
curat ea quae sunt Domini, ut sit
sancta cum corpore tum spiritu ; quae
verò nupta est, curat ea quae sunt
mundi, quomodo placitura sit viro.

35 Hoc autem dico vestro com-
modo ; non ut laqueum vobis injici-
am, sed ut decenter et aptè adhae-
rescatis Domino, absque ullâ distrac-
tione.

36 Caeterùm siquis aliquid non de-
cens à *se* in virginem suam committi
putat, si florem aetatis excedat, et ita
debet fieri ; quod vult faciat, non
peccat ; jungantur matrimonio.

37 Qui verò stat firmus in corde,
nec adigitur necessitate, sed in potestate habet propriam voluntatem
et hoc decrevit in corde suo ut servet suam virginem, bene facit.

38 Itaque qui dat nuptum, ber-
facit : qui verò non dat nuptum meliùs facit.

39 ¶ Uxor alligata est lege quamdiu vivit vir ipsius ; quod si obdormi-
erit vir ipsius, libera est ad cui velit
nubendum ; tantùm in Domino

40 Sed beatior est ita maneat,
secundùm meam sententiam : puto
autem me quoque Spiritum Dei habere.

CAP. VIII.

CAETERUM de iis quae idôlis
immolantur, scimus nos omnes
notitiâ esse praeditos. Notitia inflat,
charitas verò aedificat.

2 Quòd si quis *sibi* videtur aliquid
scire, nondum quicquam novit, sicut
oportet nôsse.

3 Sed si quis diligit Deum, hic cognitus fuit ab eo.

4 De esu igitur eorum quae idôlis
immolantur, scimus idôlum nihil *esse*
in mundo, et nullum *esse* Deum alium
nisi unum.

5 Nam etiamsi sint qui dicantur
dii, et in coelo et in terrâ (sicut sunt
dii multi, et domini multi),

6 Nobis tamen unus *est* Deus, Pater ille a quo omnia, et nos in ipso ;
et unus Dominus Jesus Christus, per
quem omnia, et nos per ipsum.

7 Sed non in omnibus *est* ea notitia :

1. AD CORINTHIOS, IX.

nonnulli enim *cum* conscientiâ idôli usque ad hoc tempus, ut idôlis immolatum edunt ; et conscientia eorum, infirma quum sit, polluitur.

8 Caeterùm esca nos non commendat Deo : neque enim si vescamur, plus habemus ; neque si non vescamur, minus habemus.

9 Sed videte ne quo modo facultas lla vestra offendiculo sit iis qui infirmi sunt.

10 Etenim siquis viderit te, illâ notitiâ praeditum, in idolec accumbere, nonne conscientia ipsius qui infirmus est, instruetur ad edendum ea quae sunt idôlis mactata ?

11 Et tuâ istâ notitiâ frater qui infirmus est, propter quem Christus est mortuus, peribit ?

12 Ita autem peccantes in fratres, et vulnerantes ipsorum conscientiam infirmam, in Christum peccatis.

13 Quapropter, si esca facit ut offendat frater meus, non vescar carnibus in aeternum, ne faciam ut frater meus offendat.

CAP. IX.

NONNE sum apostolus ? nonne sum liber ? nonne Jesum Christum Dominum nostrum vidi ? nonne opus meum vos estis in Domino ?

2 Si aliis non sum apostolus, ac certe vobis sum ; nam sigillum apostolatûs mei vos estis in Domino.

3 Mea defensio apud eos qui me inquirunt, haec est.

4 Annon habemus facultatem vescendi ac bibendi ?

5 Annon habemus facultatem sororem uxorem circumducendi, ut et reliqui apostoli, et fratres Domini, et Cephas ?

6 An solus ego et Barnabas non habemus facultatem non operandi ?

7 Quis militat propriis stipendiis umquam ? quis plantat vineam, et de fructu ejus non edit ? aut quis pascit gregem, et de lacte gregis non edit ?

8 Num secundùm hominem haec dico ? nonne etiam 'ex haec dicit ?

9 Nam in Mosis lege scriptum est, Non obligabis os bovi trituranti. Num boves curae sunt Deo ?

10 An *hoc* propter nos omninò dicit ? Propter nos enim *hoc* scriptum est ; nam sub spe debet is qui arat, arare ; et qui triturat sub spe, spe suae particeps esse.

11 Si nos vobis spiritualia semina vimus, magnum est si nos vestra carnalia messuerimus ?

12 Si alii *sui* in vos juris participes sunt, *an* non potiùs nos ? Atqui non usi fuimus jure isto ; sed omnia sustinemus, ne interrumpamus evangelium Christi.

13 An nescitis eos qui sacris operantur, *ea quae* ex sacrario *sunt* edere ? et qui altari assident, cum altari participare ?

14 Ita etiam Dominus constituit iis qui evangelium annunciant, ut ex evangelio vivant.

15 Ego tamen nullo istorum sum usus. Neque verò haec scripsi, ut ita fiat in me : nam bonum est mihi mori potiùs, quàm ut gloriationem meam aliquis inanem reddat.

16 Etenim si evangelizem, non est quòd glorier : necessitas enim mihi incumbit ; vae autem mihi est nisi evangelizem.

17 Nam si volens hoc faciam, mercedem habeo ; sin invitus, dispensatio credita est mihi.

18 Quae igitur mihi est merces ? ut quùm evangelizem, gratuitum constituam evangelium Christi, ut ne abutar sanctitate meâ in evangelio.

19 Nam quamvis liber sim ab omnibus, omnibus meipsum servum feci, ut plures lucrifacerem.

20 Et factus sum Judaeis ut Judaeus, ut Judaeos lucrifacerem ; iis qui sub lege sunt, ut si *essem* sub lege, ut eos qui sub lege sunt lucrifacerem :

21 Exlegibus, ut exlex, (*non tamen* exlex Deo, sed sublex Christo,) ut lucrifacerem exleges.

22 Factus sum infirmis ut infirmus,

PAULI EPISTOLA

at infirmos lucrifacerem : omnibus fac tus sum omnia, ut omnino aliquos servarem.

23 Hoc autem facio propter evangelium, ut consors ejus fiam.

24 An ignoratis, eos qui stadio currunt, omnes quidèm currere, sed unum accipere praemium? Sic currite ut comprehendatis.

25 Porrò quisquis certat, in omnibus est continens. Illi quidèm itaque, ut perituram coronam accipiant, *sunt continentes;* nos autem, *ut* incorruptam.

26 Ego igitur ita curro ut non in incertum: ita pugilem ago, ut aërem non caedens.

27 Sed contundo corpus meum, et in servitutem redigo; ne quo modo, quum aliis praedicarim, ipse rejecta neus fiam.

CAP. X.

NOLIM autem vos ignorare, fratres, patres nostros omnes sub illâ nube fuisse, et omnes per mare transivisse ;

2 Et omnes in Mosen baptizatos esse nube et mari :

3 Et omnes eandem escam spiritualem edisse :

4 Et omnes eundem potum spiritualem bibisse : bibebant enim ex sequente spirituali petrâ: Petra verò illa erat Christus.

5 Sed plerosque illorum non approbavit Deus; prostrati sunt enim in deserto.

6 Haec autem typi nostri fuerunt, ut ne concupiscamus res malas, sicut illi concupiverunt.

7 Ne igitur idololatrae estote, sicut quidam eorum; ut scriptum est, Sedit populus ad edendum ac bibendum, et surrexerunt ad ludendum.

8 Neque scortemur, sicut quidam eorum scortati sunt, et ceciderunt uno die viginti tria millia.

9 Neque tentemus Christum, sicut quidam eorum tentârunt, et a serpentibus perierunt.

10 Neque murmurate, sicut quidam eorum murmurârunt, et perierunt ab exterminatore.

11 Haec autem omnia typicè evenerunt eis : scripta verò sunt ad nostri admonitionem, in quos fines seculorum occurrerunt.

12 Itaque qui *sibi* videtur stare videat ne cadat.

13 Tentatio vos non cepit nisi humana ; fidelis autem *est* Deus, qui non sinet vos tentari supra *id* quod potestis, sed unà cum tentatione praestabit etiam exitum, ut possitis *eam* sufferre.

14 Quapropter, dilecti mei, fugite ab idololatriâ.

15 Ut intelligentibus loquor : judicate vos quod aio.

16 Poculum benedictionis cui benedicimus, nonne communio sanguinis Christi est ? panis quem frangimus, nonne communio corporis Christi est ?

17 Quoniam unus *est* panis, unum corpus *nos*, qui multi sumus : nam omnes ex uno illo pane participamus.

18 Videte Israelem *qui est* secundùm carnem : nonne qui edunt victimas, consortes sunt altaris ?

19 Quid ergo dico ? idôlum aliquid esse ? aut quod idôlis immolatum est, aliquid esse ?

20 Imò *illud dico*, quae immolant gentes, daemoniis immolant, et non Deo : nolim autem vos consortes daemoniorum esse.

21 Non potestis poculum Domini bibere, et poculum daemoniorum: non potestis mensae Domini participes esse, et mensae daemoniorum.

22 An provocamus ad aemulationem Dominum ? num validiores eo sumus ?

23 Omnia mihi licent, at non omnia conferunt; omnia mihi licent, sed non omnia aedificant.

24 Nemo quod suum est quaerat, sed quisque quod alterius *est*.

25 Quicquid in macello venditur, edite, nihil interrogantes propter conscientiam :

1. AD CORINTHIOS, XI.

26 Domini enim est terra et plenitudo ejus.

27 Quòd siquis infidelium vos vocat, et vultis ire, quicquid apponitur vobis, edite, nihil interrogantes propter conscientiam.

28 At siquis vobis dixerit, Hoc idolis mactatum est, ne edite, propter illum qui indicavit, et propter conscientiam: Domini enim est terra et plenitudo ejus.

29 Conscientiam autem dico, non tuam, sed illius alterius: cur enim libertas mea damnatur ab aliâ conscientiâ?

30 Et si ego per gratiam *cibum* participo, cur *ob id* impius judicor pro quo ego gratias ago?

31 Sive igitur editis, sive bibitis, sive quid facitis, omnia in gloriam Dei facite.

32 Estote sine offendiculo et Judaeis, et Graecis, et ecclesiae Dei.

33 Sicut et ego *per* omnia omnibus placeo, non quaerens meam ipsius utilitatem, sed multorum, ut serventur.

CAP. XI.

IMITATORES mei estote, sicut ego Christi.

2 Laudo verò vos, fratres, quòd omnia mea meministis, et sicut tradidi vobis, traditiones retinetis.

3 Velim autem vos nôsse Christum esse omnis viri caput; caput autem mulieris, virum; caput verò Christi, Deum.

4 Omnis vir orans aut prophetans aperto capite, dedecorat caput suum.

5 Omnis verò mulier orans aut prophetans non operto capite, dedecorat caput suum: nam *id* unum ac idem est ac si rasa esset.

6 Nam si non operitur mulier, etiam tondeatur: quòd si turpe mulieri tonderi aut radi, veletur.

7 Vir enim non debet operire caput, quum *is* imago sit et gloria Dei: at mulier gloria viri est.

8 Non enim est vir ex muliere, sed mulier ex viro.

9 Neque enim conditus est vir propter mulierem, sed mulier propter virum.

10 Propter hoc debet mulier potestatem habere in capite, propter angelos.

11 Attamen neque vir absque muliere, neque mulier absque viro, in Domino.

12 Sicut enim mulier ex viro *est* ita et vir per mulierem: omnia verò ex Deo.

13 Apud vos ipsos judicate, num decorum est mulierem non opertam Deum orare?

14 An ne natura quidèm ipsa hoc vos docet, quòd viro quidèm comatum esse dedecori sit?

15 Contrà mulieri, comatam esse decori sit? nam coma pro velamine data est ei.

16 Quòd siquis videtur contentiosus esse, nos ejusmodi consuetudinem non habemus, neque ecclesiae Dei.

17 Hoc verò *ita* denuncio, ut vos non laudem, quòd *videlicet* non cum emolumento, sed cum detrimento convenitis.

18 Primùm enim, quum convenitis in ecclesiâ, audio dissidia inter vos esse; et aliquam partem credo.

19 Oportet enim etiam haereses inter vos esse; ut qui probati sunt, manifesti fiant inter vos.

20 Quum igitur convenitis eodem loci, *hoc* non est Dominicam coenam edere.

21 Nam unusquisque propriam coenam praeoccupat in vescendo: et hic quidèm esurit, ille verò ebrius est.

22 Enimvero num domos non habetis ad edendum et bibendum? aut ecclesiam Dei contemnitis, et pudefacitis eos qui non habent? Quid vobis dicam? laudabo vos? In hoc non laudo.

23 Ego enim accepi a Domino quod et tradidi vobis; Dominum Jesum *videlicet* eâ nocte quâ proditus est, accepisse panem:

24 Et gratis actis fregisse, ac dixisse, Accipite, edite : hoc meum est corpus quod pro vobis frang.tur: hoc facite ad mei commemorationem.

25 Itidem et poculum, postquam coenâsset, dicendo, Hoc poculum est novum illud foedus, per meum sanguinem : hoc facite, quotiescunque biberitis, ad mei commemorationem.

26 Quotiescunque enim ederitis panem hunc. et poculum hoc biberitis, mortem Domini annunciatis, usquequo venerit.

27 Itaque quisquis ederit panem hunc, vel biberit poculum Domini indignè, reus tenetur corporis et sanguinis Domini.

28 Probet autem quisque seipsum, et ita de pane illo edat, et de poculo illo bibat.

29 Nam qui edit et bibit indignè, damnationem sibiipsi edit et bibit, non discernens corpus Domini.

30 Propterea inter vos multi *sunt* debiles et invalidi, et dormiunt multi.

31 Etenim si nosipsos dijudicaremus, nos judicaremur.

32 Sed dum judicamur, a Domino erudimur, ne cum mundo condemnemur.

33 Itaque, fratres mei, quum convenitis ad vescendum, alius alium exspectate.

34 Quòd siquis esurit, domi edat ; ne ad condemnationem conveniatis. Reliqua verò, quum venero, ordinabo.

CAP. XII.

PORRO de spiritualibus donis, fratres, nolim vos in ignorantiâ versari.

2 Scitis vos gentes fuisse, ad ista illa muta, prout ducebamini, abrep:os.

3 Quapropter notum vobis facio, nullum per Spiritum Dei loquentem, dicere Jesum anathema ; et neminem posse dicere Jesum Dominum, nisi per Spiritum Sanctum.

4 Distinctiones autem donorum sunt, sed idem Spiritus :

5 Et distinctiones ministeriorum sunt, sed idem Dominus :

6 Et distinctiones operationum sunt ; sed idem est Deus efficiens ea omnia in omnibus.

7 Unicuique verò datur declaratio Spiritûs ad utilitatem.

8 Nam huic quidèm per Spiritum datur sermo sapientiae ; alii verò sermo notitiae per eundem Spiritum ;

9 Alteri verò fides per eundem Spiritum ; alii verò donum sanationum per eundem Spiritum ; alii verò operatio virtutum ; alii verò prophetia ; alii verò discretio spirituum ;

10 Alteri verò genera linguarum ; alii verò interpretatio linguarum :

11 Sed omnia haec efficit unus ille et idem Spiritus, distribuens privatim *illa* singulis, sicut vult.

12 Sicut enim corpus unum est, et membra habet multa, omnia verò illa membra corporis, quod unicum est, multa sunt, *sed* unum sunt corpus ; ita et Christus.

13 Etenim per unum Spiritum nos omnes in unum corpus baptizati sumus, et Judaei, et Graeci, et servi, et liberi : et omnes potati sumus in unum Spiritum.

14 Etenim corpus non est unum membrum, sed multa.

15 Si dicat pes, Quia non sum manus, non sum ex corpore : num propterea non est ex corpore ?

16 Et si dicat auris, Quia non sum oculus, non sum ex corpore : num propterea non est ex corpore ?

17 Si totum corpus oculus, ubi auditus ? si totum auditus, ubi odoratus ?

18 Nunc autem Deus collocavit membra, singula sigillatim in corpore. sicut voluit.

19 Quòd si essent omnia unum membrum, ubi corpus ?

20 Nunc verò multa quidèm membra sunt, unum verò corpus.

21 Non potest autem oculus dicere manui, Non est mihi opus te ; aut rursum caput pedibus, Non est mihi vobis opus.

I. AD CORINTHIOS, XIII, XIV.

22 Imó multo potiùs, quae videntur membra corporis infirmissima esse, necessaria sunt

23 Et quae putamus *membra* corporis maximè esse inhonesta, iis honorem ampliorem circumponimus: et quae sunt in nobis indecora, copiosiorem decorem habent.

24 Nam quae sunt in nobis decora, *iis decore* non est opus sed Deus contemperavit corpus, ei cui deerat copiosiore tributo honore;

25 Ut ne sit dissidium in corpore, sed membra itidem curent alia pro aliis.

26 Itaque sive patitur unum membrum, simul dolent omnia membra: sive honore afficitur unum membrum, congratulantur omnia membra.

27 Vos autem estis corpus Christi, et membra particulatim.

28 Et alios quidèm constituit Deus n ecclesiâ, primùm apostolos, deinde prophetas, tertiò doctores; deinde *constituit* potestates; deinde dona sanationum, opitulationes, gubernationes, genera linguarum.

29 Num omnes apostoli? num omnes prophetae? num omnes doctores?

30 Num omnes *sunt* potestates? num omnes donum habent sanationum? num omnes linguis loquuntur? num omnes interpretantur?

31 Sed ambite dona potiora: et porrò iter ad excellentiam vobis indicabo.

CAP. XIII.

SI linguis hominum loquar et angelorum, charitatem autem non habeam, factus sum aes resonans, aut cymbalum tinniens.

2 Et si habeam prophetiam, et noverim mysteria omnia, omnemque notitiam, et si habeam totam fidem, adeò ut montes transferam, charitatem autem non habeam, nihil sum.

3 Et si insumam alendis egenis omnia quae mihi suppetunt, et si tradam corpus meum ut comburar, charitatem autem non habeam, *hoc* nihil *mihi* prodest.

4 Charitas iram cohibet, benigna est charitas, non invidet charitas, non agit perperam, non inflatur;

5 Non agit indecorè, non quaerit quae sua sunt, non exacerbatur, non cogitat malum;

6 Non gaudet injustitiâ, gratulatur autem veritati:

7 Omnia suffert, omnia credit, omnia sperat, omnia tolerat.

8 Charitas nunquam excidit: sed et prophetiae abolebuntur, et linguae cessabunt, et notitia abolebitur.

9 Ex parte enim cognoscimus, et ex parte prophetamus.

10 Postquam autem advenerit quod perfectum est, tunc quod ex parte est, abolebitur.

11 Quum essem infans, ut infans loquebar, ut infans sapiebam, ut infans ratiocinabar: postquam autem factus sum vir, ut inutilia sustuli quae infantis erant.

12 Cernimus enim nunc per speculum *et* per aenigma, tunc autem coràm *cernemus:* nunc cognosco ex parte, tunc verò cognoscam prout cognitus fuero.

13 Nunc verò manet fides, spes, charitas, tria haec: maxima autem harum charitas.

CAP. XIV.

SECTAMINI charitatem, ambite spiritualia; magis tamen ut prophetetis.

2 Nam qui loquitur linguâ, non hominibus loquitur, sed Deo: nullus enim audit, spiritu verò loquitur mysteria.

3 Qui autem prophetat, hominibus loquitur aedificationem, et exhortationem, et consolationem.

4 Qui loquitur linguâ, seipsum aedificat: qui verò prophetat, ecclesiam aedificat.

5 Velim autem omnes vos loqui linguis, magis tamen ut prophetetis; major enim *est* qui prophetat quàm qui loquitur linguis, excepto si interpretetur, ut ecclesia aedificationem accipiat.

PAULI EPISTOLA

6 Quòd si nunc, fratres, veniam ad vos linguis loquens, quid vos juvabo, nisi vobis loquar, aut ex revelatione, aut ex notitiâ, vel prophetando, vel docendo?

7 Atqui inanima quae sonum edunt, et tibia, et cithara, nisi distinctionem sonis dederint, quomodo cognoscetur quod tibiâ canitur aut citharâ?

8 Etenim si incertum sonum tuba dederit, quis apparabitur ad bellum?

9 Ita et vos, nisi per linguam edideritis benè significantem sermonem, quomodo cognoscetur quod dicitur? eritis enim in aërem loquentes.

10 Tot, si casus tulerit, genera vocum sunt in mundo, et nihil *est* mutum.

11 Nisi igitur sciero vim vocis, ero ei qui loquitur barbarus, et qui loquitur apud me barbarus *fuerit*.

12 Ita et vos, quandoquidem studiosi estis Spirituum, ad aedificationem ecclesiae quaerite, ut excellatis.

13 Quapropter qui loquitur linguâ, precetur ut interpretetur.

14 Nam si precer linguâ, spiritus meus precatur : sed intelligentia mea est infructuosa.

15 Quid est igitur ? precabor spiritu, sed precabor etiam intelligentiâ : psallam spiritu, sed psallam etiam intelligentiâ.

16 Quandoquidem si benedixeris spiritu, is qui implet locum idiotae, quomodo dicturus est Amen ad tuam gratiarum actionem ? nam quid dicas nescit.

17 Nam tu quidèm bene gratias agis, sed alius non aedificatur.

18 Gratias ago Deo meo, quòd magis quàm vos omnes linguis loquar.

19 Sed in ecclesiâ malim quinque verba ex intelligentiâ meâ loqui, ut alios instituam, quàm decem millia verborum linguâ.

20 Fratres, ne estote pueri intelligentiâ : sed mali iâ infantes, intelligentiâ verò adulti estote.

21 In lege scriptum est, Propterea per diversae linguae *homines* et alia labra, loquar populo huic ; et ita quoque me non audient, dicit Dominus.

22 Linguae igitur sunt signum, non iis qui credunt, sed infidelibus : prophetia verò non infidelibus, sed credentibus.

23 Itaque si eòdem loci convenerit tota ecclesia, et omnes linguis loquantur, ingrediantur autem idiotae vel infideles, nonne dicent vos furere?

24 Sed si omnes prophetent, ingrediatur autem infidelis quispiam aut idiota, arguitur ab omnibus, dijudicatur ab omnibus :

25 Et ita latentia in ejus corde manifesta fiunt : atque ita procidens in faciem adorabit Deum, renuncians Deum verè in vobis esse.

26 Quid igitur est, fratres ? quoties convenitis, quisque vestrûm canticum habet, doctrinam habet, linguam habet, revelationem habet, interpretationem habet. Omnia ad aedificationem fiant.

27 Et linguâ quis loquitur, *fiat* per binos, aut *ad* plurimum ternos, et vicissim ; unus autem interpretetur.

28 Quòd si non sit interpres, taceat in ecclesiâ *qui loquitur linguâ ;* sibiipsi verò loquatur, et Deo.

29 Prophetae autem duo aut tres loquantur ; et alii dijudicent.

30 Quòd *siquid* alii revelatum fuerit assidenti, prior taceat.

31 Potestis enim omnes sigillatim prophetare, ut omnes discant, et omnes consolationem accipiant.

32 Et spiritus prophetarum prophetis subjiciuntur.

33 Non enim est incompositi status *auctor* Deus, sed pacis, ut in omnibus ecclesiis sanctorum.

34 Mulieres vestrae in conventibus sileant ; nec enim permissum est eis ut loquantur, sed *oportet* ut subditae sint, sicut et lex dicit.

35 Quòd siquid discere volunt, domi suos viros interrogent : nam turpe est mulieribus in ecclesiâ loqui.

36 An a vobis sermo Dei profectus est ? an ad vos solos devenit ?

37 Si quis sibi videtur propheta

I. AD CORINTHIOS, XV.

esse, aut spiritualis, agnoscat quae scribo vobis esse Domini mandata.

38 Qui verò ignarus est, ignarus esto.

39 Itaque, fratres, ambite prophetandi donum, et loqui linguis ne prohibete.

40 Omnia decenter et ordine fiant.

CAP. XV.

CAETERUM notum facio vobis, fratres, evangelium quod evangelizavi vobis, quod et accepistis, in quo etiam statis;

2 Per quod etiam, si retinetis quo sermone vobis evangelizaverim, servamini; nisi si frustrà credidistis.

3 Tradidi enim vobis imprimis quod et accepi, Christum videlicet mortuum esse pro peccatis nostris, secundùm scripturas;

4 Et sepultum fuisse, et suscitatum tertio die, secundùm scripturas:

5 Et visum fuisse Cephae, deinde duodecim illis:

6 Postea visus est ampliùs quàm quingentis fratribus semel; ex quibus plerique manent usque adhuc, quidam autem obdormierunt.

7 Postea visus est Jacobo; deinde apostolis omnibus.

8 Ultimo verò omnium, velut ab ortivo, visus est etiam mihi.

9 Ego enim sum minimus apostolorum, qui non sum dignus vocari apostolus; propterea quòd persequutus sum ecclesiam Dei.

10 Sed gratià Dei sum id quod sum: et gratia ejus, quae in me *collata est*, non fuit inanis, sed ampliùs quàm illi omnes laboravi: non ego tamen, sed gratia Dei quae mecum *est*.

11 Et *ego* igitur et illi ita praedicamus, et ita credidistis.

12 Quòd si Christus praedicatur ex mortuis suscitatus esse, quomodo dicunt quidam inter vos, nos esse resurrectionem mortuorum?

13 Nam si resurrectio mortuorum non est, Christus quoque non est suscitatus

14 Quod si Christus non est suscitatus, inane videlicet *est* praeconium nostrum, inanis autem *est* etiam fides vestra.

15 Reperimur autem etiam falsi testes Dei: quoniam de Deo testificati sumus, eum suscitâsse Christum, quem *tamen* non suscitavit, si v'delicet mortui non suscitantur.

16 Nam si mortui non suscitantur, Christus quoque non est suscitatus.

17 Quòd si Christus non est suscitatus, inanis est fides vestra; adhuc estis in peccatis vestris.

18 Nempe et qui obdormierunt in Christo, perierunt.

19 Si in hâc solùm vità speramus in Christum, miserrimi omnium hominum sumus.

20 Nunc autem Christus suscitatus est ex mortuis, *et* primitiae eorum qui obdormierunt factus est.

21 Quia enim per hominem mors, per hominem quoque resurrectio mortuorum.

22 Sicut enim in Adamo omnes moriuntur, ita et in Christo omnes vivificabuntur.

23 Unusquisque autem suo ordine: primitiae Christus, postea qui sunt Christi, in adventu ipsius:

24 Deinde *erit* finis, quum tradiderit regnum Deo ac Patri; quum aboleverit omne imperium, et omnem potentiam et virtutem.

25 Nam oportet eum regnare usquequo omnes inimicos subjecerit pedibus ejus.

26 Ultimus *autem* hostis aboletur mors.

27 Nam omnia subjecit sub pedes ejus. Quum autem dicit omnia esse *ei* subjecta, palam est *hoc dici* excepto eo qui subjecit ei omnia.

28 Postquam verò subjecta fuerint ei omnia, tunc et ipse Filius subjicietur ei qui subjecit ipsi omnia; ut Deus sit omnia in omnibus.

29 Alioqui quid facient qui ablutione utuntur super mortuis, si omninò mortui non suscitantur; cur ablutione utuntur super mortuis?

EPISTOLA PAULI

30 Cur etiam nos periclitamur omni momento?

31 In dies singulos morior per gloriationem vestram, quam habeo in Christo Jesu Domino nostro.

32 Si secundùm hominem adversùs bestias pugnavi Ephesi, quae mihi utilitas, si mortui non suscitantur? Edamus et bibamus; cras enim moriemur.

33 Ne errate: Mores bonos commercia corrumpunt mala.

34 Evigilate justè, et ne peccate; quidam enim Deum non nôrunt: ad pudorem vobis *incutiendum* loquor.

35 At dicet aliquis, Quomodo suscitantur mortui? quali autem corpore prodeunt?

36 Demens, quod tu seris, non vivicit, nisi mortuum fuerit:

37 Et quod seris, non corpus oriturum seris, sed nudum granum, prout inciderit, tritici, aut alicujus ex reliquis *seminibus*.

38 Sed Deus ei dat corpus ut voluit, et singulis seminibus suum corpus.

39 Non omnis caro eadem caro: sed alia quidem caro hominum, alia verò caro pecorum, alia verò piscium, alia verò volucrium.

40 Et *sunt* corpora coelestia, et *sunt* corpora terrestria : sed alius quidem coelestium decor, alius verò ter restrium.

41 Alius decor solis, et alius decor lunae, et alius decor stellarum : stella enim a stellâ praestat decore.

42 Ita *erit* et resurrectio mortuorum; seritur *corpus* corruptioni obnoxium, suscitatur cum incorruptâ naturâ:

43 Seritur foedum, suscitatur cum decore : seritur omnium virium expers, suscitatur potens : seritur corpus animale, suscitatur corpus spirituale.

44 Est corpus animale, e. est corpus spirituale.

45 Ita etiam scriptum est, Factus est prior homo Adam animal vivens : posterior autem Adam *factus est* spiritus vivificus.

46 At spirituale non est prius; sed animale, deinde spirituale.

47 Primus homo e terrâ, pulvereus; secundus homo ipse Dominus e coelo.

48 Qualis pulvereus ille, tales et pulverei sunt: et qualis ille coelestis, tales et qui coelestes erunt.

49 Et sicut gestavimus imaginem terreni, gestabimus etiam imaginem coelestis.

50 ¶ Hoc autem dico, fratres, quo caro et sanguis non possunt regni Dei haereditatem consequi: neque corruptio consequi incorruptae naturae haereditatem.

51 Ecce, mysterium vobis dico, Non omnes quidèm obdormiemus, sed omnes mutabimur, momento, et jactu oculi, ad ultimam tubam :

52 Canet enim tuba, et mortui excitabuntur incorrupti, et nos mutabimur.

53 Oportet enim istud corruptioni obnoxium induere incorruptam naturam, et mortale istud induere immortalitatem.

54 Quum autem hoc corruptioni obnoxium induerit incorruptam naturam, et mortale hoc induerit immortalitatem, tunc fiet illud quod scriptum est, Absorpta est mors ad victoriam.

55 Ubi tua, ô mors, victoria? ubi tuus, ô sepulchrum, aculeus?

56 Aculeus verò mortis *est* peccatum : vis autem peccati, lex.

57 Sed Deo *sit* gratia, qui dat nobis victoriam per Dominum nostrum Jesum Christum.

58 Itaque, fratres mei dilecti, firm estote, immoti, abundantes in opere Domini semper, quum sciatis laborem vestrum non esse inanem in Domino.

CAP XVI.

PORRO de collectâ in sanctos, quemadmodum ordinavi ecclesiis Galatiae, ita et vos facite.

2 Primo quoque *die* hebdomadis, unusquisque vestrûm apud se re-

2. AD CORINTHIOS, I.

ponat, recondens quod pro Dei benignitate licuerit : ne, quum venero, tunc collectae fiant.

3 Postquam autem accessero, quoscunque probaveritis, hos mittam cum epistolis, ut perferant beneficentiam vestram Hierosolymam.

4 Quòd si res digna fuerit ut et ipse proficiscar, mecum proficiscentur.

5 Veniam autem ad vos, quum Macedoniam transiero (Macedoniam enim pertransibo).

6 Apud vos autem forsitan permanebo, aut etiam hibernabo : ut vos me prosequamini quocunque proficiscar.

7 Nolo enim vos nunc in transcursu videre : sed spero temporis aliquantum mansurum *me* apud vos, si Dominus permiserit.

8 Permanebo autem Ephesi usque ad Pentecosten.

9 Nam ostium mihi apertum est magnum et efficax, et adversarii multi.

10 Quòd si venerit Timotheus, videte ut tutò sit apud vos : opus enim Domini operatur, ut et ego.

11 Nequis igitur istum pro nihilo habeat ; sed prosequimini eum cum pace, ut veniat ad me : exspecto enim eum cum fratribus.

12 Porrò de Apollo fratre, multùm precatus sum eum ut iret ad vos cum fratribus : sed omnino non fuit *ei* voluntas nunc eundi: venturus est autem, quum tempus opportunum habuerit.

13 Vigilate, perstate in fide, viriliter agite, estote fortes.

14 Omnia vestra cum charitate fiant.

15 Precor autem vos, fratres, (nòstis familiam Stephanae esse primitias Achaiae, et sese in ministerium sare tis addixisse ;)

16 Ut et vos subjiciamini talibus et omnibus operam suam conferentibus et laborantibus.

17 Gaudeo verò de adventu Stephanae, et Fortunati, et Achaici ; quoniam absentiam vestram hi suppleverunt.

18 Refecerunt enim spiritum meum ac vestrum. Agnoscite itaque qui sunt hujusmodi.

19 Salutant vos ecclesiae Asiae. Salutant vos in Domino multùm Aquila et Priscilla, cum ecclesiâ quae est domi ipsorum.

20 Salutant vos fratres omnes. Salutate alii alios osculo sancto.

21 Salutatio manu meâ Pauli.

22 Siquis non amat Dominum Jesum Christum, esto anathema maranatha.

23 Gratia Domini Jesu Christi *sit* vobiscum.

24 Charitas mea cum omnibus vobis in Christo Jesu. Amen.

Ad Corinthios prior missa fuit Philippis per Stephanam, et Fortunatum, et Achaicum, et Timotheum.

EPISTOLA PAULI APOSTOLI AD CORINTHIOS SECUNDA.

CAP. I.

PAULUS apostolus Jesu Christi per Dei voluntatem, et Timotheus frater, ecclesiae Dei quae est Corinthi, unà cum sanctis omnibus qui sunt in totâ Achaiâ :

2 Gratia *sit* vobis, et pax, a Deo patre nostro, et Domino Jesu Christo.

3 Benedictus *esto* Deus ac Pater Domini nostri Jesu Christi, pater misquam, ille miserationum, et Deus omnis consolationis ;

4 Consolans nos in omni afflictione nostrâ, ut possimus *positos* in quâvis afflictione consolari, eâ ipsâ consolatione quâ nos ipsos consolatur Deus.

5 Nam sicut abundant perpessio-

PAULI EPISTOLA

nes Christi in nobis, ita per Christum redunoat etiam consolatio nostra.

6 Sive autem affligimur, pro vestrâ consolatione ac salute *premimur ;* sive consolationem percipimus, *consolationem percipimus* pro vestrâ consolatione ; quae efficitur *in vobis* per tolerationem earundem perpessionum quas et nos perpetimur : et spes nostra firma est de vobis ;

7 Ut qui sciamus vos sicut socii estis perpessionum, ita etiam *socios fore* consolationis.

8 Non enim volumus vos ignorare, fratres, de afflictione nostrâ, quae nobis evenit in Asiâ, nos summè gravatos fuisse supra vires, adeò ut prorsus animi penderemus, etiam quod ad vitam.

9 Sed ipsi apud nos decretum mortis habuimus, ne confideremus in nobisipsis, sed in Deo qui mortuos suscitat ;

10 Quique ex tantâ morte nos eripuit et eripit: in quo speramus nos adhuc etiam ereptum iri :

11 Unà conferentibus operam etiam vobis per preces pro nobis ; ut donum ex multis personis in nos *collatum,* per multos celebretur gratiarum actione pro nobis.

12 Nam gloriatio nostra haec est, testimonium *videlicet* conscientiae nostrae, quòd cum simplicitate et sinceritate Dei, non cum sapientiâ carnali, sed cum gratiâ Dei, versati sumus in mundo, quamplurimùm autem apud vos.

13 Non enim alia scribimus vobis quàm quae legitis aut etiam agnoscitis ; spero autem vos etiam ad extremum agnituros :

14 Sicut et aliquatenus agnovistis, nos gloriaticnem vestram esse, quemadmodum et vos nostra *estis,* in diem Domini Jesu.

15 Itaque hâc fiduciâ priùs volui ad vos venire, ut secundam gratiam haberetis :

16 Et per vos transire in Macedoniam, et rursum a Macedoniâ venire ad vos, et a vobis deduci in Judaeam.

17 Hoc igitur quum deliberarent, numnam levitate sum usus ? aut quae delibero, secundùm carnem delibero, ut sit apud me Etiam et Non ?

18 Imò fidelis Deus *novit* sermonem nostrum apud vos, non fuisse Etiam et Non.

19 Nam Dei Filius, Jesus Christus, qui inter vos per nos praedicatus est, *id est,* per me et Sylvanum ac Timotheum, non fuit Etiam et Ncn sed Etiam fuit in ipso.

20 Quotquot enim *sunt* promissiones Dei, in ipso *sunt* Etiam, et in ipso *sunt* Amen, ad Dei gloriam per nos.

21 Porrò, qui nos confirmat vobis cum in Christum, et qui unxit nos, Deus *est ;*

22 Qui etiam oosignavit nos, indiditque arrhabonem Spiritûs cordibus nostris.

23 Ego verò testem Deum invoco in meam animam, me *idcirco* nondum venisse Corinthum, quòd vobis parcam.

24 Non quòd dominemur vestrae fidei, sed *quòd* administri simus gaudii vestri : nam fide statis.

CAP. II.

HOC autem apud me statui, rursus cum tristitiâ non venire ad vos.

2 Nam si ego tristitiâ vos afficiam, quis est igitur qui exhilaret me, nisi is ipse qui tristitiâ fuerit affectus ex me ?

3 Et hoc ipsum vobis scripsi, ne, quum venero, tristitiam capiam ex iis de quibus oportebat me gaudere ? confisus de vobis omnibus, meum gaudium, omnium vestrûm *gaudium* esse.

4 Nam ex multâ afflictione et anxietate cordis scripsi vobis, per multas lacrymas ; non ut tristitiâ afficeremini, sed ut cognosceretis charitatem quam habeo abundantissimam erga vos.

5 Quòd siquis tristitiam attulit, non mihi tristitiam attulit, sed qua-

2. AD CORINTHIOS, III.

jam tenus, ne *illum* aggravem, vobis omnibus.

6 Sufficit istiusmodi *homini* ista increpatio a pluribus *profecta*.

7 Ut e contrario potiùs vos *et* condonetis, *eumque* consolemini, ne quo modo redundante tristitiâ absorbeatur *vir* hujusmodi.

8 Quapropter precor vos, ut ratam faciatis in illum charitatem.

9 Nam in hunc finem etiam scripsi, ut cognoscerem probationem vestri, *id est*, an ad omnia obedientes sitis.

10 Cui verò quidpiam condonatis, et ego *condono :* nam et ego si quid condonavi, cui condonavi, propter vos *id feci*, in conspectu Christi, ut ne superemur a Satanâ :

11 Non enim illius machinationes gnoramus.

12 Porrò, quum venissem Troadem ad *praedicandum* evangelium Christi, etiamsi ostium mihi apertum erat per Dominum, non fuit remissio spiritui meo, eo quòd non invenissem Titum fratrem meum :

13 Sed quum illis valedixissem, abii in Macedoniam.

14 Deo *sit* autem gratia, qui facit ut semper triumphemus in Christo, et odorem notitiae suae manifestum facit per nos omni in loco.

15 Nam Christi bona fragrantia sumus Deo, in iis qui servantur, et in is qui pereunt.

16 His quidèm, odor mortis ad mortem ; illis verò, odor vitae ad vitam. Sed ad haec quis idoneus ?

17 Non enim, ut plerique, cauponamur sermonem Dei ; sed ut ex sinceritate, sed ut ex Deo, in conspectu Dei de Christo loquimur.

CAP. III.

INCIPIMUS rursus nosipsos commendare ? aut num egemus, ut nonnulli, commendatitiis epistolis apud vos, aut commendatitiis a vobis ?

2 Epistola nostra vos estis, inscripta in cordibus nostris, quae intelligitur et legitur ab omnibus hominibus :

3 Dum palam sit vos esse epistolam Christi subministratam a nobis, inscriptam non atramento, sed Spiritu Dei vivi ; non in tabulis lapideis, sed in carneis tabulis cordis.

4 Fiduciam autem hujusmodi habemus per Christum apud Deum :

5 Non quòd idonei sumus per nosipsos ad cogitandum quicquam, velut ex nobisipsis ; sed quod idonei sumus, *id* ex Deo est ;

6 Qui etiam fecit, ut idonei essemus ministri novi foederis, non literae, sed spiritûs : nam litera occidit, spiritus autem vivificat.

7 Quòd si mortis ministerium in literis *positum*, et informatum in lapidibus, fuit gloriosum, adeò ut non possent intentis oculis intueri filii Israel in faciem Mosis, propter gloriam illam faciei ejus ; quae *gloria* erat abolenda ;

8 Qui non potiùs ministerium Spiritûs erit gloriosum ?

9 Nam si ministerium condemnationis *fuit* gloriosum, multò magis ministerium justitiae abundat gloriâ.

10 Etenim quod glorificatum fuit, ne glorificatum quidèm fuit hac in parte, *id est*, quod ad superantem gloriam attinet.

11 Nam si quod aboletur, *fuit* gloriosum, multò magis est gloriosum id quod manet.

12 Itaque, quum ejusmodi spem habeamus, multâ in loquendo evidentiâ utimur.

13 Nec *sumus* sicut Moses, *qui* imponebat velamen faciei suae, ne intentis oculis intuerentur filii Israelis in finem ejus quod abolendum erat.

14 Itaque occalluerunt mentes illorum. Nam usque ad diem hodiernum, in lectione Veteris Foederis manet non retectum velamen illud, quod per Christum aboletur.

15 Sed ad hunc usque diem, quum legitur Moses, velamen cordi eorum impositum est.

16 Quando verò sese converterit ad Dominum, tollitur velamen illud.

17 Dominus verò Spiritus ille est

ubi autem Spiritus ille Domini, illic libertas.

18 Nos autem omnes retectâ facie, gloriam Domini ut in speculo intuentes, in eandem imaginem transformamur, ex gloriâ in gloriam, sicut a Domini Spiritu.

CAP. IV.

PROPTEREA quum ministerium hoc habeamus, prout misericordiam consequuti sumus, non segnescimus:

2 Sed abdicavimus turpitudinis latebras, non cum calliditate incedentes, neque falsantes sermonem Dei, sed declaratione veritatis commendantes nosipsos apud omnem conscientiam hominum, in conspectu Dei.

3 Quòd si tectum est evangelium nostrum, iis qui pereunt tectum est:

4 In quibus deus hujus seculi excaecavit mentes, *nempe* in infidelibus, ne irradiet eos lumen evangelii gloriae Christi, qui est imago Dei.

5 Non enim nosipsos praedicamus, sed Christum Jesum *esse* Dominum; nos autem servos vestros propter Jesum.

6 Quoniam Deus, qui dixit ut e tenebris lux splendesceret, *is est* qui splenduit in cordibus nostris; ad *praehendum* lumen cognitionis gloriae Dei in facie Jesu Christi.

7 Habemus autem thesaurum hunc in testaceis vasculis, ut ejus virtutis praestantia sit Dei, et non ex nobis:

8 Dum in omnibus affligimur, at non coarctamur: haesitamus, at non prorsus haeremus:

9 Persequutionem patimur, sed in eâ non deserimur; dejicimur, at non perimus:

10 Ubivis mortificationem Domini Jesu in corpore circumferentes, ut etiam vita illa Jesu in corpore nostrâ manifesta fiat.

11 Semper enim nos, qui vivimus, morti tradimur propter Jesum, ut etiam vita Jesu manifesta fiat in carne ostrâ mortali.

12 Itaque mors quidèm in nobis agit, vita verò in vobis.

13 Et quoniam habemus eundem spiritum fidei, secundùm illud quod scriptum est, Credidi, *et* ideo loquutus sum: nos quoque credimus, quam obrem etiam loquimur:

14 Scientes fore, ut qui suscitavit Dominum Jesum, nos quoque per Jesum suscitet, et sistat vobiscum.

15 Nam haec omnia propter vos *fiunt*, ut gratia illa copiosissima, pluribus gratias agentibus, redundet in gloriam Dei.

16 Propterea ita non succumbimus: sed etiamsi externus homo noster corrumpitur, internus tamen renovatur in dies.

17 Momentanea enim levitas afflictionis nostrae, excellenter excellentis gloriae pondus aeternum conficit nobis:

18 Dum non spectamus ea quae cernuntur, sed ea quae non cernuntur: nam quae cernuntur, temporaria sunt; at quae non cernuntur, aeterna.

CAP. V.

SCIMUS enim nos, si terrestris hujus domûs nostrae tabernaculum dissolutum fuerit, aedificium ex Deo habituros, domicilium *videlicet* non manufactum, aeternum in coelis.

2 In hoc etenim suspiramus, expetentes domicilio nostro, quod e coelo est, superindui:

3 Siquidem etiam induti, non nudi reperiemur.

4 Etenim qui sumus in hoc tabernaculo, suspiramus gravati: in quo *constituti* non cupimus eo exui, sed superindui, ut absorbeatur mortalitas a vitâ.

5 Porrò Deus *is est*, qui nos ad hoc ipsum condidit, qui etiam dedit nobis arrhabonem Spiritûs.

6 Confidentes igitur semper, et scientes dum commoramur in corpore, nos peregre abesse a Domino:

7 (Per fidem enim incedimus, non per aspectum:)

8 Confidimus autem, et probamus potiùs migrare e corpore, et ad Dominum ire habitatum.

9 Propterea etiam contendimus, ut et hic commorantes et hinc migrantes, ei simus accepti.

10 Omnes enim nos comparere oportet coram tribunali Christi, ut unusquisque reportet quae in corpore *fecerit*, congruenter ad id quod fecerit, sive bonum, sive malum.

11 Scientes igitur terrorem illum Domini, homines ad fidem adducimus; Deo autem manifesti sumus; et spero *nos* etiam conscientiis vestris manifestos esse.

12 Non enim iterum nosipsos commendamus vobis. sed vobis occasionem praebemus gloriandi de nobis: ut habeatis *quod dicatis* adversùs eos, qui in facie gloriam captant, at non in corde.

13 Nam sive insanimus, Deo *insanimus:* sive sanâ mente sumus, vobis *sanâ mente sumus.*

14 Charitas enim illa Christi constringit nos;

15 Ut qui hoc statuerimus, si unus pro omnibus mortuus fuit, nempe istos omnes fuisse mortuos, et *illum* pro omnibus mortuum esse, ut qui vivunt, posthac non sibi vivant, sed ei qui pro ipsis mortuus est et suscitatus est.

16 Itaque nos posthac neminem novimus secundùm carnem: quòd si etiam novimus Christum secundùm carnem, nunc tamen non ampliùs novimus.

17 Siquis igitur *est* in Christo, nova creatura *est:* vetera praeterierunt; ecce, nova facta sunt omnia.

18 Haec autem omnia *sunt* ex Deo qui reconciliavit nos sibi per Jesum Christum, deditque nobis ministerium reconciliationis:

19 Nempe quia Deus erat in Christo, mundum reconcilians sibi, non imputando eis lapsus ipsorum? posuitque in nobis sermonem illum reconciliationis.

20 Itaque nomine Christi legatione fungimur; *et* velut Deo *vos* precante per nos, oramus Christi nomine, re conciliamini Deo.

21 Fecit enim ut qui non novit peccatum, pro nobis peccatum *esset*, ut nos efficeremur justitia Dei in eo.

CAP. VI.

SED et, *ut* operam nostram ei ac commodantes, hortamur ne frustra gratiam Dei receperitis.

2 (Dicit enim *Deus*, Tempore accepto exaudivi te, et in die salutis succurri tibi: ecce, nunc *est* tempus acceptum; ecce, nunc dies salutis.)

3 Nullam ullâ in re praebentes offensionem, ne vituperetur ministerium:

4 Sed in omnibus nos approbantes, ut Dei ministri, tolerantiâ multâ in afflictionibus, in necessitatibus, in angustiis,

5 In verberibus, in carceribus, in exagitationibus, in laboribus, in vigiliis, in jejuniis;

6 Puritate, scientiâ, lenitate, benignitate, Spiritu Sancto, charitate non simulatâ,

7 Sermone veritatis, virtute Dei, armis justitiae dextris ac sinistris:

8 Per gloriam et ignominiam, per convicia et laudes: ut seductores, et *tamen* veraces;

9 Ut ignoti, et *tamen* noti; ut morientes, et ecce vivimus; ut qui castigamur, nec *tamen* occidimur:

10 Ut dolentes, semper tamen gaudentes; ut pauperes, sed multos ditantes; ut nihil habentes, sed omnia obtinentes.

11 Os nostrum apertum est erga vos, Corinthii, cor nostrum dilatatum est.

12 Non habitatis angustè in nobis sed angusti estis in visceribus vestris

13 Loquor autem ut filiis de par compensatione. Dilatamini et vos.

14 Ne impari jugo copulamini cum infidelibus: quod enim consortium justitiae cum iniquitate? et quae communio lucis cum tenebris?

15 Et quae concordia Christo cum

Belial? au. quae portio fideli cum infideli?

16 Et quae consensio templo Dei cum simulacris? nam vos templum estis Dei viventis: sicut dixit Deus, Habitabo in eis et inambulabo; et ero illorum Deus, et ipsi erunt mihi populus.

17 Quapropter exite e medio eorum, et separamini, dicit Dominus; et impurum ne attingite; tum ego excipiam vos:

18 Et ero vobis pro patre, et vos eritis mihi pro filiis ac filiabus, dicit Dominus omnipotens.

CAP. VII.

HAS igitur promissiones quum habeamus, dilecti, purgemus nos ab omni inquinamento carnis ac spiritûs, ad finem perducentes sanctificationem in timore Dei.

2 Accipite nos: nemini injuriam fecimus, neminem corrupimus, neminem quaestui habuimus.

3 Ad condemnationem *vestri hoc* non dico: nam antè dixi vos in cordibus nostris esse, ad simul moriendum et simul vivendum.

4 Multa *est* mihi loquendi libertas apud vos, multa mihi gloriatio de vobis; impletus sum consolatione; vehementer exundo gaudio in omni afflictione nostrâ.

5 Etenim quum venissemus in Macedoniam, nullam habuit remissionem caro nostra, sed in omnibus fuimus afflicti: foris *fuerunt* pugnae, intus terrores.

6 Sed qui consolatur abjectos, consolatus est nos, *nempe* Deus, adventu Titi:

7 Non solùm autem adventu illius, sed etiam consolatione quam ille accepit ex vobis, quum renunciaret nobis vestrum vehemens desiderium, vestrum ejulatum, vestrum super me ardorem; adeò ut magis gavisus fuerim.

8 Nam etiamsi tristitiâ vos affeci per epistolam, non me poenitet, etiamsi poenituerit: video enim epistolam illam, tametsi ad tempus, tristi tia vos affecisse.

9 Nunc gaudeo, non quòd tristitiâ affecti fueritis, sed quòd tristitiâ affecti fueritis ad resipiscentiam: nam tristitiâ affecti fuistis secundùm Deum, ut nullâ in re detrimentum acceperitis ex nobis.

10 Nam qui secundùm Deum est dolor, is resipiscentiam efficit ad salutem, cujus nunquam poeniteat; at mundi dolor mortem efficit.

11 Ecce enim, istud ipsum, quòd secundùm Deum tristitiâ affecti fuistis, quantum in vobis effecit studium? imò defensionem, imò indignationem, imò timorem, imò vehemens desiderium, imò zelum, imò vindicationem? per omnia testatum fecistis, vos esse puros in negotio.

12 Itaque, etsi scripsi vobis, non *scripsi vobis* ejus causâ qui injuriam fecerat, nec ejus causâ qui injuriâ affectus fuerat; sed ut apud vos manifestum fieret studium illud nostrum pro vobis in conspectu Dei.

13 Propterea consolationem accepimus ex consolatione vestri: sed longè plurimum gavisi fuimus ob gaudium Titi, quòd refocillatus sit spiritus ejus ab omnibus vobis:

14 Et quòd siquid apud eum de vobis gloriatus sum, non fui pudefactus, sed ut omnia verè loquuti sumus vobis, ita et gloriatio nostra, qua usus eram apud Titum, vera comperta sit:

15 Et viscera ejus ampliùs erga vos *affecta* sint, dum reminiscitur obedientiae omnium vestrûm, et ut cum timore ac tremore ipsum exceperitis.

16 Gaudeo igitur quòd penitus confidam de vobis.

CAP. VIII.

PORRO notam facimus vobis, fratres, gratiam Dei praestitam ecclesiis Macedonum;

2 *Nempe* in multâ probatione afflictionis, exundans gaudium ipsorum, et profundam eorum inopiam ex

2. AD CORINTHIOS, IX.

andâsse in copiosam benignitatem ipsorum.

3 Nam pro viribus (testor) atque supra vires voluntarii *fuerunt :*

4 Multis cum precibus nos rogantes, ut hanc beneficentiam et societatem hujus ministerii sanctorum causâ *subeundi,* in nos reciperemus.

5 Ac non prout sperabamus *ita fecerunt,* sed semetipsos dediderunt primùm Domino, *deinde* et nobis per Dei voluntatem :

6 Ut adhortaremur Titum, ut sicut antè coepit, ita etiam absolvat apud vos hanc quoque beneficentiam.

7 Itaque sicut omnibus abundatis, nempe fide, et sermone, et notitiâ, et omni studio, et vestrâ in nos charitate, *videte* ut hâc quoque gratiâ abundetis.

8 Non ex imperio loquor, sed aliorum studio, vestrae quoque dilectionis sinceritatem reddens exploratam.

9 Nòstis enim beneficentiam Domini nostri Jesu Christi, eum *videlicet* propter vos pauperem factum esse, qùum esset dives, ut vos illius paupertate ditesceretis.

10 Et sententiam eâ in re *meam* edo : nam hoc vobis conducit, qui non solùm facere, sed etiam velle antè coepistis anno superiore.

11 At nunc etiam illud ipsum facere absolvite : ut, sicut *adfuit* promptum illud velle, ita etiam *adsit* ipsum perficere ex eo quod habetis.

12 Etenim si priùs adsit promptus animus, aliquis acceptus *est* pro eo quod habet, non pro eo quod non habet.

13 Non enim *dico* ut aliis sit remissio, vobis autem afflictio ; sed *ut* pari conditione hoc tempore vestra abundantia *suppleat* quod illis deest ?

14 Ut et illorum abundantia quod vobis deest suppleat, ut fiat aequabilitas.

15 Sicut scriptum est, Qui multum *collegit,* plus non habuit : et qui paulum, minus non habuit.

16 Gratia verò *sit* Deo, qui :ordi

Titi indidit idem studium pro vobis.

17 Quòd tum exhortationem illam gratam habuit, tum verò majore studio ultro ad vos iter suscepit.

18 Misimus autem unà cum eo fratrem illum, cujus laus est in evangelio per omnes ecclesias.

19 Nec *id* solùm, sed etiam suffragiis delectus est ab ecclesiis socius peregrinationis nostrae, cum hâc beneficentiâ quae administratur a nobis, ad ipsius Domini gloriam, et *comprobandum* promptum animum vestrum :

20 Vitantes hoc, nequis nos vituperet in hâc ubertate quae administratur a nobis :

21 Ut qui procuremus honesta non solùm coram Domino, sed etiam coram hominibus.

22 Misimus autem cum eis fratrem nostrum, quem saepe in multis probavimus studiosum, nunc autem multo studiosiorem, ob multam *meam* fiduciam in vobis.

23 Sive de Tito *quaeritur,* socius meus *est,* et apud vos adjutor : sive de fratribus nostris, legati *sunt* ecclesiarum, *et* gloria Christi.

24 Itaque demonstrationem charitatis vestrae, et nostrae de vobis gloriationis, edite in eos, in conspectu ecclesiarum.

CAP. IX.

NAM de ministerio sanctorum causam *subeundo,* supervacaneum est mihi scribere vobis.

2 Novi enim promptum animum vestrum, quem de vobis jacto apud Macedones, Achaiam, videlicet paratam esse ab anno superiore : et ex vobis *ortus* zelus provocavit complures.

3 Misi autem hos fratres, ne gloriatio nostra de vobis inanis fiat hâc in parte, ut, sicut dicebam, parati sitis.

4 Ne quo modo, si mecum venerint Macedones, et offenderint vos imparatos, nos pudefiamus (ut ne

vos dicam) in praefidente istâ gloriatione.

5 Itaque necessarium putavi adhortari hos fratres, ut priores venirent ad vos, et priùs absolverent antea denunciatam beneficentiam vestram, ut ea sit parata ita ut beneficentia, et non ut exortum aliquid.

6 Hoc autem dico, Qui serit parcè, parcè etiam metet : et qui serit benignè, benignè etiam metet.

7 Quisque, sicut praeoptat corde, ita agat : non ex tristitiâ aut ex necessitate : nam hilarem datorem diligit Deus.

8 Potens *est* autem Deus efficere ut omnis gratia in vos redundet; et in omnibus omni tempore omne quod sufficiat habentes, abundetis ad omne opus bonum.

9 Sicut scriptum est, Dispersit, dedit pauperibus : justitia ejus manet in seculum.

10 Qui autem suppeditat semen serenti, et panem ad escam suppeditet, et multiplicet sementem vestram, et augeat fructus justitiae vestrae :

11 *Vobis* omni modo ditatis ad omnem benignitatem, quae per nos efficit ut gratiae agantur Deo.

12 Nam subministratio oblationis istius non solùm supplet quae sanctis desunt, sed etiam exundat per multas gratiarum actiones Deo *exhibitas* per approbationem istius subministrationis :

13 Dum Deum glorificant de vestrâ testatâ submissione in evangelium Christi, deque benignâ in sese et in omnes communicatione :

14 Et per ipsorum preces pro vobis propenso vos amore diligentium, propter excellentem gratiam Dei in vobis.

15 Gratia autem *sit* Deo super inenarrabili suo munere.

CAP. X.

CAETERUM precor vos per clementiam et aequitatem Christi, ego ipse Paulus, qui coram quidem humilis sum inter vos, absens vero sum erga vos confidens :

2 *Hoc* autem rogo, ne praesen confidenter agam fiduciâ, qua existimor audax fuisse in quosdam, qui de nobis existimant quasi secundùm carnem incedamus.

3 Nam in carne, non tamen secundùm carnem, incedentes militamus :

4 Arma enim militiae nostrae non carnalia sunt, sed divinitùs valida ad subversionem munitionum :

5 Ratiocinationes evertendo, omnemque sublimitatem quae sese extollit adversùs cognitionem Dei, et in captivitatem redigendo omnem cogitationem ad obediendum Christo :

6 Et paratum habendo quo vindicemus omnem contumaciam, postquam impleta fuerit vestra obedientia.

7 Quae ob oculos sunt aspicitis ? siquis apud se confidit se Christi esse hoc vicissim cogitet ex sese, quemadmodum ipsi Christi *est*, ita et nos Christi *esse*.

8 Nam si ampliùs etiam quippiam glorier de potestate nostrâ, quam dedit Dominus nobis ad aedificationem, ac non ad subversionem vestri, non pudefiam :

9 Ne videar ceu perterrefacere vos per epistolas.

10 Nam epistolae quidèm, inquiunt, graves sunt et validae : sed praesentia corporis infirma *est*, et sermo *est* nihili.

11 Hoc cogitet *qui* istiusmodi *est*, quales sumus verbo per epistolas quum absumus, tales etiam *nos fore* reipsâ quum aderimus.

12 Non enim audemus nos adjungere vel conjungere cum quibusdam qui seipsos commendant : sed nec intelligunt quòd ipsi sese metiuntur seipsis, et sibiipsis sese comparant

13 At nos non gloriabimur de iis quae mensurae *nostrae* non sunt, sed secundùm modum nobis ad regulam admensum, *id est*, ejus quam distribuit nobis Deus mensurae, gloriabi

2. AD CORINTHIOS, XI.

mur nos pervenisse ad vos etiam usque.

14 Non enim ut si non pervenissemus usque ad vos, extendimus nosipsos ultra quàm deceat: nam usque ad vos etiam pervenimus in evangelic Christi.

15 Nequaquam de iis quae mensurae *nostrae* non sunt gloriantes, *id est*, de alienis laboribus; sed sperantes, *fore ut* augescente fide vestrâ in vobis amplificemur in attributâ nobis nostrâ mensurâ ulterius.

16 *Id est*, ut in iis regionibus, quae ultra vos *sunt*, evangelizem: non ut, in alteri attributâ mensurâ, de praeparatis gloriemur.

17 Caeterùm qui gloriatur, in Domino glorietur.

18 Non enim qui seipsum commendat, is probatus est, sed is quem Dominus commendat.

CAP. XI.

UTINAM toleraretis paulisper desipientiam *meam:* imò etiam tolerate me.

2 Ambio enim vos Dei zelotypiâ. Aptavi enim vos, *quos* uni viro, *ut* virginem puram sistam, *nempe* Christo.

3 Sed metuo, ne quo modo, sicut serpens ille Evam seduxit calliditate suâ, ita corruptae mentes vestrae *degenerent* a simplicitate quae est in Christo.

4 Enimvero si veniat qui alterum Jesum praedicet quem non praedicaverimus, aut *si* Spiritum alterum accipiatis quem non acceperitis, aut evangelium alterum quod non receperitis, rectè *illum* toleraveritis.

5 Puto enim me nihilo inferiorem fuisse summis apostolis.

6 Quòd si rudis *sum* sermone, non amen *sum rudis* notitiâ: sed omninò manifesti facti sumus in omnibus apud vos.

7 Num peccavi, quum meipsum submitterem, ut vos evehereminī, *id est* quòd gratuitò evangelium Dei evangelizavi vobis?

8 Alias ecclesias spoliavi, accepto *ab eis* stipendio, ut vobis inservirem: et quum apud vos essem et egerem, non obtorpui cum cujusquam incommodo.

9 Quòd enim me deficiebat, suppleverunt fratres, quum venissent e Macedoniâ: et in omnibus me praestiti vobis minimè onerosum, et praestabo.

10 Est veritas Christi in me, quòd haec gloriatio non obstruetur in me in regionibus Achaiae.

11 Quapropter? *an* quòd non diligam vos? Deus novit.

12 Sed quod facio, etiam faciam; ut amputem occasionem iis qui exoptant occasionem, ut in *eo de* quo gloriantur, reperiantur quales et nos.

13 Nam istiusmodi pseudo-apostoli, operarii dolosi sunt, transfigurantes se in apostolos Christi.

14 Neque id mirum; ipse enim Satanas se transfigurat in angelum lucis.

15 Non magnum est igitur, si etiam ejus ministri transfigurant se tanquam *sint* ministri justitiae, quorum finis erit secundùm opera ipsorum.

16 Rursum dico, nequis me putet desipientem esse: alioquin vel ut desipientem recipite me, ut paululum quiddam et ego glorier.

17 Quod dico, non dico secundùm Dominum, sed ut desipiens, in praefidente istâ gloriatione.

18 Quandoquidem multi gloriantur secundùm carnem, et ego gloriabor.

19 Libenter enim toleratis desipientes, quòd sitis sapientes.

20 Toleratis enim, siquis vos in servitutem adigit, siquis exedit, siquis *stipendium* accipit, siquis attollit sese, siquis vos in faciem caedit.

21 Quantùm ad contumeliam dico sicuti quòd nos infirmi fuimus: imò in quocunque audaciâ uti velit aliquis (ut desipiens loquor) audaciâ et ego uti velim.

22 Hebraei sunt? *sum* et ego: Is

aelitae sunt? *sum* et ego : semen Abrahami sunt? *sum* et ego :

23 Ministri Christi sunt? (desipiens loquor) superior sum ego : in fatigationibus ampliùs : in plagis supra illos ; in carceribus ampliùs ; in mortibus saepe.

24 A Judaeis quinquies accepi quadragenas *plagas* unâ minùs.

25 Ter virgis caesus fui ; semel fui lapidatus : ter naufragium feci ; noctem ac diem in profundo egi :

26 *In* itineribus saepe *fui, in* periculis fluminum, periculis latronum, periculis a *meis* gentilibus, periculis a gentibus, periculis in civitatibus, periculis in solitudine, periculis in mari, periculis inter falsos fratres :

27 In fatigatione et aerumnâ, in vigiliis saepe, in fame et siti, in jejuniis saepe, in frigore et nuditate.

28 Absque iis quae extrinsecus *eveniunt, urget* agmen illud in me quotidie consurgens, *id est,* solicitudo de omnibus ecclesiis.

29 Quis affligitur, quin ego affligar ? quis offenditur, quin ego urar ?

30 Si gloriari oportet, de iis quae infirmitatis meae *sunt* gloriabor.

31 Deus et Pater Domini nostri Jesu Christi, laudandus in secula, novit me non mentiri.

32 Damasci gentis praefectus, nomine Aretae regis, praesidio tenebat Damascenorum urbem, cupiens me prehendere :

33 Sed per fenestram in corbe fune demissus fui per moenia, et ejus manus effugi.

CAP. XII.

GLORIARI sanè non convenit mihi ; veniam enim ad apparitiones et revelationes Domini.

2 Novi hominem in Christo ante annos quatuordecim (an in corpore, nescio ; an extra corpus, nescio ; Deus novit) raptum in tertium usque coelum :

3 Et novi ejusmodi hominem *'*an in corpore, an extra corpus, nescio ; Deus novit)

4 Raptum fuisse in paradisum, et audisse ineffabilia verba quae non liceat homini loqui.

5 Super ejusmodi homine gloriabor ; de meipso verò non gloriabor nisi ex infirmitatibus meis.

6 Nam si voluero gloriari, non ero desipiens ; veritatem enim dicam ; sed parcè loquor, nequis de me cogitet supra *id* quod videt esse me, aut quod audit ex me.

7 Et ne excellentiâ revelationum supra modum efferrer, datus est mihi surculus infixus carni, *nempe* angelus Satan, ut me colaphis caedat, ne supra modum efferar.

8 Super hoc ter Dominum rogavi, ut abscederet a me :

9 Sed dixit mihi, Sufficit tibi gratia mea ; nam potentia mea per infirmitatem ad finem suum adducitur. Libentissimè igitur gloriabor potiùs de infirmitatibus meis, ut tanquam in tabernaculo inhabitet in me potentia Christi.

10 Propterea oblector in infirmitatibus, in contumeliis, in necessitatibus, in persequutionibus, in angustiis pro Christo : quum enim infirmus sum, tunc potens sum.

11 Fui desipiens in gloriando : vos me coëgistus : nam ego debueram a vobis commendari : nullâ enim in re inferior fui summis apostolis, tametsi nihil sum.

12 Indicia quidèm apostoli edita sunt apud vos cum omni tolerantiâ, per signa, et prodigia, et virtutes.

13 Nam quid est in quo fueritis inferiores reliquis ecclesiis, nisi quòd ego ipse non obtorpui cum vestro incommodo ? condonate mihi hanc injuriam.

14 Ecce, tertiò paratus sum venire ad vos, nec cum vestro incommodo obtorpescam ; non enim quaero quae vestra sunt, sed vos : non enim debent filii parentibus thesauros congerere, sed parentes filiis *thesauros congerunt.*

15 Ego verò libentissimè sumptum impendam, et expendar pro anima

2. AD CORINTHIOS, XIII.

sus vestris; etiamsi, ampliùs vos diligens, minùs diligar.

16 Sed esto, ego vos non gravavi: sed quòd sim callidus, dolo vos cepi.

17 Num per quemquam eorum quos misi ad vos, quaestui vos habui?

18 Precatus sum Titum, et cum eo misi fratrem : num aliquâ in re vos quaestui habuit Titus? nonne eodem spiritu incessimus? nonne iisdem vestigiis?

19 Rursum putatis quòd nos vobis excusemus? in conspectu Dei, in Christo loquimur: omnia autem haec, dilecti, pro vestri aedificatione.

20 Nam metuo, nequo modo, quum venero, non quales velim reperiam vos, et ego reperiar vobis qualem nolitis; nequo modo *sint* lites, aemulationes, excandescentiae, rixae, obtrectationes, susurri, tumores, tumultuationes.

21 Ne me, postquam iterum venero, deprimat Deus meus apud vos, et lugeam multos eorum qui antè peccârunt, nec resipuerunt super impuritate, et scortatione, et proterviâ quam patrârunt.

CAP. XIII.

HAC tertiâ vice venio ad vos. Ex ore duorum testium aut trium firmum erit omne verbum.

2 Praedixi, et secundò praedico ut praesens, et absens nunc scribo iis qui antè peccârunt, et reliquis omnibus, fore ut, si denuò venero, non parcam :

3 Quandoquidem experimentum quaeritis in me loquentis Christi, qui erga vos non infirmus, sed potens est in vobis.

4 Nam etsi crucifixus fuit ex infirmitate, vivit tamen ex potentiâ Dei; nam et nos infirmi sumus cum eo, sed vivi erimus cum eo, ex potentiâ Dei apud vos.

5 Vos ipsos tentate, in sitis in fide ; vosipsos probate : annon agnoscitis vosmetipsos, *videlicet* Jesum Christum in vobis esse? nisi rejectanei estis.

6 At spero fore ut cognoscatis nos non esse rejectaneos.

7 Opto autem a Deo, nequid mali faciatis ; non ut nos probati comperiamur, sed ut quod honestum est faciatis, nos verò velut rejectane simus.

8 Non enim possumus quicquam adversùs veritatem, sed pro veritate.

9 Gaudemus enim quum nos infirmi sumus, vos autem validi estis : hoc autem etiam optamus, vestram *videlicet* instaurationem.

10 Propterea haec absens scribo, ne praesens severitate utar, ex potestate quam dedit mihi Dominus ad aedificationem, ac non ad destructionem.

11 Quod superest, fratres, valete, instauramini, consolationem habete, idem sentite, in pace agite ; et Deus charitatis ac pacis erit vobiscum

12 Salutate alii alios osculo sancto. Salutant vos sancti omnes.

13 Gratia Domini Jesu Christi, et charitas Dei, et communicatio Spiritûs Sancti sit cum omnibus vobis. Amen.

Ad Corinthios secunda fuit scripta Philippis *urbe* Macedoniae, per Titum et Lucam.

PAULI APOSTOLI EPISTOLA AD GALATAS.

CAP. I.

PAULUS apostolus (non ab hominibus, neque per hominem, sed per Jesum Christum, ac Deum Patrem, qui suscitavit eum ex mortuis),

PAULI EPISTOLA

2 Quique mecum sunt omnes fratres, ecclesiis Galatiae;

3 Gratia vobis et pax a Deo Patre, et Domino nostro Jesu Christo,

4 Qui dedit semetipsum pro peccatis nostris, ut eximeret nos ex praesenti seculo malo, secundùm voluntate*m* Dei et Patris nostri:

5 Cui *sit* gloria in secula seculorum Amen.

6 Miror vos ita citò, deserto eo qui vocavit vos in gratiam Christi, transferri in aliud evangelium:

7 Quod non est aliud; sed nonnulli vos turbant, et volunt invertere evangelium Christi.

8 Sed etiam si nos, aut angelus e coelo, evangelizet vobis praeter *id* quod vobis evangelizavimus, anathema esto.

9 Ut antè diximus, etiam nunc iterum dico, Siquis vobis evangelizaverit, praeter *id* quod accepistis, anathema esto.

10 Nunc enim *utrum* humana an divina suadeo? aut quaero hominibus placere? Enimvero si adhuc hominibus placerem, Christi servus non essem.

11 Notum autem vobis facio, fratres, evangelium illud quod est a me evangelizatum, non esse secundùm hominem.

12 Neque enim ego ab homine id accepi, neque edoctus sum, sed *illud* retegente *mihi* Jesu Christo.

13 Audistis enim quomodo versatus sim olim in Judaismo, me *videlicet* summè persequutum esse ecclesiam Dei, et eam vastàsse;

14 Et profecisse in Judaismo super multos aequales meos in genere meo, quum vehementior aemulator essem traditionum quas a patribus meis acceperam.

15 Quando verò libuit Deo, qui separaverat me ab utero matris meae, et vocavit per gratiam suam,

16 Retegere Filium suum in me, ut evangelizarem ipsum inter gentes, non statim praeterea contuli cum carne et sanguine:

17 Neque redii Hierosolymam ad eos qui ante me *fuerunt* apostoli; sed abii in Arabiam, ac denuò reversus sum Damascum.

18 Deinde tribus post annis redii Hierosolymam, ut viserem Petrum; et permansi apud eum dies quindecim.

19 Alium autem ex apostolis non vidi quemquam, nisi Jacobum fratrem Domini.

20 In iis porrò quae scribo vobis, ecce, (coram Deo *loquor*) non mentior.

21 Deinde veni in regiones Syriae et Ciliciae.

22 Eram autem ignotus facie ecclesiis Judaeae, quae *erant* in Christo

23 Sed solùm audierant *qui dicerent*, Qui persequebatur nos aliquando, nunc evangelizat fidem quam olim vastabat:

24 Et glorificaban*t* Deum de me

CAP. II.

DEINDE interjectis annis quatuordecim, rursum ascendi Hierosolymam unà cum Barnaba, assumpto simul et Tito.

2 Ascendi autem ex revelatione, et exposui eis evangelium quod praedico inter gentes; sed privatim iis qui sunt in pretio, nequo modo frustra currerem aut cucurrissem.

3 Sed neque Titus, qui mecum erat, quamvis esset Graecus, coactus fuit circumcidi:

4 Nempe propter irreptitios falsos fratres, qui irrepserant ad explorandum libertatem nostram, quam habemus in Christo Jesu, ut nos in servitutem adigerent:

5 Quibus ne ad momentum quidèm *nos* subjiciendo cessimus; ut veritas evangelii permaneret apud vos.

6 Ab iis autem qui existimantur esse aliquid, quales olim fuerint, nihil mea refert: personam hominis Deus non accipit. Nam qui sunt in pretio, nihil mecum praeterea contulerunt.

7 Imò e contrario, quum vidissent mihi concreditum fuisse evangelium

AD GALATAS, II.

praeputii, sicut Petro circumcisionis;

8 (Nam qui efficax fuit per Petrum ad apostolatum circumcisionis, efficax fuerat per me apud gentes);

9 Quumque cognovissent gratiam mihi datam, Jacobus, et Cephas, et Joannes, qui existimantur esse columnae, dextras societatis dederunt mihi ac Barnabae; ut nos apud gentes, ipsi verò apud circumcisos, *apostolatu fungeremur*.

10 So.ùm *monuerunt* ut pauperum meminissemus; quod et ipsum studui facere.

11 Quum autem venisset Petrus Antiochiam, in os ei restiti, eo quòd condemnandus esset.

12 Nam antequam venissent quidam a Jacobo, unà cum gentibus edebat; quum autem venissent, subduxit sese, ac separavit ab eis, metuens eos qui erant ex circumcisione.

13 Ac simulabant unà cum eo reliqui etiam Judaei; adeò ut Barnabas quoque simul abriperetur eorum simulatione.

14 Sed quum vidissem eos non recto pede incedere, ut veritati evangelii congruebat, dixi Petro coram omnibus, Si tu, quum sis Judaeus, Gentiliter vivis, ac non Judaicè, cur gentes cogis judaizare?

15 Nos naturâ Judaei, et non ex gentibus peccatores;

16 Scientes non justificari hominem ex operibus legis, sed per fidem Jesu Christi; etiam non in Christum Jesum credidimus, ut justificaremur ex fide Christi, et non' ex operibus legis: propterea quòd non justificabitur ex operibus legis ulla caro.

17 Quòd si, dum quaerimus justificari per Christum, reperimur et ipsi peccatores, num Christus peccati minister est? Absit.

18 Nam si quae destruxi, ea rursus aedifico, transgressorem meipsum constituo.

19 Ego enim per legem legi mortuus sum, ut Deo viverem.

20 Unà cum Christo crucifixus sum. Vivo autem; non ampliùs ego, sed vivit in me Christus; et vitam quam nunc vivo in carne, vivo per fidem illam Filii Dei, qui dilexit me, et tradidit semetipsum pro me.

21 Irritam non facio gratiam Dei: nam si per legem est justitia, igitur Christus sine causâ mortuus est.

CAP. III.

AMENTES Galatae, quis vos fascinavit ne obsequeremini veritati; quibus ob oculos Jesus Christus priùs fuerat depictus, inter vos crucifixus?

2 Hoc solùm velim discere ex vobis, Ex operibus legis Spiritum accepistis, an ex fide per auditum perceptâ?

3 Adeò amentes estis? quum spiritu inceperitis, nunc carne perficimini?

4 Tam multa passi estis frustrà? si modò etiam frustrà.

5 Qui igitur subministrat vobis spiritum, et efficit virtutes in vobis, ex operibus legis, an ex fide per auditum perceptâ *subministrat?*

6 Sicut Abrahamus credidit Deo, et imputatum est ei ad justitiam:

7 *Ita* nôstis, nempe eos qui ex fide sunt, esse filios Abrahami.

8 Quum providisset autem Scriptura Deum ex fide justificaturum gentes, *id* antè evangelizavit Abrahamo, Benedicentur, *inquiens*, in te omnes gentes.

9 Itaque qui ex fide *sunt*, benedicuntur cum fideli illo Abrahamo.

10 Nam quotquot ex operibus legis sunt, sub exsecratione sunt. Scriptum est enim, Exsecrabilis *est* quisquis non manserit in omnibus quae scripta sunt in libro legis, ut faciat ea.

11 Nullum autem per legem justificari apud Deum, manifestum *est*: quoniam justus ex fide vivet.

12 Lex autem non est ex fide: sed, Quisquis ea fecerit, vivet per ea.

13 *At* Christus nos redemit ab exsecratione legis, dum pro nobis factus

PAULI EPISTOLA

est exsecratio: scriptum est enim, Exsecrabilis *est* quisquis pendet in ligno:

14 Ut in gentibus benedictio Abrahami exstet in Christo Jesu, *et* ut promissum illum Spiritum acciperemus per fidem.

15 Fratres, humano more loquor, Pactionem ratam factam, humanam licet, nullus abrogat, aut *aliquid ei* superaddit.

16 Abrahamo verò dictae sunt promissiones, et semini ejus. Non dicit, Et seminibus, ut de multis; sed ut de uno, Et semini tuo; qui est Christus.

17 Hoc autem dico, Pactionem priorem ratam factam a Deo, respicientem in Christum, lex quae post annos quadringentos et triginta coepit, non facit irritam, ut vanam reddat promissionem.

18 Nam si ex lege est haereditas, non jam *est* ex promissione: Abrahamo verò per promissionem gratificatus est Deus *haereditatem.*

19 Quid igitur lex? Transgressionum gratiâ addita est, usquequò venisset semen illud cui facta est promissio; *lex, inquam,* ordinata per angelos, per manum internuncii.

20 Internuncius autem unius non est; Deus verò unus est.

21 *Num* igitur *lex addita est* adversùs promissiones Dei? Absit: nam si data fuisset lex quae posset vivificare, verè ex lege esset justitia.

22 Sed conclusit illa Scriptura omnia sub peccatum, ut promissio ex fide Jesu Christi daretur credentibus.

23 Antequam autem venisset fides, sub legis praesidio tenebamur, conclusi in eam fidem quae erat retegenda.

24 Itaque lex paedagogus noster fuit in Christum *respiciens,* ut ex fide justificaremur.

25 At postquam venit fides, non ampliùs sub paedagogo sumus.

26 Omnes enim filii Dei **estis,** per fidem in Christo Jesu.

27 Nam quicunque in Christum baptizati fuistis, Christo fuistis induti.

28 Non est Judaeus neque Graecus, non est servus neque liber, non est masculus ac foemina: omnes enim vos unus estis in Christo Jesu.

29 Quòd si vos *estis* Christi, nempe Abrahami semen estis, et secundùm promissionem haeredes.

CAP. IV.

*H*OC autem dico, Quamdiu haeres infans est, nihil differt a servo, quamvis sit dominus omnium:

2 Sed sub tutoribus et curatoribus est, usque ad tempus quod pater praefinierit.

3 Ita et nos, quum essemus infantes, sub elementis mundi eramus in servitutem redacti:

4 At postquam venit plenum tempus, emisit Deus Filium suum factum ex muliere, factum legi subjectum;

5 Ut nos qui legi erant subjecti redimeret, ut adoptionem acciperemus.

6 Quoniam autem estis filii, emisit Deus Spiritum Filii sui in corda vestra, clamantem, Abba, *id est,* Pater.

7 Itaque non ampliùs es servus, sed filius: quòd si filius, etiam haeres Dei per Christum.

8 Imò tum quidèm ignorantes Deum, serviebatis iis qui naturâ non sunt dii.

9 At nunc, quum cognoscatis Deum, imò potiùs cogniti sitis a Deo, quomodo convertitis *vos* retrorsum ad infirma et egena elementa, quibus ad superiora regressi servire vultis?

10 Dies observatis, et menses, et tempora, et annos.

11 Metuo de vobis, ne frustrà fatigatus sim apud vos.

12 Estote quasi ego; nam et ego *sum* quasi vos; fratres, rogo vos: nihil mihi fecistis injuriae.

13 Nòstis autem me per infirmi

AD GALATAS, V.

tatem carnis vobis priùs evangelizâsse :

14 Et explorationem mei quae *fiebat* in carne meâ, non pro nihilo habuistis ; neque respuistis : sed me ut angelum Dei, ut Christum Jesum, excepistis.

15 Quae igitur erat beatitatis vestrae praedicatio ? testimonium enim reddo vobis, vos, si fieri potuisset, oculos vestros effossos daturos mihi fuisse.

16 Itaque *num* inimicus factus sum vobis, dum vobis vera loquor ?

17 Ambiunt vos non benè ; imò excludere nos volunt, ut se ambiatis.

18 Praeclarum est autem vehementer amare in re bonâ semper, et non solùm dum praesens sum apud vos.

19 Filioli mei, quos iterum parturio, usquequo formetur Christus in vobis,

20 Velim autem nunc adesse apud vos, et mutare vocem meam, quoniam haesito in vobis.

21 Dicite mihi qui sub lege vultis esse, legem non auditis ?

22 Scriptum est enim, Abrahamum duos filios habuisse ; unum ex ancillâ, et unum ex liberâ.

23 Sed is qui ex ancillâ *natus est*, secundùm carnem natus est : qui verò ex liberâ, per promissionem.

24 Per quae aliud figuratur : nam hae sunt duo illa foedera ; una quidèm, quae est Agar, ex monte Sinâ, generans *prolem* ad servitutem :

25 Istud enim Agar est Sina mons in Arabiâ ; eâdem autem serie respondet ei Hierosolymae quae nunc *est*, servitque cum filiis suis.

26 Illa verò quae sursum est Hierusalem, libera est, quae est mater omnium nostrûm.

27 Scriptum est enim, Laetare, sterilis, quae non paris ; erumpe, et clama, quae non parturis : quoniam plures sunt liberi desertae, quàm ejus quae habet virum.

28 Nos igitur, fratres, secundùm Isaacum promissionis filii sumus.

29 Sed quemadmodum tunc is qui secundùm carnem genitus fuerat, persequebatur eum qui natus erat secundùm Spiritum ; ita et nunc *fit*.

30 Sed quid dicit Scriptura ? Ejice ancillam et filium ejus : nequaquam enim haeres erit filius ancillae cum filis liberae.

31 Nempe, fratres, non sumus ancillae filii, sed liberae.

CAP. V.

IN libertate igitur, quâ Christus nos liberavit, perstate, et ne regredientes implicamini servitutis jugo.

2 Ecce, ego Paulus dico vobis, Si circumcidamini, Christum nihil vobis profuturum.

3 Testor enim rursum omni homini qui circumciditur, eum esse debitorem totius legis servandae.

4 Inanes facti estis *separati* a Christo, quicunque per legem justificamini ; *et* a gratiâ excidistis.

5 Nos enim Spiritu ex fide, spem justitiae exspectamus.

6 Nam in Christo Jesu neque circumcisio quicquam valet, neque praeputium ; sed fides per charitatem agens :

7 Currebatis pulchrè ; quis vos inhibuit, ut non obsequeremini veritati ?

8 Haec persuasio non *est profecta* ex eo qui vocat vos.

9 Paulùm fermenti totam massam fermentat.

10 Ego confido de vobis in Domino, vos nihil aliud esse sensuros : sed qui turbat vos, auferet condemnationem, quisquis fuerit.

11 Ego autem, fratres, si circumcisionem etiam praedico, quid adhuc persequutionem patior ? nempe abolitum est offendiculum crucis.

12 Utinam etiam abscindantur qui vos inquietant.

13 Vos enim ad libertatem vocati estis, fratres : tantùm ne libertatem *arripite ut datam* carni occasionem ; sed ex charitate servite alii aliis.

14 Nam tota lex uno verbo com-

pletur, isto *videlicet*, Diliges proximum tuum ut teipsum.

15 Quòd si alii alios mordetis et devoratis, videte ne vicissim alii ab aliis consumamini.

16 *Hoc* autem dico, Spiritu incedite, et quod concupiscit caro ne perficite

17 Nam caro concupiscit adversùs spiritum, spiritus autem adversùs carnem; haec autem inter se opposita sunt, ut non quaecunque volueritis, eadem faciatis.

18 Quod si spiritu ducimini, non estis sub lege.

19 Porrò manifesta sunt opera carnis; quae sunt, adulterium, scortatio, impuritas, protervia,

20 Idololatria, veneficium, inimicitiae, lites, aemulationes, excandescentiae, rixae, dissidia, haereses,

21 Invidiae, caedes, ebrietates, comessationes, et his similia : quae praedico vobis, sicut et praedixi, eos *videlicet* qui talia agunt, regni Dei non fore haeredes.

22 At fructus Spiritûs est charitas, gaudium, pax, lenitas, benignitas, bonitas, fides, mansuetudo, temperantia ;

23 Adversùs ejusmodi non est lex.

24 Qui enim *sunt* Christi, carnem crucifixerunt cum affectibus et concupiscentiis.

25 Si vivimus spiritu, spiritu etiam incedamus.

26 Ne simus inanis gloriae cupidi, alii alios provocantes, alii aliis invidentes.

CAP. VI.

FRATRES, etiamsi praeoccupatus fuerit homo in aliquo lapsu, vos spirituales instaurate hujusmodi hominem cum spiritu mansuetudinis; considerans *unusquisque* temetipsum, ne et tu tenteris.

2 Alii aliorum onera portate: et ita complete legem Christi.

3 Nam siquis sibi videtur aliquid, quum nihil sit, hunc suus ipsius animus seducit.

4 Opus autem suum probatum reddat unusquisque; et tunc in semetipso solo gloriationem habebit, et non in alio :

5 Nam unusquisque suum onus portabat.

6 Communicet autem qui instituitur in sermone, cum eo qui se instituit, omnia bona.

7 Ne errate; Deus non irridetur: quicquid enim seminaverit homo, hoc et metet.

8 Nam qui seminat carni suae, ex carne metet interitum; qui verò seminat spiritui, ex spiritu metet vitam aeternam.

9 Porrò ne benefaciendo segrescamus: tempore enim suo metemus, si non frangamur animo.

10 Nempe igitur, dum tempus habemus, simus benefici erga omnes, maximè verò erga domesticos fidei.

11 Videtis quàm longis litteris vobis scripserim meâ manu.

12 Quicunque volunt speciosi apparere in carne, ii cogunt vos circumcidi, tantùm ne ob crucem Christi persequutionem patiantur.

13 Nam ne ipsi quidèm qui circumciduntur, legem servant; sed volunt vos circumcidi, ut de vestrâ carne glorientur.

14 A me verò absit gloriari nisi in cruce Domini nostri Jesu Christi, per quem mundus mihi crucifixus est, et ego mundo.

15 Nam in Christo Jesu neque circumcisio quicquam valet, neque praeputium, sed nova creatio.

16 Et quicunque secundùm hanc regulam incedent, pax *erit* super eos et misericordia, et super Israelem Dei.

17 De caetero, ne quis mihi molestias exhibeto; ego enim stigmata Domini Jesu in corpore meo porto.

18 Gratia Domini nostri Jesu Christi *sit* cum spiritu vestro, fratres. Amen.

Ad Galatas missa fuit Româ

AD EPHESIOS, I.

PAULI APOSTOLI EPISTOLA AD EPHESIOS

CAP. I.

PAULUS apostolus Jesu Christi, per voluntatem Dei, sanctis qui sunt Ephesi, et fidelibus in Christo Jesu;

2 Gratia *sit* vobis, et pax, a Deo patre nostro, et Domino Jesu Christo.

3 Benedictus Deus et Pater Domini nostri Jesu Christi, qui benedixit nobis omni benedictione spirituali in coelis in Christo :

4 Sicut elegit nos in ipso ante jactum mundi fundamentum, ut simus sancti et inculpati coram eo cum charitate :

5 Qui praedestinavit nos quos adoptaret in filios per Jesum Christum in sese, pro benevolo affectu voluntatis suae,

6 Ad laudem gloriosae suae gratiae, quâ nos gratis sibi acceptos effecit in illo dilecto :

7 In quo habemus redemptionem per sanguinem ipsius, remissionem, *inquam*, lapsuum ex divite ipsius gratiâ ;

8 Quâ redundavit in nos omni sapientiâ et intelligentiâ.

9 Patefacto nobis mysterio voluntatis suae, secundùm gratuitam suam benevolentiam quam proposuerat in sese :

10 *Nempe* ut in pleni temporis dispensatione recolligeret omnia illa in Christo, tum quae in coelis sunt, tum quae in terrâ :

11 In ipso, *inquam*, in quo etiam in sortem adsciti sumus, quum essemus praedestinati secundùm propositum ejus qui omnia effecit ex consilio voluntatis suae :

12 Ut nos simus laudi gloriae ipsius, qui priores speravimus in Christo.

13 In quo *sperâstis* et vos, audito sermone illo veritatis, *id est*, evange-

lio salutis vestrae ; per quod etiam posteaquam credidistis, obsignati es tis Spiritu illo promissionis sancto ;

14 Qui est arrhabo haereditatis nostrae, dum in libertatem vindicemur, ad laudem gloriae ipsius.

15 Propterea etiam ego, auditâ eâ quae in vobis est fide in Domino Jesu, et charitate in omnes sanctos,

16 Non desino gratias agere pro vobis, mentionem vestri faciens in precibus meis ;

17 Ut Deus Domini nostri Jesu Christi, Pater ille gloriae, det vobis Spiritum sapientiae et revelationis, per agnitionem ipsius :

18 Illuminatis oculis mentis vestrae ; ut sciatis quae sit spes illa vocationis ipsius, et quae opes gloriae haereditatis ipsius in sanctis ;

19 Et quae sit excellens illa magnitudo potentiae ipsius in nobis qui credimus, pro efficacitate virium roboris ipsius ;

20 Quod exeruit in Christo, quum suscitavit eum ex mortuis, et collocavit ad dextram suam in coelis,

21 Longè supra omne imperium ac potestatem, et potentiam, et dominationem, et omne nomen quod nominatur, non solùm in hoc seculo, verùm etiam in futuro :

22 Et omnia subjecit ejus pedibus, eumque constituit caput super omnia *ipsi* ecclesiae :

23 Quae est corpus ipsius, *et* complementum ejus qui omnia implet in omnibus.

CAP. II.

ET vos *unà vivificavit*, quum essetis mortui in lapsibus et peccatis ;

2 In quibus olim incessistis ut est vita mundi hujus, secundùm principem cui potestas est aëria, *et* spiritus

PAULI EPISTOLA

nunc agentis in hominibus contumacibus :

3 Inter quos et nos omnes conversati sumus olim in cupiditatibus carnis nostrae, facientes quae carni ac cogitationibus libebant ; eramusque natura filii irae, ut etiam reliqui.

4 Sed Deus, ut qui dives sit misericordiâ, propter multam charitatem suam quâ dilexit nos,

5 Etiam nos, quum in offensis mortui essemus, unà vivificavit cum Christo, *cujus* gratiâ estis servati ;

6 Unàque suscitavit, unàque collocavit in coelis in Christo Jesu ;

7 Ut ostenderet in seculis succelentibus summas opes suae gratiae, pro *suâ* erga nos benignitate in Christo Jesu.

8 Gratiâ enim estis servati per fidem, (et hoc non *est* ex vobis ; *sed* Dei donum *est* ;)

9 Non ex operibus, ut nequis glorietur.

10 Nam ipsius sumus opus, conditi in Christo Jesu ad opera bona, quae praeparavit Deus ut in eis incederemus.

11 Propterea mementote vos quondam gentes in carne, qui dicebamini praeputium ab eâ quae vocatur Circumcisio in carne et quae manibus fit :

12 Vos, *inquam*, illo tempore fuisse absque Christo, alienos a republicâ Israelis, et extraneos, quod ad foedera promissionis attinet, spem non habentes, et absque Deo in mundo :

13 At nunc in Christo Jesu, vos qui alias eratis procul, propinqui facti estis, per sanguinem Christi.

14 Ipse enim est pax nostra, qui utraque fecit unum, et intergerini parietis septum solvit :

15 Inimicitiis, *id est*, lege mandatorum *quae* in ritibus *posita est*, per carnem suam abolitis ; ut ex duobus Illis conderet in semetipso unum novum hominem, faciens pacem ;

16 Et utrosque in uno corpore reconciliaret Deo per crucem, peremptis inimicitiis per eam ;

17 Et veniens evangelizavit pacem vobis, *tum* qui procul, tum qui prope eratis.

18 Quoniam utrique per ipsum habemus aditum per unum Spiritum ad Patrem.

19 Nempe igitur non ampliùs estis hospites et inquilini, sed concives sanctorum, ac domestici Dei :

20 Superstructi super fundamentum apostolorum ac prophetarum, quum imus angularis lapis sit ipse Jesus Christus ;

21 In quo totum aedificium congruenter coagmentatum, crescit ut sit templum sanctum Domino ;

22 In quo et vos unà aedificamini, ut sitis domicilium Dei per Spiritum.

CAP. III.

HUJUS rei gratiâ ego Paulus *sum* captivus ille Christi Jesu pro vobis gentibus :

2 Siquidem audistis dispensationem gratiae Dei quae data est mihi erga vos ;

3 *Deum videlicet* per revelationem notum mihi fecisse mysterium illud ; sicut antè scripsi paucis ;

4 Ex quo perlecto potestis intelligere quae sit mea intelligentia in mysterio Christi ;

5 Quod aliis aetatibus non patefactum fuit filiis hominum, ut nunc retectum est sanctis ejus apostolis et prophetis per Spiritum ;

6 Gentes *videlicet* esse cohaeredes et concorpores, consortesque promissionis ejus in Christo per evangelium ;

7 Cujus factus sum minister ex dono gratiae Dei, quod datum est mihi secundùm efficacitatem potentiae ipsius :

8 Mihi, *inquam*, longè minimo omnium sanctorum, data est haec gratia, evangelizandi inter gentes impervestigabiles illas opes Christi ;

9 Et in lucem proferendi omnibus, quae *sit* communio mysterii quod erat absconditum a seculis in Deo, qui

AD EPHESIOS, IV.

omnia haec condidit per Jesum Christum;

10 Ut nota nunc fiat per ecclesiam imperiis ac potestatibus *quae* in coelis *sunt,* multiformis illa sapientia Dei:

11 Secundùm propositum aeternum, quod constituit in Christo Jesu Domino nostro:

12 In quo habemus libertatem et aditum cum fiduciâ, per fidem ipsius.

13 Quapropter peto ne segnescatis ob afflictiones meas pro vobis, quae est gloria vestra.

14 Hujus rei gratiâ flecto genua mea ad Patrem Domini nostri Jesu Christi,

15 Ex quo tota familia in coelis et in terrâ nominatur,

16 Ut det vobis, pro divite suâ gloriâ, ut fortiter corroboremini per Spiritum suum in interiore homine;

17 *Et* inhabitet Christus per fidem in cordibus vestris;

18 Ut in charitate radicati et fundati, valeatis assequi cum omnibus sanctis, quae *sit* illa latitudo, et longitudo, et profunditas, et sublimitas;

19 Et cognoscere charitatem illam Christi *omni* cognitione superiorem, ut impleamini ad omnem usque plenitudinem illam Dei.

20 Ei verò qui infinitâ cum redundantiâ potest omnia facere supra ea quae petimus, aut mente concipimus, pro vi illâ agente in nobis,

21 Ei *sit, inquam,* gloria in ecclesiâ per Christum Jesum, in omnes aetates seculi seculorum. Amen.

CAP. IV.

PRECOR itaque vos ego captivus in Domino, ut incedatis ita ut dignum est vocatione quâ vocati estis,

2 Cum omni modestiâ ac mansuetudine, cum animi lenitate, tolerantes alii alios per charitatem;

3 Studentes servare unitatem Spiritûs per vinculum pacis.

4 Unum *est* corpus et u *ius* Spiritus, sicut et vocati estis in unam spem vocationis vestrae:

5 Unus Dominus, una fides, unum baptisma:

6 Unus Deus et Pater omnium, qui est super omnes, et per omnes, et in omnibus vobis.

7 Sed unicuique nostrûm data est gratia pro mensurâ doni Christi.

8 Quapropter dicit, Quum ascendisset in sublime, captivam duxit captivitatem, et dedit dona hominibus.

9 Caeterùm illud ascendit, quid est nisi quòd etiam descenderat priùs in infimas partes terrae?

10 Qui descenderat, ipse est qui etiam ascendit longè supra omnes coelos, ut impleret omnia.

11 Is igitur dedit alios quidèm apostolos, alios verò prophetas, alios autem evangelistas, alios autem pastores et doctores:

12 Ad coagmentationem sanctorum, ad opus ministerii, ad aedificationem corporis Christi:

13 Donec evadamus omnes in unitate fidei, et agnitionis Filii Dei, in virum adultum, ad mensuram staturae pleni Christi:

14 Ut ne simus ampliùs pueri, qui fluctuemus et circumferamur quovis vento doctrinae, in hominum aleâ, per veteratoriam ad insidiosè fallendum versutiam;

15 Sed sincerè nos gerentes in charitate, prorsus adolescamus in eum qui est caput, *nempe* Christus:

16 Ex quo totum corpus congruenter coagmentatum, et compactum per omnes suppeditatas commissuras, ex vi intus agente pro mensurâ uniuscujusque membri, incrementum capit corpori conveniens ad sui ipsius exstructionem per charitatem.

17 Hoc itaque dico, et obtestor per Dominum, ne ampliùs incedatis, sicut reliquae gentes incedunt, in vanitate mentis suae;

18 Obtenebratam cogitationem habentes, et alienati a vitâ Dei propter

gnorantiam quae est in ipsis, per obdurationem cordis ipsorum:

19 Qui posteaquam devolverunt, sese dediderunt proterviae ad certatim patrandam impuritatem omnem.

20 Vos autem non ita didicistis Christum;

21 Si modò de eo audivistis, et per eum edocti estis, sicut est veritas in Jesu;

22 Deponere, quod ad pristinam conversationem attinet, veterem illum hominem, qui seductricibus cupiditatibus corrumpitur;

23 Renovari verò spiritu mentis vestrae;

24 Et induere novum illum hominem, qui secundùm Deum conditus est ad justitiam et sanctimoniam veram.

25 Quapropter deposito mendacio, loquimini veritatem quisque proximo suo; nam sumus alii aliorum membra.

26 Irascimini, et ne peccate; sol ne occidat super exacerbatione vestrâ:

27 Neque date locum diabolo.

28 Qui furabatur, non ampliùs furetur; sed potiùs laboret, operando manibus quod bonum sit, ut possit impertiri cui opus fuerit.

29 Nullus sermo putris ex ore vestro egreditor: sed siquis est commodus ad aedificationis usum, ut gratiam auditoribus adferat.

30 Et ne tristitiâ afficite Spiritum illum sanctum Dei, per quem obsignati estis in diem redemptionis.

31 Omnis amaritudo, et excandescentia, et ira, et clamor, et maledicentia, tollatur ex vobis, cum omni malitiâ:

32 Sed estote alii in alios benigni, misericordes, condonantes vobis mutuò *offensas*, sicut et Deus in Christo condonavit vobis.

CAP. V.

ESTOTE igitur imitatores Dei, ut filii dilecti:

2 Et incedite in charitate, sicut et

Christus dilexit nos, et tra lidit semetipsum pro nobis oblationem ac victimam Deo, in odorem bonae fragrantiae.

3 Scortatio verò, et omnis impuritas, aut avaritia, ne nominator quidem inter vos, sicut decet sanctos:

4 Et obscoenitas, et stultiloquium, et scurrilitas, quae non conveniunt; sed potiùs gratiarum actio.

5 Nam hoc nôstis, nullum scortatorem, aut impurum, aut avarum, qui est idololatra, habere haereditatem in regno Christi et Dei.

6 Nemo vos seducat inanibus sermonibus: propter haec venit ira Dei in homines contumaces.

7 Ne igitur estote consortes eorum:

8 Eratis enim olim tenebrae, nunc autem lux in Domino: ut filii lucis incedite;

9 (Nam fructus Spiritûs *situs est* in omni bonitate, et justitiâ, et veritate;)

10 Probantes quid sit acceptum Domino.

11 Et ne commercium habete cum operibus illis infrugiferis tenebrarum, sed potiùs etiam arguite.

12 Nam quae occultè fiunt ab istis, turpe est vel dicere.

13 Sed omnia illa, dum a luce arguuntur, manifesta fiunt: lux enim illud est quod omnia facit manifesta.

14 Quapropter dicit, Excitare qu dormis, et surge a mortuis et illucescet tibi Christus.

15 Videte igitur quomodo accuratè incedatis, non ut insipientes, sed ut sapientes;

16 Redimentes opportunitatem quoniam dies mali sunt.

17 Propterea ne estote imprudentes, sed intelligentes quae sit voluntas Domini.

18 Et ne inebriamini vino, in quo luxus est; sed implemini Spiritu;

19 Loquentes inter vos mutuò psalmis, et hymnis, et cantionibus spiritualibus, canentes ac psallentes in corde vestro, Domino:

AD EPHESIOS, VI.

20 Gratias agentes semper de omnibus, in nomine Domini nostri Jesu Christi, Deo et Patri;

21 Subjicientes vos alii aliis, cum timore Dei.

22 Uxores, propriis viris subjicite vos, ut Domino:

23 Quoniam vir est caput uxoris, ut et Christus est caput ecclesiae: et is est qui salutem dat corpori.

24 Itaque, sicut ecclesia sese subjicit Christo, ita et uxores suis viris sese subjiciunto in omnibus.

25 Viri, diligite uxores vestras, sicut et Christus dilexit ecclesiam, et semetipsum exposuit pro eâ;

26 Ut eam sanctificaret, postquam *eam* purgâsset lavacro aquae per verbum;

27 Ut sisteret eam sibi gloriosam, *id est*, ecclesiam non habentem maculam aut rugam, aut quicquam ejusmodi, sed ut esset sancta et inculpata.

28 Ita debent viri diligere suas uxores ut sua ipsorum corpora. Qui diligit suam uxorem, seipsum diligit.

29 Nullus enim unquam suam ipsius carnem odio habuit : imò enutrit ac fovet eam, sicut et Dominus ecclesiam:

30 Quoniam membra sumus corporis ejus, ex carne ejus, et ex ossibus ejus.

31 Propterea derelinquet homo patrem suum, ac matrem, et agglutinabitur uxori suae ; et qui duo *erant*, fient una caro.

32 Mysterium hoc magnum est: loquor autem de Christo et de ecclesiâ.

33 Itaque et vos singuli, suam quisque uxorem ita diligito ut seipsum ; uxor autem *videto* ut revereatur virum.

CAP. VI.

LIBERI, auscultate in Domino parentibus vestris ; id enim est justum.

2 Honora patrem tuum et matrem, (quod est praeceptum primum cum promissione,)

3 Ut benè tibi sit, et sis longaevus super terrâ.

4 Et *vos*, patres, ne provocate ad iram liberos vestros, sed enutrite eos in doctrinâ et monitis Domini.

5 Servi, auscultate iis qui vestri domini sunt secundùm carnem, cum timore ac tremore, cum simplicitate cordis vestri, ut Christo :

6 Non ad oculum servientes, ut qui hominibus pla   student; sed ut servi Christi, tacientes ex animo quae vult Deus:

7 Cum benevolentiâ servientes, v Domino, et non hominibus;

8 Scientes, singulos quicquid fecerint boni, hoc reportaturos a Domino, sive servus fuerit, sive liber.

9 Et vos, domini, eadem facite erga illos, remissis minis; scientes vestrûm etiam ipsorum Dominum esse in coelis, nec personae respectum esse apud eum.

10 Quod reliquum est, fratres mei, corroboramini in Domino, et robore virium ipsius.

11 Induite universam illam armaturam Dei, ut possitis stare adversùs insidias diaboli.

12 Quoniam non est nobis lucta adversùs sanguinem et carnem, sed adversùs imperia, adversùs potestates, adversùs mundi principes, *id est*, tenebrarum seculi hujus, adversùs spirituales malitias *quae sunt* in sublimi.

13 Propterea assumite universam illam armaturam Dei, ut possitis resistere tempore adverso, et omnibus confectis stare.

14 State igitur, lumbis circumcinctis veritate, et induti thorace justitiae;

15 Calceatis pedibus praeparatione evangelii pacis:

16 Insuper assumpto scuto fidei, quo possitis omnia jacula Mali illius ignita extinguere.

17 Galeam etiam salutis recipite, et gladium Spiritûs, hoc est verbum Dei:

18 Omni prece et supplicatione precantes omni tempore per Spiri

tum, et illi ipsi rei excubantes, cum omni perseverantiâ, et supplicatione pro omnibus sanctis;

19 Et pro me, ut mihi detur sermo ad apertionem oris mei cum libertate, ut notum faciam mysterium evangelii;

20 Cujus causâ legatione fungor catenatus, ut, *inquam*, de eo liberè loquar, ut oportet me loqui.

21 Ut autem sciatis et vos res meas, *et* quid agam, omnia vobis nota faciet Tychicus, charus frater, et fidus minister in Domino;

22 Quem misi ad vos ob id ipsum, ut cognoscatis res nostras, et consoletur corda vestra.

23 Pax *sit vobis* fratribus, et charitas cum fide à Deo Patre, et Domino Jesu Christo.

24 Gratia *sit* cum omnibus diligentibus Dominum nostrum Jesum Christum ad immortalitatem. Amen.

Scripta fuit Româ ad Ephesios per Tychicum.

PAULI APOSTOLI EPISTOLA AD PHILIPPENSES.

CAP. I.

PAULUS et Timotheus servi Jesu Christi, omnibus sanctis in Christo Jesu qui sunt Philippis, unà cum episcopis ac diaconis;

2 Gratia vobis et pax a Deo Patre nostro, et Domino Jesu Christo.

3 Gratias ago Deo meo cum omni memoriâ vestri,

4 Semper in omni precatione meâ pro omnibus vobis, cum gaudio preces faciens,

5 Super vestri in evangelio communione, a primo die usque ad hoc tempus;

6 Persuasum habens hoc ipsum, fore ut qui coepit in vobis opus bonum, perficiat usque ad diem Jesu Christi:

7 Sicut justum est ut ego id sentiam de omnibus vobis, propterea quòd animo teneam vos, et in vinculis meis et in defensione et confirmatione evangelii, vos, *inquam*, omnes unà mecum fuisse gratiae participes.

8 Testis enim mihi est Deus quàm propensâ voluntate vos omnes diligam in visceribus Jesu Christi.

9 Et hoc precor, ut charitas vestra adhuc magis ac magis redundet in cognitione et omni sensu;

10 Ut dignoscatis quae discrepant; ut sitis sinceri, et inoffenso cursu pergatis ad diem usque Christi;

11 Pleni fructibus justitiae, qui *sunt* per Jesum Christum ad gloriam et laudem Dei.

12 Velim autem vos scire, fratres, quae mihi *acciderunt*, magis ad profectum evangelii evenisse:

13 *Adeò* ut vincula mea in Christo celebria sint in toto praetorio, ac reliquis omnibus:

14 Et plerique ex fratribus in Domino, freti vinculis meis, magis audeant impavidè sermonem loqui.

15 Ac nonnulli quidèm per invidiam et contentionem, nonnulli verò etiam propensâ voluntate Christum praedicant.

16 Alii quidem, *inquam*, per contentionem Christum non purè annunciant, quòd existiment sese afflictionem addere vinculis meis:

17 Alii verò ex charitate, scientes

AD PHILIPPENSES, II.

me ad defensionem evangelii constitutum esse.

18 Quid igitur? attamen quovis modo, sive in speciem, sive sincerè, Christus annunciatur; et de hoc gaudeo, atque et'am gaudebo.

19 Novi enim fore ut hoc mihi cedat in salutem per vestras preces, et suppeditationem Spiritûs Jesu Christi,

20 Secundùm intentam exspectationem et spem meam, quòd nullâ in re pudefiam, sed cum omni libertate, ut semper, *ita* nunc quoque magnificabitur Christus in corpore meo, seu per vitam seu per mortem :

21 Mihi enim *est* Christus et *in* vitâ, et *in* morte lucrum.

22 An verò vivere in carne mihi operae pretium *sit ;* et quid eligam, ignoro.

23 Coarctor enim utrinque ; desiderio tendens ad dimissionem, et ut cum Christo sim : nam *id* valdè multo melius :

24 Sed permanere in carne, magis necessarium *est* propter vos.

25 Et hoc confisus, novi me mansurum esse et permansurum cum vobis omnibus, ad vestrum profectum, et gaudium fidei :

26 Ut abundet gloriatio vestra in Christo Jesu de me, meâ rursus apud vos praesentiâ.

27 Tantùm ut convenit evangelio Christi vos gerite ; ut sive postquam venero et videro vos, sive absens, audiam de rebus vestris, vos *audiam* perstare in uno spiritu, uno pariter animo decertantes per fidem evangelii :

28 Nec ullâ in re territos ab iis qui se opponunt : quod illis quidèm est exitii indicium, vobis autem salutis, idque a Deo.

29 Quia gratis datum est vobis in Christi negotio, non solùm in eum credere, sed etiam pro eo pati :

30 Idem certamen sustinendo quale vidistis in me, et nunc auditis de me.

CAP. II.

SI qua igitur consolatio *est* in Christo, si quod solatium charitatis, si qua communio Spiritûs, si quae viscera ac miserationes,

2 Explete meum gaudium, ut eodem sitis affectu, eandem charitatem habentes, unanimes, et sententiis uni :

3 Nihil *gerentes* per contentionem, aut per inanem gloriam, sed ex modestiâ alius alium se praestantiorem existimans.

4 Ne sua quisque spectate, sed unusquisque etiam quae sunt aliorum.

5 Itaque is sit affectus in vobis, qui fuit et in Christo Jesu :

6 Qui, quum esset in formâ Dei, non duxit rapinam parem esse cum Deo :

7 Sed ipse sese inanivit, formâ servi acceptâ, similis hominibus factus ;

8 Et habitu compertus ut homo, ipse se submisit, factus obediens usque ad mortem, mortem autem crucis.

9 Quapropter etiam Deus ipsum in summam extulit sublimitatem, ac donavit ei nomen quod est supra omne nomen :

10 Ut ad nomen Jesu omne genu se flectat, coelestium, ac terrestrium, et subterraneorum ;

11 Omnisque lingua profiteatur Jesum Christum esse Dominum, ad gloriam Dei Patris,

12 Ac proinde, dilecti mei, sicut semper obedistis, non ut in praesentiâ meâ solùm, sed nunc multò magis in absentiâ meâ, cum timore ac tremore vestram ipsorum salutem conficite :

13 Deus enim is est qui efficit in vobis, et ut velitis et ut efficiatis, pro gratuitâ *suâ* benevolentiâ.

14 Omnia facite absque murmurationibus ac disceptationibus ;

15 Ut sitis irreprehensi et sinceri, Dei *inquam* filii inculpati in media

rationis pravae ac perversae; inter quos *homines* splendetis ut faces in mundo;

16 Sermonem vitae praetendentes; ut gloriari possim in die Christi me non frustra cucurrisse, nec frustrà laborâsse.

17 Quinetiam si pro libamento offerar super hostiâ sacrificioque fidei vestrae, gaudeo et gratulor omnibus vobis.

18 Itidem autem et vos gaudete, et gratulamini mihi.

19 Spero autem in Domino Jesu me Timotheum brevi missurum vobis, ut et ego bono sim animo, cognito statu vestro.

20 Neminem enim habeo pari animo praeditum, qui sincerè res vestras curaturus sit.

21 Nam omnes quae sua ipsorum sunt quaerunt, non quae Christi Jesu.

22 Experimentum autem ejus nôstis, quòd *videlicet*, tanquam cum patre filius, mecum servierit *Deo* in evangelio.

23 Hunc igitur spero me missurum, simulatque videro rerum mearum statum.

24 Confido autem in Domino, me quoque citò venturum ad vos.

25 Sed necessarium duxi, Epaphroditum fratrem et adjutorem ac commilitonem meum, vestrum autem legatum, quique mihi subministravit quibus mihi opus erat, ad vos mittere.

26 Quoniam expetebat omnes vos; et gravissimè angebatur, propterea quòd audissetis eum aegrotâsse.

27 Et certè aegrotavit, proximè mortem: sed Deus misertus est ejus: nec ejus solùm, sed et mei, ne dolorem haberem super dolorem.

28 *Et* studiosiùs itaque ipsum misi, ut, ec rursus viso, gaudeatis, et ego eo minùs doleam.

29 Excipite igitur eum in Domino eum omni gaudio; et tales in pretio habete.

30 Nam propter opus Christi accessit ad mortem usque, non habita vitae ratione, ut suppleret defectum vestri erga me officii.

CAP. III.

QUOD superest, fratres mei, gaudete in Domino. Eadem scribere vobis, me quidèm haud piget vobis autem tutum est.

2 Cavete canes, cavete malos operarios, cavete concisionem.

3 Nos enim sumus circumcisio, qui spiritu servimus Deo, et gloriamur in Christo Jesu, nec confidimus in carne:

4 Quanquam ego habeo, etiam in carne, de quo confidam. Si quisquam alius videtur habere in carne, de quo confidat, ego maximè *habeo*:

5 Circumcisus octavo die, ex gente Israëlis, tribu Benjaminis, Hebraeus ex Hebraeis, religione Pharisaeus;

6 Quod ad zelum *attinet*, persequens ecclesiam; quod ad justitiam quae est in lege, irreprehensus.

7 Sed quae mihi erant lucra, ea duxi propter Christum damnum *esse*.

8 Quinetiam certè duco omnia damnum esse propter eminentiam cognitionis Christi Jesu Domini mei: propter quem omnibus istis meipsum multavi, *eaque* duco pro stercoribus, ut Christum lucrifaciam:

9 Et comperiar in eo, non habens meam justitiam, *nempe*, quae est ex lege, sed eam quae per fidem est Christi, *id est*, justitiam quae est ex Deo per fidem:

10 Ut cognoscam eum, et vim resurrectionis ejus, et communionem perpessionum ejus, dum conformis fio morti ejus;

11 *Experiens*, ecquo modo per veniam ad resurrectionem mortuorum.

12 Non quòd jam *metam* apprehenderim, aut jam ad finem sim perductus: sed persequor *experiens* an quoque apprehendam, cujus etiam rei causâ apprehensus fui à Christo Jesu.

AD PHILIPPENSES, IV.

13 Fratres, ego meipsum non arbitror *metam* apprehendisse.

14 Unum autem *ago;* ea quidèm quae a tergo sunt obliviscens, ad ea verò quae a fronte sunt contendens, scopum versùs feror, ad praemium supernae vocationis Dei in Christo Iesu.

15 Quotquot itaque adulti sumus, hoc sentiamus: quòd si quid aliter sentitis, hoc quoque vobis Deus reteget.

16 Attamen *in eo* ad quod pervenimus, eâdem incedamus regulâ, *et* itidem sin us affecti.

17 Estote simul mei imitatores, fratres; et eos considerate qui ita incedunt, sicut habetis nos pro exemplari.

18 Multi enim incedunt, quos saepe dixi vobis, nunc autem et flens dico, hostes *esse* crucis Christi;

19 Quorum finis *est* exitium; quorum Deus *est* venter, et gloria cum confusione ipsorum, qui terrestria curant.

20 Nos autem ut municipes coelorum nos gerimus; unde etiam Servatorem exspectamus, Dominum Jesum Christum;

21 Qui transfiguravit corpus nostrum humile, ut conforme fiat ejus corpori glorioso, pro efficacitate quâ potest etiam subjicere sibi omnia.

CAP. IV.

ITAQUE, fratres mei dilecti et exoptati, gaudium et corona mea, ita state in Domino, dilecti.

2 Euodiam precor, et Syntychen precor, ut idem sentiant in Domino.

3 Et rogo te quoque, socie germane, opitulare ipsis, ut quae in evangelio unà mecum certârunt, unà cum Clemente quoque, et reliquis adjutoribus meis, quorum nomina *sunt* in libro vitae.

4 Gaudete in Domino semper: rursum inquam, gaudete.

5 Moderatio vestra innotescat omnibus hominibus: Dominus prope est.

6 De nullâ re soliciti estote; sed omni in re precibus et supplicatione cum gratiarum actione petitiones vestrae innotescant apud Deum:

7 Et pax Dei, quae superat omnem intellectum, praesidio erit cordibus vestris et mentibus vestris in Christo Jesu.

8 Quod reliquum est, fratres, quaecunque sunt vera, quaecunque veneranda, quaecunque justa, quaecunque pura, quaecunque amabilia, quaecunque boni nominis, siqua virtus, et siqua laus est, haec cogitate.

9 Quae et didicistis, et accepistis, et audistis, et vidistis in me. haec, *inquam*, facite: et Deus pacis erit vobiscum.

10 Gavisus sum autem in Domino magnopere, quòd jam tandem reviruistis in vestrâ pro me curâ: quâ de re tamen soliciti eratis, sed destituebamini opportunitate.

11 Non quòd penuriâ laborem, *hoc* dico; nam ego didici, in quibus sum, iis ipsis contentus esse.

12 Novi autem deprimi, novi etiam abundare: ubique et in omnibus initiatus sum, et ad saturitatem, et ad esuritionem, *id est*, tum ad abundantiam, tum ad inopiam.

13 Omnia valeo per eum qui me corroborat, *nempe* Christum.

14 Attamen rectè fecistis, quòd unà communicâstis meae afflictioni.

15 Nôstis autem et vos, Philippenses, quum initio evangelii proficiscerer e Macedoniâ, nullam mihi ecclesiam communicâsse in ratione dati et accepti, nisi vos solos.

16 Nam etiam Thessalonicae *quum essem*, semel et iterum quod opus erat mihi misistis.

17 Non quòd requiram donum; sed requiro fructum exuberantem, *qui* in rationem vestram *inducatur*.

18 Accepi autem omnia, et abundo; expletus sum, *inquam,* acceptis ab Epaphrodito, quae a vobis *missa sunt*, odorem bonae fragrantiae, hostiam Deo acceptam *ac* gratam.

19 Deus autem meus supplebit

PAULI EPISTOLA

quicquid opus fuerit vobis, secundùm divitias suas, gloriosè, in Christo Jesu.

20 Deo autem et Patri nostro *sit* gloria in secula seculorum. Amen.

21 Salutate omnes sanctos in Christo Jesu. Salutant vos qui mecum sunt fratres.

22 Salutant vos omnes sancti, maximè verò qui sunt ex Caesaris domo:

23 Gratia Domini nostri Jesu Christi *sit* cum omnibus vobis. Amen.

Scripta est Româ per Epaphroditum.

PAULI APOSTOLI EPISTOLA AD COLOSSENSES.

CAP. I.

PAULUS apostolus Jesu Christi per Dei voluntatem, et Timotheus frater,

2 Iis qui sunt Colossis, sanctis ac fidelibus fratribus in Christo Jesu; Gratia *sit* vobis et pax a Deo Patre nostro *et* Domino Jesù Christo.

3 Gratias agimus Deo et Patri Domini nostri Jesu Christi, semper pro vobis orantes:

4 Auditâ fide vestrâ in Christo Jesu, et charitate in omnes sanctos:

5 Propter spem sepositam vobis in coelis: quam prius audistis per sermonem veritatis, *id est*, evangelii;

6 Quod pervenit ad vos, sicut et in totum mundum; et fructum profert, sicut apud vos quoque, ex quo die verè audivistis et cognovistis Dei gratiam:

7 Sicut et didicistis ex Epaphrâ dilecto conservo nostro, qui est fidus pro vobis minister Christi;

8 Qui et declaravit nobis vestram per Spiritum charitatem.

9 Propterea et nos, ex quo die *id* audivimus, non desinimus pro vobis orare, et petere ut impleamini agnitione voluntatis ejus, cum omni sapientiâ et intelligentiâ spirituali;

10 Ut incedatis sicut Domino convenit, cui per omnia placeatis, omnis operis boni fructum proferentes, et increscentes in agnitione Dei;

11 Omni robore corroborati secundùm gloriosum robur ipsius, ad omnem tolerantiam, et animi lenitatem, cum gaudio;

12 Gratias agentes Patri, qui idoneos nos fecit ad participandam sortem sanctorum in luce:

13 Qui, *inquam*, eripuit nos ex potestate tenebrarum, ac transtulit in regnum Filii sui dilecti;

14 In quo habemus redemptionem per sanguinem ipsius, *id est*, remissionem peccatorum;

15 Qui est imago Dei invisibilis, *et* primogenitus omnis rei creatae:

16 Nam per eum condita sunt omnia quae in coelis sunt, et quae in terrâ, visibilia et invisibilia; sive throni, sive dominia, sive imperia, sive potestates; omnia, *inquam*, per eum, et ejus respectu condita sunt:

17 Estque ipse ante omnia, et omnia per eum consistunt:

18 Estque caput corporis, *id est*, ecclesiae, estque *etiam* principium, *et* primogenitus ex mortuis, ut inter omnes, primas teneat:

19 Quoniam in eo placuit *Patri*, ut omnis plenitudo inhabitaret:

20 Et, pace per sanguinem crucis ejus factâ, per eum reconciliare omnia sibi; per eum, *inquam*, tum quae in terrâ, tum quae in coelis.

21 Itaque vos quum essetis quondam abalienati, et hostes, mente operibus malis intenta, nunc sanè reconciliavit.

AD COLOSSENSES, II.

22 In corpore illo carnis suae, per mortem; ut sistat vos sanctos, et inculpatos, et irreprehensos coram se:

23 Siquidem permanetis in fide fundati *et* firmi, nec dimovemini a spe evangelii quod audistis, *evangelii, inquam*, praedicati omni creaturae quae sub coelo est, cujus factus sum ego Paulus minister;

24 Qui nunc gaudeo de iis quae patior pro vobis, et reliquias afflictionum Christi vicissim expleo in carne mea, pro corpore ipsius, quod est ecclesia;

25 Cujus *ecclesiae* factus sum minister ex dispensatione Dei, quae data est mihi erga vos, ad implendum Dei sermonem;

26 *Nempe* mysterium illud quod absconditum fuit a seculis et aetatibus, nunc autem patefactum est sanctis ejus,

27 Quibus voluit Deus notum facere quae sint illae divitiae gloriosi hujus mysterii inter gentes, qui est Christus inter vos, spes illa gloriae:

28 Quem nos annunciamus, admonentes quosvis, et quosvis erudientes omni sapientiâ, ut quosvis sistamus perfectos in Christo Jesu:

29 Ad quod etiam enitor, decertans secundùm efficacitatem ipsius agentem in me potenter.

CAP. II.

VELIM enim vos scire quantum certamen sustineam pro vobis et iis qui *sunt* Laodiceae, et quotquot non viderunt faciem meam in carne:

2 Ut consolationem accipiant eorum corda, ipsis charitate compactis, et omni opulentiâ plenè certioratae intelligentiae, ad cognitionem mysterii Dei ac Patris et Christi:

3 In quo sunt omnes thesauri sapientiae ac cognitionis absconditi.

4 Hoc autem *ideò* dico, ut ne quis vos falsò ratiocinando fallat sermonis probabilitate.

5 Etsi enim corpore absum, spiritu tamen sum vobiscum, gaudens ac cernens vestrum ordinem, et soliditatem vestrae in Christum fidei.

6 Sicut igitur accepistis Christum Jesum Dominum, *ita* in eo ambulate;

7 Radicati et superstructi in eo, ac confirmati fide, sicut edocti estis, abundantes eâ cum gratiarum actione.

8 Videte nequis sit qui vos de praedetur per philosophiam et inanem deceptionem, secundùm traditionem hominum, secundùm elementa mundi, et non secundùm Christum:

9 Nam in eo inhabitat omnis plenitudo Deitatis corporaliter:

10 Et estis in eo completi, qui est caput omnis imperii ac potestatis:

11 In quo etiam circumcisi estis circumcisione quae fit sine manibus, corpore peccatis carnis exuto per circumcisionem Christi:

12 Consepulti cum eo per baptismum, per quem etiam cum eo suscitati estis per fidem Dei efficaciter agentis, qui suscitavit eum ex mortuis.

13 Vosque mortuos in peccatis et praeputio carnis vestrae, cum eo vivificavit, vobis condonatis omnibus peccatis:

14 *At* deleto quod adversùm nos *erat* rituum chirographo; quod, *inquam*, erat nobis occultè contrarium, *ipse* verò cruci affixum e medio sustulit:

15 *Et* exspoliata imperia ac potestates traduxit palam, triumphatis illis per eam.

16 Nequis igitur vos damnet ob cibum vel potum, aut respectu festi, aut novilunii, aut Sabbatorum:

17 Quae sunt umbra rerum futurarum; at corpus *est* Christi.

18 Nemo adversùm vos rectoris partes sibi ultrò sumat, in submissione animi, et cultu Angelorum; pedem inferens in ea quae non vidit, *et* temerè inflatus carnis suae sensu:

19 Neque obtinens Caput, ex quo totum corpus per commissuras et compages suppeditatum et compactum, augescit Dei augmento.

20 Itaque, si mortui cum Christo,

PAULI EPISTOLA

liberi estis ab elementis mundi, quid. *et* viventes in mundo, ritibus oneramini,

21 (Ne ederis, *aiunt isti,* neque gustaris, neque attigeris ;

22 Quae omnia ipso usu pereunt,) *qu aescripta* ex mandatis et doctrinis hominum ?

23 Quae rationem quidèm habent sapientiae in cultu voluntario et submissione animi, et in eo quòd corpori non parcant ; nec tamen ullius sunt pretii, *quum* ad ea *spectent* quibus farcitur caro.

CAP. III.

ITAQUE, si resurrexistis cum Christo, superna quaerite, ubi Christus est ad dextram Dei sedens.

2 Superna satagite, non terrestria.

3 Nam mortui estis, et vita vestra abscondita est cum Christo in Deo:

4 Quando Christus, vita *illa* nostra, patefactus fuerit, tum et vos cum eo patefietis gloriosi.

5 Mortificate igitur membra vestra terrestria, scortationem, impuritatem, mollitiem, cupiditatem malam, et avaritiam, quae est idololatria ;

6 Ob quae venit ira Dei super homines contumaces :

7 Quibus in *vitiis* et vos incessistis quondam, quum in iis viveretis.

8 At nunc deponite etiam vos haec omnia, iram, excandescentiam, malitiam, maledicentiam, verborum obcoenitatem ab ore vestro.

9 Ne mentimini alius adversùs alium, quum exuti sitis illo vetere homine cum factis ipsius :

10 Et induti sitis novo illo, qui renovatur in agnitionem congruentem imagini ejus qui ipsum condidit ;

11 Ubi non est Graecus et Judaeus, circumcisio et praeputium, Barbarus et Scytha, servus et liber ; sed omnia et in omnibus *est* Christus.

12 Induimini igitur, ut electi Dei, sancti et dilecti, visceribus miserationum, comitate, modestiâ, mansuetudine, lenitate animi ;

13 Tolerantes alii alios, et condonantes vobis mutuò, s quis adversùs aliquem habuerit querelam ; sicut et Christus condonavit vobis, ita et vos.

14 Super haec autem omnia *induimini* charitate, quae est vinculum perfectionis.

15 Et pax Dei sit gubernatrix in cordibus vestris, ad quam etiam vocati estis in unum corpus et grati estote.

16 Sermo Christi inhabitet in vobis copiosè cum omni sapientiâ, docendo et commonefaciendo vos mutuò psalmis, et hymnis, et cantionibus spiritualibus, cum gratiâ canendo in vestro corde Domino.

17 Et quicquid egeritis sermone, aut facto, in nomine Domini Jesu *id facite*, gratias agentes Deo et Patri per eum.

18 Uxores, subjicite vos propriis viris, ut convenit in Domino.

19 Viri, diligite uxores, et ne estote adversùs eas amarulenti.

20 Filii, auscultate parentibus in omnibus ; hoc enim gratum est Domino.

21 Patres, ne irritate liberos vestros ; ne despondeant animum.

22 Servi, auscultate per omnia iis qui domini sunt secundùm carnem, non obsequiis ad oculum exhibitis, ut qui hominibus placere student, sed simplicitate cordis, timentes Deum.

23 Et quicquid feceritis, ex animo praestate, tanquam Domino, et non hominibus :

24 Scientes vos a Domino recepturos mercedem haereditatis : nam Domino Christo servitis.

25 Qui verò injuriam intulerit, re feret injuriam quam intulerit ; nec est personarum respectus.

CAP. IV.

DOMINI, aequitatem et aequabilitatem servis exhibete : ut qui sciatis vos quoque habere Dominum in coelis.

2 In precibus perdurate, invigilantes iis cum gratiarum actione :

228

AD COLOSSENSES, IV.

3 Precantes simul etiam pro nobis, ut Deus aperiat nobis ostium sermonis, ut loquamur mysterium Christi, propter quod etiam sum vinctus:

4 Ut, *inquam*, illud patefaciam, sicut oportet me loqui.

5 Sapienter vos gerite erga extraneos, opportunitatem redimentes.

6 Sermo vester semper cum gratiâ *sit*, sale conditus, ut sciatis quomodo oporteat vos unicuique respondere.

7 Res meas omnes vobis notas faciet Tychicus, dilectus frater, et fidus minister, ac conservus in Domino;

8 Quem misi ad vos ob hoc ipsum, ut cognoscat res vestras, et corda vestra consoletur;

9 Cum Onesimo fido et dilecto fratre, qui est ex vobis. Omnia *igitur* vobis exponent quae hic aguntur.

10 Salutat vos Aristarchus, meus in captivitate socius, et Marcus consobrinus Barnabae, de quo accepistis mandata; si venerit ad vos, excipite eum.

11 Et Jesus, qui vocatur Justus; qui sunt ex circumcisione: hi soli *sunt* mihi adjutores in regno Dei, et fuere mihi solatio.

12 Salutat vos Epaphras, qui ex vobis est, servus Christi, semper precibus certans pro vobis, ut stetis perfecti et completi in omni voluntate Dei.

13 Hoc enim de eo testor, eum multo vestri studio ardere, et eorum qui sunt Laodiceae, et eorum qui Hierapoli.

14 Salutat vos Lucas medicus ille dilectus, et Demas.

15 Salutate fratres qui sunt Laodiceae, et Nympham, et ecclesiam quae in domo illius est.

16 Et quum perlecta fuerit apud vos epistola, facite ut etiam in Laodicensium ecclesiâ recitetur; et ut scriptam Laodiceâ vos quoque legatis.

17 Et dicite Archippo, Vide ut ministerium quod accepisti in Domino, impleas.

18 Salutatio meâ manu Pauli. Memores estote vinculorum meorum. Gratia *sit* vobiscum. Amen.

Scripta est ad Colossenses Româ, per Tychicum et Onesimum.

PAULI APOSTOLI EPISTOLA PRIMA AD THESSALONICENSES.

CAP. I.

PAULUS, et Silvanus, et Timotheus, ecclesiae Thessalonicensium, *quae est* in Deo Patre, et Domino Jesu Christo: Gratia *sit* vobis, et pax, à Deo Patre nostro, et Domino Jesu Christo.

2 Gratias agimus Deo semper de omnibus vobis, mentionem vestri facientes in precibus nostris:

3 Indesinenter commemorantes efficacem vestram fidem, et laboriosam charitatem, et tolerantem illam spem in Domino nostro Jesu coram Deo et Patre nostro:

4 Ut qui sciamus, fratres dilecti a Deo, electionem vestram.

5 Quoniam evangelium nostrum constitit apud vos non loquutione duntaxat, sed etiam virtute, et in Spiritu Sancto, et in multâ certâ persuasione: sicut nóstis quales fuerimus inter vos, vestri causâ.

6 Et vos imitatores nostri facti

PAULI EPISTOLA

fuistis et Domini, recepto sermone cum afflictione multâ, cum gaudio Spiritûs Sancti:

7 Adeò ut fueritis exemplaria omnibus credentibus in Macedoniâ et in Achaiâ.

8 A vobis enim non solùm pervenit sermo Domini in Macedoniâ et Achaiâ, verùm etiam in omnem locum fides vestra, quae est in Deum, iimanavit, ut necesse non habeamus quicquam loqui.

9 Siquidem ipsi de nobis annuneiant qualem ingressum habuerimus ad vos, et quomodo converteritis vos ad Deum, relictis idolis, ut serviretis Deo vivo et vero:

10 Et exspectaretis Filium ejus e coelis, quem suscitavit a mortuis, *nempe* Jesum nos eruentem ab irâ illâ venturâ.

CAP. II.

NAM ipsi nôstis, fratres, ingressum nostrum ad vos non fuisse vanum:

2 Imò etiam *multa* priùs passi, et contumeliis affecti Philippis, sicu. ..ostis, libertate loquendi usi sumus in Deo nostro, ad annunciandum apud vos evangelium Dei cum multo certamine.

3 Exhortatio enim nostra non fuit ex impostura, neque ex impuritate, neque cum dolo;

4 Sed sicut placuimus Deo *quibus* crederetur evangelium, ita loquimur, non ut hominibus placentes, sed Deo, qui approbat corda nostra.

5 Nec enim unquam sermone assentatorio usi sumus, sicut nôstis; nec avaritiae causâ quicquam praetexuimus; Deus testis est:

6 Neque ex hominibus quaerentes gloriam, nec à vobis, nec ab aliis, quum possemus *vobis* oneri esse, ut apostoli Christi.

7 Sed fuimus placidi in medio vestri, *et* ut si nutrix foveat liberos suos;

8 Ita cupidi vestri, avebamus imrtiri vobis, non solùm evangelium Dei, sed etiam nostras ipsorum animas, quòd chari nobis essetis.

9 Meministis enim, fratres, laboris nostri ac aerumnae: nocte enim ac die operando, ne quem vestrûm gravaremus, praedicavimus apud vos evangelium Dei.

10 Vos testes *estis* et Deus, quomodo sanctè et justè et inculpatè, vobis, qui creditis, nos gesserimus.

11 Sicut nôstis quomodo unumquemque vestrûm, tanquam pater liberos suos, hortabamur et consolabamur;

12 Et obtestabamur ut incederetis sicut dignum est, Deo vocante vos ad suum regnum ac gloriam.

13 Propterea etiam nos gratias agimus Deo indesinenter, quòd acceptum de Deo sermonem quem audistis ex nobis, exceperitis, non *ut* sermonem hominum, sed (sicut est verè) *ut* Dei sermonem, qui etiam agit in vobis qui creditis.

14 Vos enim, fratres, imitatores facti estis ecclesiarum Dei quae sunt in Judaeâ in Christo Jesu; quippe qui eadem passi sitis et vos à propriis contribulibus, sicut et ipsae a Judaeis;

15 Qui etiam Dominum Jesum et proprios prophetas occiderunt, et nos exegerunt; neque Deo placent, *et* omnibus hominibus adversantur;

16 Prohibentes nos gentibus loqui ut serventur, ut semper compleant peccata sua: occupavit enim eos ira ad extremum usque.

17 Nos verò, fratres, orbati vobis ad temporis momentum, conspectu, non animo, eò vehementiùs studuimus videre faciem vestram, cum multo desiderio.

18 Ideo voluimus venire ad vos (ego quidèm Paulus) semel atque iterum, sed impedivit nos Satanas.

19 Nam quae est nostra spes, aut gaudium, aut corona de quâ glorier? annon et vos in conspectu Domini nostri Jesu Christi in ejus adventu?

20 Vos enim estis gloria nostra et gaudium.

I. AD THESSALONICENSES, III, IV.

CAP. III.

QUAMOBREM *desiderium* non ampliùs ferentes, optimum duximus soli Athenis relinqui:

2 Misimusque Timotheum fratrem nostrum, ac ministrum Dei et adjutorem nostrum in evangelio Christi, ad vos stabiliendos et exhortandos super fide vestrâ:

3 Ut nemo commoveatur ob afflictiones istas: ipsi enim nôstis ad id nos esse constitutos.

4 Etenim quum apud vos essemus, praedicebamus vobis fore ut affligeremur; quod et evenit, et nôstis.

5 Quamobrem etiam ego non ampliùs *me* continens, misi *eum* ut cognoscerem fidem vestram: *veritus* ne quo modo tentâsset vos tentator ille, et inanis redditus esset labor noster.

6 Nuper autem, quum venisset Timotheus ad nos à vobis, et laetum nuncium nobis attulisset de fide et charitate vestrâ, et quòd bonam nostri memoriam retineatis, semper expetentes nos videre, sicut nos quoque vos;

7 Propterea consolationem accepimus, fratres, ex vobis, in omni afflictione et necessitate nostrâ, per vestram fidem:

8 Nunc enim vivimus, si vos perstatis in Domino.

9 Quam enim gratiarum actionem possumus Deo rependere de vobis, super omni gaudio quo gaudemus propter vos coram Deo nostro;

10 Nocte ac die quàm vehementissimè precantes ut videamus vestram faciem, et quae desunt fidei vestrae compleamus?

11 Ipse verò Deus et Pater noster, et Dominus noster Jesus Christus, dirigat viam nostram ad vos.

12 Faxit autem Dominus ut abundetis et exuberetis mutuâ inter vos charitate, et in omnes, quemadmodum et nos in vos:

13 Ut corda vestra inculpata stabiliat in sanctimonia coram Deo et atre nostro in adventum Domini nostri Jesu Christi cum omnibus sanctis suis.

CAP. IV.

QUOD superest igitur, fratres, rogamus vos et precamur per Dominum Jesum, ut sicut accepistis a nobis quomodo oporteat vos incedere, et placere Deo, magis excellatis.

2 Nostis enim quae mandata dederimus vobis per Dominum Jesum.

3 Nam haec est voluntas Dei, *nempe* sanctificatio vestri, *id est*, ut abstineatis a scortatione:

4 Ut sciat vestrûm unusquisque suum vas possidere in sanctificatione et honore:

5 Non in morbo cupiditatis, sicut gentes quae non noverunt Deum:

6 *Et* ut ne *quis* opprimat, et habeat quaestui in negotio fratrem suum; nam ultor est Dominus omnium istorum, sicut et antè diximus vobis, et asseveranter testificati sumus.

7 Non enim vocavit nos Deus ad impuritatem, sed ad sanctificationem.

8 Proinde qui *haec* rejicit, non rejicit hominem, sed Deum, qui etiam dedit nobis Spiritum suum sanctum.

9 Caeterùm de fraternâ charitate non necesse habetis ut scribam vobis: ipsi namque divinitùs docti estis ut diligatis alii alios.

10 Nam et facitis hoc erga cunctos fratres qui sunt in totâ Macedoniâ: precamur autem vos, fratres, ut magis excellatis:

11 Et contendatis quieti esse, et res vestras agere, ac operari propriis manibus vestris, sicut vobis denunciavimus;

12 Ut vos geratis honestè erga extraneos, et nullius indigeatis.

13 Nolim autem vos in ignorantiâ versari, fratres, quod ad eos attinet qui obdormierunt, ut ne doleatis, sicut et caeteri qui spem non habent.

14 Nam si credimus Jesum mortuum esse et resurrexisse, ita etiam Deus eos qui obdormierunt in Jesu adducet cum eo.

15 Hoc enim vobis dicimus verbis Domini, fore ut nos vivi qui reliqui erimus in adventu Domini, non praeveniamus eos qui obdormierint.

16 Nam ipse Dominus cum hortationis clamore, cum voce Archangeli, et cum Dei tubâ, descendet e coelo; et qui mortui fuerint in Christo, resurgent primum;

17 Deinde nos vivi, qui reliqui erimus, rapiemur simul cum eis in nubes, in occursum Domini in aëra; et ita semper cum Domino erimus.

18 Itaque consolamini alii alios istis sermonibus.

CAP. V.

PORRO de temporibus et opportunitatibus, fratres, non est opus ut vobis scribatur.

2 Ipsi enim penitùs scitis diem illum Domini, ut fur nocte *venit*, ita venturum esse.

3 Quum enim dicent, Pax *est* et tuta omnia, tunc repentinum eis imminet exitium, sicuti dolor partûs mulieri praegnanti, et nequaquam effugient.

4 At vos, fratres, non estis in tenebris, ut dies ille vos, tanquam fur, deprenendat.

5 Omnes vos filii lucis estis, ac filii diei: non sumus *filii* noctis, neque tenebrarum.

6 Nempe igitur ne dormiamus ut reliqui, sed vigilemus et sobrii simus.

7 Nam qui dormiunt, noctu dormiunt: et qui inebriantur, noctu sunt ebrii.

8 At nos qui sumus diei, sobrii simus, induti thorace fidei et charitatis; et pro galeâ, spe salutis:

9 Nam non constituit nos Deus ad iram, sed ad salutem obtinendam per Dominum nostrum Jesum Christum,

10 Qui mortuus est pro nobis, ut,

sive vigilemus, sive dormiamus, simul cum eo vivamus.

11 Quapropter adhortamini alii alios, et aedificate singuli singulos, sicut et facitis.

12 Rogamus autem vos, fratres, ut agnoscatis eos qui laborant inter vos, et praesunt vobis in Domino, et admonent vos;

13 Et quàm maximè charos ducatis, propter opus ipsorum. Pacem colite inter vos mutuò.

14 Precamùr autem vos, fratres, monete inordinatos, consolamini eos qui pusillo animo sunt, sublevate infirmos, leni animo estote erga omnes.

15 Videte nequis malum pro malo cuipiam reddat, sed beneficentiam semper sectamini, tum inter vos mutuò, tum erga omnes.

16 Semper gaudete.

17 Indesinenter orate.

18 In omnibus gratias agite: haec enim est voluntas Dei per Christum Jesum erga vos.

19 Spiritum ne extinguite.

20 Prophetias ne pro nihilo habete.

21 Omnia explorate: quod bonum fuerit retinete.

22 Ab omni specie mali abstinete.

23 Ipse autem Deus pacis sanctificet vos totos: et integer vester spiritus, et anima, et corpus inculpatè in adventum Domini nostri Jesu Christi serventur.

24 Fidelis *est* qui vocavit vos, qui etiam *id* efficiet.

25 Fratres, orate pro nobis.

26 Salutate fratres omnes cum osculo sancto.

27 Adjuro vos per Dominum, ut recitetur haec epistola omnibus sanctis fratribus.

28 Gratia Domini nostri Jesu Christi *sit* vobiscum. Amen.

Ad Thessalonicenses prima scripta fuit Athenis.

PAULI APOSTOLI EPISTOLA
AD THESALONICENSES SECUNDA.

CAP. I.

PAULUS, et Silvanus, et Timotheus ecclesiae Thessalonicensium, *quae est* in Deo Patre nostro, et Domino Jesu Christo:

2 Gratia *sit* vobis et pax a Deo Patre nostro, et Domino Jesu Christo.

3 Gratias agere debemus Deo semper de vobis, fratres, ut par est, quòd vehementer augescat fides vestra, et abundet mutua uniuscujusque omnium vestrûm charitas:

4 Adeò ut nos ipsi de vobis gloriemur apud ecclesias Dei, *id est*, de tolerantiâ vestrâ et fide in omnibus persequutionibus vestris et afflictionibus quas toleratis:

5 *Quae res* demonstratio est justi judicii Dei, ut digni habeamini regno Dei, pro quo etiam *ista* patimini:

6 Siquidem justum est apud Deum vicissim reddere iis qui affligunt vos, afflictionem:

7 Vobis verò qui affligimini, relaxationem nobiscum, quum patefiet Dominus Jesus de coelo, cum angelis suis potentibus,

8 Cum igne flammante, infligens ultionem iis qui Deum non noverunt, neque auscultant evangelio Domini nostri Jesu Christi:

9 Qui poenam pendent aeterni exitii, *expulsi* a facie Domini et a gloriâ roboris ipsius:

10 Quum venerit ut glorificetur in sanctis suis, et admirandus fiat in credentibus omnibus (quòd fides habita fuerit testimonio nostro apud vos) in die illo.

11 Cujus etiam rei gratiâ precamur semper pro vobis, ut vos dignetur istâ vocatione Deus noster, et compleat omnem *suae* bonitatis gratuitam benevolentiam, et opus fide potenter:

12 Ut glorificetur nomen Domini nostri Jesu Christi in vobis, et vos in eo, ex gratiâ Dei nostri, et Domini Jesu Christi.

CAP. II.

ROGAMUS autem vos, fratres, per adventum Domini nostri Jesu Christi, et nostri ad eum aggregationem,

2 Ne citò a mente dimoveamini, neque terreamini, neque per spiritum, neque per sermonem, neque per epistolam tanquam per nos *scriptam*, quasi instet dies ille Christi.

3 Nequis vos seducat ullo modo: non enim *adveniet dies Christi*. quin venerit defectio priùs, et retectus fuerit homo ille peccati, filius, *inquam*, ille perditionis,

4 Sese opponens ille et efferens adversùs quicquid dicitur Deus, aut numen: adeò ut in templo Dei tanquam Deus sedeat, prae se ferens se esse Deum.

5 Annon meministis me, quum adhuc essem apud vos, hoc dix'sse vobis?

6 Nunc verò quid obstet nôstis, ut is suo tempore retegatur.

7 Jam enim peragitur mysterium impietatis hujus: tantùm qui nunc obstat, *obstabit* usquedum e medio sublatus fuerit.

8 Et tunc retegetur Impius ille, quem Dominus conficit spiritu oris sui, et illustri adventu suo abolebit:

9 *Illum, inquam*, cujus adventus est ex efficacitate Satanae, cum omni

potentiâ, et signis, ac prodigiis mendacibus ;

10 Et cum omni fraude injustitiae in iis qui pereunt : propterea quòd amorem veritatis non receperunt, ut salvi fierent.

11 Ideo igitur mittet eis Deus efficaciam deceptionis, ut credant mendacio :

12 Ut damnentur omnes qui non crediderint veritati, sed acquieverint in injustitiâ.

13 Nos autem debemus gratias agere Deo semper de vobis, fratres dilecti a Domino, quòd elegerit vos Deus ab initio ad salutem per sanctificationem Spiritûs, et per fidem habitam veritati ;

14 Quò vocavit vos per evangelium nostrum, ad obtinendam gloriam Domini nostri Jesu Christi.

15 Nempe igitur, fratres, perstate, et retinete traditam doctrinam, quam edocti estis et per sermonem, et per epistolam nostram.

16 Ipse verò Dominus noster Jesus Christus, et Deus ac Pater noster, qui dilexit nos, et dedit consolationem aeternam et spem bonam per gratiam,

17 Consoletur vestra corda, et stabiliat vos in omni sermone et opere bono.

CAP. III.

QUOD superest, orate, fratres, pro nobis, ut sermo Domini currat, et glorificetur, sicut et apud vos :

2 Et ut eripiamur a protervis ac sceleratis hominibus : non enim omnium est fides.

3 Sed fidelis est Dominus, qui stabiliet vos et tuebitur ab illo malo.

4 Confidimus autem in Domino de vobis, vos, quae denunciamus vobis, et facere et facturos esse.

5 Dominus verò dirigat vestra corda ad Dei charitatem, et Christi patientem exspectationem.

6 Denunciamus autem vobis, fratres, in nomine Domini nostri Jesu Christi, ut subducatis vos ab omni fratre qui inordinatè incedit, et non ex traditâ doctrinâ quam accepit a nobis.

7 Nam ipsi scitis quomodo oporteat nos imitari : quoniam non inordinatè nos gessimus inter vos :

8 Neque gratis panem edimus *acceptum* a quoquam ; sed cum labore et aerumnâ nocte dieque operantes, ne cui vestrûm oneri essemus :

9 Non quòd nobis *id* non liceat ; sed ut nosmetipsos pro exemplari exhibeamus vobis ad nos imitandos.

10 Etenim quum essemus apud vos, hoc denunciabamus vobis : quòd siquis nolit operari, etiam non edito.

11 Audivimus enim quosdam incedere inter vos inordinatè, nihil agentes, sed inaniter satagentes.

12 Iis autem qui sunt istiusmodi denunciamus, et eos obsecramus per Dominum nostrum Jesum Christum, ut cum quiete operantes, suo pane vescantur.

13 Vos autem, fratres, ne segnescite in benefaciendo.

14 Quòd siquis non auscultat nostro per epistolam sermoni, hunc notate ; et ne commercium habete cum eo, ut eum pudeat.

15 Neque ut inimicum ducite, sed admonete ut fratrem.

16 Ipse autem Dominus pacis semper det vobis pacem omni modo. Dominus *sit* cum omnibus vobis.

17 Salutatio, meâ manu Pauli, quod est signum in omni epistolâ ; ita scribo.

18 Gratia Domini nostri Jesu Christi *sit* cum omnibus vobis. Amen

Ad Thessalonicenses secunda missa fuit Athenis.

PAULI APOSTOLI EPISTOLA PRIMA AD TIMOTHEUM.

CAP. I.

PAULUS apostolus Jesu Christi ex ordinatione Dei servatoris nostri, et Domini Jesu Christi, spei nostrae;

2 Timotheo, germano filio in fide: Gratia *sit tibi*, misericordia, et pax, à Deo Patre nostro, et Christo Jesu Domino nostro.

3 Sicut te sum precatus ut permaneres Ephesi, quum proficiscerer in Macedoniam, *vide*, ut denuncies quibusdam ne diversam doctrinam doceant;

4 Nec attendant *animum* fabulis, et genealogiis infinitis, quae potiùs quaestiones praebent quàm aedificationem Dei, quae est per fidem.

5 Porrò, finis mandati est charitas, ex puro corde, et conscientiâ bonâ, et fide non fictâ:

6 A quibus nonnulli ut a scopo aberrantes, diverterunt ad vaniloquentiam;

7 Volentes esse legis doctores, non intelligentes nec quae loquuntur, nec de quibus asseverant.

8 Scimus autem bonam esse legem, siquis eâ legitimè utatur;

9 Hoc sciens, *nempe* legem justo positam non esse, sed legis contemptoribus, et iis qui subjici nolunt, impiis et peccatoribus, nefariis et profanis, parricidis et matricidis, homicidis,

10 Scortatoribus, masculorum concubitoribus, plagiariis, mendacibus, perjuris, et siquid aliud est quod sanae doctrinae sit oppositum :

11 *Quae est* secundùm gloriosum evangelium beati Dei, quod concreditum est mihi.

12 Gratiam igitur illi habeo qui me robustum effecit, *id est*, Christo Jesu Domino nostro; quòd me fidum duxerit, ut qui *me* in ministerio constituerit;

13 Qui priùs eram blasphemus, et persequutor, et injuriosus; sed mei misertus est. Nam ignorans *id* faciebam, *nempe* fidei expers.

14 Superabundavit autem gratia illa Domini nostri cum fide et dilectione in Christo Jesu.

15 Certus *est hic* sermo, et dignus qui modis omnibus recipiatur, Christum Jesum venisse in mundum ut peccatores servaret, quorum primus sum ego.

16 Verùm ideò misertus est mei, ut in me primo ostenderet Jesus Christus omnem lenitatem, ut essem exemplar credituris ipsi ad vitam aeternam.

17 Regi autem aeterno, immortali. invisibili, soli sapienti Deo, honor *sit* et gloria in secula seculorum. Amen.

18 Hoc mandatum commendo tibi, fili Timothee, *nempe* ut secundùm praegressas de te prophetias, milites per eas bonam illam militiam;

19 Retinens fidem et bonam conscientiam; quâ expulsâ, nonnulli naufragium fidei fecerunt.

20 Ex quibus Hymenaeus et Alexander; quos tradidi Satanae, ut eatigati discerent non blasphemare.

CAP. II.

ADHORTOR igitur ante omnia, ut faciant deprecationes, preces, postulationes, gratiarum actiones pro quibusvis hominibus;

2 Pro regibus, et quibusvis in eminentiâ constitutis: ut tranquillam

PAULI EPISTOLA

ac quietam vitam degamus cum omni pietate et honestate :

3 Nam hoc bonum est et acceptum coram servatore nostro Deo ;

4 Qui quosvis homines vult servari, et ad agnitionem veritatis venire.

5 Unus enim *est* Deus, unus etiam mediator Dei et hominum, homo Christus Jesus ;

6 Qui sese ipse dedit redemptionis pretium pro quibusvis, *Christus, inquam,* testimonium illud suis temporibus *destinatum.*

7 Cujus constitutus sum ego praeco et apostolus, (veritatem dico per Christum, non mentior,) doctor, *inquam,* gentium cum fide ac veritate.

8 Volo igitur viros precari in quovis loco, puras manus attollentes absque irâ et disceptatione.

9 Itidem et mulieres amictu honesto, cum verecundiâ et modestiâ, ornare sese, non cincinnis, vel auro, vel margaritis, vel pretioso vestitu ;

10 Sed (quod decet mulieres pietatem in Deum spondentes) operibus bonis.

11 Mulier cum silentio discito cum omni submissione.

12 Mulieri enim docere non permitto, neque auctoritatem usurpare in virum, sed *mando* ut sit in silentio.

13 Adamus enim prior formatus est ; deinde Eva.

14 Et Adamus non fuit seductus ; sed mulier seducta, causa transgressionis fuit.

15 Servabitur tamen liberos gignendo, si manserint in fide, ac charitate, et sanctificatione cum modestiâ.

CAP. III.

CERTUS *est hic* sermo, Siquis episcopatum appetit, praeclarum opus desiderat.

2 Oportet igitur episcopum irreprehensum esse, unius uxoris virum, vigilantem, temperantem, compositum, hospitalem, aptum ad docendum :

3 Non vinosum, non percussorem, non turpem quaestum facientem : sed aequum, alienum a pugnis, alienum ab avaritiâ :

4 *Qui* suae domui bene praesit, qui liberos contineat in subjectione cum omni honestate :

5 (Nam siquis propriae domus praeesse nescit, quomodo ecclesiam Dei curabit ?)

6 Non novitium, ne inflatus in criminationem incidat diaboli.

7 Oportet autem eum etiam bonum habere testimonium ab extraneis ; ne in probrum incidat et laqueum diaboli.

8 Diaconos itidem honestos, non bilingues, non multo vino deditos, non turpem quaestum facientes,

9 Tenentes mysterium fidei in purâ conscientiâ.

10 Atque hi etiam probentur priùs, deinde ministrent, si sint inculpati.

11 Uxores itidem *oportet esse* honestas, non calumniosas, sobrias, fidas in omnibus.

12 Diaconi sint unius uxoris mariti, qui liberis rectè praesint, et propriis domibus.

13 Nam qui bene ministraverint, gradum sibi bonum acquirunt, et multam libertatem per fidem quae *est* in Christo Jesu.

14 Haec tibi scribo, sperans fore ut celeriùs ad te veniam

15 Quòd si tardiùs venero, ut nôris quomodo oporteat in domo Dei versari, quae est ecclesia Dei vivi, columna et stabilimentum veritatis.

16 Et sine controversiâ magnum est pietatis mysterium : Deus conspicuus factus est in carne, justificatus est in Spiritu, conspectus est ab angelis praedicatus est gentibus, fides illi habita est in mundo, sursum receptus est in gloriam.

CAP. IV.

SPIRITUS autem disertè dicit, fore ut posterioribus temporibus

I. AD TIMOTHEUM, V.

resciscant quidam a fide, spiritibus deceptoribus *animum* attendentes, ac doctrinis daemoniorum;

2 Per hypocrisin falsiloquorum, quorum conscientia cauterio resecta est;

3 Prohibentium contrahere matrimonium, *jubentium* abstinere a cibis, quos Deus creavit ad participandum cum gratiarum actione fidelibus, et iis qui cognoverunt veritatem.

4 Nam quicquid creavit Deus, bonum *est*; nec quicquam rejiciendum *est*, si cum gratiarum actione sumatur:

5 Sanctificatur enim per verbum Dei et preces

6 Hoc si subjeceris fratribus, bonus eris minister Jesu Christi, innutritus in sermonibus fidei, et praeclarae doctrinae, quam affectatus es.

7 Caeterùm profanas et aniles fabulas rejice; sed exerce teipsum ad pietatem.

8 Nam corporalis exercitatio ad pauca utilis est : at pietas ad omnia utilis est, ut quae promissionem habeat vitae praesentis ac futurae.

9 Certus *est* hic sermo, et dignus qui omnibus modis recipiatur.

10 Nam idcirco etiam fatigamur, et probris afficimur, quòd speremus in Deo vivo, qui est conservator omnium hominum, maximè *verò* fidelium.

11 Haec denuncia et doce.

12 Nemo tuam juventutem despiciat, sed esto exemplar fidelium in sermone, in conversatione, in charitate, in spiritu, in fide, in castitate.

13 Interim, dum venio, attende *animum* lectioni, exhortationi, doctrinae.

14 Ne negligito donum quod in te est, quod datum est tibi per prophetiam, cum impositione manuum presbyterii.

15 Haec meditare, in his esto; ut tuus profectus manifestus sit inter omnes.

16 Attende *animum* tibiipsi et doctrinae; *et* permane in istis: id

enim si feceris, et teipsum servabis, e eos qui te audierint.

CAP. V.

SENIOREM ne increpato, sed hortare ut patrem; juniores, ut fratres;

2 Mulieres natu grandiores, ut matres; juniores, ut sorores, cum omni castitate.

3 Viduas honora quae verè viduae sunt.

4 Quòd siqua vidua liberos aut nepotes habet, discant priùs *in* propriam domum pietatem exercere, et vicem rependere parentibus; hoc enim est honestum et acceptum coram Deo.

5 Porrò quae verè vidua est ac sola, sperat in Deo, et permanet in supplicationibus et precibus nocte ac die.

6 At quae lascivit, *ea* vivens mortua est.

7 Haec igitur denunciato, ut sint irreprehensae.

8 Quòd siquis suis, et maximè domesticis, non providet, fidem abnegavit, et est infideli deterior.

9 Vidua allegatur non minor annis sexaginta, quae fuerit unius viri uxor:

10 In operibus bonis idoneo testimonio ornata; si liberos educavit, si fuit hospitalis, si sanctorum pedes lavit, si afflictis subvenit, si omne bonum opus est assiduè sectata.

11 Porrò juniores viduas rejice · postquam enim lascivierunt adversùs Christum, nubere volunt;

12 Damnandae, quòd primam fidem rejecerint.

13 Simul autem etiam otiosae *esse* discunt, circumeuntes domos: imò non solùm otiosae, sed etiam nugaces, et curiosas, garrientes quae non oportet.

14 Velim igitur juniores nubere, liberos gignere, domum administrare, nullam occasionem dare adversario ad maledicendum.

15 Jam enim nonnullae deflexerunt, sequutae Satanam

PAULI EPISTOLA

16 Quòd siquis fidelis aut siqua fidelis habet viduas, ei suppeditato quantum sufficit, et non onerator ecclesia, ut iis quae verae viduae sunt subveniat.

17 Qui bene praesunt presbyteri, duplici honore digni habeutor ; maxime qui laborant in sermone et doctrinâ.

18 Dicit enim scriptura, Bovi trituranti non obligabis os ; et, Dignus est operarius mercede suâ.

19 Adversùs presbyterum accusationem ne admittito, nisi sub duobus aut tribus testibus.

20 Eos qui peccant, coram omnibus argue, ut et reliqui timeant.

21 Obtestor in conspectu Dei, et Domini Jesu Christi, et electorum angelorum, ut haec serves, absque eo ut unum alteri praeferas, nihil faciens in alteram partem inclinando.

22 Manus citò ne cui imponito, neque communicato peccatis alienis : temetipsum purum serva.

23 Ne ampliùs esto abstemius ; sed vino pauculo utere, propter stomachum tuum, et crebras tuas infirmitates.

24 Quorundam hominum peccata antè manifesta sunt, praeeuntia damnationi : quosdam verò subsequuntur.

25 Itidem et bona opera ante manifesta sunt : et ea quae secus habent, occultari non possunt.

CAP. VI.

QUICUNQUE sub jugo sunt servi, suos dominos omni honore dignos ducunto, ne nomen Dei et doctrina blasphemetur.

2 Qui verò fideles habent dominos, ne eos despiciant quòd fratres sunt : sed potiùs inserviant, quòd fideles sint ac dilecti, qui beneficentiam illam capessunt. Haec doce et exhortare.

3 Siquis diversam docet doctrinam, neque accedit sanis sermonibus Domini nostri Jesu Christi, et ei quae secundùm pietatem est doctrinae,

4 Is turget, nihil sciens, sed insaniens circa quaestiones ac verborum pugnas ; ex quibus nascitur invidia, lis, maledicentiae, suspiciones malae,

5 Perversae exercitationes hominum mente corruptorum, et qui privati sunt veritate, et quaestui habent pietatem : secede ab iis qui ejusmodi sunt.

6 Est autem quaestus magnus pietas cum animo suâ sorte contento.

7 Nihil enim intulimus in mundum, videlicet nec efferre quicquam possumus.

8 Sed habentes alimenta, et quibus tegamur, haec nobis satis erunt.

9 Qui autem volunt ditescere, incidunt in tentationem et laqueum, et cupiditates multas amentes et damnosas, quae demergunt homines in exitium et interitum.

10 Siquidem radix omnium malorum est amor pecuniae ; quam quidam dum appetunt, aberrârunt a fide, et seipsos transfixerunt doloribus multis.

11 Tu verò, ô homo Dei, ista fuge : sectare autem justitiam, pietatem, fidem, charitatem, tolerantiam, lenitatem.

12 Decerta praeclarum illud certamen fidei ; apprehende vitam aeternam, ad quam et vocatus es, et professus praeclaram illam promissionem coram multis testibus.

13 Denuncio tibi coram Deo, qui vivificat omnia, et Jesu Christo, qui testatam fecit coram Pontio Pilato praeclaram illam professionem,

14 Ut serves haec mandata incontaminatus et irreprehensus, usque ad illustrem illum adventum Domini nostri Jesu Christi ;

15 Quem temporibus suis ostendet ille beatus et solus Princeps, Rex ille regum, et Dominus dominorum,

16 Qui solus habet immortalitatem, lucem habitans inaccessam quem vidit nemo hominum, neque videre potest ; cui honor et robur aeternum. Amen.

17 Iis qui divites sunt in hoc secu

2. AD TIMOTHEUM, I.

o, denuncia, ne efferantur animo, neque spem ponant in divitiis incertis, sed in illo Deo vivo, qui praebet nobis omnia copiosè ad fruendum :

18 Ut *aliis* benefaciant, ut divites sint operibus bonis, faciles ad impertiendum, facilis convictûs :

19 Recondentes sibi fundamentum bonum in posterum, ut apprehendant æternam illam vitam.

20 Timothee, depositum serva, et aversare profanos illos de rebus inanibus clamores, et oppositiones falsè nominatae scientiae :

21 Quam nonnulli prae se ferentes circa fidem aberrârunt à scopo. Gratia sit tecum. Amen.

Ad Timotheum prima missa fuit Laodiceâ, quae est metropolis Phrygiae Pacatianae.

PAULI APOSTOLI EPISTOLA AD TIMOTHEUM SECUNDA.

CAP. I.

PAULUS, apostolus Jesu Christi per voluntatem Dei, secundùm promissionem vitae quae est in Christo Jesu,

2 Timotheo dilecto filio *sit* gratia, misericordia, pax, a Deo Patre, et Christo Jesu, Domino nostro.

3 Gratiam habeo Deo, cui servio à majoribus cum purâ conscientiâ, prout assiduam tui memoriam teneo in precibus meis nocte ac die :

4 Desiderans te videre, memor tuarum lacrymarum, ut gaudio replear :

5 Revocans in memoriam eam quae in te est non simulatam fidem, quae habitavit priùs in aviâ tuâ Loide, et matre tuâ Eunicâ : persuasus sum autem quòd in te quoque.

6 Quam ob causam suggero tibi, ut exsuscites donum Dei quod est in te per impositionem manuum mearum.

7 Non enim dedit nobis Deus spiritum timiditatis, sed roboris, et charitatis, et sanitatis animi.

8 Ne igitur te pudeat testimonii Domini nostri, neque te pudeat mei, qui sum captivus ipsius, sed esto particeps afflictionum evangelii ex potentiâ Dei

9 Qui servavit nos, et vocavit vocatione sanctâ ; non ex operibus nostris, sed ex suo proposito, et gratiâ, quae data quidèm est nobis in Christo Jesu ante tempora seculorum ;

10 Sed patefacta nunc est per illustrem illum adventum Servatoris nostri Jesu Christi, qui et mortem abolevit, et vitam in lucem produxit ac immortalitatem per evangelium :

11 Cujus causâ constitutus sum ego praeco, et apostolus, ac doctor gentium.

12 Quam ob causam et haec patior : sed non pudefio ; novi enim cui crediderim, et mihi persuasum est eum posse depositum meum in illum diem servare.

13 Expressam formam teneto sanorum sermonum, quos a me audisti, cum fide et charitate quae *est* in Christo Jesu.

14 Praeclarum illud depositum serva per Spiritum Sanctum qui inhabitat in nobis.

15 Nôsti hoc, quòd se averterint à me omnes qui sunt in Asiâ : ex quibus est Phygellus et Hermogenes.

16 Praestet misericordiam Dominus Onesiphori familiae : quoniam saepe me recreavit, et catenam meam 10n erubuit :

PAULI EPISTOLA

17 Imò quum esset Romae, studiosissimè quaesivit me, et invenit.

18 Det ei Dominus ut inveniat misericordiam apud Dominum in die Illo ; quàm multa etiam Ephesi subministrârit, tu optimè nôsti.

CAP. II.

TU igi.ur, fili mi, corroborare per gratiam quae est in Christo Jesu.

2 Et quae audisti à me inter multos testes, haec committe fidis hominibus, qui sint idonei ad alios quoque docendos.

3 Tu igitur tolerans esto laborum, ut bonus miles Jesu Christi.

4 Nemo qui militat implicatur hujus vitae negotiis, ut ei placeat à quo delectus est miles.

5 Quòd si certet etiam aliquis, non coronatur nisi legitimè certaverit.

6 Agricolam oportet priùs laborando fructus percipere.

7 Considera quae dico. Det igitur tibi Dominus intelligentiam in omnibus.

8 Memento Jesum Christum suscitatum fuisse ex mortuis, *factum* ex semine Davidis, secundùm evangelium meum :

9 In quo, velut facinorosus, affligor usque ad vincula ; sed sermo Dei non est vinctus.

10 Ideo omnia sustineo propter electos, ut et ipsi salutem consequantur quae est in Christo Jesu, cum gloriâ aeternâ.

11 Certus *est hic* sermo : Nam si cum *eo* mortui sumus, cum *eo* etiam vivemus :

12 Si tolerantes sumus, etiam cum *eo* regnabimus ; si abnegamus, et ille abnegabit nos :

13 Si infidi sumus, ille *tamen* fidus manet, negare seipsum non potest.

14 Haec suggere, obtestans coram Domino ne de verbis pugnent, quod nullam adfert utilitatem, *imò* auditores subvertit.

15 Stude teipsum probatum sistere Deo, operarium qui non erubescat, *et* qui rectè sermonem veritatis secet.

16 Profanos autem illos de rebus inanibus clamores cohibe : ad majorem enim procedunt impietatem :

17 Et sermo eorum depascet ut gangraena : ex quibus est Hymenaeus et Philetus ;

18 Qui circa veritatem aberrârunt à scopo, dicentes resurrectionem jam esse factam : et subvertunt quorundam fidem.

19 Solidum tamen fundamentum Dei stat, habens sigillum hoc, Novit Dominus eos qui sunt sui : et, Abscedat ab injustitiâ quisquis nominat nomen Christi.

20 Caeterùm in magnâ domo non tantùm sunt vasa aurea et argentea, sed etiam lignea ac testacea ; et alia quidèm ad decus, alia verò ad dedecus.

21 Siquis igitur sese ab his expurgârit, erit ad vas decus, sanctificatum, et accommodum usibus Domini, *et* ad omne opus bonum comparatum.

22 Juveniles autem cupiditates fuge : sed sectare justitiam, fidem, charitatem, pacem, cum iis qui invocant Christum ex puro corde.

23 Stultas autem et ineruditas illas quaestiones rejice, sciens eas gignere pugnas.

24 Servum autem Domini non oportet pugnare, sed placidum esse ergà omnes, aptum ad docendum, tolerantem malos :

25 Cum lenitate erudientem eos qui contrario animo sunt affecti ; *experturum* num aliquando daturus sit eis Deus resipiscentiam ad agnitionem veritatis ;

26 Et sanitate mentis receptâ *evasuri* ex diaboli laqueo, ab eo captivi facti, ad ipsius libitum.

CAP. III.

ILLUD autem scito, fore ut extremis diebus instent tempora molesta.

2 Erunt enim homines sui amantes, avari, gloriosi, superbi, maledici, parentibus immorigeri, ingrati, profani,

2. AD TIMOTHEUM, IV.

3 Charitatis expertes, nescii foederis, calumniatores, intemperantes, immites, minimè amantes bonorum,

4 Proditores, praecipites, inflati, voluptatum amantes potiùs quàm amantes Dei;

5 Habentes formam pietatis, sed qui vim ejus abnegârint: istos igitur aversare.

6 Ex his enim sunt isti qui irrepunt in familias, et captivas ducunt mulierculas, cumulatas peccatis, actas cupiditatibus variis,

7 Semper discentes, sed quae nunquam ad cognitionem veritatis venire possint.

8 Quemadmodum autem Jannes et Jambres restiterunt Mosi, ita et hi resistunt veritati; homines mente corrupti, rejectanei circa fidem.

9 Sed non procedent ampliùs; nam amentia istorum evidens erit omnibus, ut et illorum fuit.

10 Tu verò assequutus es doctrinam meam, vitae meae rationem, propositum, fidem, lenitatem, charitatem, tolerantiam,

11 Persequutiones, perpessiones, quae mihi acciderunt Antiochiae, Iconii, Lystris; quas persequutiones sustinuerim: sed ex omnibus eripuit me Dominus.

12 Sed et omnes qui volunt piè vivere in Christo Jesu, persequutionem patientur.

13 Improbi autem homines et impostores procedent in pejus; tum seducentes, tum seducti.

14 At tu maneto in iis quae didicisti, et quae tibi concredita sunt, sciens à quo didiceris;

15 Teque a puero sacras literas novisse, quae te possunt sapientem reddere ad salutem, per fidem quae est in Christo Jesu

16 Tota Scriptura divinitùs est inspirata, et utilis ad doctrinam, ad redargutionem, ad correctionem, ad institutionem quae est in justitiâ:

17 Ut perfectus sit homo Dei, ad omne opus bonum perfectè instructus.

CAP. IV.

OBTESTOR *te* igitur ego coram Deo, et Domino Jesu Christo, qui judicaturus est vivos et mortuos, in illustri illo suo adventu et regno suo;

2 Praedica sermonem illum; insta tempestivè, intempestivè: argue, objurga, exhortare cum omni lenitate et doctrinâ.

3 Nam erit tempus quùm sanam doctrinam non tolerabunt; sed auribus prurientes, ipsi sibi secundùm suas illas peculiares cupiditates coacervabunt doctores:

4 Et à veritate quidem aures avertent, ad fabulas verò divertent.

5 At tu vigila in omnibus, perfer injurias, opus perage evangelistae, ministerii tui plenam fide facito.

6 Nam ego jam liber, et tempus meae remigrationis instat.

7 Certamen illud praeclarum decertavi, cursum consummavi, fidem servavi.

8 Quod reliquum est, reposita est mihi justitiae corona, quam reddet mihi Dominus in illo die, justus ille judex: non solùm autem mihi, sed et omnibus qui expetiverint illustrem illum ipsius adventum.

9 Stude mox ad me venire:

10 Nam Demas me reliquit, inductus amore praesentis seculi, et profectus est Thessalonicam; Crescens in Galatiam, Titus in Dalmatiam.

11 Lucas mecum est solus. Marcum assumptum adduc tecum; est enim mihi perutilis ad ministerium.

12 Porrò Tychicum misi Ephesum.

13 Penulam quam reliqui Troade apud Carpum, adfer quum venies, et libros, maximè membranas

14 Alexander faber aerarius multa mala mihi exhibuit: reddat ei Dominus secundum facta ipsius.

15 Quem et tu cave: vehementer enim restitit sermonibus nostris.

16 In primâ meâ defensione nemo mihi adfuit, sed omnes me deseruerunt: utinam ne illis imputetur.

17 Sed Dominus mihi adfuit, et corroboravit me, ut per me planè certioraretur praeconium, quod audirent omnes gentes; et ereptus fui ex ore leonis.

18 Et eripiet me Dominus ab omni opere malo, servabitque regno suo coelesti; cui gloria in secula seculorum. Amen.

19 Saluta Priscam et Aquilam, et Onesiphori familiam.

20 Erastus mansit Corinthi: Trophimum autem reliqui Mileti aegrotantem.

21 Stude venire ante hiemem. Salutat te Eubulus, et Pudens. et Linus, et Claudia, et fratres omnes.

22 Dominus Jesus Christus *sit* cum spiritu tuo. Gratia *sit* vobiscum. Amen.

Scripta est Romà secunda ad Timotheum, qui primus Ephesi ordinatus fuit episcopus, quum Paulus iterum sisteretur Caesari Neroni.

PAULI APOSTOLI EPISTOLA
AD TITUM.

CAP. I.

PAULUS, servus Dei, apostolus autem Christi, secundùm fidem electorum Dei, et agnitionem veritatis quae est secundùm pietatem;

2 Ad spem vitae aeternae, quam promiserat Deus ille mentiri nescius ante tempora seculorum; patefecit autem temporibus suis,

3 *Videlicet* sermonem illum suum per praeconium, quod concreditum est mihi ex ordinatione Servatoris nostri Dei: Tito, germano filio in communi fide:

4 Gratia *sit tibi*, misericordia, et pax, a Deo Patre, et Domino Jesu Christo Servatore nostro.

5 Hujus rei gratiâ reliqui te in Cretâ, ut reliqua corrigas, et constituas oppidatim presbyteros, sicut ego tibi ordinavi.

6 Siquis est inculpatus, unius uxoris vir, liberos habens fideles, qui non sint obnoxii crimini luxûs, aut refractarii.

7 Oportet enim episcopum inculpatum esse, tanquam Dei dispensatorem, non sibi pertinaciter placentem, non iracundum, non vinosum, non percussorem, non turpem quaestum facientem;

8 Sed hospitalem, bonorum amantem, temperantem, justum, pium, continentem;

9 Tenacem fidelis illius sermonis, qui ad doctrinam facit, ut possit et exhortari doctrinâ sanâ, et contradicentes convincere.

10 Sunt enim multi refractarii, et vaniloqui, et mentium deceptores, maximè qui sunt ex circumcisione:

11 Quibus oportet os obturare; qui totas domos subvertunt, docentes quae non oportet, turpis lucri gratiâ.

12 Dixit quidam ex ipsis proprius ipsorum propheta: Cretenses semper mendaces, malae ferae, ventres pigri.

13 Testimonium hoc est verum quam ob causam eos redargulto praecisè, ut sani sint in fide;

14 Non attendentes *animum* Judaïcis fabulis, et mandatis hominum aversantium veritatem.

15 Omnia quidèm pura puris; pollutis autem et non credentibus nihil

AD TITUM, II, III.

est purum, sed polluta est eorum et mens et conscientia.

16 Deum profitentur se scire; sed factis negant, quum sint abominandi, et rebelles, et ad omne opus bonum rejectanei.

CAP. II.

AT tu loquere quae decent sanam doctrinam:

2 Ut senes sobrii sint, venerandi, temperantes, sani fide, charitate, tolerantiâ:

3 Anus itidem, ut *sint* habitu qui sanctimoniam deceat, non calumniatrices, non vino multo addictae, honestatis magistrae:

4 Ut sapere doceant adolescentulas, ut sint maritorum ac liberorum amantes,

5 Temperantes, castae, domi manentes, bonae, quae sese subjiciant suis viris; ne sermo Dei blasphemetur.

6 Adolescentulos itidem adhortare, ut sint temperantes:

7 Per omnia teipsum praebens exemplar bonorum operum, in doctrinâ integritatem, gravitatem,

8 Sermonem sanum, qui damnari non possit; ut qui *se* ex adverso *opponit*, erubescat, nihil habens quod de vobis dicat mali.

9 Servos *hortare*, ut suis dominis sese subjiciant, in omnibus ut sint *eis* accepti, non responsatores;

10 Nihil intervertentes, sed omnem bonam fidem ostendentes, ut doctrinam Servatoris nostri Dei ornent in omnibus.

11 Illuxit enim gratia illa Dei salutifera quibusvis hominibus;

12 Erudiens nos, ut abnegatâ impietate et mundanis cupiditatibus, sapienter et justè et pie vivamus in praesenti seculo;

13 Exspectantes beatam illam spem, et illustrem illum adventum gloriae magni illius Dei, ac Servatori nostri, *nempe* Jesu Christi;

14 Qui dedit semetipsum pro nobis, ut redimeret nos ab omni iniquitate, et purificaret sibiipsi populum peculiarem, studiosum bonorum operum.

15 Haec loquere et exhortare, et argue cum omni imperio: nemo te despiciat.

CAP. III.

SUGGERE ipsis, ut sese subjiciant principatibus ac potestatibus, ut obtemperent, ut ad omne opus bonum sint parati:

2 Ne cui maledicant, ut sint à pugnis alieni, aequi, omnem exhibentes lenitatem erga quosvis homines.

3 Nam eramus quondam et nos amentes, rebelles, errantes, servientes cupiditatibus ac voluptatibus variis, in malitiâ et invidiâ degentes odiosi, alii alios odio prosequentes.

4 Sed, postquam bonitas et erga homines amor apparuit Servatoris nostri Dei:

5 Non ex operibus justis quae fecerimus nos, sed ex suâ misericordiâ servavit nos, per lavacrum regenerationis, et renovationis Spiritûs Sancti:

6 Quem effudit super nos copiosè per Jesum Christum Servatorem nostrum:

7 Ut justificati illius gratiâ, haeredes efficeremur secundùm spem vitae aeternae.

8 Certus *est* hic sermo, et haec volo te asseverare, ut qui crediderunt Deo, curent benè agendo praeire.

9 Haec illa sunt bona, et hominibus utilia: stultas autem quaestiones, et genealogias, et contentiones, ac pugnas legales cohibe; sunt enim inutiles et vanae.

10 Haereticum hominem post unam et alteram commonefactionem rejice:

11 Ut qui nôris eversum esse eum qui sit ejusmodi, et peccare, ut qui suopte judicio sit condemnatus.

12 Quum misero Arteman ad te, aut Tychicum, stude venire ad me Nicopolin: nam illic decrevi hiemare.

13 Zenam legisperitum et Apollo

PAULI EPISTOLA

studiosè deducendum curato, nequid illis desit.

14 Discant autem etiam nostri benè agendo praeire ad necessarios usus, ut non sint fructûs expertes.

15 Salutant te qui mecum sunt omnes. Saluta eos qui diligunt nos in fide. Gratia *Dei sit* cum omnibus vobis. Amen.

Ad Titum, qui primus Cretensium ecclesiae ordinatus fuit episcopus, scripta ex Nicopoli Macedoniae.

PAULI APOSTOLI EPISTOLA AD PHILEMONEM.

CAP. I.

PAULUS captivus Christi Jesu, et Timotheus frater, Philemoni dilecto et adjutori nostro.

2 Et Apphiae dilectae, et Archippo commilitoni nostro, et ecclesiae quae domi tuae est;

3 Gratia *sit* vobis et pax, à Deo Patre nostro et Domino Jesu Christo.

4 Gratias ago Deo meo, semper mentionem tui faciens in precibus meis;

5 Quòd audiam tuam charitatem, ac fidem quam habes erga Dominum Jesum, et erga omnes sanctos:

6 Ut communicatio fidei tuae efficax fiat agnitione omnis ejus boni quod est in vobis per Christum Jesum.

7 Gaudium enim habemus multum et consolationem super dilectione tuâ, quòd viscera sanctorum refocillata sunt per te, frater.

8 Quapropter, quamvis multam in Christo libertatem habeam mandandi tibi quod officii tui est;

9 *Tamen* propter charitatem potiùs precor, quum talis sim, nempe Paulus senex, nunc autem etiam captivus Jesu Christi:

10 Precor autem pro filio meo, quem genui in vinculis meis, Onesimo;

11 Quondam tibi inutili, nunc verò tibi et mihi perutili:

12 Quem remisi: tu autem eum, *id est*, viscera mea, excipe:

13 Quem ego cupiebam apud me retinere, ut pro te ministraret mihi in vinculis evangelii:

14 Sed absque tuâ sententiâ nihil volui facere, ut non velut ex necessitate sit beneficium tuum, sed voluntarium.

15 Utique enim propterea semotus fuit *abs te* ad tempus, ut eum *à me* perpetuum recipias;

16 Non jam ut servum, sed ampliùs quàm servum, fratrem *videlicet* dilectum, maximè mihi, quantò autem magis tibi et in carne et in Domino?

17 Itaque si me socium habes, excipe eum tanquam me.

18 Quòd siquid laesit te, aut debet, hoc mihi imputato.

19 Ego Paulus scripsi meâ manu, ego dependam: ut ne tibi dicam, quòd teipsum etiam mihi insuper debeas.

20 Etiam, frater, *hunc* ego fructum abs te consequar in Domino: refocilla mea viscera in Domino.

21 Scripsi tibi, confisus fore ut tu me audias, ut qui nôrim te supra id etiam quod dico facturum esse.

22 Simul autem etiam para mihi hospitium: spero enim me per preces vestras donatum iri vobis.

23 Salutant te, Epaphras (meus m

captivitate propter Christum Jesum socius),

24 Marcus, Aristarchus, Demas, Lucas, adjutores mei.

25 Gratia Domini nostri Jesu Christi *sit* cum spiritu vestro. Amen.

Ad Philemonem missa fuit Româ per Onesimum servum.

PAULI APOSTOLI EPISTOLA AD HEBRAEOS.

CAP. I.

MULTIS vicibus, multisque modis, olim Deus loquutus patribus in prophetis, ultimis diebus hisce loquutus est nobis in Filio ;

2 Quem constituit haeredem omnium, per quem etiam mundum condidit ;

3 Qui quum sit effulgentia gloriae, et character personae illius, sustineatque omnia verbo illo suo potente, purgatione peccatorum nostrorum per seipsum factâ, sedit ad dextram Majestatis illius in *locis* excelsissimis ;

4 Tantò praestantior factus angelis, quantò excellentius prae illis sortitus est nomen.

5 Nam cui dixit unquam angelorum, Filius meus es tu, ego hodie genui te? Ac rursùm, Ego ero ei Pater, et ipse erit mihi Filius ?

6 Rursùm autem, quum inducit primogenitum in orbem terrarum, dicit, Et adorent eum omnes angeli Dei.

7 Et de angelis quidèm dicit, Qui angelos suos facit ventos, et ministros suos ignis flammam.

8 Ad Filium autem, Thronus tuus, Deus, in seculum seculi ; virga recta virga regni tui.

9 Dilexisti justitiam, et odisti iniquitatem : propterea unxit te, ô Deus, Deus tuus, oleo exultationis, ultra consortes tuos.

10 Et, Tu in initio, Domine, terram fundâsti, et opera manuum tuarum sunt coeli :

11 Ipsi peribunt : tu autem permanes ; et omnes ut vestimentum veterascent ;

12 Ac velut amictum circumvolves eos, et mutabuntur : tu autem idem es, et anni tui non deficient.

13 Ad quem autem angelorum dixit unquam, Sede ad dextram meam, usquedum posuero inimicos tuos scabellum pedum tuorum ?

14 Nonne omnes sunt ministratores spiritus, qui ministerii causâ emittuntur propter eos qui haeredes erunt salutis ?

CAP. II.

PROPTEREA oportet nos eò magis attendere iis quae audivimus, nequando perfluamus.

2 Etenim, si per angelos dictus sermo fuit firmus, omnisque transgressio et contumacia justam mercedis retributionem retulit ;

3 Quomodo nos effugiemus, si tantam neglexerimus salutem ; quae quum primùm enarrari coeperit per ipsum Dominum, ab iis qui ipsum audierant fuit nobis confirmata ;

4 Testimonium illis praebente Deo et signis et prodigiis, variisque virtutibus, et Spiritûs Sancti distributionibus, pro suâ voluntate ?

5 Non enim angelis suojecit mundum illum futurum, de quo loquimur.

6 Testatus est autem quidam alicubi, dicens, Quid est homo, ut memor sis ejus ? aut filius hominis, ut eum respicias ?

7 Fecisti eum paulisper inferiorem

angelis; gloriâ et honore coronâsti eum, et constituisti eum super opera manuum tuarum.

8 Omnia subjecisti sub pedibus ejus. Enimvero per hoc quòd ei subjecit omnia, nihil omisit quod non sit ei subjectum. At nunc nondum videmus ei omnia esse subjecta.

9 Sed Jesum illum cernimus gloriâ et honore coronatum, qui paulisper fuit inferior angelis factus, propter mortis perpessionem; ut beneficio Dei pro omnibus mortem gustaret.

10 Decebat enim ut ipse propter quem sunt haec omnia, et per quem sunt haec omnia, multos filios in gloriam adducendo, principem salutis ipsorum per afflictiones consecraret.

11 Nam et qui sanctificat, et qui sanctificantur, ex uno sunt omnes. Quam ob causam non erubescit eos vocare fratres;

12 Dicens, Annunciabo nomen tuum fratribus meis; in medio ecclesiae tibi hymnos canam.

13 Et rursùm, Ego fretus ero ipso. Et iterum, Ecce ego et pueri quos mihi dedit Deus.

14 Quoniam igitur pueri participes sunt carnis et sanguinis, ipse quoque consimiliter particeps factus est eorundem, ut per mortem aboleret eum qui mortis imperium habet, hoc est diabolum:

15 Et liberos redderet quotquot metu mortis per omnem vitam obnoxii erant servituti.

16 Non enim utique angelos assumpsit, sed semen Abrahami assumpsit.

17 Unde debuit per omnia fratribus similis fieri, ut misericors esset et fidelis pontifex in iis quae apud Deum *agenda forent*, ad expiandum peccata populi:

18 Nam ex eo quòd perpessus fuit, quum tentatus est, potest et iis qui tentantur succurrere.

CAP. III.

UNDE, fratres sancti, vocationis coelestis participes, considerate Apostolum et pontificem professionis nostrae, Christum Jesum;

2 Fidelem ei qui ipsum constituit, ut et Moses *fidelis fuit* in totâ domo ipsius.

3 *Tantò* namque ampliore gloriâ prae Mose hic dignus est habitus, quantò majorem habet honorem is qui construxit domum quàm domus ipsa.

4 Omnis enim domus construitur ab aliquo: qui verò condidit haec omnia *est* Deus.

5 Et Moses quidèm fidus *fuit* in totâ domo ipsius, ut famulus, ad testificanda quae pòst erant dicenda:

6 At Christus, ut Filius, domui suae praeest: cujus domûs sumus nos, si modò fiduciam et spem illam de quâ gloriamur, ad finem usque firmam retinuerimus.

7 Quapropter, sicut dicit Spiritus ille Sanctus, Hodie si vocem ejus audieritis,

8 Ne obdurate corda vestra, sicut in exacerbatione, in die tentationis illius in deserto;

9 Ubi tentaverunt me patres vestri, probaverunt me, et viderunt opera mea per annos quadraginta.

10 Quapropter infensus fui nationi isti; et dixi, Semper errant corde, neque cognoverunt vias meas.

11 Itaque juravi in irâ meâ, Si introibunt in requiem meam.

12 Videte, fratres, nequando sit in ullo vestrûm cor malum non credens, deficiendo a Deo vivo:

13 Sed exhortamini alii alios quotidiè, quoad appellatur dies hodiernus: nequis ex vobis induretur seductione peccati.

14 Christi enim participes facti sumus, si modò principium illud, quo sustentamur, firmum retinuerimus ad finem usque:

15 *Interim* dum dicitur, Hodie si vocem ejus audieritis, ne obduratis corda vestra, ut in illâ exacerbatione.

16 Nam quidam, quum audissent, exacerbârunt *Dominum*: non omnes

AD HEBRAEOS, IV, V.

tamen ii qui exierant ex Aegypto per Mosen.

17 Quibus autem infensus fuit quadraginta annis? nonne iis qui peccaverant, quorum corpora conciderunt in deserto?

18 Quibus autem juravit non ingressuros in requiem suam, nisi iis qui non obedierant?

19 Et videmus non potuisse ingredi propter incredulitatem.

CAP. IV.

METUAMUS igitur, nequando derelictâ promissione introeundi in requiem ejus, videatur aliquis ex vobis fuisse frustratus.

2 Etenim nobis evangelizatum est, sicut et illis: at non profuit illis auditus sermo, ut qui fide contemperatus non fuerit apud illos qui audierant.

3 Introimus enim in requiem nos qui credidimus; sicut dixit, Itaque juravi in irâ meâ, si ingressuri sint in requiem meam: quamvis operibus a jacto mundi fundamento factis.

4 Ita enim dixit quodam in loco de septimo die, Et requievit Deus die septimo ab omnibus operibus suis.

5 Et hic rursum, Si introibunt in requiem meam.

6 Quia igitur reliquum est ut aliqui introëant in eam, et quibus priùs evangelizatum fuit non introïerunt propter contumaciam:

7 Rursum quendam praefinit diem; Hodie, apud Davidem dicens, tanto post tempore, (prout dictum est) Hodie si vocem ejus audieritis, ne obdurate corda vestra.

8 Nam si Jesus eos in requie collocasset, nequaquam de alio posthac die loquutus fuisset.

9 Itaque reliquus est aliquis sabbatismus populo Dei.

10 Nam qui ingressus est in requiem ipsius, requievit et ipse ab operibus suis, quemadmodum à suis Deus.

11 Studeamus igitur ingredi in illam requiem, nequis in idem incidat contumaciae exemplum.

12 Vivus enim *est* sermo Dei, et efficax, et penetrantior quo vis gladio ancipiti, et pertingit usque ad divisionem animae sin ul ac spiritûs, compagumque et medullarum; et dijudicat cogitationes et conceptiones cordis.

13 Nec est ulla res creata quae non manifesta sit in conspectu ipsius: imò omnia *sunt* nuda et patentia oculis ejus quicum nobis est negotium.

14 Habentes igitur pontificem magnum, qui penetravit coelos, Jesum Filium Dei, teneamus *hanc* professionem.

15 Non enim habemus pontificem qui non possit affici sensu infirmitatum nostrarum, sed tentatum in omnibus similiter, absque *tamen* peccato.

16 Accedamus igitur cum fiduciâ ad thronum gratiae; ut consequamur misericordiam, et gratiam inveniamus ad opportunum auxilium.

CAP. V.

NAM omnis pontifex ex hominibus assumptus, pro hominibus constituitur in iis quae apud Deum *agenda sunt;* ut offerat donaria e victimas pro peccatis:

2 Qui, quantum satis est, possit miserari vicem ignorantium et aberrantium; quòd et ipse circumdatus sit infirmitate.

3 Et propter hanc debeat, sicut pro populo, ita et pro seipso offerre *victimam* pro peccatis.

4 Neque sibiipsi quisquam sumit hunc honorem, sed qui vocatur à Deo, sicut et Aaron.

5 Ita et Christus non ipse sibi hunc honorem tribuit, ut fieret pontifex; sed is qui dixit ei, Filius meus es tu, ego hodie genui te.

6 Sicut et in alio psalmo dicit, Tu *es* sacerdos in aeternum, secundùm ordinem Melchisedeci.

7 Qui in diebus carnis suae, deprecationibus et supplicationibus oblatis

PAULI EPISTOLA

...um clamore valido et lacrymis, ap ud eum qui poterat ipsum servare a morte, et exauditis precibus *liberatus* ex metu,

8 Quamvis Filius esset, *tamen* ex iis quae passus est didicit obedientiam ;

9 Et consecratus, factus est auctor salutis aeternae omnibus qui ipsi auscultant ;

10 Cognominatus a Deo pontifex secundùm ordinem Melchisedeci.

11 De quo nobis multa sunt dicenda, eaque difficilia explicatu ; quandoquidem segnes facti estis auribus.

12 Vos enim quos oportuit pro temporis ratione doctores esse, rursum opus est doceri quae sint elementa initii eloquiorum Dei ; factique estis ii quibus lacte sit opus, et non solido cibo.

13 Enimvero cui cum lacte res est, is rudis est sermonis justitiae: (infans enim est.)

14 Sed adultorum est solidus cibus, eorum *videlicet* qui propter habitum, sensus habent exercitatos ad discretionem boni ac mali.

CAP. VI.

QUAPROPTER omisso qui in Christo rudes inchoat sermone, ad perfectionem feramur : non jacentes rursum fundamentum resipiscentiae ab operibus mortuis, et fidei in Deum.

2 Baptizmatum doctrinae, ac manuum impositionis, et resurrectionis mortuorum, et judicii aeterni.

3 Atque id faciemus, siquidem permiserit Deus.

4 Nam fieri non potest ut qui semel fuerint illuminati, gustaverintque donum illud coeleste, et participes facti fuerint Spiritûs Sancti :

5 Gustaverintque bonum Dei verbum ac virtutes futuri seculi ;

6 Si prolabantur, denuò renoventur ad resipiscentiam ; ut qui rursum crucifigant sibi Filium Dei, et ignominiae exponant.

7 Nam terra, quae imbrem saepius in se venientem combiberit, et progenuerit herbam accommodam iis per quos excolitur, recipit benedictionem à Deo :

8 At quae profert spinas et tribulos, rejectanea *est*, et maledictioni proxima ; cujus exitus *tendit* ad exustionem.

9 Sed persuasimus nobis de vobis, dilecti, istis meliora, et cum salute conjuncta, etiamsi ita loquamur.

10 Non enim injustus est Deus, ut obliviscatur operis vestri et laboriosae charitatis quam demonstratis erga ipsius nomen ; *ut* qui ministraveritis sanctis, et ministretis.

11 Cupimus autem ut unusquisque vestrûm idem studium ad fidem usque ostendat, ad certam spei persuasionem :

12 Ut ne sitis segnes, sed imitatores eorum qui per fidem ac lenitatem haereditario jure obtinent promissionem.

13 Deus enim pollicitus Abrahamo, quum non posset per quenquam majorem jurare, juravit per seipsum,

14 Dicens, Certè benedicens benedicam tibi, et multiplicans multiplicabo te.

15 Atque ita quum patienter exspectâsset, assequutus est promissum.

16 Nam homines quidèm per eum jurant qui sit major : atque iisdem omnis controversiae finis est jusjurandum ad confirmationem *adhibitum.*

17 Quâ in re Deus volens ex abundanti haeredibus promissionis ostendere immutabilitatem consilii sui, fide jussit jurejurando :

18 Ut per duas res immutabiles, in quibus fieri non potest ut mentitus sit Deus, validam consolationem habeamus *nos*, qui cursum eò corripuimus, ut spem propositam obtineamus ;

19 Quam velut animae anchoram habeamus tutam ac firmam, et ingredientem usque in ea quae sunt intra velum :

AD HEBRAEOS, VII.

20 Quò praecursor pro nobis ingressus est Jesus, factus secundùm ordinem Melchisedeci pontifex in aeternum.

CAP. VII.

NAM hic Melchisedecus rex *erat* Salem, sacerdos Dei altissimi, qui occurrit Abrahamo revertenti à caede regum. et benedixit ei:

2 (Cui et decimus ex omnibus impertitus est Abrahamus:) qui primùm quidèm ex interpretatione dicitur Rex justitiae, deinde verò etiam rex Salem, quod est Rex pacis:

3 Sine patre, sine matre, sine genere; nec initium dierum, neque vitae finem habens; sed assimilatus Filio Dei, manet sacerdos in perpetuum.

4 Spectate verò quantus hic *fuerit*, cui Abrahamus etiam ille patriarcha decimam spoliorum dederit.

5 Et ii quidèm qui sunt ex filiis Levi sacerdotio fungentes, praeceptum habent decimarum accipiendarum à populo secundùm legem, hoc est, à fratribus suis, licet egressis ex lumbis Abrahami.

6 Is verò, cujus genus ad illos non refertur, decimas accepit ab Abrahamo, et habenti promissiones benedixit.

7 Porrò sine ullâ controversiâ, id quod minus est, ab eo quod majus est benedicitur.

8 Atque hìc quidèm homines qui moriuntur, decimas accipiunt: illìc autem is, de quo testatum est quòd vivat.

9 Et (ut ita loquar) in Abrahamo decimatus est etiam ipse Levi, qui decimas solet accipere.

10 Nam is adhuc in lumbis patris erat, quum occurreret Abrahamo Melchisedecus.

11 Porrò, si consummatio per Leviticum sacerdotium erat, (nam sub hoc sancita lex est populo,) quid ampliùs erat opus alium exoriri sacerdotem secundùm ordinem Melchisedeci, nec secundùm ordinem Aaronis dici?

12 Mutato enim hoc sacerdotio necessariò quoque legis mutatio fit.

13 Nam *is* de quo haec dicuntur, ad aliam tribum pertinet, de quâ nullus attendit altari.

14 Palam est enim e Judâ exortum esse Dominum nostrum, cui tribui nihil de sacerdotio loquutus est Moses.

15 *Idque* etiam magis patet *ex eo*, quòd ad similitudinem Melchisedeci exoritur sacerdos alius;

16 Qui ncn ex lege, cujus mandatum sit carnale, factus est *sacerdos*, sed ex vi indissolubilis vitae.

17 Testificatur enim ad hunc modum, Tu *es* sacerdos in aeternum secundùm ordinem Melchisedeci.

18 Fit enim abolitio praecedentis mandati, propter ipsius infirmitatem et inutilitatem.

19 Nihil enim sanctificavit lex, sed superintroducta spes melior, per quam appropinquamus Deo.

20 Etiam quatenus non absque jurejurando *superintroducta est*.

21 Nam illi quidèm citra jusjurandum sacerdotes facti sunt: hic verò cum jurejurando, per eum qui dixit ei, Juravit Dominus, et non poenitebit eum, Tu *es* sacerdos in aeternum secundùm ordinem Melchisedeci.

22 Tantò potioris foederis sponsor factus est Jesus.

23 Et illi quidèm plures facti sunt sacerdotes, quòd mors prohiberet eos permanere:

24 At iste, propterea quòd in aeternum manet, perpetuum habet sacerdotium.

25 Unde et servare perfectè potest eos qui per ipsum accedunt ad Deum, semper vivens ut interpellet pro eis.

26 Talis enim nos decebat pontifex, sanctus, sine vitio, sine labe, segregatus à peccatoribus, et sublimior coelis factus.

27 Cui non sit quotidie necesse, quemadmodum illis pontificibus, priùs pro peccatis propriis victimas offerre

PAULI EPISTOLA

deinde pro peccatis populi. Hoc enim fecit semel, quum semetipsum obtulit.

28 Lex enim homines constituit pontifices infirmitate laborantes; at sermo jurisjurandi post legem concepti, Filium *constituit* qui in aeternum est sanctificatus.

CAP. VIII.

CAETERUM eorum quae dicimus *haec* summa *est*, Talem *nos* habere pontificem, qui consedit ad dextram throni Majestatis illius in coelis.

2 Sanctuarii minister, ac veri illius tabernaculi, quod fixit Dominus, et non homo.

3 Omnis enim pontifex ad offerenda dona et victimas constituitur: unde necesse fuit hunc quoque habere quod offerret.

4 Nam si esset in terrâ, ne sacerdos quidèm esset, manentibus illis sacerdotibus, qui secundùm legem offerunt dona;

5 Ut qui exemplari et umbrae deserviant rerum coelestium, sicut divinitùs dictum est Mosi, quum esset absoluturus tabernaculum, Vide enim, inquit, *ut* facias omnia ad exemplar quod ostensum est tibi in monte.

6 At nunc *noster ille Pontifex* eo excellentius ministerium sortitus est, quo praestantioris est foederis intercessor, quod praestantioribus promissis sancitum est.

7 Nam si prius illud tale fuisset, ut nihil in eo posset requiri, haudquaquam fuisset secundo quaesitus locus.

8 Nam incusans eos inquit, Ecce, dies venient, dicit Dominus, quum peragam cum domo Israelis, et cum domo Judae, foedus novum:

9 Non secundùm foedus, quod feci cum patribus ipsorum, quo die prehendi manum ipsorum, ut educerem eos ex Aegypto: nam ipsi non perstiterunt in illo meo foedere, et ego despexi eos, dicit Dominus.

10 Quamobrem hoc est foedus quod paciscar domui Israelis post dies illos,

dicit Dominus. Indam leges mea menti eorum, et cordi eorum inscribam: et ero ipsis Deus, et ipsi erunt mihi populus:

11 Neque docebunt singuli proximum suum, et singuli fratrem suum dicentes, Cognosce Dominum: nam omnes cognoscent me, ab eo qui pusillus fuerit inter eos, ad eum usque qui magnus fuerit inter eos.

12 Ero enim propitius iniquitatibus eorum, et peccatorum ipsorum, et iniquitatum ipsorum non recordabor ampliùs.

13 Dum novum dicit, antiquavit prius: porrò quod antiquatur ac senescit, propè est ut evanescat.

CAP. IX.

HABUIT igitur prius *foedus* etiam constitutos religionis ritus, et sanctuarium mundanum.

2 Tabernaculum enim constructum fuit; priùs *quidèm*, in quo *erat* candelabrum, et mensa, et propositi panes, quod Sancta vocant:

3 Post medium autem velum *erat* tabernaculum, quod vocant Sancta Sanctorum;

4 Aureum habens thuribulum, et arcam foederis undique circumtectam auro; in quâ, urna aurea habens manna, et virga illa Aaron quae germinavit, et tabulae illae foederis;

5 Supra hanc autem cherubim gloriosi obumbrantes propitiatorium; de quibus non est nunc dicendum singulatim.

6 His verò ita ordinatis, in prius quidèm tabernaculum quovis *tempore* ingrediuntur sacerdotes ritus obeuntes:

7 In secundum autem semel quot annis solus pontifex, non sine sanguine, quem offert pro seipso, et pro populi erratis:

8 Hoc declarante Spiritu Sancto, nondum patefactam fuisse viam ad sacrarium, priore tabernaculo adhuc consistente:

9 Quod *erat* exemplar pro tempore illo praesenti, quo dona sacrificia-

AD HEBRAEOS, X.

que offeruntur, quae non possunt in conscientiâ sanctificare cultorem,

10 In cibis duntaxat et potionibus, et diversis ablutionibus, ac ritibus carnalibus, usque ad tempus directionis imposita.

11 Adveniens autem Christus pontifex futurorum bonorum, per majus et perfectius tabernaculum non manufactum, id est, non hujus structurae,

12 Neque per sanguinem hircorum et vitulorum, sed per proprium sanguinem, ingressus est semel in sacrarium, aeternam redemptionem nactus.

13 Nam si sanguis taurorum et hircorum, et cinis juvencae aspergens inquinatos, sanctificat ad carnis puritatem;

14 Quantò magis sanguis Christi, qui per Spiritum aeternum seipsum obtulit inculpatum Deo, emundabit conscientiam vestram à mortuis operibus, ad serviendum Deo vivo?

15 Itaque ob id novi foederis Mediator est, ut morte ad redemptionem earum transgressionum intercedente quae fuerant sub priore foedere, qui vocati erant promissam aeternam haereditatem acciperent.

16 Nam ubi testamentum est, mors intercedat necesse est testatoris.

17 Testamentum enim in mortuis ratum est; quandoquidem nondum valet quum vivit testator.

18 Unde ne prius quidèm illud absque sanguine dedicatum fuit.

19 Quum enim Moses omnia mandata secundùm legem recitâsset toti populo, sumpto sanguine vitulorum et hircorum, cum aquâ, et lanâ coccinâ, et hyssopo, simul et ipsum librum et totum populum aspersit;

20 Dicens, Hic *est* sanguis ille hujus foederis, de quo mandatum dedit ad vos Deus.

21 Insuper autem et tabernaculum, et omnia vasa sacrae functionis sanguine similiter aspersit.

22 Et omnia ferè secundùm legem sanguine purificantur; et absque sanguinis effusione non fit remissio.

23 Itaque necesse *fuit* exemplaria quidèm eorum quae sunt in coelis hisce rebus purificari; ipsa verò coelestia potioribus quàm hae sint victimis.

24 Non enim in manufactum sacrarium ingressus est Christus, quod sit exemplar vero *sacrario* respondens; sed in ipsum coelum, ut compareat nunc faciei Dei pro nobis.

25 Neque ut saepe offerat semetipsum, sicut pontifex ingreditur in sacrarium quotannis cum sanguine alieno;

26 (Alioquin oportuisset eum saepe passum fuisse a jacto mundi fundamento;) sed nunc semel, in consummatione seculorum, ad peccatum per immolationem suiipsius abolendum patefactus est.

27 Et sicut illud statutum est hominibus ut semel moriantur, postea verò judicium;

28 Ita et Christus semel oblatus ut *in seipso* attolleret multorum peccata; secundò absque peccato conspicietur iis qui ipsum exspectant, ad salutem.

CAP. X.

LEX enim umbram obtinens futurorum bonorum, non ipsam expressam formam rerum, iis hostiis quas singulis annis easdem continenter offerunt, nunquam potest accedentes sanctificare:

2 Alioqui desiissent offerri? propterea quòd sanctificantes, semel purgati, nullorum peccatorum ampliùs essent sibi conscii.

3 At in istis *fit* repetita mentio peccatorum quotannis.

4 Non enim potest sanguis taurorum et hircorum auferre peccata.

5 Quapropter ingrediens mundum, dicit, Sacrificium et oblationem noluisti, corpus autem adaptâsti mihi:

6 Holocautomata et hostiam pro peccato non approbàsti:

7 Tunc dixi, Ecce, adsum, (in capite libri scriptum est de me) ut faciam, Deus, voluntatem tuam.

8 Quum superius dixisset, Sacrificium, et oblationem, et holocautomata, et hostiam pro peccato noluisti, neque approbâsti, (quae juxta legem offeruntur;)

9 Tunc dixit, Ecce, adsum, ut faciam, Deus, voluntatem tuam. Tollit prius, ut posterius statuat.

10 Qua voluntate sanctificati sumus, per oblationem corporis Jesu Christi semel *factam*.

11 Omnis igitur sacerdos adstat quotidie sacris operans, et easdem saepiùs offerens hostias, quae nunquam possint auferre peccata :

12 Hic verò, unâ pro peccatis oblatâ in perpetuum victimâ, consedit ad dextram Dei :

13 De caetero exspectans, donec inimici ipsius pro scabello pedum ejus ponantur.

14 Unicâ enim oblatione consecravit in perpetuum eos qui sanctificantur.

15 Testificatur autem *hoc* nobis et ipse Spiritus Sanctus : nam posteaquam priùs dixit,

16 Hoc est foedus quod paciscar cum eis post dies illos, dicit Dominus ; Indam leges meas cordibus eorum, et eorum mentibus eas inscribam ;

17 Et peccatorum atque iniquitatum ipsorum non recordabor ampliùs.

18 Porrò, ubi *est* horum remissio, non *est* ampliùs oblatio pro peccato.

19 Quum igitur, fratres, habeamus libertatem ingrediendi sacrarium per sanguinem Jesu,

20 Eâ viâ quam dedicavit nobis recentem et vivam, per velum, hoc est, per carnem suam ;

21 *Quumque habeamus* Sacerdotem magnum, praefectum domui Dei :

22 Accedamus cum vero corde et certâ persuasione fidei, aspersione purgatis cordibus à conscientiâ malâ :

23 Et abluto corpore aquâ purâ, teneamus confessionem spei non vacillantem ; (fidelis enim *est* qui promisit :)

24 Et observemus alii alios, ut nos acuamus ad charitatem et bona opera :

25 Non deserentes aggregationem nostri mutuam, sicuti mos est quibusdam, sed adhortantes *alii alios :* idque eò magis quòd videtis illum diem appropinquare.

26 Nam si ultro peccaverimus post acceptam cognitionem veritatis, non adhuc pro peccatis reliqua est hostia ;

27 Sed horrenda quaedam exspectatio judicii, et ignis fervor, qui devoraturus est adversarios.

28 Qui irritam fecerit Mosis legem, absque misericordia ex duorum aut trium testimonio moritur :

29 Quantò, putatis, acerbiore supplicio dignus censebitur, qui Filium Dei conculcârit, et sanguinem foederis, per quem fuerat sanctificatus, profanum duxerit, et Spiritum gratiae contumeliâ affecerit ?

30 Novimus enim eum qui dixit, Mecum est ulcisci, ego rependam, dicit Dominus : et rursum, Dominus judicabit populum suum.

31 Horrendum est incidere in manus Dei vivi.

32 Revocate verò in memoriam superiores dies, quibus postquam illustrati fuistis, ingens certamen afflictionum sustinuistis ;

33 Partim quidem, dum et cum probris, et cum afflictionibus, in theatrum estis producti : partim verò dum socii facti estis eorum qui sic agitantur.

34 Nam et de vinculis meis mecum doluistis, et direptionem eorum quae vobis suppetebant cum gaudio excepistis, ut qui sciretis *vos* habere apud vos potiorem substantiam in coelis, et quae permaneat.

35 Ne igitur abjicite liberam illam professionem vestram, quae magnam habet praemii retributionem.

36 Nam tolerantiâ vobis est opus, ut voluntati Dei obsequuti reportetis promissionem illam.

37 Adhuc enim pusillum quantu

umcunque, et qui venturus est veniet, neque tardabit.

38 Justus autem ex fide vivet: at si *quis* se subduxerit, non probat eum animus meus.

39 At nos non ii sumus qui nos subducamus ad exitium, sed qui credamus ad animae salutem.

CAP. XI.

EST autem fides illud quo subsistunt quae sperantur, et quae demonstrat quae non cernuntur.

2 Ob eam enim testimonio sunt ornati majores.

3 Per fidem intelligimus constructum fuisse mundum verbo Dei, ut quae cernimus non sint ex apparentibus facta.

4 Abel, per fidem, majoris pretii sacrificium obtulit Deo quàm Cain : per quam testimonio fuit ornatus, quòd esset justus, testimonium perhibente Deo de donis ejus: et mortuus adhuc per hanc loquitur.

5 Per fidem Enochus fuit translatus, ne viderit mortem ; nec fuit inventus, propterea quòd transtulerat eum Deus: priusquam enim transferretur, testimonium obtinuerat quòd placuisset Deo.

6 Atqui fieri non potest ut sine fide quisquam *ei* placeat: nam qu. accedit ad Deum, hunc credere oportet esse *Deum*, et praemia largiri iis qui ipsum requirunt.

7 Per fidem divinitùs admonitus Noë de iis quae nondum videbantur, veritus apparavit arcam ad servandam domium suam: per quam *arcam* condemnavit mundum, et ejus, quae ex fide est, justitiae factus est haeres.

8 Per fidem vocatus Abrahamus auscultavit *Deo*, ut abiret in locum quem accepturus erat in haereditatem ; et exivit, nesciens quo esset ve aturus.

9 Per fidem commoratus est in terrâ promissâ ut alienâ, commoratus in tabernaculis cum Isaac et Jacob, cohaeredibus ejusdem promissionis:

10 Exspectabat enim civitatem illam habentem fundamenta, cujus aiti fex et conditor est Deus.

11 Per fidem et ipsa Sara vim ad concipiendum semen accepit, ac praeter tempus aetatis peperit, quòd fidelem *esse* duxerit eum qui promiserat.

12 Quapropter et ex uno, eoque jam emortuo, nati sunt *posteri*, quanta est astrorum coeli multitudo, et quasi arena illa innumerabilis quae est ad oram maris.

13 Secundùm fidem mortui sunt isti omnes, non adepti promissa, sed eminùs ea conspicati, postquam *ipsis* fuissent persuasa et *ea* amplexi fuissent, ac professi se hospites et advenas esse in terrâ.

14 Nam qui haec dicunt, palam ostendunt se patriam quaerere.

15 Quòd si illius memores fuissent, ex qua exierant, habere poterant tempus ad revertendum :

16 Atqui meliorem expetunt, hoc est, coelestem : quapropter Deum non pudet eorum, *id est*, cognominari Deum eorum ; paraverat enim eis urbem.

17 Abrahamus, quum tentaretur, obtulit Isaacum per fidem ; unigenitum, inquam, illum obtulit, is qui promissiones exceperat ;

18 Ad quem dictum fuerat, In Isaac vocabitur tibi semen :

19 Ratiocinatus Deum potentiâ praeditum esse etia n suscitandi a mortuis ; unde illum similitudine quadam recepit.

20 Per fidem de futuris penedixit Isaacus Jacobo et Esauo.

21 Per fidem Jacobus moriens singulis filiis Josephi benedixit: et adoravit baculo innixus.

22 Per fidem Josephus moriera de egressione filiorum Israëlis meminit ; deque ossibus suis mandavit.

23 Per fidem Moses, quum natus esset, occultatus est menses tres à parentibus suis, quòd viderent venustum esse puerulum ; et non timuerunt edictum regis.

24 Per fidem Moses jam grandis renuit vocari filius filiae Pharaonis.

25 Potiùs eligens simul malis vexari cum populo Dei, quàm temporariam retinere peccati fruitionem ;

26 Majores arbitratus divitias probrum Christi, quàm Aegyptiorum thesauros: intuebatur enim in praemii retributionem.

27 Per fidem reliquit Aegyptum, nihil timens iram regis : nam, ut qui videret eum qui est invisibilis, *ita forti* animo fuit.

28 Per fidem peregit pascha, et effusionem illam sanguinis ; ne qui perunebat primogenita, ipsos tangeret.

29 Per fidem transierunt Rubrum Mare veluti per terram ; cujus *maris* facto periculo Aegyptii absorpti sunt.

30 Per fidem moenia Jericho conciderunt, circumdata ad dies septem.

31 Per fidem Rahab meretrix illa non periit unà cum iis qui non obedierunt, quum pacificè excepisset hospitio exploratores.

32 Et quid praeterea loquor? deficiet enim me tempus commemorantem de Gedeone, de Baraco, et Sampsone, et Jephthe, et Davide, et Samuele, ac prophetis ;

33 Qui per fidem debellàrunt regna, operati sunt justitiam, assequuti sunt promissiones, occluserunt ora leonum,

34 Extinxerunt vim ignis, effugerunt acies gladii, corroborati sunt ex infirmitate, effecti sunt validi in bello, exercitus exterorum in fugam verterunt :

35 Mulieres acceperunt ex resurrectione mortuos suos. alii verò distenti sunt, neglectà liberatione ut potiorem resurrectionem nanciscerentur :

36 Alii rursus ludibria et flagella sunt experti, insuper et vincula et carcerem :

37 Lapidati sunt, dissecti sunt, tentati sunt, gladio caesi occubuerunt, oberraverunt cum ovillis et caprinis pellibus, destituti, afflicti, pressi, malè vexati :

38 Quibus indignus erat mundus, in desertis errantes, et montibus, ac speluncis, et cavernis terrae.

39 Atque omnes hi testimonio per fidem ornati, non obtinuerunt promissum illud :

40 Quoniam Deus de nobis melius quiddam providerat, ne absque nobis consummarentur.

CAP. XII.

PROINDE nos quoque, quum tanta nos circumstet testium nubes, abjecto omni pondere, et peccato ad nos circumcingendos proclivi, per tolerantiam propositum nobis stadium decurramus ;

2 Intuentes in fidei ducem ac perfectorem Jesum, qui pro sibi proposito gaudio pertulit crucem, ignominià contemptà, et ad dextram throni Dei consedit.

3 Etenim reputate, quis ille sit qui talem sustinuit à peccatoribus adversùs sese contradictionem, ne vestris animabus fracti fatiscatis.

4 Nondum ad sanguinem usque restitistis, adversùs peccatum decertando.

5 Et obliti estis adhortationis, quae vobis tanquam filiis loquitur, Fili mi, ne negligito castigationem Domini, neque remissus esto, quum ab eo argueris ;

6 Quem enim diligit Dominus, castigat : flagellat autem quemcunque filium agnoscit.

7 Si castigationem sustinetis, Deus sese vobis exhibet ut filiis : quis enim est filius, quem non castiget pater ?

8 Quòd si estis absque castigatione, cujus participes sunt omnes, nempe supposititii estis, non filii.

9 Deinde corporum nostrorum patres habuimus castigatores, et *eos* reveriti sumus : annon multò magis subjiciemur Patri spirituum, et vivemus ?

10 Nam illi ac paucos dies, prout ipsis videbatur, nos castigabant : hic autem ad commodum nostrum, ut participes simus sanctimoniae ipsius.

11 Omnis autem castigatio in praesens quidèm non videtur esse gaudii, sed tristitiae : et postea fructum tran-

AD HEBRAEOS, XIII.

quillum justitiae reddit iis qui per eam fuerint exercitati.

12 Quapropter manus remissas, et genua soluta, surrigite;

13 Et rectas orbitas facite pedibus vestris, ne quod claudum *est* deflecta à viâ, sed ut sanetur potiùs.

14 Pacem sectamini cum omnibus, et sanctimoniam, sine qua nemo videbit Dominum;

15 Prospicientes, nequis deficiat a gratiâ spei; nequa radix amara suppullulans obturbet, et per hanc inquinentur multi ·

16 Nequis sit scortator, aut profanus, velut Esau, qui unico edulio vendidit suum jus primogeniti.

17 Scitis enim eum etiam postea, quum vellet haereditario jure benedictionem assequi, reprobatum fuisse: non enim reperit poenitentiae locum, quamvis cum lacrymis *benedictionem* illam exquisisset.

18 Non enim accessistis ad contrectabilem montem, et incensum ignem, ac turbinem, et caliginem, et procellam,

19 Tubaeque sonitum, et vocem verborum, quam qui audierant, deprecati sunt ne ampliùs sibi fieret sermo:

20 (Non enim ferebant quod imperabatur, Si vel bestia tetigerit montem, lapidabitur, aut jaculo configetur:

21 Et Moses, adeò terribile erat visum quod apparebat, dixit, Expaveactus sum ac tremebundus:)

22 Sed accessistis ad montem Sion et civitatem Dei vivi, Hierusalem coelestem, et myriadas Angelorum;

23 Conventum universalem, et concionem primogenitorum, qui conscripti sunt in coelis, et judicem universorum Deum, et spiritus justorum consummatorum;

24 Et ad novi foederis mediatorem Jesum, et sanguinem aspersionis, praestantiora loquentem quàm loquatur Abel.

25 Videte ne recusetis eum qui ocquitur. Nam si illi non effugerunt qui recusârunt divinitùs admonentem in terrâ; multò magis nos, qui eum qui de coelis *est* adversaremur:

26 Cujus vox tunc concussit terram: nunc autem denunciavit, dicens, Adhuc semel ego concutiam non solùm terram, sed etiam coelum.

27 Porrò illud, Adhuc semel, declarat instabilium rerum, utputa factitiarum, amotionem, ut maneant quae sunt stabilia.

28 Quapropter regnum assumentes quod concuti non potest, teneamus gratiam, per quam ita serviamus Deo, ut ei placeamus cum verecundiâ et reverentiâ.

29 Etenim Deus noster consumens ignis est.

CAP. XIII.

FRATERNA charitas maneat.

2 Hospitalitatis ne estote immemores: per hanc enim quidam in scii exceperunt angelos hospitio.

3 Memores estote vinctorum, tanquam unà cum illis vincti; eorum qui malis premuntur, ac si ipsi quoque corpore *afflicti* essetis.

4 Honorabile *est* inter quosvis conjugium, et cubile impollutum: scortatores autem et adulteros damnabit Deus.

5 Sint mores *vestri* alieni ab avaritiâ: *estote* contenti praesentibus: dixit enim ipse, Nequaquam te deseram, neque unquam te derelinquam.

6 Adeò ut confidenti animo dicamus, Dominus *est* mihi auxiliator, nec timebo quid faciat mihi homo.

7 Memores estote doctorum vestrorum qui loquuti sunt vobis sermonem Dei: quorum imitamini fidem considerantes qui fuerit exitus conversationis ipsorum.

8 Jesus Christus heri et hodie idem *est*, et in secula.

9 Doctrinis variis et peregrinis ne circumferimini; bonum enim est gratiâ constabiliri cor, non cibis, unde nullam perceperunt utilitatem qui in ipsis incesserunt.

10 Habemus altare, ex quo non

PAULI EPISTOLA

...bent facultatem edendi qui tabernaculo deserviunt.

11 Quorum enim animalium sanguis infertur pro peccato in sacrarium per pontificem, horum corpora exuruntur extra castra.

12 Quapropter et Jesus, ut sanctificaret populum per proprium sanguinem, passus est extra portam.

13 Exeamus igitur ad eum extra castra, probrum ejus portantes.

14 Non enim habemus hic stabilem civitatem, sed futuram illam inquirimus.

15 Per ipsum igitur assiduè offeramus Deo sacrificium laudis, id est, fructum labiorum celebrantium nomen ejus.

16 Beneficentiae verò et communicationis ne obliviscimini : talibus enim victimis delectatur Deus.

17 Obedite doctoribus vestris, et obsecundate : excubant enim ipsi pro animabus vestris tanquam rationem reddituri ; ut cum gaudio hoc faciant, et non gementes : id enim est vobis inutile.

18 Orate pro nobis ; confidimus enim nos bonam conscientiam habere, ut qui in omnibus cupiamus honestè conversari.

19 Ampliùs autem obsecro vos ut id faciatis, ut celeriùs restituar vobis.

20 Deus verò pacis, qui magnum illum ovium, per sanguinem foederis aeterni, Pastorem, Dominum nostrum Jesum, à mortuis reduxit,

21 Perficiat vos in omni opere bono ad praestandam ipsius voluntatem, efficiens in vobis quod acceptum sit in conspectu suo, per Jesum Christum ; cui *sit* gloria in secula seculorum. Amen.

22 Precor autem vos, fratres, sufferre sermonem exhortationis hujus : nam paucis de hoc scripsi vobis.

23 Scitote fratrem *nostrum* Timotheum solutum esse, cum quo (si mox venerit) videbo vos.

24 Salutate omnes ductores vestros, et omnes sanctos. Salutant vos Itali.

25 Gratia *sit* cum omnibus vobis. Amen.

Ad Hebraeos scripta est ex Italia per Timotheum.

JACOBI APOSTOLI EPISTOLA
CATHOLICA.

CAP. I.

JACOBUS, Dei ac Domini Jesu Christi servus, duodecim tribubus dispersis, salutem :

2 Pro summo gaudio ducite, fratres mei, quoties in tentationes varias incideritis ;

3 *Illud* scientes, explorationem fidei vestrae efficere tolerantiam.

4 Caeterùm tolerantia opus perfectum habeat, ut sitis perfecti et integri, ita ut nihil vobis desit.

5 Quòd si cui vestrûm deest sapientia, postulet à Deo, qui dat *eam* omnibus benignè, nec exprobrat ; et dabitur ei.

6 Sed postulet cum fide, nihil addubitans ; nam qui disceptat, similis est fluctui maris, qui ventis agitatur et jactatur.

7 Non enim existimet homo ille se quicquam accepturum à Domino :

8 *Ut qui sit* vir animo duplici, et inconstans in omnibus viis suis.

9 Porrò, frater, qui est humilis conditionis, glorietur in sublimitate suâ :

10 Qui verò dives est, in submis

ione su... quoniam veluti flos herbae praeteribit.

11 Nam, ut exortus est sol cum aestu, arefecit herbam, et flos illius decidit, et spectabilis decor ipsius periit : ita et dives in viis suis marcescet.

12 Beatus est vir qui tolerat tentationem : quoniam quum probatus fuerit compertus, accipiet coronam vitae, quam promisit Dominus iis à quibus ipse diligitur.

13 Nemo, quum tentatur, dicat, A Deo tentor : nam Deus tentari malis non potest, nec quemquam tentat.

14 Sed unusquisque tentatur, dum à propriâ cupiditate abstrahitur, et inescatur.

15 Deinde cupiditas, posteaquam concepit, parit peccatum : peccatum verò peractum gignit mortem.

16 Ne errate, fratres mei dilecti.

17 Omnis donatio bona, et omne perfectum donum, est supernè, descendens à Patre luminum, apud quem non inest transmutatio, aut conversionis obumbratio.

18 Is quia voluit, progenuit nos sermone veritatis, ut essemus primitiae quaedam suarum creaturarum.

19 Itaque, fratres mei dilecti, sit omnis homo velox ad audiendum, tardus ad loquendum, tardus ad iram ;

20 Nam ira viri justitiam Dei non exsequitur.

21 Quapropter, abjectis omnibus sordibus et excremento malitiae, cum lenitate recipite insititium illum sermonem, qui potest servare animas vestras.

22 Es'ote verò actores sermonis ; nec estote auditores solùm, falsò ratiocinando fallentes vosmetipsos.

23 Nam siquis audit sermonem, et eum non praestat, is similis est viro consideranti faciem suam nativam in speculo ;

24 Nam simul atque consideravit seipsum, abiit, et statim oblitus est qualis esset.

25 At is qui introspexerit in perfectam illam legem litertatis, et permanserit in ea, quia non fuerit auditor obliviosus, sed actor operis, is, inquam, beatior erit in opere suo.

26 Siquis videtur religiosus esse inter vos, non fraenans linguam suam, sed suum ipsius cor seducens, hujus vana est religio.

27 Religio pura et incontaminata apud Deum et Patrem, haec est, Invisere orphanos et viduas in afflictione ipsorum, et immaculatum sese servare a mundo.

CAP. II.

FRATRES mei, ne cum respectu personarum habete fidem Domini nostri Jesu Christi gloriosi.

2 Nam siquis in coetum vestrum ingrediatur, aureum gestans annulum veste splendidâ ; ingrediatur autem et pauper cum sordidâ veste ;

3 Et respexeritis ad eum qui vestem gestat splendidam, et dixeritis ei, Tu sede hic pulchrè ; pauperi verò dicatis, Tu sta illic, aut sede hic subter scabellum meum ;

4 Nonne discrimen feceritis apud vos, et facti fueritis judices perversè deliberantes ?

5 Audite, fratres mei dilecti, Nonne Deus elegit pauperes mundi hujus, ut fierent divites fide, et haeredes regni quod promisit iis qui ipsum diligunt ?

6 At vos contumeliâ affecistis pauperem. Nonne divites per tyrannidem opprimunt vos, et trahunt vos ad tribunalia ?

7 Nonne blasphemant praeclarum illud nomen, à quo estis cognominati?

8 Quòd si legem regiam praestatis secundùm scripturam, Diliges proximum tuum ut teipsum, benefacitis :

9 Sin verò personam respicitis, peccatum committitis, et redarguimini à lege veluti transgressores.

10 Quisquis enim totam legem servaverit, impegerit autem in uno, omnibus tenetur.

11 Nam qui dixit, Ne moecheris, dixit etiam, Ne occidas. Quòd si

JACOBI EPISTOLA, III.

non fueris moechatus, occideris autem, factus es transgressor legis.

12 Ita loquimini et ita facite, ut per legem libertatis judicandi.

13 Nam damnatio absque misericordiâ *erit* ei qui non praestiterit misericordiam : et gloriatur misericordia adversùs damnationem.

14 Quae utilitas, fratres mei, si fidem dicat aliquis habere se, opera verò non habeat ? num potest fides illa sum servare ?

15 Quòd si frater aut soror nudi fuerint, et egentes quotidiano vic-
t u,

16 Dicat autem eis aliquis vestrûm, Abite cum pace, calescite, et saturamini ; non tamen dederitis eis quae sunt apta corpori, quae *erit* utilitas ?

17 Ita quoque fides, si opera non habeat, mortua est per se.

18 Quinimo dicet aliquis, Tu fidem habes, et ego opera habeo : ostende mihi fidem tuam absque operibus tuis, et ego ostendam tibi ex operibus meis fidem meam.

19 Tu credis Deum unum esse : rectè facis : daemonia quoque *istud* credunt, et horrescunt.

20 Vis verò nósse, homo vane, fidem *quae est* absque operibus mortuam esse ?

21 Abrahamus pater ille noster nonne ex operibus justificatus est, quum obtulisset Isaacum filium suum super altare ?

22 Vides fidem administram fuisse operum ipsius, et ex operibus fidem perfectam fuisse ?

23 Itaque impleta est scriptura quae dicit, Credidit autem Abrahamus Deo, et imputatum est ei ad justitiam, et amicus Dei vocatus est.

24 Videtis igitur ex operibus justificari hominem, et non ex fide tantùm.

25 Similiter autem etiam Rahab illa meretrix, annon ex operibus justificata est, quum accepisset nuncios illos, et aliâ viâ emisisset ?

26 Nam sicut corpus absque spiritu mortuum est, ita et fides illa *quae est* absque operibus mortua est.

CAP. III.

NE estote multi doctores, fratres mei, scientes fore, ut gravius judicium auferamus.

2 In multis enim impingimus cuncti. Siquis in sermone non impingit, hic perfectus est vir, ut qui possit fraeno moderari totum etiam corpus.

3 Ecce, equis fraena in ora immittimus, ut obediant nobis, et totum corpus eorum circumagimus.

4 Ecce, naves quoque, quum tantae sint, et à ventis saevis agitentur, circumaguntur à minimo gubernaculo, quocunque impulsus gubernatoris voluerit :

5 Ita et lingua pusillum membrum est, et sese effert magnificè : Ecce, exiguus ignis quantam materiam incendit !

6 Et lingua flamma *est, et* mundus iniquitatis : ita, *inquam*, lingua constituta est inter membra nostra, maculans totum corpus, inflammans rotam geniturae nostrae, et inflammata à gehennâ.

7 Omnis enim natura et ferarum et volucrum, serpentiumque et marinorum, domatur et domita est à naturâ humanâ :

8 Linguam autem nullus hominum domare potest ; maium *est* quod coercere non possis : plena *est* veneno mortifero.

9 Per ipsam benedicimus Deo et Patri, et per ipsam maledicimus hominibus qui ad similitudinem Dei conditi sunt.

10 Ex eodem ore procedit benedictio et maledictio. Non oportet, fratres mei, haec ita fieri.

11 Num fons ex eodem foramine fundit dulcem et amaram *aquam ?*

12 Num potest, fratres mei, ficus oleas edere, aut vitis ficus ? ita neque salsa dulcem aquam *potest* edere.

13 Quis sapiens et scientiâ praeditus *est* inter vos ? demonstret ex boni

conversatione opera sua cum mansuetudine sapientiae.

14 Quòd si invidiam amaram habetis, et irritationem in corde vestro, ne gloriamini, et ne mendaces estote adversùs veritatem.

15 Non est *enim* ista sapientia supernè descendens, sed terrena, animalis, daemoniaca.

16 Ubi enim invidia est et rixa, ibi tumultuatio, et omne opus pravum.

17 Quae autem supernè *est* sapientia, primùm quidèm pura est, deinde pacifica, moderata, obsequens, plena misericordiae, et fructuum bonorum, absque disceptatione, sine simulatione.

18 Fructus autem justitiae seritur cum pace iis qui dant operam paci.

CAP. IV.

UNDE bella et pugnae inter vos? nonne hinc, *nimirum* ex voluptatibus vestris, quae militant in membris vestris?

2 Concupiscitis, et non habetis: invidetis et ambitis, nec potestis assequi: pugnatis et bellatis, nec obtinetis, proptereà quòd non petitis.

3 Petitis, et non accipitis, eò quòd malè petatis, ut in voluptates vestras insumatis.

4 Adulteri et adulterae, nescitis amicitiam mundi inimicitiam esse adversùs Deum? Quicunque ergo voluerit amicus esse mundi, inimicus Dei constituitur.

5 An putatis scripturam inaniter dicere, Ad invidiam fertur spiritus qui sedem posuit in nobis?

6 Sed majorem offert gratiam; quia dicit, Deus superbis resistit, submissis autem dat gratiam.

7 Subjicite igitur vos Deo; resistite diabolo, et fugiet *à* vobis.

8 Appropinquate Deo, et appropinquabit vobis: emundate manus, peccatores; et purificate corda, duplices animo.

9 Sensu miseriae tangimini, et lugete, et flete: risus vester in luctum convertatur, et gaudium in moerorem.

10 Submittite vos in conspectu Domini, et extollet vos.

11 Ne alii adversùs alios loquimini, fratres: qui loquitur contra fratrem, quique damnat fratrem suum, loquitur contra legem, et damnat legem: quòd si damnas legem, non es observator legis, sed judex.

12 Unus est legislator qui potest servare et perdere: tu quis es, qui damnas alium?

13 Age nunc qui dicitis, Hodie ve cras proficiscemur in illam urbem, et agemus ibi annum unum, et mercabimur, et lucrabimur.

14 Qui ignoratis quid *futurum sit* postero die: quae est enim vita vestra? vapor enim est qui ad exiguum *tempus* apparet, et deinde evanescit.

15 Pro eo quod dicere debuistis, Si Dominus voluerit, et vivamus, faciemus hoc aut illud.

16 Nunc autem gloriamini de arrogantiâ vestrâ: omnis ejusmodi gloriatio mala est.

17 Igitur qui noverit rectè facere, nec facit, hic peccato tenetur.

CAP V.

AGE nunc, divites, flete, ejulantes super miseriis vestris superventuris.

2 Divitiae vestrae putrefactae sunt. vestimenta vestra sunt à tineis vorata:

3 Aurum et argentum vestrum aerugine vitiatum est, et aerugo eorum testabitur adversùm vos, et exedet carnes vestras velut ignis: thesaurum congessistis in ultimos dies.

4 Ecce, merces operariorum, qu messuerunt regiones vestras, per vos interversa, clamat: et vociferationes eorum qui messuerunt, in aures Domini Sabaoth introïerunt.

5 In deliciis vixistis super terram, et lacivistio: enutristis corda vestra, ut in die epuli.

6 Condemnàstis, occidistis justum non resistit vobis.

7 Patientes igitur estote, fratres.

usque ad Domini adventum. Ecce, agricola exspectat pretiosum fructum terrae, patienter eum exspectans, dum accipiat pluviam matutinam et serotinam.

8 Patientes estote et vos, *et* stabilite corda vestra, quoniam adventus Domini appropinquat.

9 Ne ingemiscite alius adversùs alium, fratres, ut ne condemnemini : ecce, judex ante januam adstat.

10 Sumite, fratres mei, pro exemplari vexationis ac lenitatis, prophetas, qui loquuti sunt in nomine Domini.

11 Ecce, beatos pronunciamus eos qui *adversa* tolerant : tolerantiam Job audistis, et finem Domini vidistis : nam abundat intimâ misericordiâ Dominus, et est miserator.

12 Ante omnia verò, fratres mei, ne jurate, neque per coelum, neque per terram, neque aliud ullum jusjurandum ; sic autem vestrum, Est, est ; et Non, non : ne in condemnationem incidatis.

13 Aeger est animo aliquis inter vos ? oret. Bono animo est aliquis ? psallat.

14 Aegrotat aliquis inter vos ? accersat presbyteros ecclesiae, et orent pro eo, ungentes eum oleo in nomine Domini :

15 Et oratio fidei servabit laborantem, erigetque eum Dominus : quòd si peccata commiserit, remittentur ei.

16 Confitemini alii aliis offensas, et orate alii pro aliis, ut sanemini: multum *enim* valet deprecatio justi efficax.

17 Elias homo erat iisdem quibus nos affectionibus obnoxius, et precibus precatus est ne plueret ; et non pluit super terram annos tres et sex menses :

18 Et rursum precatus est, et coelum dedit pluviam, et terra produxit fructum suum.

19 Fratres, siquis inter vos aberrârit à veritate, et converterit eum quispiam,

20 Sciat eum, qui averterit peccatorem ab errore viae suae, servaturum animam à morte, et obtecturum multitudinem peccatorum.

PETRI APOSTOLI EPISTOLA PRIMA CATHOLICA.

CAP. I.

PETRUS Apostolus Jesu Christi, advenis dispersis per Pontum, Galatiam, Cappadociam, Asiam, et Bithyniam,

2 Electis ex praestituto Dei Patris ad sanctificationem Spiritûs, per obedientiam et aspersionem sanguinis Jesu Christi ; gratia vobis et pax multiplicetur.

3 Benedictus *esto* Deus et Pater Domini nostri Jesu Christi, qui ex multâ suâ misericordiâ regenuit nos in spem vivam per resurrectionem Jesu Christi ex mortuis ;

4 *Id est*, ad haereditatem quae nec perire potest, nec contaminari, nec marcescere, vobis in coelis servatam

5 Qui virtutis Dei praesidio custodimini per fidem, ad salutem paratam patefieri tempore ultimo

6 Quâ in re exsultatis, paululum nunc (si opus est) in variis tentationibus tristitiâ affecti :

7 Ut exploratio fidei vestrae multò pretiosior *exploratione* auri, quod perit, et tamen per ignem exploratur, comperiatur *vobis esse* laudi, et honori, et gloriae, in patefactione Jesu Christi :

8 Quem quum non videritis, dili-

gitis; in quem, nunc *eum* non cernentes, tamen credentes, exultatis gaudio ineffabili et glorioso:

9 Reportantes mercedem fidei vesrae, salutem animarum.

10 De quâ salute inquisierunt, et quam scrutati sunt prophetae qui de *ventura* in vos gratiâ prophetârunt.

11 Scrutantes in quem aut qualem temporis articulum praenuncius ille qui in ipsis erat Spiritus Christi, declararet *eventuras* Christo perpessiones, et gloriam illas consequuturam.

12 Quibus revelatum est, eos non sibi, sed nobis ea administrare, quae nunc annunciata sunt vobis per eos qui vobis praedicârunt evangelium per emissum è coelo Spiritum Sanctum, in quae desiderant angeli introspicere.

13 Quapropter succincti lumbis mentis vestrae, sobrii, integrè sperate in eam quae vobis defertur gratiam, in patefactione Jesu Christi:

14 Ut filii obedientes, qui vos non configuretis pristinis, quae in ignorantiâ vestrâ *viguerunt*, cupiditatibus:

14 Sed sicut is qui vos vocavit sanctus est, ipsi quoque sancti in omni conversatione reddamini.

16 Propterea quòd scriptum est, Sancti estote, nam ego sanctus sum.

17 Et, si patrem cognominatis eum, qui citra personarum respectum judicat ex cujusque opere, cum timore versamini commorationis vestrae tempore.

18 Ut qui sciatis vos non caducis *rebus*, argento vel auro, fuisse redemptos ex vanâ illâ vestrâ conversatione, à patribus traditâ:

19 Sed pretioso sanguine, utpote agni inculpati et incontaminati, *nempe* Christi.

20 Praesciti quidem ante jacta mundi fundamenta, patefacti verò ultimis temporibus propter vos;

21 Per eum credentes in Deum, qui suscitavit eum à mortuis, et gloriam ei dedit, ut fides ac spes vestra in Deo esset.

22 Qui *igitur* animas vestras purificâstis, auscultando veritati per Spiritum, ad charitatem fraternam simulationis expertem, ex puro corde alii alios diligite intensè:

23 Regeniti non ex semine intereunte, sed non intereunte, *id est*, per sermonem Dei vivi, et manentis in aeternum.

24 Nam omnis caro *est* ut gramen, et omnis gloria hominis ut flos graminis: exaruit gramen, et flos ejus decidit:

25 Sed verbum Domini manet in aeternum: hoc autem est verbum illud, quod evangelizatum est vobis.

CAP. II.

PROINDE depositâ omni malitiâ, et omni dolo, et simulationibus, et invidentiis, et omnibus obtrectationibus,

2 Ut modò nati infantes, lac illud sermonis sincerum expetite, ut per illud adolescatis:

3 Si quidem gustâstis, quòd bonus sit Dominus:

4 Ad quem accedentes, qui est lapis vivus, ab hominibus quidèm reprobatus, apud Deum verò electus *ac* pretiosus;

5 Ipsi quoque veluti vivi lapides aedificati, fiatis domus spiritualis, sacerdotium sanctum, ad offerendum spirituales hostias, acceptas Deo per Jesum Christum.

6 Quapropter etiam continetur in scripturâ, Ecce, pono in Sion lapidem in imo angulo, electum, pretiosum: in quem qui credit, nequaquam pudefiet.

7 Vobis igitur est honori, qui creditis: immorigeris verò lapis quem reprobaverunt aedificantes, hic factus est caput anguli, et lapis ad quem impingitur, et petra offendiculi;

8 *Nempe* iis qui offendunt ad sermonem, immorigeri; ad quod etiam positi fuerunt.

8 Vos autem *estis* genus electum, regale sacerdotium, gens sancta, populus quem *sibi Deus* ut proprium vindicat; ut virtutes praedicetis illius qui

I. EPISTOLA PETRI, III.

vos vocavit è tenebris in admirabilem suam lucem:

10 Qui quondam *eratis* non populus, nunc *estis* populus Dei: qui non consequuti misericordiam, nunc estis misericordiam consequuti.

11 Dilecti, precor ut tanquam advenae, ac peregrini, abstineatis à carnis cupiditatibus, quae militant adversùs animam; et conversationem vestram habeatis honestam inter gentes;

15 Ut pro eo quod loquuntur adversùs vos ut maleficos, ex bonis operibus *quae* spectârint, glorificent Deum die visitationis.

13 Proinde subjecti estote cuivis humanae ordinationi, propter Dominum: sive regi, ut qui supereminet:

14 Sive praesidibus, ut qui per eum mittantur tum ad ultionem maleficorum, tum ad laudem rectè agentium.

15 Quoniam ita est voluntas Dei, ut bene agendo os obstruatis amentium hominum ignorantiae:

16 Ut liberi, ac non veluti malitiae velamen habentes libertatem, sed ut servi Dei.

17 Omnes honorate. Fraternitatem diligite. Deum timete. Regem honorate.

18 Famuli, subditi estote cum omni timore dominis, non solùm bonis et aequis, sed etiam pravis.

19 Hoc enim cedit gratiae, siquis propter conscientiam Dei suffert molestias injustè afflictus.

20 Quae enim est gloria, si peccantes et colaphis caesi, *istud* toleratus? sed si quum benefacitis, tamen afflicti toleratis, hoc cedit vobis gratiae apud Deum :

21 Nam ad hoc etiam vocati estis; quoniam et Christus passus est pro nobis, relinquens nobis exemplar, ut insequeremini vestigia ipsius;

22 Qui non peccavit, nec inventus fuit dolus in ore ipsius ;

23 Qui conviciis affectus, non vicissim conviciabatur; quum malis afficeretur, non minabatur ; sed committebat *causam suam* ei qui justè judicat .

24 Qui peccata nostra ipsemet sursum tulit in corpore suo super lignum illud, ut peccatis mortui, justitiae viveremus : cujus vibicibus sanati estis.

25 Nam eratis velut oves errantes; sed nunc convertistis vos ad pastorem et curatorem animarum vestrarum.

CAP. III.

SIMILITER uxores sese subjiciant suis viris : ut etiam siqui non obediunt sermoni, per uxorum conversationem absque sermone lucrifiant ;

2 Ubi spectârint cum reverentiâ *conjunctam* castam conversationem vestram.

3 Quarum ornatus non sit externus ille in nodis capillorum, et circumposito auro, vel palliorum amictu ;

4 Sed occultus ille cordis homo, *situs* in incorruptione lenis ac quieti spiritûs, qui est coram Deo pretiosus.

5 Ita enim olim et sanctae illae mulieres, quae sperabant in Deum, ornabant sese, subjectae suis viris :

6 Sicut Sara obedivit Abrahamo, dominum eum vocans : cujus factae estis filiae, dum benefacitis, et nequaquam ullâ terremini consternatione.

7 Viri similiter unà versentur, ut scientes decet ; vasi muliebri, ut infirmiori, tribuentes honorem, utpote quum unà etiam haeredes *sitis* gratiae vitae ; ne interrumpantur preces vestrae.

8 Denique omnes *estote* concordes, mutuo molestiarum sensu affecti, fraternâ praediti charitate, ad intimam misericordiam proni, comes :

9 Non reddentes malum pro malo, aut convicium pro convicio, sed contra benedicentes ; ut qui sciatis vos ad hoc vocatos esse, ut benedictionem haereditario jure obtineatis.

10 Itaque qui vult vitam diligere, et videre dies bonos, coërceat linguam suam à malo, et labia sua ne loquantur dolum ·

I. EPISTOLA PETRI, IV.

11 Declinet à malo, e: faciat bonum; quaerat pacem, et persequatur eam.

12 Nam oculi Domini *sunt intenti* in justos, et aures ejus in deprecationem eorum; vultus verò Domini adversum eos qui faciunt mala.

13 Et quis est qui affligat vos, si k citatis aemulatores fueritis?

14 Sed et si *quid* perpetiamini propter justitiam, beati *tamen estis:* cæterùm timore eorum ne timete, neque turbamini:

15 Sed Dominum Deum sanctificate in cordibus vestris. *Estote* autem semper parati ad respondendum cuilibet petenti rationem ejus spei quae in vobis est, cum lenitate et timore, conscientiam bonam habentes:

16 Ut pro eo quod loquuntur adversùm vos tanquam maleficos, pudefiant qui infesti sunt vestrae bonae in Christo conversationi.

17 Melius enim *est* ut benè agentes, si ita velit Dei voluntas, malis afficiamini, quàm malè agentes:

18 Nam et Christus semel pro peccatis passus fuit, justus pro injustis; ut nos ad Deum adduceret, mortificatus quidèm carne, vivificatus autem Spiritu:

19 Per quem etiam spiritibus qui *sunt* in carcere profectus praedicavit;

20 Olim immorigeris, quum semel exspectabat Dei lenitas in diebus Noe, quum appararetur arca, in quâ paucae (id est, octo) animae servatae s nt in aquâ.

21 Cui rei nunc correspondens exemplar baptismi nos quoque servat (non quo carnis sordes abjiciuntur, sed stipulatio bonae conscientiae apud Deum) per resurrectionem Jesu Christi:

22 Qui est ad dextram Dei, profectus in coelum, subjectis ipsi ange- 's, et potestatibus, ac virtutibus.

CAP. IV.

QUUM igitur Christus passus sit pro nobis carne, vos quoque idem cogitatione armamini, *nempe* quòd qui passus est in carne, destitit à peccato;

2 Ut non ampliùs cupiditatibus hominum, sed voluntati Dei, quod in carne reliquum est temporis, vivat.

3 Sufficit enim nobis praete--tu a vitae tempus, quòd quae libent gent. bus patraverimus, quum incessimus in lasciviis, cupiditatibus, vinolentiis, comessationibus, compotationibus, et nefariis simulacrorum cultibus:

. 4 Quamobrem *illi*, non concurrentibus vobis ad eandem luxûs profusionem, peregrinari sibi videntur, blasphemantes:

5 Qui reddituri sunt rationem ei qui paratus est ad judicandum vivos et mortuos.

6 Nam idcirco mortuis quoque praedicandum fuit evangelium, ut damnarentur quidèm secundùm homines, *id est*, carne; viverent autem secundùm Deum, *id est*, spiritu.

7 Omnium autem finis imminet. Estote igitur sobrii et vigilantes ad orandum.

8 Ante omnia verò charitatem alii in alios intensam habentes: nam charitas operiet multitudinem peccatorum.

9 Hospitales estote alii erga alios, sine murmurationibus.

10 Ut quisque accepit donum, *ita* alius in alium illud suministrantes, ut boni dispensatores variae Dei gratiae.

11 Siquis loquitur, *loquatur* ut eloquia Dei; siquis ministrat, *ministret* tanquam ex viribus quas suppeditat Deus: ut in omnibus glorificetur Deus per Jesum Christum, cui est gloria et imperium in secula seculorum. Amen

12 Charissimi, ne tanquam hospites exploratione illâ per ignem quae sit in vobis ad vestri experimentum, percellimini, ut si peregrinum aliquid vobis accideret.

13 Imò in eo quòd consortes estis afflictionum Christi, gaudete, ut et quum patefiet ejus gloria, gaudeatis exsultantes.

14 Si propris afficimini in nomine Christi, beati *estis*; quoniam et ille gloriae et ille Dei Spiritus super vos requiescit; *qui* quod ad illos quidèm attinet, blasphematur; quod ad vos autem, glorificatur.

15 Sed enim nemo vestrûm malo afficiatur ut homicida, aut fur, aut maleficus, aut alienarum rerum inspector:

16 Sed sicut Christianus, ne pude-, imò glorificet Deum hâc in parte.

17 Nam tempus *est* ut incipiat judicium à domo Dei; quòd si primùm *incipit* à nobis, quis erit finis eorum qui non parent Dei evangelio?

18 Et, si justus vix servatur, impius et peccator ubi comparebit?

19 Itaque qui malis afficiuntur ex oluntate Dei, tanquam fideli conditori commendent animas suas bene-aciendo.

CAP. V.

PRESBYTEROS qui inter vos sunt, precor ego unà presbyter, ac testis afflictionum Christi, atque idem gloriae patefaciendae consors;

2 Pascite Dei gregem qui penes vos est, illius inspectioni vacantes, non coactè, sed libenter; non turpiter affectantes lucrum, sed prompto animo:

3 Neque ut dominantes cleris, sed ut qui sitis exemplaria gregis.

4 Et quum apparuerit ille Pastorum princeps, reportabitis amaranti nam illam gloriae coronam.

5 Similiter, juniores, subjecti estote senioribus, et omnes vicissim subjicimini. Submissione animi estote intus ornati; nam Deus superbis resistit, submissis autem dat gratiam.

6 Submittite vos igitur potenti manui Dei, ut vos in tempore extollat:

7 Omni curâ vestrâ in eum conjectâ; nam illi cura est de vobis.

8 Sobrii estote, vigilate; nam adversarius vester diabolus, tanquam leo rugiens, obambulat, quaerens quem devoret:

9 Cui resistite firmi per fidem, scientes easdem afflictiones à vestrâ quae in mundo est fraternitate impleri.

10 Caeterùm Deus omnis gratiae *auctor*, qui vocavit vos ad aeternam suam gloriam in Christo Jesu, paulisper afflictos, is, *inquam*, perficiat vos, stabiliat, roboret, fundet.

11 Ipsi gloria et robur in secula seculorum. Amen.

12 Per Sylvanum vobis fidum fratrem, ut existimo, paucis scripsi, adhortans *vos*, et testificans hanc esse veram gratiam Dei, in quâ statis.

13 Salutat vos ea quae est in Babylone vobiscum electa *ecclesia*, et Marcus filius meus.

14 Salutate alii alios charitatis osculo. Pax vobis omnibus qui estis in Christo Jesu. Amen.

PETRI APOSTOLI EPISTOLA
CATHOLICA SECUNDA.

CAP. I.

SIMON Petrus, servus et apostolus Jesu Christi, iis qui aequè pretiosam fidem nobiscum sortiti sunt per justitiam Dei nostri et Servatoris Jesu Christi:

2. EPISTOLA PETRI, II.

2 Gratia vobis et pax multiplicetur per agnitionem Dei, et Jesu Domini nostri.

3 Prout divina vis ipsius omnia nobis donavit quae ad vitam et pietatem *pertinent*, per agnitionem illius qui vocavit nos ad gloriam ac virtutem:

4 Ex eo quòd maxima illa nobis ac pretiosa promissa donavit, ut per haec efficeremini divinae consortes naturae, elapsi ex corruptione quae est in mundo per cupiditatem.

5 Ad hoc ipsum verò *vos*, omni praeterea collato studio, adjicite fidei vestrae virtutem, virtuti verò scientiam ;

6 Scientiae verò continentiam ; continentiae verò tolerantiam ; tolerantiae pietatem ;

7 Pietati verò animum in fratres propensum, animo verò in fratres propenso charitatem.

8 Haec enim si vobis adsint, et exuberent, non inertes vos nec infructuosos efficient in Domini nostri Jesu Christi agnitione.

9 Nam cui haec non adsunt, is caecus est, nihil procul cernens, oblitus sese a veteribus peccatis suis fuisse purgatum.

10 Quapropter, fratres, potiùs studete vocationem et electionem vestram firmam efficere: haec enim si feceritis, nunquam impingetis:

11 Ita enim copiosè subministrabitur vobis introitus in aeternum regnum Domini nostri et Servatoris Jesu Christi.

12 Quapropter non negligam vos de istis semper commonefacere. quamvis peritos et confirmatos in praesente veritate.

13 Justum autem arbitror, quamdiu sum in hoc tabernaculo, excitare vos per commonefactionem:

14 Quum sciam brevi futurum ut deponam tabernaculum meum, sicut Dominus noster Jesus Christus declaravit mihi.

15 Sed et studebo subinde ut vos possitis post exitum meum horum mentionem facere.

16 Non enim arte compositas fabulas sequuti, notam vobis fecimus Domini nostri Jesu Christi potentiam et adventum; sed ut qui oculis nostris aspeximus illius majestatem.

17 Acceperat enim à Deo Patre honorem et gloriam, voce ad eum delatâ hujusmodi à magnificâ illâ gloriâ, Hic est Filius ille meus, dilectus ille, in quo acquiesco.

18 Et hanc vocem nos audivimus è coelo delatam, quum essemus unà cum eo in monte illo sancto.

19 Et habemus firmissimum sermonem propheticum ; cui rectè facitis quòd attendatis, velut lucernae splendenti in obscuro loco, usquedum dies illucescat, et lucifer exoriatur in cordibus vestris :

20 Si illud primùm noveritis, nullam prophetiam scripturae esse propriae explicationis.

21 Non enim libitu hominis allata est olim prophetia, sed acti à Spiritu sancto loquuti sunt sancti Dei homines.

CAP. II.

FUERUNT autem etiam pseudoprophetae in populo ; ut etiam inter vos erunt falsi doctores, qui subintroducent haereses exitiales, etiam Dominum qui illos mercatus est abnegantes, accersentes sibiipsis velox exitium.

2 Et multi sequentur eorum exitia; per quos via veritatis blasphemabitur.

3 Et per avaritiam fictis sermonibus vos negotiabuntur, quibus damnatio jam olim non otiatur, et quorum exitium non dormitat.

4 Nam si Deus angelis, qui peccaverunt, non pepercit, sed in Tartarum detrusos, catenis caliginis tradidit, damnationi servatos :

5 Et prisco mundo non pepercit, sed octavum Noe, justitiae praeconem, servavit, diluvio in mundum impiorum inducto :

6 Et civitates Sodomorum ac Gomorrhae in cinerem redactas subver

2. EPISTOLA PETRI, III.

sione damnavit, fecitque ut essent exemplar impiè victuris:

7 Et justum Lot libidinosâ nefariorum conversatione fatigatum eripuit:

8 (Justus enim ille, quum habitaret inter eos, in dies animam justam iniquis illorum factis, et videndo et audiendo excruciabat:)

9 Novit Dominus pios è tentatione eripere, injustos autem in diem judicii poenas dantes servare:

10 Maximè verò eos qui carnem sequentes, in impurâ cupiditate incedunt, et dominatum despiciunt, *qui, inquam, ut sunt* audaces, et sibi placentes, non horrent dignitates probris incessere.

11 Quum ipsi angeli, qui sunt robore ac potentiâ majores, non ferant adversùs eas apud Dominum maledictionis judicium.

12 At isti, veluti animantia rationis expertia, quae naturali impetu feruntur, facta ad eum finem ut capta intereant, ea vituperantes quae ignorant, suâ ipsorum corruptelâ interibunt:

13 Reportaturi mercedem injustitiae, ut qui pro voluptate ducant quotidianas delicias, labes ac maculae, qui fraudibus suis se oblectant, vobiscum epulando:

14 Oculos habentes plenos adulterii, et qui à peccando cessare nesciant, inescantes animas instabiles, cor habentes ad avaritiam exercitatum, exsecrandi homines.

15 Qui relictâ rectâ viâ aberrarunt, sequuti viam Balaam *filii* Bosor, qui mercedem iniquitatis amavit:

16 Sed redargutionem suae transgressionis habuit: *nam* subjugis asina muta, humanâ voce loquuta, prohibuit pro hetae dementiam.

17 Isti sunt fontes aquâ carentes, nebulae à turbine agitatae; quibus caligo tenebrarum in aeternum servata est.

18 Nam praetumidam vanitatem loquendo, inescant eos per carnis cupiditates lascivas, qui verè effugerant eos qui in errore versantur:

19 Libertatem eis pollicendo, quum ipsi servi sint corruptelae; siquidem à quo quis superatus est, huic etiam in servitutem est adductus.

20 Nam si postquam inquinamenta mundi per agnitionem Domini et Servatoris Jesu Christi effugerint, his rursum implicati superentur, facta est ultima eorum conditio deterior priore.

21 Satius enim fuisset eis non cognovisse viam justitiae, quàm cognitâ *illâ* regredi à sancto mandato sibi tradito.

22 Sed accidit eis quod vero proverbio dici solet, Canis reversus est ad suum ipsius vomitum; et, Sus lota, ad volutabrum coeni.

CAP. III.

HASCE jam alteras vobis literas scribo, dilecti, quibus sinceram mentem vestram per commonefactionem excito:

2 Ut memores sitis verborum, quae praedicta sunt à sanctis prophetis, et mandati illius nostri qui sumus apostoli Domini et Servatoris;

3 Illud primùm scientes, venturos extremis diebus irrisores, in suis ipsorum cupiditatibus incedentes,

4 Et dicentes, Ubi est pollicitatio adventûs ejus? nam ex quo *die* patres obdormierunt, omnia ita permanent ab initio creationis.

5 Illud enim volentes ipsos fugit, coelos jam olim exstitisse per Dei sermonem, et terram ex aquâ et in aquâ consistentem.

6 Quamobrem is qui tum erat mundus, aquâ inundatus periit.

7 Qui verò nunc *sunt* coeli ac terra, eodem sermone reconditi, servantur igni in diem damnationis et exitii impiorum hominum.

8 Unum autem hoc ne vos fugiat, dilecti, unum diem apud Dominum *perinde esse* ut mille annos, et mille annos ut diem unum.

9 Non tardat Dominus promissum (ut nonnulli tarditatem *hanc* esse ducunt), sed patiens est erga nos, no-

ens ullos perire, sed omnes ad resipiscentiam tendere.

10 Veniet autem sicut fur in nocte dies ille Domini, quo coeli cum stridore praeteribunt, elementa verò aestuantia solventur, terraque, et quae in ea sunt opera, exurentur.

11 Quum igitur haec omnia dissolvenda sint, quales oportet esse vos in sanctis conversationibus et pietatis officiis ;

12 Exspectantes et properantes *ad* adventum diei Dei, in quo coeli conflagrantes solventur, et elementa aestuantia liquescent ?

13 Sed coelos novos ac terram novam secundùm promissum ejus exspectamus, in quibus justitia inhabitat.

14 Quapropter, dilecti, quum haec exspectetis, studete ut incontaminati et inculpati ab eo reperiamini cum pace:

15 Dominique nostri patientiam, salutem ducite, sicut et charus frater noster Paulus pro sibi data sapientia scripsit vobis :

16 Ut in omnibus ferè epistolis, loquens de istis, in quibus sunt nonnulla difficilia intellectu, quae indoct parúmque stabiles detorquent, ut et reliquas scripturas, suo ipsorum exitio.

17 Vos igitur, dilecti, *istorum* praescii quum sitis, cavete ne illorum nefariorum errore cum illis abduci excidatis à propriâ stabilitate,

18 Sed crescite in gratiâ et agnitione Domini nostri et Servatoris Jesu Christi: cui gloria, et nunc et ad tempus sempiternum. Amen.

JOANNIS APOSTOLI EPISTOLA PRIMA CATHOLICA.

CAP. I.

QUOD erat à principio, quod audivimus, quod vidimus oculis nostris, quod spectavimus, et manus nostrae contrectârunt de sermone illo vitae :

2 (Nam vita patefacta est : et vidimus, et testamur, et annunciamus vobis vitam illam aeternam, quae erat apud Patrem, et patefacta est nobis ;)

3 Quod, inquam, vidimus et audivimus, id annunciamus vobis, ut et vos communionem habeatis nobiscum; et communio nostra *sit* cum Patre et cum Filio ejus Jesu Christo.

4 Et haec scribimus vobis, ut gaudium vestrum sit plenum.

5 Hoc est igitur nuncium, quod audivimus ex ipso, et renunciamus vobis, Deum lucem esse nec tenebras in eo esse ullas.

6 Si dixerimus nos communionem habere cum eo, et in tenebris incedimus, mentimur, nec sincerè agimus.

7 Quòd si in luce incedimus, sicut ipse est in luce, communionem habemus cum eo mutuam, et sanguis Jesu Christi Filii ejus purgat nos ab omni peccato.

8 Si dixerimus nos peccatum non habere, nosipsos fallimus, et veritas in nobis non est.

9 Si confiteamur peccata nostra, fidelis est et justus, ut remittat nobis peccata, et purget nos ab omni iniquitate.

10 Si dixerimus nos non peccâsse, mendacem facimus eum, et sermo ejus non est in nobis.

CAP. II.

FILIOLI mei, haec scribo vobis ut ne peccetis. Quòd siquis peccârit, advocatum apud Patrem habemus, Jesum Christum justum :

1. EPISTOLA JOANNIS, II.

2 Et ipse est propitiatio pro peccatis nostris; nec pro nostris solùm, sed etiam pro totius mundi *peccatis.*

3 Et per hoc scimus quòd ipsum novimus, si mandata ipsius observamus.

4 Qui dicit, Novi eum, et mandata ejus non servat, mendax est, et in eo veritas non est:

5 Qui autem servat sermonem ejus, verè in hoc charitas Dei adimpleta est: per hoc scimus nos in ipso esse.

6 Qui dicit se in eo habitare, debet, sicut ille incessit, ita et ipse incedere.

7 Fratres, non novum mandatum scribo vobis, sed mandatum vetus, quod *videlicet* habuistis *jam inde* à principio. Vetus hoc mandatum, sermo ille est quem audivistis *jam inde* à principio.

8 E contrario mandatum novum scribo vobis, quod verum est in ipso, et in vobis; quia tenebrae praetereunt, et vera illa lux jam lucet.

9 Qui dicit se in luce esse, et fratrem suum odit, in tenebris est usque adhuc.

10 Qui diligit fratrem suum, in luce manet, et offendiculum in eo non est.

11 Qui autem odit fratrem suum, in tenebris est, et in tenebris incedit, et nescit quo eat, quia tenebrae oculos ipsius obcaecârunt.

12 Scribo vobis, filioli, quoniam remissa sunt vobis peccata propter nomen ejus.

13 Scribo vobis, patres, quoniam nôstis eum qui à principio est. Scribo vobis, adolescentes, quoniam malum illum vicistis.

14 Scribo vobis, pueruli, quoniam adstis Patrem. Scripsi vobis, patres, quoniam nôstis eum qui *est* à principio. Scripsi vobis, adolescentes, quia fortes estis, et verbum Dei habitat in vobis, et malum illum vicistis.

15 Ne diligite mundum, neque ea quae in mundo sunt. Siquis diligit mundum, non est charitas Patris in eo.

16 Quoniam quicquid est in mundo, cupiditas carnis est, et libido oculorum, et fastus vitae, non est ex Patre, sed ex mundo est.

17 Porrò mundus praeterit, et cupiditas ipsius; qui verò praestat voluntatem Dei, manet in aeternum.

18 Pueruli, ultimum tempus adest; et sicut audivistis antichristum venturum, etiam nunc antichristi multi coeperunt esse: unde scimus ultimum tempus adesse.

19 E nobis egressi sunt, sed non erant ex nobis: nam si fuissent ex nobis, permansissent utique nobiscum; sed *egressi sunt ex nobis,* ut patefieret non omnes esse ex nobis.

20 At vos unctionem habetis à Sancto illo *profectam,* et nôstis omnia.

21 Non scripsi vobis *idcirco,* quòd veritatem ignoretis, sed quia eam nôstis, et nullum mendacium esse ex veritate.

22 Quis est mendax, nisi qui negat Jesum esse Christum illum? hic est antichristus, qui negat Patrem, et Filium.

23 Quisquis negat Filium, nec Patrem habet; qui agnoscit Filium etiam Patrem habet.

24 Quod igitur audivistis a principio, in vobis maneat: si in vobis manserit quod audivistis à principio, vos quoque in Filio et Patre manebitis.

25 Haec autem illa est promissio quam ipse pollicitus est nobis, *nempe* vita illa aeterna.

26 Haec scripsi vobis de iis qui seducunt vos.

27 Sed unctio quam vos accepistis ab eo, manet in vobis; nec necesse habetis ut quisquam doceat vos: verum sicut eadem unctio docet vos de omnibus, *quae* et verax est, et non mendax; et sicut docuit vos, manebitis in eo.

28 Nunc igitur, filioli, manete in eo: ut quum patefactus fuerit, habea-

1. EPISTOLA JOANNIS, III, IV

mus fiduciam, neque pudefiamus coram eo in ipsius adventu.

29 Si scitis eum justum esse, nôstis, quicunque exercet justitiam ex ipso natum esse.

CAP. III.

VIDETE qualem charitatem dedit nobis Pater, *nempe* ut filii Dei vocemur: propterea mundus non novit nos, quia non novit eum.

2 Charissimi, nunc filii Dei sumus; sed nondum patefactum est quod erimus: scimus autem fore, ut quum *ipse* patefactus fuerit, similes ei simus: quoniam videbimus eum sicuti est.

3 Et quisquis habet hanc spem in eo *sitam*, purificat se sicut et ille purus est.

4 Quisquis dat operam peccato, etiam legem transgreditur: nam peccatum est legis transgressio.

5 Et scitis illum patefactum esse ut peccata nostra tolleret, et peccatum in eo non esse.

6 Quisquis in eo manet, non peccat: quisquis peccat, non vidit eum, neque novit eum.

7 Filioli, nemo vos seducat: qui exercet justitiam, justus est, sicut ille justus est.

8 Qui dat operam peccato, ex diabolo est; quoniam à principio diabolus peccat. Ad hoc patefactus est Filius Dei, ut dissolvat opera diaboli.

9 Quisquis natus est ex Deo, peccato non dat operam: quoniam semen ipsius in eo manet: nec potest peccare, eo quòd ex Deo natus est.

10 Per hoc manifesti sunt filii Dei, et filii diaboli: quisquis non dat operam justitiae, non est ex Deo, et qui non diligit fratrem suum.

11 Quoniam haec est denunciatio quam audivistis à principio, ut diligamus alii alios.

12 Non sicut Cain, *qui* ex illo malo erat, et occidit fratrem suum. Cujus autem rei gratiâ occidit eum? quia opera ejus mala erant, **fratris** autem ejus justa.

13 Ne miramini, fratres mei, a odit vos mundus.

14 Nos scimus nos translatos esse ex morte ad vitam, quia diligimus fratres. Qui non diligit fratrem, manet in morte.

15 Quisquis odit fratrem suum homicida est; et nôstis nullum homicidam habere vitam aeternam in eo manentem.

16 Per hoc novimus charitatem Dei, quòd ille animam suam pro nobis posuit: nos igitur debemus pro fratribus animam ponere.

17 Qui verò habuerit mundanum victum, et viderit fratrem suum egentem, et clauserit viscera sua coram eo, quomodo charitas Dei manet in eo?

18 Filioli mei, ne diligamus verbo, neque linguâ *solùm*, sed facto et veritate.

19 Et per hoc cognoscimus nos ex veritate esse, et coram ipso secura reddemus corda nostra.

20 Nam si nos condemnet cor nostrum, nempe potentior est Deus corde nostro, et novit omnia.

21 Dilecti, si cor nostrum nos non condemnet, fiduciam habemus apud Deum.

22 Et quicquid petierimus, accipimus ab eo, quoniam praecepta ejus custodimus, et ea quae ipsi placent facimus.

23 Hoc est igitur ejus mandatum, ut credamus nomini Filii ejus Jesu Christi et diligamus alii alios, sicut mandavit nobis.

24 Nam qui observat ejus mandata, in eo habitat, et ipse in eo per hoc novimus eum habitare in nobis, *nempe* ex Spiritu quem nobis dedit.

CAP. IV.

DILECTI, ne cuivis spiritui credite, sed probate spiritus, an ex Deo sint; nam multi pseudo-prophetae venerunt in mundum.

2 Ex hoc cognoscite Dei Spiritum: quicunque spiritus profitetur Jesum

I. EPISTOLA JOANNIS, V.

Christum in carnem venisse, ex Deo est:

3 At quicunque spiritus non profitetur Jesum Christum in carnem venisse, ex Deo non est; sed hic est ille *spiritus* antichristi, quem audistis venturum fuisse, et *qui* jam nunc in mundo est.

4 Vos ex Deo estis, filioli, et vicistis eos: quoniam potentior est qui est in vobis, quàm qui in mundo est.

5 Ipsi è mundo sunt; ideo mundana loquuntur, et mundus eos audit.

6 Nos ex Deo sumus: qui novit Deum, audit nos: qui non est ex Deo, non audit nos. Ex hoc cognoscimus spiritum veritatis, et spiritum erroris.

7 Dilecti, diligamus alii alios: nam charitas ex Deo est: quisquis diligit, ex Deo natus est, et novit Deum.

8 Qui non diligit, non novit Deum. nam Deus est charitas.

9 Per hoc patefacta est charitas Dei in nos, quòd Filium illum suum unigenitum misit Deus in mundum, ut vivamus per eum.

10 In hoc est charitas; non quòd nos dilexerimus Deum, sed quòd ipse dilexerit nos, et miserit Filium suum ut esset propitiatio pro peccatis nostris.

11 Dilecti, si Deus nos ita dilexit, debemus et nos alii alios diligere.

12 Deum nemo spectavit unquam. Si diligamus alii alios, Deus in nobis habitat, et charitas ejus adimpleta est in nobis.

13 Per hoc cognoscimus nos in eo habitare, et ipsum in nobis, quòd de Spiritu suo dedit nobis.

14 Nos verò spectavimus et testamur Patrem misisse Filium, qui esset Servator mundi.

15 Quisquis professus fuerit Jesum esse Filium Dei, Deus in eo habitat, et ipse in Deo.

16 Et nos cognovimus et credidimus charitatem quam habet Deus in nos: Deus charitas est: et qui manet in charitate, in Deo manet, et Deus in eo.

17 Per hoc adimpletur charitas nobiscum, ut fiduciam habeamus in die judicii; quòd qualis ille est, *tales et* nos sumus in hoc mundo.

18 Metus non est in charitate: integra charitas foras ejicit metum; quoniam metus cruciatum habet. Qui autem metuit, non est integer in charitate.

19 Nos diligimus eum, quoniam ipse prior dilexit nos.

20 Siquis dixerit, Diligo Deum, et fratrem suum oderit, mendax est. Qui enim non diligit fratrem suum quem vidit, Deum, quem non vidit, quomodo potest diligere?

21 Et hoc mandatum habemus ab eo, ut qui diligit Deum, diligat et fratrem suum.

CAP. V.

QUISQUIS credit Jesum esse Christum illum, ex Deo genitus est; et quisquis diligit eum qui genuit, diligit etiam eum qui ex eo genitus est.

2 Per hoc cognoscimus nos diligere filios Dei, quum Deum diligimus, et mandata ejus servamus.

3 Haec est enim charitas Dei, ut mandata ejus servemus: et mandata ejus gravia non sunt.

4 Quoniam quicquid natum est ex Deo, vincit mundum: et haec est victoria quae vicit mundum, *nempe* fides nostra.

5 Quis est qui vincit mundum, nisi qui credit Jesum esse Filium Dei?

6 Hic ille est qui venit per aquam et sanguinem, *nempe* Jesus Christus; non per aquam solùm, sed per aquam et sanguinem: et spiritus is est qui testificatur Spiritum veritatem esse

7 Nam tres sunt qui testificantur in coelo, Pater, Sermo, et Spiritus Sanctus: et hi tres unum sunt.

8 Et tres sunt qui testificantur in terrâ, Spiritus, et aqua, et sanguis; et hi tres in unum consentiunt.

9 Si testimonium hominum accipimus, testimonium Dei majus est

2. EPISTOLA JOANNIS.

nam hoc est testimonium Dei, quod testificatus est de Filio suo.

10 Qui credit in Filium Dei, habet testimonium in seipso : qui non credit Deo, mendacem eum fecit; quia non credidit testimonio quod testificatus est Deus de Filio suo.

11 Est autem hoc testimonium, sempe quòd vitam aeternam dedit nobis Deus; et haec vita in Filio ejus est.

12 Qui habet Filium, habet vitam: qui non habet Filium Dei, vitam non habet.

13 Haec scripsi vobis qui creditis in nomen Filii Dei ; ut sciatis vos vitam aeternam habere, et ut credatis in nomen Filii Dei.

14 Et haec est fiducia quam apud Deum habemus, ipsum, siquid petierimus secundùm voluntatem ejus, nos audire.

15 Quòd si scimus eum audire nos, quicquid petierimus, scimus nos habere petitiones quas ab eo petiimus.

16 Siquis viderit fratrem suum peccare peccato *quod* non *est* ad mortem, petet, et dabit ei vitam : peccantibus *dico* non ad mortem. Est peccatum ad mortem ; non pro illo dice ut roget.

17 Omnis injustitia peccatum est, sed est peccatum *quod* non *est* ad mortem.

18 Scimus quòd quisquis natus est ex Deo, non peccat : sed qui genitus est ex Deo, conservat seipsum, et malus ille non tangit eum.

19 Scimus nos ex Deo esse, et mundum totum in illo malo jacere.

20 Sed scimus Filium Dei venisse, et dedisse nobis mentem, ut cognoscamus illum qui verax est ; et sumus in verace illo, *id est*, in Filio ejus Jesu Christo. Hic est verus ille Deus, et vita illa aeterna.

21 Filioli, cavete vobis ab idolis. Amen.

JOANNIS APOSTOLI EPISTOLA CATHOLICA SECUNDA.

PRESBYTER electae dominae, et liberis ejus, quos ego verè diligo, nec ego solus, sed et omnes qui nôrunt veritatem ;

2 Propter veritatem quae permanet in nobis, et nobiscum erit in aeternum.

3 Sit vobiscum gratia, misericordia, pax a Deo Patre, et a Domino Jesu Christo Filio Patris, cum veritate et charitate.

4 Gavisus sum valde, quòd invenerim ex filiis tuis qui sincerè incedant, sicut mandatum accepimus a Patre.

5 Et nunc rogo te, domina, non ut mandatum novum scribens tibi, sed quod habuimus a principio, ut diligamus alii alios.

6 Haec autem est charitas, ut in-cedamus secundùm mandata ipsius. Hoc est mandatum illud, sicut audistis a principio, ut in eo incedatis.

7 Nam multi impostores ingressi sunt in mundum, qui non profitentur Jesum Christum venisse in carne. Hic ille est impostor et antichristus.

8 Attendite vos ipsos, ne perdamus quae egimus, sed ut mercedem plenam recipiamus.

9 Quisquis transgreditur, nec manet in doctrinâ Christi, Deum non habet ; qui manet in doctrinâ Christi, hic et Patrem et Filium habet.

10 Siquis venit ad vos, et hanc doctrinam non adfert, ne recipite eum domum, nec, Ave, ei dicite.

11 Qui enim dicit ei, Ave, communicat operibus ejus malis.

12 Quum multa haberem vobis scribenda, nolui per chartam et atramentum; sed spero me venturum ad vos, et praesentem praesentibus loquuturum, ut gaudium nostrum sit completum.

13 Salutant te filii sororis tuae electae. Amen.

JOANNIS APOSTOLI EPISTOLA CATHOLICA TERTIA.

PRESBYTER Gaio dilecto, quem ego verè diligo.

2 Dilecte, in primis opto, ut prospere agas et valeas, sicut prosperè agit anima tua.

3 Gavisus sum enim valde, quum venirent fratres, et testimonio suo commendarent sinceritatem tuam, prout tu sincerè ambulas.

4 Majus istis gaudium non habeo, quum *videlicet* audio filios meos sincerè ambulare.

5 Dilecte, fideliter agis quicquid facis erga fratres, et erga peregrinos;

6 Qui testimonio suo commendârunt charitatem tuam in conspectu ecclesiae; quos rectè facies si prosequutus fueris, ut Deo dignum est.

7 Nam pro nomine ejus excesserunt ex gentibus, nihil accipientes.

8 Nos ergo debemus recipere hujusmodi, ut administri simus veritati.

9 Scripsi ecclesiae; sed qui prima tum inter eos ambit Diotrephes, non recipit nos.

10 Propterea, si venero, suggeram ipsius facinora quae facit, verbis improbis garriens in nos; quique etiam his non contentus, neque ipse recipit fratres, et qui volunt *recipere* prohibet, et ex ecclesiâ ejicit.

11 Dilecte, ne imitare quod malum est, sed quod bonum est. Qui bene facit, ex Deo est; qui autem malè facit, non vidit Deum.

12 Demetrio testimonium redditum est ab omnibus, et ab ipsâ veritate; sed et nos testimonium perhibemus: et nôstis testimonium nostrum verum esse.

13 Multa possem scribere, sed nolo per atramentum et calamum tibi scribere.

14 Spero autem fore ut statim te videam, *et tunc* coràm loquamur.

15 Pax tibi. Salutant te amici. Saluta amicos nominatim.

JUDAE APOSTOLI EPISTOLA CATHOLICA.

JUDAS Jesu Christi servus, frater autem Jacobi, vocatis a Deo Patre sanctificatis, et Jesu Christo servatis:

2 Misericordia vobis, et pax, et charitas, multiplicetur.

3 Dilecti, quum omne studium adhibeam, ut scribam ad vos de communi salute, necesse habui vobis scribere, ad vos hortandos, ut decertetis pro fide quae semel tradita est sanctis.

JUDAE EPISTOLA.

4 Nam subrepserunt quidam homines, priùs jam olim descripti ad hanc damnationem, impii, qui Dei nostri gratiam transferunt ad lasciviam, et solum illum herum Deum ac Dominum nostrum Jesum Christum negant.

5 Volo autem vos istorum commonefacere, ut qui semel hoc sciatis, Dominum, quum populum ex Aegypto liberâsset, rursus eos qui non credeoant perdidisse.

6 Et angelos qui non servârunt suam originem, sed reliquerunt suum domicilium, judicio magni illius diei vinculis aeternis sub caligine reservâsse.

7 Sicut Sodoma et Gomorrha, et his finitimae civitates simili modo atque illae scortatae, et carnem alteram sectatae, propositae sunt exemplo, ignis aeterni poenam sustinentes.

8 Similiter tamen et isti sopiti carnem quidèm polluunt, dominatum verò rejiciunt, et dignitates probris incessunt.

9 At Michael archangelus, quum adversùs diabolum certans, disceptaret de corpore Mosis, non ausus est *illi* inpingere notam maledictis, sed dixit, Increpet te Dominus.

10 At isti, quaecunque non noverunt, vituperant : quaecunque verò naturaliter, ut animantia rationis expertia, sciunt, in iis sese corrumpunt.

11 Vae ipsis! nam viam Cain ingressi sunt, et deceptione mercedis, qua deceptus fuit Balaam, effusi sunt, et contradictione Core perierunt.

12 Hi sunt in agapis vestris maculae, dum vobiscum epulantur, absque illius metu seipsos pascentes, nubes aquà carentes, ventis circumactae, arbores emarcidae, infrugiferae, bis emortuae, eradicatae;

13 Undae maris efferatae, despuartes sua ipsorum dedecora; stellae erraticae, quibus caligo tenebrarum in aeternum servata est.

14 Prophetavit autem etiam de istis septimus ab Adamo Enochus, dicens, Ecce, venit Dominus cum sanctis millibus suis,

15 Ut ferat judicium adversùs omnes, et redarguat quicunque ex ipsis sunt impii, de factis omnibus quae impiè patrârint, deque omnibus duris quae oquuti fuerint adversùs ipsum peccatores impii.

16 Hi sunt murmuratores, queruli, in cupiditatibus suis incedentes : et quorum os loquitur praetumida, admirantes personas utilitatis gratià.

17 Vos autem, dilecti, memores estote verborum quae praedicta fuerunt ab apostolis Domini nostri Jesu Christi ;

18 Quod *videlicet* dixerunt vobis, in extremo tempore futuros irrisores, qui in impiis suis cupiditatibus incederent.

19 Hi sunt qui seipsos segregant, animales, Spiritum non habentes.

20 Vos autem, dilecti, sanctissimae vestrae fidei superstruentes vos ipsos, per Spiritum sanctum, orantes,

21 Vos ipsos in charitate Dei conservate, exspectantes misericordiam Domini nostri Jesu Christi in vitam aeternam.

22 Et alios quidèm, habito delectu, commiseramini :

23 Alios verò terrore servate, ex flammâ rapientes: odio habentes vel eam tunicam quae a carnis contactu sit maculata.

24 Caeterùm ei qui potest vos servare a lapsu immunes, et statuere in conspectu gloriae suae inculpatos cum exsultatione :

25 *Id est*, soli sapienti Deo Servatori nostro, gloria *esto* et magnificentia, robur et potestas, et nunc et in omnia secula. Amen.

APOCALYPSIS JOANNIS THEOLOGI.

CAP. I.

APOCALYPSIS Jesu Christi, quam dedit ipsi Deus, ut innotesceret servis suis quae oporteat fieri citò: Is verò missam per angelum suum, servo suo Joanni significavit:

2 Qui testificatus est sermonem Dei, et testimonium Jesu Christi, et quaecunque vidit.

3 Beatus qui legit, et *beati* qui audiunt verba prophetiae hujus, et observant ea quae in eâ scripta sunt; tempus enim propè est.

4 ¶ Joannes septem ecclesiis quae sunt in Asiâ; Gratia *sit* vobis et pax a Qui est, et Qui erat, et Qui venturus est; et a septem spiritibus qui in conspectu throni ejus sunt;

5 Et a Jesu Christo, *qui est* fidus ille testis, primogenitus ille ex mortuis, ac princeps regum terrae: qui dilexit nos, et lavit nos a peccatis nostris per sanguinem suum;

6 Et *qui* fecit nos reges et sacerdotes Deo et Patri suo; ei *sit* gloria et robur in secula seculorum. Amen.

7 Ecce, venit cum nubibus, et videbit eum omnis oculus, etiam qui eum transfixerunt: et plangent coram eo omnes tribus terrae: etiam, Amen.

8 Ego sum Alpha et Omega, *id est*, principium et finis dicit Dominus, *id est*, Qui est, et Qui erat, et Qui venturus est, ille, *inquam*, omnipotens.

9 Ego Joannes, *qui* et frater vester *sum*, et socius in afflictione, et in regno, et in tolerantiâ Jesu Christi, eram in insulâ quae vocatur Patmos, propter sermonem Dei, et testimonium Jesu Christi.

10 Fui *autem* Spiritu correptus die Dominico, et audivi a tergo vocem magnam, tanquam tubae,

11 Dicentis, Ego sum Alpha et Omega, primus ille et ultimus; et Quod vides, scribe in libro, et mitte septem ecclesiis quae sunt in Asiâ, Epheso, et Smyrnae, et Pergamo, et Thyatirae, et Sardibus, et Philadelphiae, et Laodiceae.

12 Converti me igitur ut viderem vocem, quae loquuta erat mecum. Conversus autem vidi septem candelabra aurea:

13 Et in medio septem candelabrorum aureorum *quendam* similem Filio hominis, indutum talari *veste*, et praecinctum ad mamillas zonâ aureâ:

14 Caput autem ejus et capilli *erant* candidi ut lana, alba tanquam nix; et oculi ejus ut flamma ignis;

15 Pedes autem ejus similes chalcolibano, veluti in fornace ardentes: et vox illius tanquam vox aquarum multarum.

16 Habebat autem in dextrâ suâ stellas septem: et ex ore ejus anceps romphaea acuta prodibat; et facies ejus qualis sol in suo vigore lucet.

17 Quum autem vidissem eum, cecidi ad pedes ejus veluti mortuus: tum imposuit mihi dextram suam, dicens mihi, Ne metue; ego sum primus ille et ultimus ille:

18 Et qui vivo, sed fui mortuus; et ecce, vivo in secula seculorum, Amen: et habeo claves inferorum et mortis.

19 Scribe quae vidisti, et quae sunt et quae posthaec sunt futura.

20 Mysterium septem stellarum, quas vidisti in dextrâ meâ, et septem candelabra aurea. Septem illae stellae, angeli sunt septem ecclesiarum: et candelabra illa septem ecclesiae sunt.

CAP. II.

ANGELO Ephesinae ecclesiae scribe. Haec dicit qui tenet

JOANNIS APOCALYPSIS, II.

septem illas stellas in dextrâ suâ, qui ambulat inter septem illa candelabra aurea:

2 Novi opera tua, et laborem tuum, et tolerantiam tuam, et quòd non possis ferre malos: et exploraris eos qui se dicunt apostolos esse, et non sunt, et comperisti eos *esse* mendaces;

3 Et onere pressus fuisti, et sustines; et propter nomen meum laborâsti, et non es defatigatus.

4 Sed habeo *aliquid* adversùm te, quòd charitatem tuam primam omiseris.

5 Memor esto itaque unde excideris, et resipisce, et priora opera facito: sin minùs, veniam adversùm te citò, et movebo candelabrum tuum a loco suo, nisi resipueris.

6 Sed hoc habes, quòd odisti facta Nicolaïtarum, quae et ego odi.

7 Qui habet aurem, audiat quid Spiritus dicat ecclesiis: Victori dabo edere ex arbore illà vitae, quae est in medio paradisi Dei.

8 Angelo verò Smyrnaeorum ecclesiae scribe, Haec dixit primus ille et ultimus, qui fuit mortuus, et vivit;

9 Novi opera tua, et afflictionem, et paupertatem (sed dives es), et blasphemiam eorum qui se dicunt Judaeos esse, et non sunt, sed synagoga Satanae.

10 Nihil eorum metue quae passurus es: ecce, futurum est ut conjiciat diabolus aliquos ex vobis in carcerem, ut exploremini: et habebitis afflictionem dierum decem: esto fidelis usque ad mortem, et dabo tibi coronam vitae.

11 Qui habet aurem, audiat quid Spiritus dicat ecclesiis; Qui vicerit, nequaquam laedetur a morte secundà.

12 Angelo verò Pergamensis ecclesiae scribe, Haec dixit qui habet gladium illum incipitem, acutum illum:

13 Novi opera tua, et ubi habites, nempe ubi thronus est Satanae; et quod teneas nomen meum, neque negâsti fidem meam, etiam iis diebus

quibus Antipas martyr ille meus fidelis trucidatus est apud vos, ubi Satanas habitat.

14 Sed habeo adversùm te pauca, quòd habeas istic qui teneant doctrinam Balaam, qui docebat Balacum objicere offendiculum coram filiis Israëlis, ut ederent ex iis quae simulacris erant immolata, et *ut* scortarentur.

15 Ita habes etiam tu qui teneas: doctrinam Nicolaitarum; quod odi.

16 Resipisce: sin minùs, veniam adversùm te citò, et pugnabo cum illis gladio illo oris mei.

17 Qui habet aurem, audiat quid Spiritus dicat ecclesiis; Ei qui vicerit, tribuam ut edat ex Mannà illo abscondito, et dabo illi calculum album, et in calculo nomen novum scriptum, quod nemo novit nisi qui accipit.

18 Angelo verò Thyatirensis ecclesiae scribe, Haec dicit Filius Dei, qui habet oculos tanquam flammam ignis, et cujus pedes *sunt* similes chalcolibano;

19 Novi opera tua, et charitatem, et subministrationem, et fidem, et tolerantiam tuam, et opera tua, et ultima plura prioribus.

20 Sed habeo adversùs te pauca: quòd permittis mulierem Jezabel, quae se dicit prophetissam, docere et seducere servos meos, ut scortentur, et edant ex iis quae simulacris immolantur.

21 Et dedi illi tempus, ut resipisceret a scortatione suà: sed non resipuit.

22 Ecce, ego abjiciam eam in lectum; et eos qui adulterium committunt cum eâ, in afflictionem maximam, nisi resipuerint ab operibus suis.

23 Et filios ejus interficiam morte: scientque omnes ecclesiae me esse scrutatorem renum et cordium: et dabo unicuique vestrûm secundùm opera vestra.

24 Vobis autem dico, et reliquis Thyatirensibus, quicunque non tenetis doctrinam hanc, et qui non appre-

JOANNIS APOCALYPSIS, III.

bâstis profunditates Satanae, ut aiunt; non imponam vobis aliud onus.

25 Tamen id quod habetis, tenete quousque veniam.

26 Nam siquis vicerit, et observaverit ad finem usque opera mea, dabo ei potestatem in gentes

27 Et reget eas virgâ ferreâ : et tanquam vasa fictilia conterentur, sicut et ego accepi a Patre meo :

28 Et dabo ei stellam matutinam.

29 Qui habet aurem, audiat quid Spiritus dicat ecclesiis.

CAP. III.

ANGELO autem ecclesiae quae est Sardibus scribe, Haec dicit qui habet septem illos Spiritus Dei, et septem illas stellas; Novi opera tua, *nempe* quòd dicaris vivere, sed mortuus sis.

2 Esto vigilans, et confirma reliqua moribunda; non enim inveni opera tua plena coram Deo.

3 Memento igitur quae accepens et audieris : et observa *illa*, et resipisce. Quòd si non vigilaveris, veniam adversùm te tanquam fur, neque intelliges quâ horâ veniam adversùm te.

4 Habes *tamen* aliquot capita etiam Sardibus, quae non inquinârunt vestimenta sua; ideoque incedent mecum albati : digni enim sunt.

5 Qui vicerit, amicietur vestimentis albis : neque unquam delebo nomen ejus ex libro vitae, sed agnoscam nomen ejus coram Patre meo, et coram angelis ejus.

6 Qui habet aurem, audiat quid Spiritus dicat ecclesiis.

7 Angelo verò Philadelphiensis ecclesiae scribe, Haec dicit Sanctus et verax ille, qui habet clavem Davidis, qui aperit, et nemo claudit; claudit, et nemo aperit :

8 Novi opera tua : ecce, proposui abi ostium apertum, nec quisquam potest claudere illud; quia nonnullam habes virtutem, e observâsti sermonem meum, neque abnegâsti nomen meum.

9 Ecce, praebebo eos qui sunt ex synagogâ Satanae, *id est*, eorum qui dicunt se Judaeos esse, nec sunt, sed mentiuntur; ecce, *inquam*, faciam ut ipsi veniant et adorent ai te pedes tuos, et sciant quòd ego dilexi te .

10 Quoniam servâsti sermonem tolerantiae meae, ego quoque te servabo ex tempore tentationis, quae venturum est in orbem universum, ad explorandos incolas terrae.

11 Ecce, venio citò : tene quod habes, ut nemo accipiat coronam tuam.

12 Qui vicerit, faciam ut is sit columna in templo Dei mei, nec foras egredietur ampliùs : et inscribam ei nomen Dei mei, et nomen civitatis Dei mei, *id est*, novae Hierusalem, quae descendit e coelo a Deo meo, et nomen meum novum.

13 Qui habet aurem, audiat quid Spiritus dicat ecclesiis.

14 Angelo verò Laodicensium ecclesiae scribe, Haec dicit Amen, testis ille fidelis et verax, principium opificii Dei :

15 Novi opera tua, *nempe* te neque frigidum esse, neque fervidum : utinam frigidus esses aut fervidus.

16 Itaque, quoniam tepidus es, nec frigidus nec fervidus, futurum est ut te evomam ex ore meo.

17 Nam dicis, Dives sum, et ditatus sum, et nullius egeo; neque nôsti te esse aerumnosum, et miserabilem, et pauperem, et caecum, et nudum.

18 Suadeo tibi, ut emas a me aurum igni exploratum, ut dives fias : et vestimenta alba, ut induaris, nec appareat dedecus nuditatis tuae; et collyrio inungas oculos tuos, ut videas.

19 Ego, quoscunque amo, arguo et castigo : ferve igitur, et resipisce.

20 Ecce, sto ante ostium, et pulso : siquis audierit vocem meam, e aperuerit ostium, ingrediar ad eum, e coenabo cum eo, et ipse mecum.

21 Qui vicerit, tribuam ei ut sedeat mecum in throno meo, ut et ego

rei, et sedeo cum Patre meo in throno ejus.

22 Qui habet aurem, audiat quid Spiritus dicat ecclesiis.

CAP. IV.

POSTEA vidi, et ecce, ostium *erat* apertum in coelo: et vox prima, quam audiveram tanquam tubae loquentis mecum, dicebat, Ascende huc, et ostendam tibi quae oporteat fieri posthac.

2 Statim igitur fui corre. tus Spiritu: et ecce, thronus positus erat in coelo, et *quidam* throno insidebat.

3 Is autem qui sedebat, aspectu similis erat lapidi jaspidi et sardio; et in circuitu throni *erat* iris aspectu similis smaragdo.

4 Et in circuitu throni erant throni vigintiquatuor, et super eos thronos vidi vigintiquatuor seniores sedentes, amictos vestibus albis, et habentes impositas capitibus suis coronas aureas.

5 Prodibant autem ex illo throno fulgura, et tonitrua, et voces: et septem lampades igne ardentes ante thronum, quae sunt septem spiritus Dei.

6 Erat etiam ante thronum mare vitreum simile crystallo: et inter thronum, et quae thronum ambiebant, quatuor animalia plena oculis antè et retrò.

7 Animal autem primum erat simile leoni, et secundum animal simile vitulo, et tertium animal habens faciem velut homo, et quartum animal simile aquilae volanti.

8 Et quatuor animalia singula per sese habebant alas senas in circuitu, et intùs plena erant oculis, die ac nocte sine intermissione dicentia, Sanctus, Sanctus, Sanctus, Dominus Deus ille omnipotens, Erat, et Est, et Venturus *est.*

9 Et quum tribuebant illa animalia gloriam, et honorem, et gratiarum actionem ei qui throno insidebat, illi, inguam, viventi in secula seculorum,

10 Procidebant vigintiquatuor illi seniores ante illum insidentem throno, et adorabant illum viventem in secula seculorum, et abjiciebant coronas suas ante thronum, dicentes,

11 Dignus es, Domine, qui accipias gloriam, et honorem, et virtutem: quia tu creasti omnia, et pro voluntatem tuam sunt, et creata sunt.

CAP. V.

DEINDE vidi ad dextram ejus qui insidebat throno librum scriptum intùs et a tergo, obsignatum sigillis septem.

2 Et vidi angelum fortem, praedicantem voce magnâ, Quis est dignus qui aperiat librum, et solvat ejus sigilla?

3 Nemo autem poterat, neque in coelo, neque in terrâ, neque subter terram, aperire librum, neque eum inspicere.

4 Flebam igitur ego multùm, quòd nemo dignus inventus esset qui aperiret et legeret librum, nec qui eum inspiceret.

5 Tum unus ex senioribus illis dicit mihi, Ne fleto; ecce, vicit Leo ille ex tribu Juda, stirps illa Davidis, ut aperiat librum, et solvat septem ejus sigilla.

6 Aspexi igitur, et ecce, inter thronum, et quatuor illa animalia, et inter seniores illos, Agnus stans tanquam mactatus, habens cornua septem et oculos septem, qui sunt septem ill' spiritus Dei emissi in omnem terram.

7 Is venit et accepit librum ex dextrâ illius throno insidentis.

8 Quumque accepisset librum, quatuor illa animalia et vigintiquatuor illi seniores, prociderunt coram Agno, habentes singuli citharas, et phialas aureas plenas suffituum, quae sunt preces sanctorum.

9 Et cecinerunt canticum novum, dicentes, Dignus es qui accipias librum, et aperias ejus sigilla; quoniam mactatus es, et redemisti nos Deo per sanguinem tuum, ex omni

JOANNIS APOCALYPSIS, VI.

tribu et linguâ, et populo, et natione:

10 Et fecisti nos Deo nostro reges et sacerdotes; et regnabimus super terram.

11 Tum aspexi, et audivi in circuitu throni, et animalium, et seniorum illorum, vocem angelorum multorum; et erat eorum numerus millies centena millia, et decies centena millia:

12 Dicentes voce magnâ, Dignus est Agnus ille mactatus, qui accipiat virtutem, et divitias, et sapientiam, et fortitudinem, et honorem, et gloriam, et benedictionem.

13 Sed et omnem creaturam, quae in coelo est, et super terram, et sub terrâ, et in mari, et quae in eis sunt omnia, audivi dicentia, Sessori throno, et Agno, benedictio, et honor, et gloria, et robur, in secula seculorum.

14 Quatuor autem animalia illa dicebant, Amen: et vigintiquatuor illi seniores prociderunt in facies suas, et adorârunt eum qui vivit in secula seculorum.

CAP. VI.

POSTEA vidi, quum aperuisset Agnus primum ex sigillis, et audivi unum ex quatuor illis animalibus dicens, tanquam vocem tonitrui, Veni, et vide.

2 Aspexi igitur, e ecce, *aderat* equus albus: et qui nsidebat ei habebat arcum; data est ei corona, et prodiit vincens, et ut vinceret.

3 Quumque aperuisset sigillum secundum, audivi secundum animal dicens, Veni, et vide.

4 Et prodiit alius equus rufus: et si qui insidebat super eum, datum est, ut tollat pacem e terrâ, ut alii alios mactent: datusque est ei gladius magnus.

5 Et quum aperuisset sigillum tertium, audivi tertium animal dicens, Veni, et vide. Aspexi igitur, et ecce, *equus* niger *aderat*: et qui insidebat ei, habebat stateram in manu suâ.

6 Et audivi vocem inter illa quatuor animalia dicentem, Choenix tritici denario, et tres choenices hordei denario: et vinum et oleum ne laeseris.

7 Quumque aperuisset sigillum quartum, audivi vocem quarti animalis dicentem, Veni, et vide.

8 Tum vidi, et ecce, *aderat equus* pallidus, et ejus qui insidebat ei nomen erat Mors; et infernus sequebatur eam; dataque est eis in quadrantem terrae potestas trucidandi gladio, et fame, et morte, et per terrestres feras.

9 Quum verò aperuisset sigillum quintum, vidi sub altare animas eorum qui mactati fuerant propter verbum Dei, et propter testimonium quod tuebantur.

10 Clamabant autem voce magnâ, dicentes, Usquequo, Domine, qui sanctus es et verax, non judicas ac sanguinem nostrum vindicas, *eum reposcendo* ab iis qui habitant in terra?

11 Tum datae sunt singulis stolae albae; et dictum est eis, ut requiescerent adhuc paululum temporis, usquequo complentur etiam conservi eorum, et fratres eorum, qui trucidandi sunt, sicut et ipsi.

12 Deinde aspexi, quum aperuisset sigillum sextum, et ecce, terraemotus magnus factus est: et sol factus est niger ut saccus cilicinus, et luna tota facta est ut sanguis:

13 Et stellae coeli ceciderunt in terram, sicut ficus abjicit grossos suos, quum vento magno concutitur.

14 Et coelum abscessit sicut liber qui convolvitur; et omnes montes et insulae e suis locis emotae sunt:

15 Et reges terrae, et proceres, et divites, et tribun et potentes, omnesque tum servi, tum ingenui, absconderunt se in speluncis, et in petris montium;

16 Et dixerunt montibus et petris, Cadite in nos, abscondite nos a conspectu ejus qui insidet throno, et ab irâ Agni:

17 Nam venit dies ille magnus irae illius: et quis poterit stare?

JOANNIS APOCALYPSIS, VII, VIII.

CAP. VII.

POSTEA vidi quatuor angelos insistentes quatuor angulis terrae, enentes quatuor ventos terrae, ne flaret ventus super terram, neque super mare, neque in ullam arborem.

2 Et vidi alium angelum ascendentem ab ortu solis, habentem sigillum Dei vivi: qui acclamavit voce magnâ quatuor illis angelis, quibus datum est laedere terram et mare,

3 Dicens, Ne laedite terram, neque mare, neque arbores, quousque obsignaverimus servos Dei nostri in frontibus suis.

4 Et audivi numerum obsignatorum; centum quadraginta quatuor millia *erant* obsignata ex omnibus tribubus filiorum Israel.

5 Ex tribu Judae, duodecies mille obsignata: ex tribu Ruben, duodecies mille obsignata: ex tribu Gad, duodecies mille obsignata:

6 Ex tribu Aseris, duodecies mille obsignata: ex tribu Nephthali, duodecies mille obsignata: ex tribu Manassis, duodecies mille obsignata:

7 Ex tribu Simeonis, duodecies mille obsignata: ex tribu Levi, duodecies mille obsignata: ex tribu Isacaris, duodecies mille obsignata:

8 Ex tribu Zabulonis, duodecies mille obsignata: ex tribu Josephi, duodecies mille obsignata: ex tribu Benjaminis, duodecies mille obsignata.

9 Postea vidi, et ecce, *aderat* turba multa, quam numerare nemo possit, ex omnibus gentibus, et tribubus, et populis, et linguis: stabantque ante thronum, et in conspectu Agni, amicti stolis albis; et palmae in manibus eorum:

10 Et clamabant voce magnâ, dicentes, Salus a Deo nostro *est*, insidenti throno, et *ab* Agno.

11 Omnes autem angeli stabant in circuitu throni, et seniorum, et quatuor animalium illorum, et procubuerunt in conspectu throni in facies suas, et adorârunt Deum,

12 Dicentes, Amen: benedictio, et gloria, et sapientia, et gratiarum actio, et honor, et virtus, et robur Deo nostro in secula seculorum. Amen.

13 Tum me compellavit unus ex illis senioribus, dicens mihi, Isti qui amicti sunt stolis albis quinam sunt, et unde venerunt?

14 Et dixi ei, Domine, tu nôsti Et dixit mihi, Hi sunt, qui venerun ex afflictione magnâ, et laverunt stolas suas ac dealbarunt in sanguine Agni.

15 Ideo sunt ante thronum Dei, et serviunt ei die ac nocte in templo ejus; et qui insidet throno umbraculo proteget eos.

16 Non esurient ampliùs, neque sitient ampliùs, nec in eos cadet sol, neque ullus aestus.

17 Quoniam Agnus qui in medio throni est, pascet eos, et deducet ad vivos fontes aquarum: et abstersurus est Deus omnem lacrymam ab oculis eorum.

CAP. VIII.

PORRO, quum aperuisset sigillum septimum, factum est silentium in coelo fermè per semihoram.

2 Et vidi septem illos angelos qui adstant coram Deo, quibus datae sunt septem tubae.

3 Tum alius angelus venit, et stetit ante aram, habens thuribulum aureum: et dati sunt ei suffitus multi, ut offerret cum precibus sanctorum omnium super altare aureum, quod est ante thronum.

4 Ascendit autem fumus suffituum cum precibus sanctorum e manu angeli ad conspectum Dei.

5 Deinde accepit angelus thuribulum, et implevit illud ex igne altaris, abjecitque in terram; et facta sunt tonitrua, et voces, et fulgura, et terraemotus.

6 Et septem angeli, qui habeban septem tubas, praeparaverunt se ut clangerent.

7 Primus igitur angelus clanxit, et facta est grando et ignis, mista sanguine, projectaque sunt in terram: e

JOANNIS APOCALYPSIS, IX.

tertia pars arborum exusta est, et omne gramen viride exustum.

8 Deinde secundus angelus clanxit, et quasi mons magnus igne ardens projectus est in mare: factaque est tertia pars maris sanguis.

9 Et mortua est tertia pars creaturarum quae erant in mari, animantia *dico*, et tertia pars navium perierunt.

10 Tum angelus tertius clanxit, et cecidit e coelo stella magna, ardens velut fax, deciditque in tertiam partem fluminum, et in fontes aquarum.

11 Nomen autem stellae dicitur Absinthium : versa est igitur tertia pars aquarum in absinthium ; et multi homines mortui sunt ex aquis, quòd amarae factae essent.

12 Deinde quartus angelus clanxit, et percussa est tertia pars solis, et tertia pars lunae, et tertia pars stellarum ; ita ut obscuraretur tertia pars eorum, et diei non luceret pars tertia, et noctis similiter.

13 Et vidi, et audivi unum angelum volantem per medium coeli, dicentem voce magnâ, Vae, vae, vae, incolis terrae a reliquis sonis tubae trium illorum angelorum, qui clangent.

CAP. IX.

TUM quintus angelus clanxit, et vidi stellam e coelo cecidisse in terram ; et data est ei *angelo* clavis putei abyssi.

2 Aperuit igitur puteum abyssi ; et ascendit fumus ex puteo, ut fumus fornacis magnae : et obscuratus est sol et aër e fumo putei.

3 Ex fumo autem exierunt locustae in terram : dataque est illis potestas qualem habent potestatem terrestres scorpii.

4 Sed ipsis est dictum, ne laederent gramen terrae, neque viride quicquam, neque ullam arborem, sed tantùm homines qui non haberent signum Dei in frontibus suis.

5 Datum autem est eis, non ut occidant eos, sed ut crucientur men-

sibus quinque, *sit*que cruciatus eorum ut cruciatus scorpii, quum percusserit hominem.

6 Itaque per eos dies homines quaerent mortem, et non invenient eam ; et desiderabunt mori, et f ugiet mors ab eis.

7 Figurae verò locustarum similes erant equis paratis ad praelium ; *e*rant*que* impositae capitibus earum tanquam coronae similes auro, et facies earum ut facies hominum.

8 Et habebant capillos ut capillos mulierum : et dentes earum ut leonum erant :

9 Habebant etiam loricas ut loricas ferreas ; et sonitus alarum ipsarum ut sonitus curruum, equis multis currentibus ad bellum.

10 Sed et habebant caudas similes scorpionum : erantque aculei in caudis earum ; et earum potestas *erat* nocere hominibus menses quinque.

11 Habebant autem sibi impositum regem, angelum abyssi, cui nomen Hebraicè Abaddon, Graecè verò Apollyon, *id est, perdens*.

12 Vae unum abiit, et ecce, veniunt adhuc duo vae postea.

13 Tum sextus angelus clanxit, et audivi vocem quandam ex quatuor cornibus altaris aurei, quod est ante oculos Dei,

14 Dicentem sexto angelo qui habebat tubam, Solve quatuor illos angelos vinctos ad magnum illud ... men Euphratem.

15 Soluti sunt igitur quatuor illi angeli, parati ad horam, et diem, et mensem, et annum, ut occidant tertiam partem hominum.

16 Eratque numerus equestris exercitûs bis millies centena millia : nam audivi numerum eorum.

17 Itemque vidi equos per visionem, et ipsorum sessores, habentes thoraces igneos, et hyacinthinos, et sulphureos ; erant autem capita equorum ut capita lecnum ; et ex ore ipsorum prodibat ignis, et fumus, et sulphur.

18 Ab his tribus occisa est tertia

pars hominum, *nempe* ab igne, et fumo, et sulphure, quae prodibant ex ore ipsorum.

19 Potestas enim eorum in ore eorum est, et in caudis eorum : nam eorum caudae similes sunt serpentibus, habentes capita per quae nocent.

20 Porrò reliqui homines, qui occisi non sunt his plagis, non resipuerunt ab operibus manuum suarum, ut ne adorarent daemonia, et simulacra aurea, et argentea, et aerea, et lapidea, et lignea, quae neque videre possunt, neque audire, neque ambulare :

21 Neque resipuerunt ab homicidiis suis, neque a veneficiis suis, neque a scortatione suâ, neque a furtis suis.

CAP. X.

TUM vidi alium angelum robustum descendentem de coelo, amictum nube, supra cujus caput erat iris ; facies autem ejus *erat* ut sol, et pedes ejus ut columnae igneae.

2 Habebatque in manu suâ libellum apertum : et posuit pedem suum dextrum super mare ; sinistrum autem super terram :

3 Clamavitque voce magnâ, sicut leo rugit ; et quum clamâsset, loquuta sunt septem tonitrua voces suas.

4 Et quum loquuta fuissent septem tonitrua voces suas, ego scripturus eram : sed audivi vocem de coelo dicentem mihi, Obsigna quae loquuta sunt septem tonitrua, et ne ea scribas.

5 Et angelus, quem vidi stantem super mare et super terram, sustulit manum suam ad coelum ;

6 Et juravit per eum qui vivit in secula seculorum, qui creavit coelum, et ea quae sunt in eo, et terram, et ea quae in eâ sunt, et mare, et ea quae in eo sunt, tempus non fore ampliùs :

7 Sed in diebus vocis septimi angeli, quum futurum est ut clangat, consummandum esse mysterium Dei, sicut annunciavit servis suis prophetis.

8 Et vox quam audieram e coelo, rursum loquuta est mecum, et dixit Abi, et accipe libellum illum apertum, *qui est* in manu angeli stantis super mare et super terram.

9 Abii igitur ad angelum, dicens ei, Da mihi libellum. Et dixit mihi Accipe, et devora eum : et amaritudinem adferet ventri tuo, sed in ore tuo erit dulcis tanquam mel.

10 Accepi igitur libellum e manu angeli, et devoravi eum ; eratque in ore meo dulcis tanquam mel : sed quum devorâssem eum, amaruit venter meus.

11 Tum dixit mihi, Oportet te iterum prophetare coram populis, et gentibus, et linguis, et regibus multis.

CAP. XI.

DATUS est autem mihi calamus similis virgae, adstititque angelus, dicens, Surge, et metire templum Dei et altare, et eos qui adorant in eo.

2 Sed atrium, quod extra templum est, exclude, et ne metiaris illud ; nam datum est gentibus : et urbem sanctam calcabunt mensibus quadraginta duobus.

3 Sed dabo illam duobus illis testibus meis, qui prophetabunt diebus mille ducentis sexaginta, amicti saccis.

4 Hi sunt duae illae oleae, et duo candelabra in conspectu Dei terrae posita.

5 Quòd siquis velit eos injuriâ afficere, ignis prodit ex ore ipsorum, qui devoret inimicos eorum ; nam siquis velit eos injuriâ afficere, ita oportet eum occidi.

6 Hi habent potestatem claudendi coelum, ne pluat diebus prophetiae ipsorum : et potestatem habent super aquas, convertendi eas in sanguinem : et percutiendi terram omni plagâ, quotiescunque voluerint.

7 Porrò, quum finierint suum testimonium, bestia illa ascendens ex abysso geret adversùs eos bellum, et vincet eos, et occidet eos.

8 Et cadavera eorum jacebunt in plateis urbis magnae, quae vocatur spiritualiter Sodoma et Aegyptus, ubi et Dominus noster crucifixus est.

9 Et videbunt homines ex tribubus, et populis, et linguis, et gentibus cadavera eorum per tres dies et dimidium, et cadavera eorum non sinent poni in monumentis.

10 Et incolae terrae gaudebunt super illis, et laetabuntur : et munera mittent alii aliis, quoniam hi duo prophetae cruciârint terrae incolas.

11 Sed post dies tres et dimidium, spiritus vitae a Deo *prodiens* ingredietur in illos, stabuntque *erecti* in pedes suos ; et timor magnus cadet in eos qui ipsos spectârint.

12 Deinde audierunt vocem magnam de coelo, dicentem ipsis, Ascendite huc. Ascenderuntque in coelum per nubem : et viderunt illos inimici eorum.

13 Factusque est in illâ horâ terraemotus magnus ; et decima pars urbis cecidit, et occisa sunt in terraemotu capita hominum septies mille ; et reliqui territi sunt, et dederunt gloriam Deo coeli.

14 Vae secundum abiit ; et ecce, vae tertium veniet citò.

15 Septimus igitur angelus clanxit, et factae sunt voces magnae in coelo, dicentes, Facta sunt regna mundi, Domini nostri, et Christi ejus, qui regnabit in secula seculorum.

16 Tum vigintiquatuor illi seniores, qui in conspectu Dei sedent in thronis suis, prociderunt in facies suas, et adorârunt Deum,

17 Dicentes, Gratias agimus tibi, Domine Deus omnipotens, Qui es, et Qui eras, et Qui venturus es ; quòd adeptus sis potentiam tuam magnam, et regnum inieris.

19 Et iratae sunt gentes, et advenit ira tua, et tempus mortuorum, ut judicentur, et des mercedem servis tuis prophetis, et sanctis, et timentibus nomen tuum, parvis et magnis ; et perdas eos qui perdunt terram.

19 ¶ Tunc apertum est templum Dei in coelo, et visa est arca foederis ejus in templo ejus : et facta sunt fulgura, et voces, et tonitrua, et terraemotus, et grando magna.

CAP. XII.

VISUM est autem signum magnum in coelo : mulier amicta sole, sub cujus pedibus erat luna, et in capite corona stellarum duodecim :

2 Et praegnans clamabat parturiens, et cruciabatur ut pareret.

3 Et visum est aliud signum in coelo : nam ecce, *adfuit* draco magnus rufus, habens capita septem et cornua decem, et in capitibus suis diademata septem.

4 Cujus cauda trahebat tertiam partem stellarum coeli, quas abjecit in terram : stetit autem is draco ante mulierem parituram, ut, quum pepperisset, filium ejus devoraret.

5 Peperit autem filium masculum, recturum omnes gentes virgâ ferreâ : et raptus est filius ejus ad Deum, et thronum ejus.

6 Mulier verò fugit in solitudinem, ubi habet locum paratum a Deo, ut illic alerent eam diebus mille ducentis sexaginta.

7 Et factum est praelium in coelo ; Michael et angeli ejus praeliati sunt cum dracone, et draco pugnavit et angeli ejus :

8 Sed non praevaluerunt, neque locus eorum ampliùs inventus est in coelo.

9 Et projectus est draco ille magnus, serpens ille antiquus, qui vocatur Diabolus, et Satanas, qui seducit totum terrarum orbem ; projectus, *inquam*, est in terram, et angeli ejus cum eo projecti sunt.

10 Et audivi vocem magnam dicentem in coelo, Nunc facta est salus, et potentia, et regnum Dei nostri, et potestas Christi ejus ; quia dejectus est accusator fratrum nostrorum, qui accusabat eos ante conspectum Dei nostri die ac nocte.

11 Sed ipsi vicerunt eum per san-

guinem Agni, et per sermonem testimonii sui : et animae suae prodigi fuerunt usque ad mortem.

12 Propterea laetamini, coeli, et qui habitatis in eis. Vae incolis terrae et maris : nam descendit diabolus ad vos, irae magnae plenus, ut qui sciat se paululum temporis habere.

13 Quum igitur vidisset draco se projectum esse in terram, persequutus est mulierem quae pepererat masculum.

14 Sed datae sunt mulieri alae duae aquilae magnae, ut volaret a conspectu serpentis in desertum, in locum suum, ubi aleretur per tempus, et tempora, et dimidium temporis.

15 Ejecit autem serpens ex ore suo post mulierem aquam tanquam flumen, ut eam faceret rapi a flumine :

16 Sed succurrit terra mulieri, aperuitque terra os suum, et absorpsit flumen quod ejecerat draco ex ore suo.

17 Iratus est igitur draco adversus mulierem : et abiit, ut gereret bellum cum reliquis ex ejus semine, observantibus mandata Dei, et habentibus testimonium JESU Christi.

18 Stetique super arenam maris.

CAP. XIII.

TUM vidi bestiam e mari ascendentem, quae habebat capita septem, et cornua decem ; et imposita cornibus ejus decem diademata, et impositum capitibus ejus nomen blasphemiae.

2 Eratque haec bestia, quam vidi, similis pardo, et pedes ejus ut pedes ursi, et os ejus ut os leonis : dedit autem ei draco virtutem suam, et thronum suum, et potestatem magnam

3 Et vidi unum ex capitibus ejus quasi lethaliter caesum : sed ipsius plaga lethalis curata est ; et admirans universa terra sequuta est bestiam.

4 Et adorârunt draconem, qui dedit potestatem bestiae : et adorârunt bestiam, dicentes, Quis similis bestiae ? quis poterit pugnare cum eâ ?

5 Datumque est ei os loquens magna et blasphemias : et data est ei potestas agendi menses quadraginta duos.

6 Aperuit igitur os suum ad blasphemiam adversùs Deum, ut con viciis afficeret nomen ejus, et tabernaculum ejus, et eos qui in coelo habitant.

7 Sed et datum est ei bellum gerere cum sanctis, et eos vincere : et data est ei potestas in omnem tribum, et linguam, et gentem.

8 Itaque adorabunt eam omnes incolae terrae, quorum non sunt scripta nomina in libro vitae Agni illius mactati *jam inde* a jactis mundi fundamentis.

9 Siquis habet aurem, audiat.

10 Siquis in captivitatem agit, in captivitatem abit : siquis gladio occiderit, oportet eum gladio occidi. Hic est tolerantia et fides sanctorum.

11 Deinde vidi aliam bestiam ascendentem e terrâ, habentem cornua duo similia agni, sed loquebatur ut draco.

12 Ea verò potestatem prioris bestiae omnem exercet in conspectu ejus, et facit ut terra et ipsius incolae adorent bestiam illam primam, cujus curata fuerat plaga lethalis.

13 Editque signa magna, adeò ut etiam ignem faciat e coelo descendere in terram in conspectu hominum.

14 Et seducit incolas terrae, propter signa quae datum est ei ut faciat in conspectu bestiae, dicens incolis terrae, ut faciant imaginem bestiae quae gladio vulnerata fuit, sed revixit.

15 Datumque est ei, ut animaret imaginem bestiae, ut etiam loquatur imago bestiae ; et faciat, ut quicunque non adorârint imaginem bestiae, occidantur.

16 Sed et facit, ut omnes, parvi et magni, divites et pauperes, liberi et

servi, accipiant characterem in manu suâ dextrâ, aut in frontibus suis:

17 Et nequis possit emere aut vendere, nisi qui habeat characterem aut nomen bestiae, aut numerum nominis ejus.

18 Hic sapientia est. Qui intelligentiâ praeditus est, computet numerum bestiae; numerus enim hominis est; et numerus ejus, sexcenta sexaginta sex.

CAP. XIV.

TUNC vidi, et ecce *aderat* Agnus stans super montem Sion, et cum eo centum quadragintaquatuor millia habentia nomen Patris ejus scriptum in frontibus suis.

2 Et audivi vocem e coelo tanquam vocem aquarum multarum, et tanquam sonum tonitrui magni; et vocem audivi citharoedorum pulsantium citharas suas:

3 Et qui canebant quasi canticum novum ante thronum, et in conspectu quatuor illorum animalium, et illorum seniorum; neque quisquam poterat discere canticum illud, nisi illa centum quadragintaquatuor millia, ii *videlicet* qui empti sunt e terrâ:

4 Hi sunt qui cum mulieribus non sunt inquinati; virgines enim sunt: hi sequuntur Agnum, quocunque ierit; hi empti sunt ex hominibus, primitiae Deo et Agno sacrae.

5 Et in quorum ore non est inventus dolus: sunt enim inculpati ante thronum Dei.

6 Deinde vidi alium angelum volantem per medium coeli, habentem evangelium aeternum, ut evangelizaret incolis terrae, et omni genti, et tribui, et linguae, et populo;

7 Dicentem magnà voce, Timete Deum, et ei tribuite gloriam; nam venit hora judicii ejus; et adorate eum qui fecit coelum, et terram, et mare, et fontes aquarum.

8 Et alius angelus sequutus est, dicens, Cecidit, cecidit Babylon, urbs illa magna, quia vinum excandescentiae scortationis suae potandum praebuit omnibus gentibus.

9 Et tertius angelus sequutus est illos, dicens voce magnâ, Siquis adoraverit bestiam et imaginem ejus, et acceperit characterem in fronte suâ, aut in manu suâ;

10 Bibet hic quoque ex vino irae Dei, ex mero, *inquam*, infuso in poculum irae ipsius; et cruciabitur igne et sulphure in conspectu angelorum sanctorum, et in conspectu Agni.

11 Et fumus cruciatûs ipsorum ascendet in secula seculorum; nec habebunt requiem, die nec nocte, qui adorant bestiam et imaginem ejus, et siquis acceperit characterem nominis ejus.

12 Hic tolerantia sanctorum est; hic qui observant mandata Dei, et fidem Jesu.

13 Tunc audivi vocem e coelo, dicentem mihi, Scribe, Beati ab hoc tempore mortui ii, qui Domini causà moriuntur. Etiam, dicit Spiritus; ut requiescant a laboribus suis: et opera eorum sequuntur eos.

14 Aspexi autem, et ecce, *aderat* nubes candida; et nubi insidebat *quidam* similis homini, habens impositam capiti suo coronam auream, et in manu suâ falcem acutam.

15 Et alius angelus prodiit e templo, clamans voce magnâ ad eum qui insidebat nubi, Mitte falcem tuam, et mete; quia venit tibi hora ut metas: nam aruit messis terrae.

16 Misit igitur, is qui insidebat nubi, falcem suam in terram, et demessa est terra.

17 Tum alius angelus prodiit e templo, quod est in coelo; habens et ipse falcem acutam.

18 Et alius angelus prodiit ab altari, habens potestatem in ignem; et clamavit voce magnâ ad eum qui habebat falcem acutam, dicens, Mitte falcem tuam acutam, et vindemia botros vineae terrae; nam maturae sunt ejus uvae.

19 Misit igitur angelus falcem suam acutam in terram, et vindemia-

rit vineam terrae, et misit in magnum illum lacum irae Dei.

20 Et calcatus est lacus extra civitatem; exivitque sanguis e lacu usque ad fraenos equorum, per stadia mille sexcenta

CAP. XV.

DEINDE vidi aliud signum in coelo magnum et admirabile, angelos illos septem habentes plagas septem ultimas, quoniam per illas expleta est ira Dei.

2 Et vidi tanquam mare vitreum mixtum igni; et eos qui victoriam reportabant ex bestiâ illâ, et imagine ejus, et charactere ejus, ex numero nominis ejus, stantes apud mare vitreum, et habentes citharas Dei :

3 Qui etiam cantabant canticum Mosis servi Dei, et canticum Agni, dicentes, Magna et mirabilia sunt opera tua, Domine Deus omnipotens; justae et verae sunt viae tuae, Rex sanctorum.

4 Quis non timebit te, Domine, et glorificabit nomen tuum? Nam solus sanctus es. Nam omnes gentes venient et adorabunt coram te: nam judicia tua patefacta sunt.

5 Et post haec aspexi, et ecce, apertum est templum tabernaculi testimonii in coelo.

6 Et prodierunt e templo septem illi angeli, habentes septem plagas, induti lino puro et splendido, et praecincti circa pectora zonis aureis.

7 Et unus ex quatuor animalibus dedit septem angelis phialas aureas, plenas irae Dei viventis in secula seculorum.

8 Et impletum est templum fumo prodeunte a majestate Dei, et a virtute ejus; nec quisquam poterat ingredi in templum, donec explerentur septem plagae septem angelorum.

CAP. XVI.

TUNC audivi vocem magnam e templo, dicentem septem illis angelis, Ite, effundite septem phialas excandescentiae Dei in terram.

2 Abiit igitur primus *angelus*, et effudit phialam suam in terram; factumque est ulcus malum ac noxium adversùs homines qui habebant characterem bestiae, et eos qui adorabant imaginem ejus.

3 Deinde secundus angelus effudit phialam suam in mare; factumque est *illud* quasi cruor cadaveris : et quodcunque animal vivebat in mari, mortuum est.

4 Tum tertius angelus effudit phialam suam in flumina, et in fontes aquarum : et factae sunt sanguis.

5 Et audivi angelum aquarum dicentem, Justus es, Domine, Qui es, et Qui eras, et Qui eris, quòd haec judicàris.

6 Quoniam sanguinem sanctorum et prophetarum effuderunt, et sanguinem eis dedisti ad bibendum : digni enim sunt.

7 Et audivi alium e sanctuario dicentem, Etiam, Domine Deus omnipotens, vera *sunt* et justa judicia tua.

8 Postea quartus angelus effudit phialam suam in solem, et datum est ei aestu affligere homines per ignem.

9 Et aestuaverunt homines aestu magno, et blasphemârunt nomen Dei habentis potestatem in has plagas, neque resipuerunt, ut tribuerent ei gloriam.

10 Tum quintus angelus effudit phialam suam super thronum bestiae illius, et factum est regnum ejus tenebrosum : et mandebant linguas suas prae dolore ;

11 Et blasphemârunt Deum coeli prae doloribus suis et ulceribus suis, nec resipuerunt ab operibus suis.

12 Tum sextus angelus effudit phialam suam in flumen illud magnum, *nempe* Euphratem ; et exsiccata est aqua ejus, ut pararetur via regum ab ortu solis *adventantium*.

13 Et vidi ex ore draconis, et ex ore illius bestiae, et ex ore pseudoprophetae illius tres impuros spiritus similes ranis *prodeuntes*.

4 Sunt enim spiritus daemoniorum edentes signa, qui*que* abeunt ad

JOANNIS APOCALYPSIS, XVII.

reges terrae et totius mundi, ut congregent eos ad praelium magni illius diei Dei omnipotentis.

15 Ecce, venio ut fur. Beatus qui vigilat et custodit vestimenta sua, ne nudus ambulet, et videantur pudenda ipsius.

16 Congregavit igitur eos in locum, qui vocatur Hebraicè Armageddon.

17 Tum septimus angelus effudit phialam suam in aërem ; et prodiit vox magna e templo coeli a throno, dicens, Fuit.

18 Factique sunt sonitus, et fulgura, et tonitrua ; et terraemotus factus est magnus, qualis nunquam fuit, ex quo homines fuerunt super terram, terraemotus, *inquam*, adeò magnus.

19 Et dirupta est urbs illa magna in tres partes, et civitates gentium ceciderunt, et Babylon illa magna venit in memoriam in Dei conspectum, ut praeberet ei poculum indignationis irae suae.

20 Et omnis insula fugit, et montes non sunt inventi.

21 Et grando magna, quasi talenti pondo, descendit e coelo in homines ; et blasphemârunt Deum homines propter plagam grandinis ; quoniam magna fuit ejus plaga vehementer.

CAP. XVII.

TUM venit unus ex septem angelis qui habebant septem phialas, et loquutus est mecum, dicens mihi, Heus tu, ostendam tibi damnationem meretricis illius magnae, sedentis super aquas multas :

2 Cum qua scortati sunt reges terrae, et cujus scortationis vino inebriati sunt incolae terrae.

3 Quumque me per spiritum in desertum transtulisset, vidi mulierem insidentem bestiae coccineae, plenae nominibus blasphemiae, habenti capita septem, et cornua decem :

4 Erat autem mulier illa amicta purpurâ et cocco, et inaurata auro et lapidibus pretiosis et margaritis, habens poculum aureum in manu suâ plenum abominationibus et immunditiâ scortationis suae :

5 Et in fronte suâ nomen scriptum, Mysterium, Babylon illa magna, mater illa scortationum et abominationum terrae.

6 Et vidi mulierem illam ebriam sanguine sanctorum, et sanguine martyrum Jesu ; et miratus sum, quum viderem illam, admiratione magnâ.

7 Tunc dixit mihi angelus, Quare miraris ? ego dicam tibi mysterium mulieris, et bestiae quae portat eam, quae habet capita septem et cornua decem.

8 Bestia quam vidisti, fuit, et non est ; et ascensura ex abysso, et in exitium abitura : et mirabuntur incolae terrae (quorum nomina scripta non sunt in libro vitae a jacto mundi fundamento) videntes bestiam quae erat, et non est, et tamen est.

9 Hic est mens quae habet sapientiam.   Septem capita septem montes sunt, super quos mulier sedet.

10 Et reges septem sunt : quinque ceciderunt, unus est, *et* alius nondum venit ; et quum venerit, oportet illum breve tempus manere.

11 Bestia autem quae erat, et non est, is octavus est, et e septem illis est, et in exitium abit.

12 Decem autem cornua quae vidisti, decem reges sunt, qui regnum nondum acceperunt, sed potestatem tanquam reges unâ horâ accipient cum bestiâ.

13 Hi unum consilium habent, et vires ac potestatem suam bestiae tradent.

14 Hi cum Agno pugnabunt, et Agnus vincet eos : quoniam Dominus dominorum est, et Rex regum ; et qui cum eo sunt vocati, et electi et fideles.

15 Deinde dixit mihi, Aquae quas vidisti, ubi meretrix sedet, populi sunt, et turbae, et gentes, et linguae.

16 Et decem cornua, quae vidisti in bestiâ, hi odio prosequentur meretricem, et desertam reddent illam et

JOANNIS APOCALYPSIS, XVIII.

audar i, et carnes ejus comederit, et ipsam igne exurent.

17 Deus enim dedit in corda eorum, ut exsequantur quod ipsi visum est, et ut consentiant, dentque regnum suum bestiae, donec compleantur verba Dei.

18 Et mulier quam vidisti, est urbs illa magna, quae habet regnum super reges terrae.

CAP. XVIII.

ET post haec vidi angelum descendentem e coelo, habentem potestatem magnam; et terra illuminata fuit ipsius gloriâ.

2 Exclamavit autem vehementer voce magnâ, dicens, Cecidit, cecidit Babylon illa magna, et facta est domicilium daemoniorum, et custodia omnis spiritûs impuri, et custodia omnis volucris immundae et exosae:

3 Quia ex vino excandescentiae scortationis ejus biberunt omnes gentes, et reges terrae cum eâ scortati sunt, et mercatores terrae opibus deliciarum ejus divites facti sunt.

4 Et audivi aliam vocem e coelo dicentem, Exite ex eâ, popule mi, ne participes sitis peccatorum ejus, et ex plagis ejus accipiatis.

5 Nam accumulata peccata ejus pertigerunt usque in coelum, et recordatus est Deus scelerum ejus.

6 Reddite ei, sicut et ipsa reddidit vobis: et duplicate ei duplum secundùm opera ejus; in poculo quod propinavit, propinate ei duplum.

7 Quantum extulit sese et luxuriata est, tantum date ei cruciatum et luctum: quia in corde suo dicit, Sedeo regina, nec sum vidua, nec luctum videbo.

8 Ideô unâ die venient ejus plagae, mors, et luctus, et fames; et igne exuretur, quia validus est Dominus Deus, qui damnabit eam.

9 Tum flebunt eam et plangent super eâ reges terrae, qui cum illâ scortati et luxuriati sunt, quum viderint fumum incendii ejus;

10 Procul stantes propter metum cruciatûs ejus, et dicentes, Vah, vah, magna illa urbs Babylon, urbs illa valida! unâ horâ venit judicium tuum.

11 Sed et mercatores terrae flebunt et lugebunt super eâ; quoniam merces eorum nemo emit ampliùs;

12 Merces auri, et argenti, et lapidis pretiosi, et margaritarum, et byssi, et purpurae, et serici, et cocci, et omne lignum thyinum, et omne vas eburneum, et omne vas ex ligno pretiosissimo, et aere, et ferro, et marmore,

13 Et cinnamomum, et suffitus, et unguentum, et thus, et vinum et oleum, et similam, et triticum, et jumenta, et oves, et equos, et rhedas, et mancipia, et animas hominum.

14 Et fructus desiderati ab animâ tuâ abierunt a te: et omnia pinguia et praeclara abierunt a te: nec ampliùs ea invenies.

15 Harum, inquam, rerum mercatores ab eâ divites facti, procul stabunt propter metum cruciatûs ejus, flentes ac lugentes:

16 Et dicentes, Vah, vah, civitas illa magna, quae amicta erat bysso, et purpurâ, et cocco, et deaurata erat auro, et lapidibus pretiosis, et margaritis! quinam unâ horâ vastatae sunt tantae divitiae?

17 Sed et omnes gubernatores, et omnis in navibus versantium turba, et nautae, et quotquot ex mari quaestum faciunt, longè stabunt;

18 Et clamabunt videntes fumum incendii ejus, et dicent, Quae similis erat urbi isti magnae?

19 Et injecto capitibus pulvere clamabunt flentes ac lugentes, et dicentes, Vah, vah, quòd urbs illa magna, in qua omnes, qui habebant naves in mari, divites facti sunt ex ipsius opulentiâ, unâ horâ desolata est!

20 Exsulta super eâ, coelum et sancti apostoli et prophetae, quoniam de illâ sumpsit poenas Deus vestri ulciscendi causâ.

21 Tum sustulit quidam angelus robustus lapidem instar molae magnae, et projecit in mare, dicens, Ita

cum impetu projicietur Babylon urbs illa magna ; nec ampliùs invenietur.

22 Et vox citharoedorum, et musicorum, et tibiâ ac tubâ canentium, non audietur in te ampliùs ; nec ullus artifex cujuscunque artis invenietur in te ampliùs : et sonitus molae non audietur in te ampliùs :

23 Et lux lucernae non lucebit a te ampliùs ; et vox sponsi et sponsae non audietur ampliùs in te : nam mercatores tui erant proceres terrae, et veneficiis tuis seductae sunt omnes gentes.

24 Sed in eâ sanguis prophetarum et sanctorum inventus est, et omnium qui mactati sunt in terrâ.

CAP. XIX.

POSTHAEC audivi vocem magnam turbae multae in coelo dicentis, Halleluja ; salus, et honor, et gloria, et virtus, Domino Deo nostro esto.

2 Quia vera et justa *sunt judicia* ejus ; et meretricem illam magnam, quae corrupit terram scortatione suâ, damnavit, et vindicavit sanguinem servorum suorum ex manu ejus.

3 Deinde secundò dixerunt, Halleluja ; et fumus ejus ascendit in secula seculorum.

4 Et prociderunt vigintiquatuor illi seniores, et quatuor illa animalia, et adoraverunt Deum insidentem throno, dicentes, Amen ; Halleluja.

5 Tum vox e throno prodiit, dicens, Laudate Deum nostrum, omnes servi ejus, et qui timetis eum parvi et magni.

6 Et audivi tanquam sonitum turbae multae, et tanquam sonitum aquarum multarum, et tanquam sonitum onitruorum vehementium, dicentium: Halleluja ; quoniam regnum iniit Dominus Deus ille noster omnipotens.

7 Gaudeamus, et exsultemus, et demus gloriam ei · quia venerunt nuptiae Agni, et uxor ejus paravit se.

8 Et datum est ei. ut amiciatur bysso purâ et splendidâ : byssus enim justificationes sunt sanctorum.

9 Tum dixit mihi, Scribe, Beati qui ad coenam nuptiarum Agni vocati sunt. Et dixit mihi, Haec verba Dei vera sunt.

10 Et procidi ante pedes ejus ut adorarem eum ; sed dixit mihi, Vide ne *feceris;* conservus tuus sum, et fratrem tuorum qui habent testimonium Jesu. Deum adora; testimonium enim Jesu est spiritus prophetiae.

11 Deinde vidi coelum apertum, et ecce, *adfuit* equus albus ; et qui insidebat ei, vocabatur Fidelis et Verax, et *qui* justè judicat et pugnat.

12 Oculi autem ejus *erant* tanquam flamma ignis, et in capite ejus diademata multa ; habebatque nomen scriptum, quod nemo novit nisi ipse.

13 Et amictus erat veste tinctâ sanguine ; vocaturque nomen ejus Sermo ille Dei.

14 Exercitus autem, qui sunt in coelo, sequebantur eum equis albis, vestiti bysso albâ et purâ.

15 Et ex ore ejus prodibat gladius acutus, ut eo percuteret gentes ; ipse enim reget eas virgâ ferreâ : et is est qui calcabit lacum vini excandescentiae et irae Dei omnipotentis.

16 Habebatque in vestimento et in femore suo nomen scriptum, Rex regum, et Dominus dominantium.

17 Tunc vidi quendam angelum stantem in sole, qui clamavit voce magnâ, dicens omnibus avibus quae volabant per medium coeli, Adeste, et congregamini ad coenam magni Dei ;

18 Ut edatis carnes regum, et carnes tribunorum, et carnes potentum, et carnes equorum, et eorum qui ipsis insident, et carnes omnium liberorum ac servorum, parvorum et magnorum.

19 Deinde vidi bestiam illam, et reges terrae, et exercitus eorum, congregatos ad gerendum bellum cum eo qui insidebat equo, et cum ipsius exercitu.

20 Et comprehensa est bestia, et

JOANNIS APOCALYPSIS, XX, XXI.

cum eâ pseudopropheta ille, qui ediderat signa coram eâ, quibus seduxit eos qui acceperant characterem bestiae, et qui adoraverant imaginem ejus; *et* vivi conjecti sunt ambo in stagnum ignis ardens sulphure:

21 Et reliqui occisi sunt gladio ejus qui insidebat equo, prodeunte ex ore ipsius; et omnes aves saturatae sunt carnibus eorum.

CAP. XX.

DEINDE vidi angelum descendentem e coelo, habentem clavem abyssi, et catenam magnam in manu suâ;

2 Qui apprehendit draconem, serpentem, *inquam*, illum antiquum, qui est Diabolus, et Satanas, et vinxit eum *ad* annos mille;

3 Conjecitque eum in abyssum, quam occlusit et obsignavit super eum, ut non seduceret ampliùs gentes, donec complerentur anni mille; nam postea oportet eum solvi *ad* exiguum tempus.

4 Deinde vidi thronos, et sederunt super eos, et judicium datum est eis: et animas eorum qui securi percussi sunt propter testimonium Jesu, et propter sermonem Dei, quique non adorârunt bestiam, neque imaginem ejus, nec acceperunt characterem ejus in frontibus suis, aut in manibus suis; viventque et regnabunt cum Christo mille annos.

5 Reliqui verò ex mortuis non reviviscent, donec expleti fuerint illi anni mille. Haec est resurrectio prima.

6 Beatus et sanctus qui habet partem in resurrectione primâ; in hos *enim* secunda mors non habet potestatem; sed erunt sacerdotes Dei et Christi, et regnabunt cum eo mille annos.

7 Quum vero expleti fuerint anni mille, solvetur Satanas e carcere suo.

8 Et exibit, ut seducat gentes quae sunt in quatuor angulis terrae, Gogum et Magogum, ut congreget eos in praelium; quorum numerus est sicut arena maris.

9 Ascenderunt igitur super latitudinem terrae, et circumiverunt castra sanctorum, et urbem illam dilectam: sed descendit ignis a Deo e coelo, qui devoravit eos.

10 Et diabolus, qui seducebat eos, conjectus est in stagnum ignis et sulphuris, ubi *erat* et bestia illa et ille pseudopropheta, et cruciabuntur die ac nocte in secula seculorum.

11 Tum vidi thronum magnum candidum, et quendam ei insidentem, a cujus conspectu fugit terra et coelum, quorum locus non est inventus.

12 Et vidi mortuos parvos et magnos stantes in conspectu Dei, et libri aperti sunt; et alius liber apertus est, qui est *liber* vitae; judicatique sunt mortui ex iis quae scripta erant in libris, secundùm opera ipsorum.

13 Et reddidit mare mortuos, quos habebat: Mors quoque et infernus reddiderunt mortuos, quos habebant; et judicatum est de singulis secundùm opera ipsorum.

14 Infernus autem ac Mors conjecti sunt in stagnum ignis; quae est mors secunda.

15 Et qui non inventus est in libro vitae scriptus, conjectus est in stagnum ignis.

CAP. XXI.

DEINDE vidi coelum novum et terram novam; primum enim coelum et prima terra abierat; et mare non ampliùs exstabat.

2 Et ego Joannes vidi sanctam illam civitatem, Hierusalem novam, descendentem a Deo e coelo, paratam ut sponsam ornatam viro suo.

3 Et audivi vocem magnam e coelo dicentem, Ecce, tabernaculum Dei *est* cum hominibus, et habitabit cum eis; et ipsi populi ejus erunt, et ipse Deus cum eis erit, Deus ipsorum.

4 Et abstersurus est Deus omnem lacrymam ab oculis eorum: et mors ampliùs non exstabit: neque luctus,

neque clamor, neque labor exstabit ampliùs; quia praecedentia abierunt.

5 Et dixit is qui insidebat throno, Ecce, nova facio omnia. Et dixit mihi, Scribe; nam haec verba vera sunt et fidelia.

6 Et dixit mihi, Fuerunt: ego sum Alpha et Omega, initium et finis. Ego sitienti dabo ex fonte aquae vivae gratis.

7 Victor, haereditario jure obtinebit omnia; et ero ei Deus, et ipse erit mihi filius.

8 Timidis autem, et incredulis, et execrabilibus, et homicidis, et scortatoribus, et veneficis, et idololatris, et omnibus mendacibus, portio *assignata* est in stagno ubi ardet ignis et sulphur, quod est mors secunda.

9 Tum venit ad me unus ex septem illis angelis qui habuerant septem illas phialas plenas septem plagis ultimis; et loquutus est mecum, dicens, Veni, ostendam tibi sponsam uxorem Agni.

10 Et sustulit me per spiritum in montem magnum et sublimem, et ostendit mihi civitatem illam magnam, sanctam, *inquam*, illam Hierusalem, e coelo descendentem a Deo;

11 Habentem gloriam Dei; et cujus lumen erat simile lapidi pretiosissimo, tanquam lapidi jaspidi instar crystalli splendenti:

12 Habebant praeterea murum magnum et sublimem, habentem portas duodecim, et in portis angelos duodecim, et nomina inscripta, quae sunt nomina duodecim tribuum filiorum Israël.

13 Ab Oriente *erat* portae tres; ab Aquilone, portae tres; ab Austro, portae tres; ab Occasu, portae tres.

14 Et murus urbis habebat fundamenta duodecim; in quibus *erant* duodecim nomina apostolorum Agni.

15 Porrò is, qui loquebatur mecum, habebat calamum aureum, ut metiretur civitatem, et portas ejus, et murum ejus.

16 Urbs ipsa verò quadrangularis sita est, cujus longitudo tanta est quanta et latitudo; mensusque est civitatem illo calamo, ad stadiorum duodecim millia: suntque longitudo, et latitudo, et altitudo ejus aequales.

17 Et mensus est murum ejus, centum quadragintaquatuor cubitorum, mensura hominis, quae est angeli.

18 Erat autem structura muri ejus ex jaspide; ipsa verò civitas aurum purum, *et* similis vitro puro.

19 Et fundamenta muri urbis omni lapide pretioso ornata fundamentum primum *erat* jaspis: secundum, sapphirus: tertium, chalcedonius: quartum, smaragdus:

20 Quintum, sardonyx: sextum, sardius: septimum, chrysolithus: octavum, beryllus: nonum, topazius: decimum, chrysoprasus: undecimum, hyacinthus: duodecimum, amethystus.

21 Duodecim autem portae duodecim margaritae sunt, et singulae portae ex singulis margaritis sunt; et forum civitatis aurum purum tanquam vitrum perlucidum.

22 Nec templum vidi in eâ: Dominus enim Deus omnipotens, templum illius est, et Agnus.

23 Neque civitas ista eget sole vel lunâ, ut luceant in eâ: nam gloria Dei illustrat eam, et lucerna ejus est Agnus.

24 Et gentes quae servatae fuerint, ambulabunt ad lucem ejus: et reges terrae gloriam suam et honorem ad eam adferent.

25 Nec portae ejus claudentur interdiu; nox enim non erit illic:

26 Et adferetur gloria et honor gentium ad eam.

27 Non intrabit in eam quicquam quod inquinat, aut abominandum quippiam patrat, vel mendacium loquitur: sed qui scripti sunt in libro vitae Agni.

CAP. XXII.

DEINDE ostendit mihi purum fluvium aquae vivae, splendidum tanquam crystallum, procedentem ex throno Dei et Agni.

JOANNIS APOCALYPSIS, XXII.

2 In medio *autem* foro ejus, et ex utraque parte fluminis, *erat* arbor vitae, ferens fructus duodecim, per menses singulos edens fructum suum; et folia sua ad sanitatem gentium.

3 Nec ullum adversùs quenquam anathema erit ampliùs: sed sedes Dei et Agni in eâ erit; et servi ejus servient ei.

4 Et videbunt faciem ejus; et nomen ejus in frontibus ipsorum *erit*.

5 Et nox illic non erit, neque opus est eis lumine lucernae, neque lumine solis: quoniam Dominus Deus illustrat eos; et regnabunt in secula seculorum.

6 Tum dixit mihi, Haec verba fida *sunt* et vera; et Dominus Deus ille sanctorum prophetarum misit angelum suum, ut indicet servis suis quae oportet fieri citò.

7 Ecce, venio citò: beatus qui observat verba prophetiae libri hujus.

8 Ego verò Joannes *is sum* qui haec audivi et vidi. Et quum audissem et vidissem, procidi, ut adorarem ante pedes angeli, qui mihi haec ostendebat.

9 *Is* verò dixit mihi, Vide ne *feceris:* conservus enim tuus sum, et fratrum tuorum prophetarum, et eorum qui observant verba libri hujus. Deum adora.

10 Deinde dixit mihi, Ne obsignaveris verba prophetiae libri hujus: tempus enim propè est.

11 Qui nocet, noceat adhuc; et qui sordidus est, sordescat adhuc: et qui justus est, justificetur adhuc: et sanctus, sanctificetur adhuc.

12 Et ecce, venio citò; et merces mea mecum *est*, ut reddam unicuique prout opus ipsius erit.

13 Ego sum Alpha et Omega; principium et finis, primus et ultimus.

14 Beati qui praestant ejus mandata ut sit eis jus in arborem vitae, et per portas ingrediantur in civitatem.

15 Foris autem *erant* canes, et venefici, et scortatores, et homicidae, et idololatrae, et quisquis amat ac committit mendacium.

16 Ego Jesus misi angelum meum, ut haec vobis testificaretur in ecclesiis. Ego sum stirps et progenies illa Davidis, stella illa splendida et matutina.

17 Et Spiritus et sponsa dicunt, Veni. Et qui audit, dicat, Veni: et qui sitit, veniat; et qui vult, accipiat aquam vitae gratis.

18 Enimverò unà testor cuivis audienti verba prophetiae libri hujus, Siquis adjecerit ad haec, imponet ei Deus plagas scriptas in libro isto;

19 Et siquis abstulerit *aliquid* ex verbis libri prophetiae hujus, auferet Deus partem ejus e libro vitae, et ex urbe illâ sanctâ, ex iis quae scripta sunt in libro isto.

20 Dicet qui testatur ista; Etiam, venio citò. Amen. Veni igitur, Domine Jesu.

21 Gratia Domini nostri Jesu Christi cum omnibus vobis. Amen.

(33)

SOLI DEO HONOR ET GLORIA.

www.ingramcontent.com/pod-product-compliance
Lightning Source LLC
Chambersburg PA
CBHW070236230426
43664CB00014B/2320